Management-Reihe Corporate Social Responsibility

Herausgegeben von
René Schmidpeter
Dr. Jürgen Meyer Stiftungsprofessur für
Internationale Wirtschaftsethik und CSR
Cologne Business School (CBS)
Köln, Deutschland

Das Thema der gesellschaftlichen Verantwortung gewinnt in der Wirtschaft und Wissenschaft gleichermaßen an Bedeutung. Die Management-Reihe Corporate Social Responsibility geht davon aus, dass die Wettbewerbsfähigkeit eines jeden Unternehmens davon abhängen wird, wie es den gegenwärtigen ökonomischen, sozialen und ökologischen Herausforderungen in allen Geschäftsfeldern begegnet. Unternehmer und Manager sind im eigenen Interesse dazu aufgerufen, ihre Produkte und Märkte weiter zu entwickeln, die Wertschöpfung ihres Unternehmens den neuen Herausforderungen anzupassen sowie ihr Unternehmen strategisch in den neuen Themenfeldern CSR und Nachhaltigkeit zu positionieren. Dazu ist es notwendig, generelles Managementwissen zum Thema CSR mit einzelnen betriebswirtschaftlichen Spezialdisziplinen (z.B. Finanz, HR, PR, Marketing etc.) zu verknüpfen. Die CSR-Reihe möchte genau hier ansetzen und Unternehmenslenker, Manager der verschiedenen Bereiche sowie zukünftige Fach- und Führungskräfte dabei unterstützen, ihr Wissen und ihre Kompetenz im immer wichtiger werdenden Themenfeld CSR zu erweitern. Denn nur, wenn Unternehmen in ihrem gesamten Handeln und allen Bereichen gesellschaftlichen Mehrwert generieren, können sie auch in Zukunft erfolgreich Geschäfte machen. Die Verknüpfung dieser aktuellen Managementdiskussion mit dem breiten Managementwissen der Betriebswirtschaftslehre ist Ziel dieser Reihe. Die Reihe hat somit den Anspruch, die bestehenden Managementansätze durch neue Ideen und Konzepte zu ergänzen, um so durch das Paradigma eines nachhaltigen Managements einen neuen Standard in der Managementliteratur zu setzen.

Weitere Bände in dieser Reihe
http://www.springer.com/series/11764

Wolfgang Keck
(Hrsg.)

CSR und Kleinstunternehmen

Die Basis bewegt sich!

Herausgeber
Wolfgang Keck
Berlin, Deutschland

ISSN 2197-4322   ISSN 2197-4330 (electronic)
Management-Reihe Corporate Social Responsibility
ISBN 978-3-662-53627-8   ISBN 978-3-662-53628-5 (eBook)
DOI 10.1007/978-3-662-53628-5

Die Deutsche Nationalbibliothek verzeichnet diese Publikation in der Deutschen Nationalbibliografie; detaillierte bibliografische Daten sind im Internet über http://dnb.d-nb.de abrufbar.

Springer Gabler
© Springer-Verlag GmbH Deutschland 2017
Das Werk einschließlich aller seiner Teile ist urheberrechtlich geschützt. Jede Verwertung, die nicht ausdrücklich vom Urheberrechtsgesetz zugelassen ist, bedarf der vorherigen Zustimmung des Verlags. Das gilt insbesondere für Vervielfältigungen, Bearbeitungen, Übersetzungen, Mikroverfilmungen und die Einspeicherung und Verarbeitung in elektronischen Systemen.
Die Wiedergabe von Gebrauchsnamen, Handelsnamen, Warenbezeichnungen usw. in diesem Werk berechtigt auch ohne besondere Kennzeichnung nicht zu der Annahme, dass solche Namen im Sinne der Warenzeichen- und Markenschutz-Gesetzgebung als frei zu betrachten wären und daher von jedermann benutzt werden dürften.
Der Verlag, die Autoren und die Herausgeber gehen davon aus, dass die Angaben und Informationen in diesem Werk zum Zeitpunkt der Veröffentlichung vollständig und korrekt sind. Weder der Verlag noch die Autoren oder die Herausgeber übernehmen, ausdrücklich oder implizit, Gewähr für den Inhalt des Werkes, etwaige Fehler oder Äußerungen.

Einbandabbildung: Michael Bursik

Gedruckt auf säurefreiem und chlorfrei gebleichtem Papier

Springer Gabler ist Teil von Springer Nature
Die eingetragene Gesellschaft ist Springer-Verlag GmbH Deutschland
Die Anschrift der Gesellschaft ist: Heidelberger Platz 3, 14197 Berlin, Germany

Vorwort des Reihenherausgebers: Kleinstunternehmen – eine nachhaltige Wirtschaftsmacht?!

Bei der täglichen Zeitungslektüre begegnet man immer öfter negativen Nachrichten aus der deutschen Wirtschaft. Oft entsteht dabei der Eindruck, dass unsere Manager nur mehr dem kurzfristigen Gewinn bzw. dem eigenen Bonus hinterherrennen. Viele Menschen sehen mittlerweile daher eine Kluft zwischen Wirtschaft und Gesellschaft, die sich mittlerweile auch in antiökonomischen Meinungsäußerungen und Bewegungen manifestiert. Schaut man jedoch genauer auf die vielen Unternehmen, so stellt man sogleich fest, dass über 90 % sogenannte Kleinstunternehmen, d. h. Unternehmen mit weniger als 10 Mitarbeitern sind. Unternehmen, die tagtäglich aufs Neue für ihre Mitarbeiter einen guten Arbeitsplatz, für ihre Kunden gute Produkte und ihren Kreditgebern Zinsen erarbeiten müssen – und selten in den Schlagzeilen zu finden sind.

Diese Kleinstunternehmen befinden sich in einer Situation, in der sie von allen Seiten (Kunden, Mitarbeitern, Geldgebern etc.) hohe Leistungsforderungen verspüren. Die Mehrzahl der BWL-Lehrstühle und Managementtheorien fokussierte in den letzten Jahrzehnten insbesondere auf Beschleunigung, Shareholder Value, technologischen Fortschritt und Change-Management und damit auf die Wirklichkeit von Großunternehmen. Dabei ist gerade die gegenwärtige Zeit der digitalen Transformation und des schnellen Wandels der Wirtschaft eine große Chance für Start-ups und Kleinstunternehmen, die flexibel auf die neuen Herausforderungen reagieren können.

Denkt man Nachhaltigkeit als konsequent unternehmerisches Thema, sind es insbesondere die vielen Kleinstunternehmen, die neue Lösungen und Innovationen generieren. Aufgrund oftmals fehlender Finanzressourcen sind diese Unternehmen zudem viel mehr auf soziales Kapital, menschliche Kreativität und Vertrauen ihrer Geschäftspartner angewiesen. So ist es nicht verwunderlich, dass vor allem Kleinstunternehmen verstärkt auf die positiven Effekte von Nachhaltigkeit ansprechen. Ist Nachhaltigkeit doch eine Chance, sich in regionalen Märkten sowie in Nischen zu positionieren.

Sieht man die große Offenheit und den hohen gesellschaftlichen Impact (aufgrund der großen Zahl von Kleinstunternehmen in Deutschland), verwundert es, dass für diese Unternehmen oft keine wissenschaftliche und politische Lobby vorhanden ist. Vielleicht weil es für die eigene Karriere besser scheint, sich mit Großunternehmen zu beschäftigen? Jedoch ist die Nachhaltigkeitscommunity aufgrund ihrer Kreislauf- und Netzwerkmodelle prädestiniert, sich den Anliegen von Kleinstunternehmen zu widmen. Für eine nachhaltige gesellschaftliche Entwicklung ist es daher mehr denn je notwendig, Nachhaltigkeitskonzepte zu entwickeln, die auch im „Kleinen" funktionieren und über Netzwerke skalieren. So wird aus den vielen Kleinstunternehmen eine nachhaltige Wirtschaftsmacht!

In der Managementreihe „Corporate Social Responsibility" überwindet die nun vorliegende Publikation mit dem Titel *CSR und Kleinstunternehmen* die oft einseitig auf Großunternehmen ausgerichtete Managementdiskussion: zum einen durch innovative Nachhaltigkeitskonzepte für Kleinstunternehmen, zum anderen durch konkrete Praxisbeispiele in diesem „Wirtschaftsraum". Das Buch stellt damit eine Brücke zwischen der akademisch geführten CSR-Diskussion und der gelebten Verantwortungsübernahme von Kleinstunternehmen dar.

Alle Leser und insbesondere Kleinstunternehmer sind nunmehr herzlich eingeladen, die in der Publikation dargelegten Gedanken aufzugreifen und für die nachhaltige Entwicklung ihres Unternehmens zu nutzen. Ich möchte mich last, but not least sehr herzlich beim Herausgeber Wolfgang Keck für sein großes Engagement, bei Michael Bursik und Janina Tschech vom Springer-Gabler-Verlag für die gute Zusammenarbeit sowie bei allen Unterstützern der Reihe aufrichtig bedanken und wünsche Ihnen, werte Leser, nun eine interessante Lektüre.

Prof. Dr. René Schmidpeter

Grußwort

Sehr geehrte Leserinnen und Leser,

vor Jahren schenkte ich meinem Sohn Wolfgang das Buch *Politik des Herzens: Nachhaltige Konzepte für das 21. Jahrhundert* mit der Widmung „omnium rerum principia parva sunt".

Kürzlich fragte er mich, ob ich das Grußwort zum vorliegenden Buch *CSR und Kleinstunternehmen* schreiben möchte. Als Vater und in Erinnerung an die ersten Berufsjahre meines Sohnes, die er in unserem kleinen Familienbetrieb verbrachte, tue ich dies gerne.

„Der Ursprung aller Dinge ist klein." Das gilt besonders auch für Unternehmen und ihre positiven und negativen Auswirkungen auf Mensch und Natur. Die Autoren dieses Herausgeberbandes sind Fachleute auf den Gebieten von Nachhaltigkeit und CSR. Ihnen soll dieses Grußwort keine weitere Expertise voranstellen.

Vielmehr möchte ich Sie, werte Leser, mit nachfolgenden Worten an meinen Sohn zur Betrachtung meiner letzten Berufsjahre als Kleinstunternehmer einladen, um Sie auf diese Art darauf einzustimmen, was Ihnen im Anschluss die Experten in diesem Fachbuch zur Debatte stellen.

Lieber Wolfgang,

Du hattest gerade Dein Abitur abgeschlossen, als ich 1994/1995 das Gemeindemodell Betreutes Wohnen® entwickelte. Meiner genossenschaftlichen Prägung des Miteinander und Füreinander entsprechend, verfolgte ich damals den politischen Ansatz, kommunale Verantwortung für älter werdende Mitbürger mithilfe örtlicher Betreuungsdienste, Architekten, Bauunternehmungen und Bauträgern den Vorstellungen der künftigen Bewohner gemäß zu verwirklichen.

Die finanziellen Probleme der Kommunen erforderten schon immer ein hohes Maß an Privatinitiative. Die Aufgabe war es, langfristig nachhaltig gute wirtschaftliche Lösungen zu finden. Mit dem Gemeindemodell Betreutes Wohnen wurden die Vorteile der privaten Finanzierung mit den Erfordernissen der Altenhilfe, das heißt mit den Wünschen der Gemeinden und damit auch der älteren Bürger aufs Beste vereint.

Du bist mir bei der Gründung und Konzeption dieser Beratertätigkeit von Anfang an als Auszubildender, rechte Hand und Mitarbeiter für alle Bereiche beigestanden. Wir stellten das Konzept der Öffentlichkeit vor und haben es bis zur endgültigen Realisierung mitbegleitet.

Ohne finanzielle Beteiligung der Kommunen haben wir mit diesen über 20 Wohnanlagen nach dem Gemeindemodell entwickelt. Die künftigen Käufer stimmten dem Eintrag einer grundbuchrechtlichen Nutzungsverpflichtung gegenüber der Gemeinde zu, wodurch alle Beteiligten in die Verantwortung einbezogen wurden und das Bauvorhaben langfristig als Betreute Wohnanlage gesichert war.

Es erfüllte jedoch nicht Deine Vorstellungen einer wesentlichen Veränderung in der Gesellschaft. Du wolltest mehr, ich musste Dich gehen lassen und Du hast Dich bereits während Deines Studiums für das Thema CSR begeistert. Danach gab es nichts anderes mehr für Dich. Ich konnte keine berufliche Existenz für Dich darin erkennen. Trotzdem hast Du an CSR festgehalten und es in Wien unter schwierigsten Umständen weiterentwickelt und oft auch ehrenamtlich kommuniziert. Nun hast Du Dir in Deutschland mit neuen Ideen und eigenen Veröffentlichungen feste Verbindungen geschaffen.

Ich weiß, welch große Freude es Dir bereitet, immer wieder Menschen zu begegnen, für welche CSR zur Herzensangelegenheit geworden ist und die es sich zur Aufgabe gemacht haben, mit der Kraft vieler Verbündeter den Weg zu einem wirtschaftlich und sozial verantwortlicheren Handeln zu ebnen.

Es ist mir eine besondere Freude, während meiner Pensionsjahre diese Entwicklung miterleben und weiter verfolgen zu dürfen.

Dein Vater
und, sehr geehrte Damen und Herren,
Ihr Hermann Keck

Hermann Keck, Jahrgang 1940, Bankdirektor a. D., lernte die wirtschaftliche Entwicklung von fünf Jahrzehnten in unterschiedlichsten Funktionen kennen. 1954 begann er eine kaufmännische Lehre in einer kleineren Bierbrauerei. Nach 6 Jahren folgten Tätigkeiten in der Großindustrie, einem Steuerberatungsbüro und als Gesellschafter einer Buchhandlung mit Reisebüro, bevor er 1966 ins Bankfach wechselte.

Zuerst bei einer Landessparkasse und später in einer Volksbank erarbeitete er sich durch laufende interne Schulungen, den Besuch der württembergischen Sparkassenschule und einem Diplomabschluss der Akademie deutscher Genossenschaftsbanken die Voraussetzungen für die 1974 erfolgte Berufung als Vorstandsmitglied. In den folgenden Jahren wurde er von seinen Geschäftsführerkollegen in verschiedene Beirats- und Aufsichtsratsgremien des bayerischen und bundesweiten Genossenschaftsverbundes gewählt.

1994 entwickelte er das Gemeindemodell Betreutes Wohnen® als Teil des Förderauftrages der Genossenschaftsbanken. Nach Publikationen und einer Vortragsreihe durch den bayerischen Genossenschaftsverband entschied sich Keck aufgrund vielseitiger Nachfrage dieses Modell als selbständiger Fachberater umzusetzen.

In seinem Heimatkreis engagiert sich Hermann Keck ehrenamtlich in verschiedenen sozialen, kulturellen und wirtschaftlichen Organisationen. Er ist Vater von zwei Söhnen und lebt mit seiner Frau im bayerisch-schwäbischen Weißenhorn.

Hinführung und Überblick über das Buch

Das vorliegende Buch vermag die Lücke um Corporate Social Responsibility (CSR) im Bereich von Kleinstunternehmen und Einpersonenunternehmen nicht zu schließen. Denn die Debatte über CSR ist nicht von klein auf gewachsen. Vielmehr kam der Begriff durch ein Grünbuch der Europäischen Kommission zur „sozialen Verantwortung von Unternehmen" um die Jahrtausendwende zunächst auf die Agenda großer Konzerne. Kleine und mittlere Unternehmen beim globalen Strategiethema CSR auch nur zu erwähnen, wirkte auf manche befremdlich. Dies ändert sich seit wenigen Jahren vielerorts. Der Mittelstand – er besteht hauptsächlich aus Kleinstunternehmen – erkennt vermehrt seine Stärken und Chancen, sich an sozialen und ökologischen Nachhaltigkeitsanforderungen auszurichten. Die Basis bewegt sich!

Dieser Sammelband soll dazu beitragen, das komplexe Themenfeld der CSR auf eine verantwortungsvolle Unternehmensführung in Kleinstunternehmen herunterzubrechen. Einerseits lassen sich dadurch praktische Einsichten gewinnen, um wirtschaftspolitisch die Verbreitung und Professionalisierung von CSR in Kleinstunternehmen zu begünstigen. Andererseits soll damit auch die junge akademische Disziplin der CSR stärker um Kleinstunternehmen erweitert werden. Für beide und für weitere denkbare Varianten spricht eine

Zahl schlichtweg Bände: Neun von zehn Unternehmen in der Europäischen Union sind Kleinstunternehmen.

Kleinstunternehmen sind lauter Unikate! Die nachfolgenden Fachbeiträge behandeln sie entsprechend mit einer großen Bandbreite an analytischen, essayistischen und pragmatischen Betrachtungen. Nicht zuletzt zählen einige Autoren und auch der Herausgeber in Teilzeit oder auch Vollzeit zu Einpersonenunternehmen und Kleinstunternehmen. Vielleicht vermag dieses Buch durch seine mitunter recht offene Art, die Wertschätzung gegenüber Kleinstunternehmen und ihrer Nachhaltigkeitskultur ein wenig zu stärken. Die Autoren und mit ihnen der Reihenherausgeber *Prof. Dr. René Schmidpeter* und der im Verlag verantwortliche Lektor *Michael Bursik* begeben sich mit dem Themenschwerpunkt des Buchs in akademisches Neuland. Für die partnerschaftliche Zusammenarbeit und ihr enormes Engagement gilt allen Beteiligten mein herzlicher Dank!

Mit seiner einleitenden Ausarbeitung vertieft *Prof. Dr. Matthias Schmidt* vor dem Hintergrund werteorientierter Führung und Entwicklung die Frage nach Unterschieden zwischen großen und kleinen Unternehmen, was deren Verantwortlichkeit im gesellschaftlichen Zusammenhang betrifft. Schmidt stellt sich dabei der Herausforderung, Wertesysteme im Wirtschaften bis zur Umsetzungsebene von Einpersonenunternehmen als kleinste Wirtschaftseinheit zu reflektieren. Darüber hinaus liefert der Professor für Unternehmensführung an der Beuth Hochschule Berlin in seinem Artikel eine anschauliche Auslegung über Wertehaltungen als Ausgangspunkt des Wirtschaftens und Grundlage für unternehmerische Nachhaltigkeitsorientierung.

Prof. Dr. Dennis Lotter führt daraufhin in das CSR-Management von Kleinstunternehmen ein. Er spannt den Bogen vom „ehrbaren Kaufmann" hin zu einer notwendigen Professionalisierung von CSR in Kleinstunternehmen, um Potenziale für den gesellschaftlichen und gleichermaßen unternehmerischen Nutzen auszuschöpfen. In einem Modell von fünf Stufen führt der Autor des erfolgreichen Fachbuchs *Der CSR-Manager* und Professor an der Hochschule Fresenius in Idstein praxisorientiert und für Kleinstunternehmen handhabbar in ein systematisch angelegtes und vollständiges CSR-Management ein.

CSR in der kleinsten wirtschaftlichen Einheit des Einpersonenunternehmens behandelt das Autorenduo *Elisabeth Gail* und *Leo Hauska*. Ihre Kernaussage: Auch Einpersonenunternehmen können CSR umsetzen und von diesem Managementansatz profitieren. Der Nachteil der vergleichsweise geringen Ressourcen gegenüber größeren Unternehmen wird durch Vorteile bei Flexibilität und Vernetzung mehr als ausgeglichen. Der Beitrag aus dem Beratungsunternehmen Hauska & Partner in Wien beschreibt, wie CSR für Einpersonenunternehmen vereinfacht werden kann, und gibt Empfehlungen für ihr erfolgreiches CSR-Management. Außerdem behandelt er Überschneidungen zwischen „klassischen" Unternehmen und Social Entrepreneurship

Gerd Hofielen behandelt anschließend anhand einer qualitativen Untersuchung von Kleinstunternehmen deren CSR-Praktiken im Verhältnis zu den Werten des Weltethos von Hans Küng. Der Inhaber der in Berlin ansässigen Humanistic Management Practices gGmbH schildert dabei progressive Geschäftsmodelle, die Gewinn anstreben, ihn aber sozialen und ökologischen Praktiken unterordnen. Außerdem beleuchtet Hofielen mit der

Gemeinwohl-Bilanzierung eine Methode, mit der sich CSR-Leistungen von Unternehmen messbar und vergleichbar darstellen lassen.

Prof. Dr. Norbert Zdrowomyslaw, Michael Bladt und *Maximilian Schwarz* erörtern in ihrem Beitrag, wie mit verantwortungsvoller Unternehmensführung in Kleinstunternehmen Fachkräfte gesichert werden können. Dabei gehen sie zunächst auf gesellschaftliche Entwicklungen der Demografie ein und schildern bisherige Lösungsansätze auf der politischen, überbetrieblichen und betrieblichen Ebene. Anschließend zeichnen die Autoren ein breites Bild von Kleinstunternehmen auf, indem sie auf unterschiedliche Definitionsmöglichkeiten von Kleinstunternehmen eingehen und die Heterogenität von Mitarbeiterstrukturen in Kleinstunternehmen anhand verschiedener Branchen untersuchen. Das Autorenteam der Fachhochschule Stralsund zeigt schließlich einen fundierten Zusammenhang von Employer Branding und CSR-Strategien in Kleinstunternehmen auf.

Praktische Einblicke in die CSR-Beratung und -Implementierung bei Kleinstunternehmen im Handwerk zeigt das Autorenteam *Gudrun Laufer* und *Christoph-Daniel Teusch* auf. Beide haben an der Berliner Handwerkskammer die CSR-Beratungsstelle für das Handwerk im Rahmen eines Förderprogramms des Bundesministeriums für Arbeit und Soziales mit bundesweit beachtetem Erfolg als Dienstleistungsinnovation ins Leben gerufen und begleiteten das Programm bis zum Ende seiner Laufzeit. In ihrem Erfahrungsbericht vermitteln Laufer und Teusch interessierten Institutionen und Initiativen die gezielte Förderung von CSR in Handwerksbetrieben. Darüber hinaus dient der Beitrag als kompakter Umsetzungsleitfaden, der durch hohe Praxisnähe und transparent gemachte Erfahrungen überzeugt.

Anschließend daran verdeutlichen die Autoren *Rolf Merchel* und *Thorsten Brinkmann* von der GILDE-Wirtschaftsförderung Detmold ihre Erfahrungen aus der Verbreitung von CSR in kleinen und mittleren Unternehmen in internationalen, nationalen und regionalen Projekten. In ihrem Beitrag gibt die Geschäftsführung der GILDE einen praktischen Erfahrungsbericht über die Voraussetzungen, die für Multiplikatoren und Intermediäre nötig sind, um auch für Kleinstunternehmen die Chancen und Stärken von CSR verständlich und umsetzbar darzulegen. Der Beitrag schildert nebenbei eine strategische Entwicklungsgeschichte der GILDE-Wirtschaftsförderung, seit 2005 auf innovativen Wegen CSR im Mittelstand zunächst durch europäische Projektzusammenarbeit, schließlich in einem bundesweiten Programm und aktuell im regional verankerten CSR-Kompetenzzentrum OWL voranzubringen.

Der Bezug auf Werte in der beruflichen Selbstständigkeit als „Lebensunternehmer" wird im Beitrag von *Dr. Alexandra Hildebrandt* auf lebendige und authentische Weise nachvollziehbar. Die Wirtschaftspsychologin zeigt anhand verschiedener Biografien beruflich erfolgreicher Persönlichkeiten die Eigenwilligkeit und den Gemeinsinn nachhaltigen Handelns auf. Dabei schreibt die renommierte Nachhaltigkeitsexpertin mit spürbar leidenschaftlicher Feder ein Plädoyer für Eigenverantwortung und CSR im Kleinsten.

Über die Gründung von Kleinstunternehmen berichten im Anschluss die Autorinnen *Dr. Katja von der Bey* und *Ulrike Röhr*. Vor dem Hintergrund der „WeiberWirtschaft eG" als größtes Gründerinnenzentrum Europas untersuchen die Autorinnen geschlechtsspezifisches Gründungsverhalten und gehen dabei auf Verschiedenheiten im Nachhaltigkeitsverständnis von Frauen und Männern ein. Sie zeichnen eine leicht zugängliche Systematik von CSR-Handlungsfeldern für Kleinstunternehmen auf und verdeutlichen die praktische Umsetzung anhand von zwei Fallbeispielen in frauengeführten Unternehmen. Nicht zuletzt zeigen die Praktikerinnen auf, weshalb sie für Vorreiterinnen eines nachhaltigen Wirtschaftens und einer grünen und sozial gerechten Ökonomie ein breites Unterstützungsprogramm als dringend benötigt bewerten.

Tina Teucher zeichnet Nachhaltigkeitsinnovationen von Unternehmensgründern in anschaulichen Portraits nach, die tiefe Einblicke in die Haltungen und Motivationen der Menschen in den aufgezeigten Kleinstunternehmen erlauben. Dabei behandelt die freiberufliche Autorin, Moderatorin und Dozentin die Frage: Wann ist klein fein – wann ist groß famos? Anhand praktischer Fallbeispiele arbeitet Teucher individuelle Möglichkeiten heraus, wie nachhaltige Geschäftsideen wachsen können, selbst wenn das Unternehmen dabei klein bleibt.

Kurzum Ehrensache ist CSR für das Autorenteam *Thorsten Grantner* und *Andrea Kaiser* von der OmniCert Umweltgutachter GmbH und die Einzelunternehmerin *Katja Schmidt* mit ihrem Einpersonenunternehmen waldvorbäumen. Der Beitrag schildert aus erster Hand den praktischen Umgang mit CSR in den beiden kleinen Unternehmen. Er liefert ein authentisches Bild über gelebte CSR von drei Autoren, die ihre Zusammenarbeit im Rahmen einer Weiterbildung als CSR-Manager begründet haben.

Michael Barsakidis und *Edzard Schönrock* legen im Anschluss einen Kompakteinstieg für das Nachhaltigkeitsmanagement in Kleinstunternehmen vor, indem sie die Dimensionen Ökonomie, Soziales und Ökologie als Basis für ein Nachhaltigkeitsprogramm aufzeigen. Daraufhin übersetzen die Autoren aus Hannover, die nach langjähriger CSR-Erfahrung in Unternehmen auch zusammen als Dozenten und Berater im Einsatz sind, den Ablauf eines übergreifenden Nachhaltigkeitsmanagements auf praktische und leicht nachvollziehbare Art auf die Anwendungsebene von Kleinstunternehmen.

Dr. Axel Bader deutet Kleinstunternehmen in seinem Fachartikel als wichtige Adressaten für Klimaschutz und Energieverbrauch in Deutschland. Gleichzeitig zeigt der Autor und Klimaschutzexperte aus Hannover den finanziellen Nutzen auf, der sich auch im Kleinstunternehmen durch mehr Nachhaltigkeit im Energiebereich erzielen lässt. Bader schildert anschaulich Querschnittstechnologien und dazugehörige Energieeffizienzpotenziale, die in der Mehrzahl von Kleinstunternehmen bestehen. Damit ermöglicht er eine übergreifende und dennoch kompakte Sichtweise auf die ökologische Nachhaltigkeit im Kleinstunternehmen. Er gibt Aufschluss über Fördermöglichkeiten und weiterführende Unterstützung, um entsprechende Nachhaltigkeitspotenziale in Kleinstunternehmen nutzbar zu machen.

Nach dem Motto „Lernen von den Großen" unternehmen *Uwe Gotzeina* und *Uta Lewien* im Anschluss einen Perspektivwechsel auf Kleinstunternehmen aus dem Blickwinkel von großen Unternehmen. Ihren Schwerpunkt legen sie dabei auf die alle Unternehmensgrößen übergreifenden gesellschaftlichen Zusammenhänge von Fachkräftesicherung durch CSR und Arbeitgeberattraktivität. Das Autorenteam vereint vor allem fachliche

Hintergründe aus dem Personalmanagement eines Industriebetriebs und der Wirtschaftsförderung in der mittelständisch geprägten Flächenregion Ostwestfalen-Lippe.

Kommunikation als bereichs- und themenübergreifendes Bindeglied im CSR-Managementprozess beleuchtet *Peter Heinrich* in seinem Beitrag, der Kleinstunternehmen ein hohes Maß an Praktikabilität sichert, ohne dabei auf die Klaviatur integrierter und umfassender Kommunikationsstrategien zu verzichten. Heinrich legt aus der Perspektive des Kommunikationsprofis und CSR-Managers ein speziell für Kleinstunternehmen greifbares und übersichtliches Portfolio an CSR-Kommunikationsinstrumenten vor und erklärt nachvollziehbar kommunikative Anforderungen und Lösungsansätze einer verantwortlichen Unternehmensführung.

Zur Systematik und zum Nutzen der Berichterstattung über CSR auch in Kleinstunternehmen erläutert *Yvonne Zwick* den Deutschen Nachhaltigkeitskodex (DNK) aus erster Hand des herausgebenden Gremiums, dem Rat für Nachhaltige Entwicklung der Bundesregierung. Ihr Beitrag zeigt die Systematik des Kodex umfassend auf und ermöglicht damit einen Einstieg in CSR-Berichtskriterien und deren Anwendung. Gleichzeitig informiert der Artikel über die gesetzlichen Anforderungen, die sich für bestimmte Unternehmen zu CSR-Themen aufgrund neuerer EU-Richtlinien ergeben.

Wissen und Werte im Prozess der Nachfolgeplanung von Kleinstunternehmen weiterzugeben, ist Gegenstand des Beitrags von *Gudrun Laufer* und *Peter Zierbock*. Sie schildern in einem Erfahrungsbericht ein Pilotprogramm zur Unternehmensnachfolge der Handwerkskammer Berlin. Als Autorenteam verbinden sie die Erfahrung aus umfassendem CSR-Know-how und Organisationsentwicklung mit Expertise in Steuerberatung und Wirtschaftsprüfung.

Die Soziologin und praktische Philosophin *Caroline Meder* zieht zu heutigen Fragen beruflicher Selbstständigkeit die Philosophin Hannah Arendt und deren Werk *Vita activa* zurate. Dabei zählt Meder selbst zu den Vordenkerinnen von CSR im Mittelstand und bewegt sich mit ihrer Streitschrift zu Kleinstunternehmen im Spannungsfeld gesellschaftlicher Gestaltung und persönlich erlebten Glücks. Mit scharfsinniger Beobachtungsgabe und gleichzeitig ermutigend spricht sie manchem Unternehmer aus der Seele.

Dr. Holger Petersen untersucht in seinem Beitrag Forschungsansätze zum Entrepreneurship auf die Frage hin, inwieweit klein zu bleiben unternehmerisch und nachhaltig sein kann. Der Wissenschaftler der Leuphana Universität Lüneburg sieht im nachhaltigen Unternehmertum eine Herangehensweise, die es Unternehmern gegenwärtig und in kommenden Generationen ermöglicht, unternehmerische Freiheiten zu entfalten. Dazu zählt Petersen schließlich die steuernde Einflussnahme auf das eigene Wachstum, mit der Option auch klein bleiben zu können. Nach seiner Auffassung entsprechen solche Optionen nicht nur der Grundidee einer nachhaltigen Entwicklung, sie spiegeln zugleich ein Kernanliegen des Entrepreneurships wider: die Suche nach Freiheit.

Prof. Dr. Niko Paech bildet den Abschluss des Buchs und eine in sich tief greifende Anschlussmöglichkeit, um CSR grundlegend zu hinterfragen. Als Begründer der Postwachstumsökonomik betrachtet er unternehmerische Nachhaltigkeit vor dem Hintergrund der Störanfälligkeit einer auf Wachstum beruhenden Ökonomie und geht dabei auch auf den als „Industrie 4.0" bezeichneten Strukturbruch ein. Paech führt die heutige Auffassung der Betriebswirtschaftslehre analytisch nüchtern durch ökologische und soziale Zukunftsszenarien. Dabei zeichnet er – vor allem für Mittelstand und Kleinstunternehmen – völlig neue Rollen sowie Lösungsansätze auf. In seinem Ausblick skizziert Paech jedoch ein mögliches gesellschaftliches Szenario, in dem der Sinn eines problemlösenden Unternehmertums neu buchstabiert werden muss.

Wolfgang Keck

Der Herausgeber

Wolfgang Keck, Jahrgang 1976, kam nach seiner kaufmännischen Ausbildung und Mitarbeit im Familienbetrieb ab 2004 in Wien als Leiter eines EU-Pilotprojekts zum Thema CSR. Mit dem *CSR Trainingshandbuch* legte er 2006 eine Pionierarbeit in der Fachliteratur zur beruflichen Qualifizierung in CSR und Nachhaltigkeit vor.

Infolge entwickelte Keck als Projektleiter bei der GILDE-Wirtschaftsförderung der Stadt Detmold die Wissensplattform www.csr-training.eu mit und unterstützte bundesweit kleine und mittlere Unternehmen bei der Erarbeitung eigener CSR-Strategien. Seit 2015 engagiert er sich mit der GILDE beim Aufbau des regionalen „CSR-Kompetenzzentrums OWL".

Den Deutschen Industrie- und Handelskammertag begleitete Keck bei der Konzeption und Einführung des Lehrgangs „CSR-Manager/in (IHK)". Er ist Dozent und Prüfer bei verschiedenen Bildungsträgern. Der Altop-Verlag veröffentlichte 2016 sein Tagebuch über Kleinstunternehmen mit dem Titel *7 Tage CSR vom Kleinsten*.

Inhaltsverzeichnis

Werteorientierte Führung und gesellschaftliche Verantwortung im Kleinstunternehmen 1
Matthias Schmidt

CSR-Management für Kleinstunternehmen – Handschlagzeiten sind vorbei: Gesellschaftliche Verantwortung in Kleinstunternehmen braucht Professionalität 13
Dennis Lotter

CSR für Einpersonenunternehmen 27
Elisabeth Gail und Leo Hauska

CSR in Mikrounternehmen – anständig wirtschaften: Ethik, Geschäftsmodell und die Gemeinwohl-Ökonomie 47
Gerd Hofielen

Mit verantwortlicher Unternehmensführung in Kleinstunternehmen Fachkräfte sichern 65
Norbert Zdrowomyslaw, Michael Bladt und Maximilian Schwarz

CSR-Beratung im Handwerk – Einblick in die Praxis 83
Gudrun Laufer und Christoph-Daniel Teusch

CSR-Kompetenz an Kleinstunternehmen vermitteln 99
Thorsten Brinkmann und Rolf Merchel

Mein Körper, mein Geist, meine Welt 111
Alexandra Hildebrandt

Innovationen vom Tellerrand: Die Rolle von Unternehmensgründerinnen in der Ökonomie nachhaltigen Wirtschaftens 125
Katja von der Bey und Ulrike Röhr

**Aus klein mach groß? Zur Bedeutung von Wachstum
für eine nachhaltige Entwicklung** 137
Tina Teucher

CSR in Kleinstunternehmen: Ehrensache! 155
Thorsten Grantner, Andrea Kaiser und Katja Schmidt

Kleinstunternehmen auf dem Weg zum CSR-Erfolg 173
Michael Barsakidis und Edzard Schönrock

Energie und Klimaschutz als CSR-Kernbereiche in Kleinstunternehmen 187
Axel Bader

Lernen von den Großen 199
Uwe Gotzeina und Uta Lewien

CSR – Kommunikation und Instrumente 215
Peter Heinrich

**Der Deutsche Nachhaltigkeitskodex:
Einstieg in die strategische Berichterstattung für alle** 235
Yvonne Zwick

**Wissen und Werte weitergeben: Nachhaltige Unternehmensnachfolge
in kleinen Handwerksbetrieben** 251
Gudrun Laufer und Peter Zierbock

**Die Sehnsucht, erkannt zu werden – oder: Vom erlebten Glück
der gesellschaftlichen Gestaltung** 261
Caroline Meder

**Freiheit im Kleinen. Warum es unternehmerisch und nachhaltig sein kann,
klein zu bleiben.** 269
Holger Petersen

Unternehmerische Nachhaltigkeit aus Sicht der Postwachstumsökonomik 287
Niko Paech

AutorInnenverzeichnis

Axel Bader Klimaschutzagentur Hannover, Hannover, Deutschland

Michael Barsakidis CSR Arena Hannover, Hannover, Deutschland

Michael Bladt Technologie- und Informationstransferstelle, Fachhochschule Stralsund, Stralsund, Deutschland

Thorsten Brinkmann GILDE Gewerbe- und Innovationszenrum Lippe-Detmold GmbH, Detmold, Deutschland

Elisabeth Gail Hauska & Partner GmbH, Wien, Österreich

Uwe Gotzeina Paderborn, Deutschland

Thorsten Grantner OmniCert Umweltgutachter GmbH, Bad Abbach, Deutschland

Leo Hauska Hauska & Partner GmbH, Wien, Österreich

Peter Heinrich HEINRICH GmbH, Agentur für Kommunikation (GPRA), Ingolstadt, Deutschland

Alexandra Hildebrandt Burgthann, Deutschland

Gerd Hofielen Humanistic Management Practices gGmbH, Berlin, Deutschland

Andrea Kaiser OmniCert Umweltgutachter GmbH, Bad Abbach, Deutschland

Gudrun Laufer Bildungs- und Technolgiezentrum (BTZ), Handwerkskammer Berlin, Berlin, Deutschland

Uta Lewien HR Manager Marketing, Weidmüller Interface GmbH & Co KG, Detmold, Deutschland

Dennis Lotter Studiendekan Sustainable Marketing & Leadership, Hochschule Fresenius Idstein, Idstein, Deutschland

Caroline Meder entwicklungsberatung für bau + kultur, Fürstenhof, Deutschland

Rolf Merchel GILDE Gewerbe- und Innovationszenrum Lippe-Detmold GmbH, Detmold, Deutschland

Niko Paech Oldenburg, Deutschland

Holger Petersen NORDAKADEMIE Hochschule der Wirtschaft, Elmshorn, Deutschland

Ulrike Röhr genanet - Leitstelle gender, Umwelt, Nachhaltigkeit, c/o GenderCC, Berlin, Deutschland

Katja Schmidt waldvorbäumen, Fürth, Deutschland

Matthias Schmidt Fachbereich I Wirtschafts- und Gesellschaftswissenschaften, Beuth Hochschule für Technik Berlin, Berlin, Deutschland

Edzard Schönrock prÄGNANT Nachhaltigkeit.Kommunikation.Schönrock, Hannover, Deutschland

Maximilian Schwarz Fachbereich Wirtschaft, Fachhochschule Stralsund, Stralsund, Deutschland

Tina Teucher Sustainable Matchmaker, c/o Impact Hub Munich, München, Deutschland

Christoph-Daniel Teusch Die VERBRAUCHER INITIATIVE e.V., Berlin, Deutschland

Norbert Zdrowomyslaw Fachbereich Wirtschaft, Fachhochschule Stralsund, Stralsund, Deutschland

Peter Zierbock ttp . Revisions- und Treuhandgesellschaft mbH Wirtschaftsprüfungsgesellschaft, Berlin, Deutschland

Yvonne Zwick Geschäftsstelle c/o GIZ, Rat für Nachhaltige Entwicklung, Berlin, Deutschland

Katja von der Bey WeiberWirtschaft eG, Berlin, Deutschland

Werteorientierte Führung und gesellschaftliche Verantwortung im Kleinstunternehmen

Matthias Schmidt

1 Werteorientierte Führung und Entwicklung

Eine Grundannahme der folgenden Überlegungen ist, dass jede Unternehmensführung werteorientiert ist. Entscheidungen und in der Folge auch Handlungen – oder auch bewusste Unterlassungen – sind geleitet von den Wertevorstellungen der Menschen, die in der Organisation Entscheidungen treffen und diese in Aktivitäten überführen. Dabei können diese Werte mehr oder weniger klar reflektiert und artikuliert sein. Unabhängig von ihrer Begründung können uns Werte Orientierung geben. Indem wir unsere Entscheidungen und Handlungen an unserem Wertesystem orientieren, können wir unseren Aktivitäten eine Richtung geben. Unsere Werte verweisen prinzipiell auf eine Art ideales Unternehmen, das wir zwar gerne verwirklichen würden, das wir aber aufgrund der harten Realitäten in der alltäglichen unternehmerischen Praxis niemals vollständig erreichen können.

Da wir Menschen Träger von Werten sind, spielen diese eine besondere Rolle in unserem Leben allgemein und in unseren verschiedenen Lebensbereichen im Besonderen. In unseren unterschiedlichen Rollen und Funktionen, sei es im gesellschaftlichen oder wirtschaftlichen Kontext, bringen wir unsere Wertehaltungen zum Ausdruck. Da nicht alle Menschen die gleichen Werte teilen, kommt es in Gemeinschaften und Organisationen – also auch in Unternehmen – zu einem Wettstreit unterschiedlicher Wertevorstellungen. Je pluralistischer dabei eine Organisation aufgestellt ist, desto diverser die Werte, die ihre Angehörigen vertreten.

Werteorientierte Führung und Entwicklung, wie ich sie verstehe, bestehen nicht darin, einen Katalog von Werten vorzugeben, die unbedingt verfolgt werden müssen, um wirt-

M. Schmidt (✉)
Fachbereich I Wirtschafts- und Gesellschaftswissenschaften, Beuth Hochschule für Technik Berlin
Luxemburger Str. 10, 13353 Berlin, Deutschland
E-Mail: mschmidt@beuth-hochschule.de

© Springer-Verlag GmbH Deutschland 2017
W. Keck (Hrsg.), *CSR und Kleinstunternehmen*,
Management-Reihe Corporate Social Responsibility, DOI 10.1007/978-3-662-53628-5_1

schaftlich erfolgreich oder ethisch korrekt zu sein – auch wenn dies ein Wunsch ist, der in Diskussionen über Unternehmensethik nicht selten verlautbart wird. Es ist nachgerade das Wesen einer werteorientierten Führung, dass sie die Vielfalt und Intensität unterschiedlichster Wertehaltungen von Menschen in Betracht zieht und in diesem komplexen Gefüge normativer Ansprüche eine Organisation entwickeln möchte. Wertebasierte Auseinandersetzungen zwischen Organisationsmitgliedern sind daher keine grundsätzlichen Ausnahmen, sondern konstitutiver Bestandteil des Führungs- und Managementgedankens.

Es ist die Aufgabe der Führung, zwischen unterschiedlichen Wertehaltungen der Organisationsangehörigen zu vermitteln und eigene Wertehaltungen anzubieten oder durchzusetzen. Je besser dabei die Akzeptanz und Passung der Wertehaltungen der Führungspersonen mit denen der anderen Organisationsangehörigen ist, desto reibungsfreier sollten gemeinsame zielorientierte Handlungen koordiniert werden können. Umgekehrt: Je geringer die Passung der Wertehaltungen ist, desto schwieriger und konfliktreicher wird die Umsetzung bestimmter Zielvorgaben in der Organisation.

Doch nicht nur im Innern der Organisation, also bei den unterschiedlichen Organisationsangehörigen, herrschen unterschiedliche Wertevorstellungen. Auch außerhalb der Organisation finden sich ein Pluralismus und eine Diversität an Werten wieder. So ist jede Organisation eingebettet in ein Umfeld, das aus Menschen besteht, die sich an unterschiedlichsten Werten orientieren und die diesen Werten in ihren jeweiligen Wirkungsbereichen Geltung verschaffen möchten. Entsprechend befindet sich die Organisation in einem Kräftefeld, das sie mit den unterschiedlichsten Akteuren, mit denen sie in wechselseitiger Verbindung steht, aufspannt. In diesem Feld von wechselseitigen Ansprüchen muss die Organisation geführt und entwickelt werden. Dabei sind die eigenen Entwicklungsperspektiven mit den bzw. gegen die Interessen der anderen Akteure in diesem Feld zu verwirklichen. Somit hängt die Möglichkeit der Organisationsentwicklung nicht nur vom inneren Vermögen der Organisation selbst ab, sondern ganz entscheidend auch von den Möglichkeiten, die durch das Zusammenspiel aller Akteure im besagten Feld, in das die Organisation eingebettet ist, zugelassen werden. Lineare, von oben geleitete Führung, etwa durch die Erstellung eines Planes, der schrittweise abzuarbeiten ist, kann in einem solchen Gefüge nicht funktionieren. Daher versteht sich werteorientierte Führung mehr als die Entwicklung der Organisation in einer komplexen Umwelt, die ihrerseits ganz entscheidend auf den Entwicklungspfad der betrachteten Organisation einwirkt und deren künftige Möglichkeiten bedingt. Dasselbe gilt im Inneren der Organisation für das Zusammenspiel der einzelnen Menschen in ihren unterschiedlichsten Funktionen und Aufgabenbereichen. Auch im Innern der Organisation wirken Kräfte und eben dadurch kann die Organisation hinsichtlich ihrer Angehörigen wiederum selbst als Kräftefeld verstanden werden. In diesen Kräftefeldern versuchen die einzelnen Akteure – sowohl innerhalb als auch außerhalb der Organisation – Entscheidungen und Handlungen durchzusetzen, die von ihren Werten geleitet werden. Das kann Ihnen, je nachdem, in welchen Machtdispositionen Sie sich befinden, mehr oder weniger gut gelingen.

2 Einfluss des gesellschaftlichen Diskurses auf die Organisationsentwicklung

Woher die unterschiedlichen Wertevorstellungen innerhalb und außerhalb des Unternehmens kommen, sei an dieser Stelle nicht weiter betrachtet. Ganz egal welcher Weltanschauung und welchen Sozialisierungsprozessen die Wertehaltungen der einzelnen Menschen entspringen und wie sie begründet sind, entscheidend für die Organisationsentwicklung ist zunächst einmal, dass sich jede Organisation im Kontext pluraler und diverser Wertevorstellungen befindet. Ich möchte den Blick vielmehr auf thematische Zusammenhänge richten, in denen sich die Organisation ebenfalls befindet und auf die die Wertevorstellungen der einzelnen Akteure sich beziehen. So werden zu bestimmten Zeiten bestimmte Themen diskutiert, die gleichsam die Hintergrundfolie bilden, vor der alle weiteren organisationalen und unternehmerischen Entscheidungen getroffen werden. Dies kann bewusst oder unbewusst geschehen, die Themen jedenfalls sind da und sie werden in einem gesamtgesellschaftlichen Diskurs verhandelt. Jede Organisation muss folglich auf die verhandelten Themen auf ihre je eigene Weise Bezug nehmen und eigene organisationale Antworten darauf finden.

Um dies an einem Beispiel zu verdeutlichen: Ein großes Thema, das viele Unternehmen in den letzten Jahren und auch in den kommenden Jahren betrifft, ist der demografische Wandel. Die Tatsache, dass sich die Altersstruktur unserer Gesellschaft verändert, hat sowohl Auswirkungen auf die Mitarbeiterstruktur innerhalb der Organisation als auch auf die Kundenstruktur außerhalb der Organisation. Der vielzitierte Fachkräftemangel, oder doch zumindest das Mismatch zwischen Stellenangebot und Stellennachfrage, muss in irgendeiner Weise von jedem Unternehmen organisiert werden, und zwar mit Blick auf seinen unternehmerischen Auftrag. Ob es nun spezielle Programme für sogenannte ältere Mitarbeitende entwickelt oder ob es seinen Standort in Regionen mit einer durchschnittlich jüngeren Arbeiterschaft verlagert, hängt von seinen organisationalen Möglichkeiten, aber auch von seinen Werten ab. Egal in welcher Weise ein Unternehmen auf dieses gesamtgesellschaftliche Thema des demografischen Wandels reagiert, es muss sich dazu verhalten und kommt nicht daran vorbei. Gleiches gilt für andere Themen, die in der Gesellschaft verhandelt werden. Man denke etwa an die aktuelle Flüchtlingsdebatte, die ebenfalls Auswirkungen auf Unternehmen hat, oder an Fragen der Ressourcen und Energieeffizienz, der Digitalisierung, der Mobilität, der Globalisierung, um nur einige zu nennen. Nicht jede Organisation wird auf jedes dieser exemplarisch genannten Themen in gleich starker Weise reagieren müssen. Dennoch kann konstatiert werden, dass diese Themen für alle Unternehmen und Organisationen in irgendeiner Weise virulent sind und jede Organisation aufgefordert ist, auf ihre individuelle und spezifische Weise sich zu diesen Themen zu verhalten.

Die Teilnahme einer Organisation an diesem gesamtgesellschaftlichen Diskurs ist dabei nicht passiv oder rein reaktiv. Im Gegenteil: Organisationen können sich strategisch mit der Frage befassen, welche Themen besonders intensiv verhandelt werden, welche Themen perspektivisch den Diskurs bestimmen werden, welche Themen künftig abgeschwächt oder auch verstärkt eine Rolle spielen werden. Durch dieses Screening können sich Unternehmen zukunftsfähig aufstellen, indem sie bestimmte Strukturen, Programme oder auch Einzelmaßnahmen aufbauen. Ein solches proaktives Verhalten einer Organisation ist zugleich immer auch schon eine Beteiligung an diesem Gesamtdiskurs. Daraus wird deutlich, dass der Diskurs nicht rein verbal geführt wird, sondern auch auf der Ebene von Aktivitäten und Verhalten. Die Aktivitäten einer Organisation sind sozusagen eine Antwort auf die Herausforderungen, die sich aus der thematischen Hintergrundfolie, die der gesamtgesellschaftliche Diskurs bietet, bildet; und sie sind zugleich eine implizite Aufforderung an andere Diskursteilnehmer, ihrerseits eine Antwort zu geben.

3 Reflexive Verantwortung

Antwort zu geben kann bereits als Teil einer Verantwortungsstruktur verstanden werden: Eine Person A stellt einer anderen Person B die Frage, warum sie das eine tut und etwas anderes unterlässt. Mit dieser Frage ist der Anspruch verbunden, eine Antwort zu bekommen. Person B soll sich also auf die Frage von Person A hin *ver*-antworten. Das entscheidende kleine Fragewort dabei ist das Wort „warum", mit dem nach den Gründen gefragt wird, die der Entscheidung zum Handeln oder Unterlassen zugrunde liegen. Und auch hier spielen wieder Werte eine Rolle, da sie eng mit den Gründen – genauer gesagt: mit den sogenannten Begründungszusammenhängen – verbunden sind.

Bezogen auf die gesellschaftlichen Themen, die drängend sind und auf die jede Organisation eine spezifische Antwort geben muss, gilt dasselbe. Eine erste, aber sehr wesentliche Antwort in diesem gesellschaftlichen Diskurs sind beispielsweise die Auswahl und die Priorisierung der Themen, die eine Organisation aus der Gesamtheit der diskutierten Themen für sich als relevant erachtet. Wenngleich der gesellschaftliche Diskurs den Hintergrund bildet, vor dem jede Organisationsentwicklung stattfindet und in dessen Zusammenhänge jede Organisation eingebunden ist, muss gleichwohl nicht jede Organisation jedes Thema für sich als relevant erachten. Wenn also beispielsweise ein Unternehmen über keine globalen Verflechtungen verfügt und auch keine Lieferkette hat, über die es Vorprodukte aus Entwicklungsländern bezieht, dann dürfte die Frage nach der Ausbeutung von Billigarbeitskräften, etwa im Bereich der Textilherstellung oder im Bereich des Abbaus von seltenen Erden, keine Relevanz haben.

Die Zusammenhänge zwischen den Themen, die im gesellschaftlichen Diskurs – dem Societal Discourse – verhandelt werden, und den Reaktionen einer Organisation darauf sind in Abb. 1 als reflexiver Verantwortungsprozess dargestellt. Die virulenten Themen haben in ihrer Bedeutung für die künftige gesellschaftliche Entwicklung eine besondere Transformationskraft, die auch auf die Organisationen einwirkt. Umgekehrt können Unternehmen durch ihre individuelle organisationale Ausprägung, die sich beispielsweise in der Management-, der Unternehmenskultur, der strategischen Ausrichtung oder in den Produkten spiegelt, in spezifischer Weise auf diese Themen einwirken. So verstanden, findet ein permanentes, sich wechselseitig verstärkendes Aufeinandereinwirken von ge-

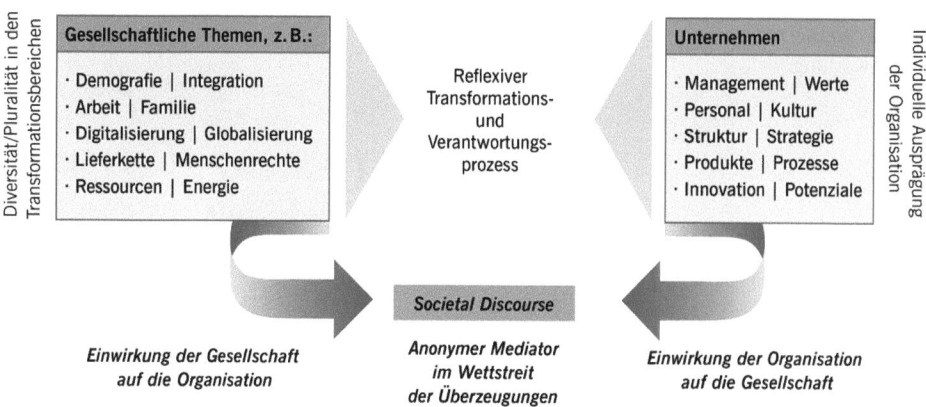

Abb. 1 Gesellschaftlicher Diskurs als reflexiver Verantwortungsprozess. (Abbildung mit freundlicher Genehmigung von © IWU Berlin 2016, all rights reserved)

sellschaftlichen Themen auf die Organisation und von den Maßnahmen der Organisation auf die gesellschaftlichen Themen statt.

Welche Themen in besonderer Weise für eine Organisation relevant sind, hängt nicht zuletzt von ihrem Auftrag ab. Unternehmerisch gesprochen bedeutet das, dass in erster Linie das *Kerngeschäft* maßgeblich dafür ist, welche Themen relevant sind und welche nicht. Denn vor allem für seine Produkte und die Art und Weise seiner Leistungserstellung wird sich ein Unternehmen im gesellschaftlichen Gefüge, in dem es sich bewegt, *ver*-antworten müssen. Das bedeutet also, dass nicht jedes Unternehmen dieselbe Verantwortung innehat, sondern dass unterschiedliche konkrete Verantwortungen sehr unterschiedlich ausgeprägt sind. Ein weiterer Aspekt, der bei der Auswahl der relevanten Themen von Bedeutung ist, ist der *Kern-Impact*. Damit meine ich Einwirkungen auf das gesellschaftliche Umfeld, die nicht unmittelbar, sondern allenfalls mittelbar mit dem Kerngeschäft verbunden sind. Das könnte beispielsweise die Schaffung von Infrastruktur sein, die mit der Errichtung einer Produktionsanlage in einer ländlichen Region verbunden ist; hier könnten die Themen Mobilität und Umweltschutz relevant werden, ohne dass sie direkt am Kerngeschäft hängen müssen. Und last, but not least sind auch die *Kernwerte* eines Unternehmens entscheidend dafür, welche Themen des gesamtgesellschaftlichen Diskurses es für sich als relevant erachtet. Denn wenn zum Beispiel dem Thema Umwelt in einer Organisation ein besonderer Wert beigemessen wird, aber das Kerngeschäft damit wenig in Verbindung steht, dann ist zu vermuten, dass die Organisationsangehörigen sich dennoch sehr umweltfreundlich verhalten und so dem Unternehmen ein entsprechendes Profil geben werden.

Man kann festhalten, dass die Auswahl der relevanten Themen, für die Verantwortung zu übernehmen ist, an den Dreiklang von Kerngeschäft, Kern-Impact und Kernwerten gebunden ist. Da es sich hierbei um einen reflexiven Zusammenhang zwischen Organisation und gesamtgesellschaftlichem Diskurs handelt, entsteht auch ein reflexiver Verantwortungszusammenhang – ein reflexives Spiel in der Frage- und Verantwortungsstruktur.

Abb. 2 Kernelemente der Verantwortung

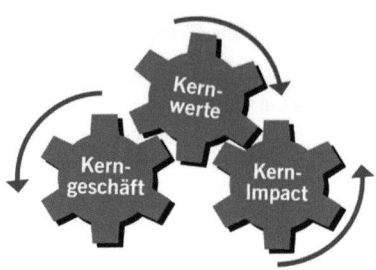

Analog kann daraus gefolgert werden, dass es eine Kernverantwortung einer Organisation gibt, die sich genau aus diesen drei Elementen Kerngeschäft, Kern-Impact, Kernwerte (s. Abb. 2) bildet.

4 Corporate Social Responsibility – Was kann das sein?

Was bedeuten nun die geschilderten diskursiven und rekursiven Zusammenhänge für die konkrete und institutionalisierte Übernahme von gesellschaftlicher Verantwortung eines Unternehmens? Was also wäre eine professionelle Corporate Social Responsibility?

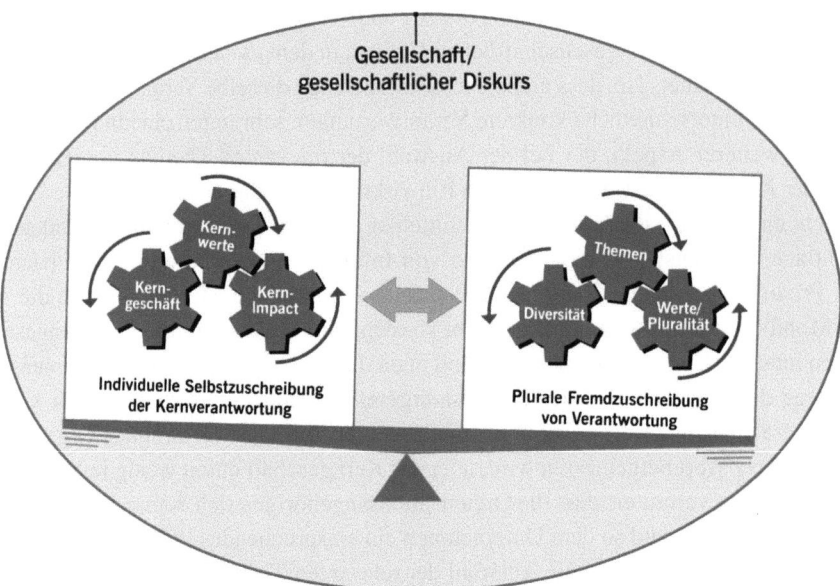

Abb. 3 Verantwortung als Balanceakt. (Abbildung mit freundlicher Genehmigung von © IWU Berlin 2016, all rights reserved)

Zunächst einmal muss ein Unternehmen, wie bereits beschrieben, grundsätzlich dazu fähig sein, Antworten auf virulente Themen zu geben. Unabhängig davon, ob eine konkrete Frage direkt an das Unternehmen adressiert ist, muss es in der Lage sein, die Themen, die in besonderer Weise verantwortungsrelevant sind, für sich zu erkennen. Es muss also wissen, in welchen grundsätzlichen Verantwortungszusammenhang es eingebunden ist. Dies ergibt sich zum einen aus der oben beschriebenen Kernverantwortung, die zunächst eine Form der Selbstzuschreibung von Verantwortung darstellt. Zugleich aber gibt es eine Fremdzuschreibung von Verantwortung, die von außen an das Unternehmen herangetragen wird. Sie entsteht gleichsam als Außeneinwirkung auf das Unternehmen in dem Kräftefeld, in dem es sich befindet. Die Herausbildung und Gestaltung der professionellen Unternehmensverantwortung bestehen darin, einen Abgleich und eine Balance zwischen der eigenen Vorstellung der Verantwortlichkeit (Selbstzuschreibung der Kernverantwortung) und der fremden Vorstellung der Verantwortlichkeit (Fremdzuschreibung) vorzunehmen. Abb. 3 verdeutlicht diese Zusammenhänge.

4.1 Sind CSR und Verantwortung nicht dasselbe?

Grundsätzlich kann man an dieser Stelle nun fragen: Wozu es überhaupt so etwas wie eine Corporate Social Responsibility braucht, wenn doch ein Unternehmen ohnehin in diskursiven Zusammenhängen steht, aus denen inhärent ein Verantwortungszusammenhang entsteht? Wäre das nicht dasselbe? Auf Basis der bisherigen Überlegungen kann man diese Frage durchaus bejahen: Ob ich nun von diskursiven gesellschaftlichen Zusammenhängen spreche, die als Verantwortungszusammenhang beschrieben sind, oder ob ich schlichtweg die Bezeichnung Corporate Social Responsibility dafür verwende (was zunächst nichts anderes als eine Übersetzung von „gesellschaftlicher Verantwortung einer Organisation" ins Englische ist), sollte doch unerheblich sein. Auf der grundsätzlichen theoretischen Ebene scheint die Erklärung einfach zu sein. Ob ich CSR als etwas begreife, das über das eigentliche ökonomische Denken und Streben in meinem Unternehmen hinausgeht, oder ob ich gesellschaftliche Verantwortung als einen inhärenten Zusammenhang begreife, in dem jegliche ökonomische Tätigkeit eingebettet ist, hängt davon ab, in welchem Zusammenhang ich Wirtschaft und Gesellschaft sehe. Wenn ich in einem neoklassischen Sinne ein Unternehmen als weitgehend losgelöst von gesellschaftlichen Zusammenhängen verstehe, dann macht es freilich Sinn, den Blick über den Tellerrand zu richten und auch gesellschaftliche und ökologische Aspekte in der Unternehmenstätigkeit einzufordern. Wenn ich aber – wie es in dem vorliegenden Ansatz der Fall ist – jede Organisation als einen integrativen Bestandteil gesamtgesellschaftlicher Zusammenhänge verstehe, dann ist jeder Organisation (also auch jedem Unternehmen) Verantwortung für gesellschaftsrelevante Themen unmittelbar eingeschrieben. Dafür wiederum muss kein eigener Begriff à la CSR strapaziert werden.

4.2 CSR als konkrete Verwirklichung der Verantwortung

Als Erklärung dafür, dass Unternehmen in einer gesellschaftlichen Verantwortung stehen, die über das eigentliche betriebswirtschaftliche Geschehen hinausgeht, ist der Begriff CSR unnötig. Die Vorstellung von reflexiven Verantwortungszusammenhängen, wie ich sie oben beschrieben habe, reicht dafür bei Weitem hin und braucht keine weitere Überschrift, wie sie CSR darstellt. Der nackte Begriff „Verantwortung" sagt hier alles aus, was es konzeptionell zu sagen gibt.

Dennoch kann es im theoretischen Zusammenhang einer reflexiven Verantwortung sinnvoll sein, auch CSR als Begriff in einem Unternehmen zu verwenden, dann nämlich, wenn man von einer allgemeinen Erklärung zu konkreten Verfahren und Maßnahmen innerhalb der Organisation kommen möchte. CSR wäre in diesem Sinne also kein grundsätzlicher Erklärungs- und Begründungszusammenhang, sondern vielmehr die Bezeichnung für die spezifische Umsetzung und Konkretisierung der Verantwortlichkeit eines Unternehmens in seiner alltäglichen Praxis. Der Begriff CSR würde also auf einer anderen Ebene verwendet werden als der grundsätzliche Begriff der reflexiven Verantwortlichkeit. Ganz im Sinne etwa auch der Definition der europäischen Kommission, die CSR als Verfahren beschreibt, mit dem es außerökonomische Aspekte zu integrieren gilt, kann auch in der Vorstellung eines reflexiven Verantwortungszusammenhangs CSR als ein Verfahren verstanden werden. Es geht also hierbei nicht in erster Linie um theoretische Begründungen, sondern um die grundsätzliche Akzeptanz, dass das Unternehmen in einer Verantwortung steht, die über die betriebswirtschaftlichen Notwendigkeiten hinausgeht.

Selbstverständlich muss zwischen den konkreten Maßnahmen und Verfahren der CSR eines Unternehmens einerseits und der grundlegenden Verantwortlichkeit, in der es sich sieht, andererseits ein kohärenter Zusammenhang bestehen. Denn nur so können die CSR-Maßnahmen ein Spiegel und eine Verwirklichung der grundsätzlichen Vorstellung von Verantwortlichkeit der Organisation sein. Ich möchte also festhalten: Es gibt eine Ebene der Begründung von reflexiver Verantwortlichkeit und es gibt eine andere Ebene, auf der unter dem Begriff CSR eben diese abstrakte Verantwortung konkretisiert und unternehmensspezifisch umgesetzt wird. Wenn also die Frage der Abschnittsüberschrift lautet „Was kann CSR sein?", dann lautet die Antwort: CSR ist die spezifische Art und Weise, wie eine Organisation ihre Verantwortung in ihrer Alltagspraxis konkret lebt und in Maßnahmen, Programmen und auch Strukturen verwirklicht.

5 CSR und Kleinstunternehmen

Vor dem Hintergrund einer werteorientierten Unternehmensführung und Entwicklung, aus denen sich eine reflexive Verantwortung von Organisationen und Gesellschaft ergibt, spielt es zunächst einmal keine Rolle, ob man ein Großunternehmen oder ein Kleinunternehmen betrachtet. Die grundsätzlichen Zusammenhänge sind dieselben. Das betrachtete Unternehmen ist in ein Umfeld eingebettet, in dem es auf diverse Themen und Wertevorstellungen trifft. Zu diesen muss es sich verhalten. Mit anderen Worten: Jede Organisation steht, unabhängig von ihrer Größe und von ihrem Auftrag, in einem reflexiven Verantwortungszusammenhang, aus dem es sich nicht herauslösen kann. Darin sind sich größte und kleinste Unternehmen gleich. Aussagen, wie etwa „gerade Großunternehmen stehen in einer besonderen gesellschaftlichen Verantwortung" oder „gerade Kleinstunternehmen nehmen aufgrund der Person des Unternehmers schon immer eine besondere Verantwortung wahr", sind auf dieser Ebene nicht zu halten.

5.1 Keine geringere Verantwortung per se

Der Unterschied zwischen unterschiedlichen Unternehmensgrößen spielt sich folglich auf einer anderen Ebene ab, auf der Ebene der Konkretisierung. Bezogen auf die Themen des gesellschaftlichen Diskurses, zu denen sich eine Organisation konkret verhalten muss, wird das Spektrum erheblich variieren. Denn Kleinstunternehmen werden aufgrund ihrer vergleichsweise geringeren Geschäftstätigkeit mit weniger Themen effektiv in Berührung kommen als Großunternehmen, die global agieren und transnational Niederlassungen unterhalten. Man kann natürlich nicht behaupten, dass Kleinstunternehmen per se von bestimmten Themen ausgeschlossen sind, nur weil sie kleiner sind als andere Unternehmen. Wenn also ein Einpersonenbetrieb beispielsweise zur Aufrechterhaltung seines Kerngeschäfts eine sehr lange Lieferkette auch in Billiglohnländer hat, in denen gegebenenfalls unter fragwürdigen Bedingungen gearbeitet wird, dann sind für diesen Kleinstbetrieb die Themen Menschenrechte und Arbeitssicherheit genauso virulent wie für ein wesentlich größeres Unternehmen. Ein Zurückweisen dieser Verantwortlichkeit mit der Begründung, dass man selbst doch viel zu klein sei, um etwas zu ändern, und dass das doch bitte die Großen machen sollen, wäre nicht haltbar. Dasselbe gilt prinzipiell für alle anderen Themen, für die Verantwortung eingefordert werden kann, auch.

Die Art und Weise also, wie ein Kleinstunternehmen seine Kernverantwortung zu bestimmen hat, unterscheidet sich nicht von größeren Unternehmen. Auch bei einem Kleinstunternehmen ist zunächst zu prüfen, was sein Kerngeschäft ist und welche Themen, wenn man sie daran bemisst, besonders verantwortungsrelevant sind. Entsprechend verhält es sich mit dem Kern-Impact; denn auch für ein Kleinstunternehmen ist zu prüfen, welche Einwirkung seine Geschäftstätigkeit über das eigentliche Kerngeschäft hinaus auf das gesellschaftliche Umfeld hat, in das es eingebettet ist. Und schließlich hängt die Verantwortung, die das Kleinstunternehmen sich selbst zuschreibt, auch von den Werten ab, die hier vertreten sind.

Im Hinblick auf die Grundkonzeption der Verantwortlichkeit im gesellschaftlichen Zusammenhang gibt es somit keinen Unterschied zwischen Groß- und Kleinunternehmen. Etwas anders sieht es allerdings bei der Ausprägung der konkreten Verantwortung aus, die man, wie oben beschrieben, unter der Überschrift Corporate Social Responsibility im Sinne einer gelebten und konkret verwirklichten Verantwortungsübernahme fassen kann. Wie bereits gesagt, werden das Spektrum und der Radius der konkreten Verantwortlichkeit aller Voraussicht nach mit der Größe des Unternehmens zunehmen, besonders dann, wenn aufgrund der schieren Größe notwendigerweise auch die Themenvielfalt zunehmen muss. So liegt es auf der Hand, dass in einem Einpersonenunternehmen, also der kleinsten Form des Kleinstunternehmens, das Thema Diversität und in der Folge die Frage der Gerechtigkeit oder Mitbestimmungsrechte der Belegschaft logischerweise keine unmittelbare Rolle spielen kann. In einem Großunternehmen hingegen müssen diese Themen allein schon aufgrund der schieren Anzahl der Mitarbeitenden, die niemals nur eine homogene Gruppe sein können, eine wichtige Rolle spielen. Ähnlich dürfte es sich mit der Einwirkung des Unternehmens auf sein Umfeld verhalten, die über die engere Geschäftstätigkeit hinausgeht. Auch hier ist zu vermuten, dass diese Einwirkung mit zunehmender Größe der Organisation umfassender wird.

Anders dürfte es allerdings bei den Werten aussehen, die ein Unternehmen vertritt. Während ein Großunternehmen sehr viele Menschen mit durchaus unterschiedlichen Wertehaltungen umfasst, kann ein Kleinunternehmen hinsichtlich der Wertehaltungen seiner Mitarbeitenden sehr homogen aufgestellt sein. Im Extremfall des Kleinstunternehmens, also in der Einpersonenorganisation, hängen die Werte der Organisation unmittelbar an der Person des Unternehmers. Hier kann es allenfalls zu wertebasierten Spannungen in der Person kommen, aber nicht zwischen Angehörigen der Organisation. Unter der Annahme, dass die Person des Einzelunternehmers seine Werte reflektiert hat und sich ihrer bewusst ist, verfügt das Kleinstunternehmen über ein eindeutiges Werteprofil, das mit den Wertehaltungen der dahinterstehenden Person identisch ist. Je größer die Zahl der Organisationsangehörigen ist, desto größer ist prinzipiell die Wahrscheinlichkeit, dass Wertehaltungen nicht eindeutig sind, sodass die Gefahr besteht, dass es zu einer wertebasierten Entfremdung zwischen den Mitarbeitenden und dem Unternehmen kommt. Denn die Wahrscheinlichkeit, dass die Wertesysteme der Organisation und eines einzelnen Mitarbeitenden nicht hinreichend deckungsgleich sind, steigt.

5.2 Reflexion statt Programme

Mittlerweile unterhalten die meisten Großunternehmen eigene Abteilungen oder zumindest Stabsstellen, die für Corporate Social Responsibility zuständig sind. Ihre Aufgabe ist es, Programme und Maßnahmen für das Unternehmen zu entwickeln oder doch zumindest mit den Stakeholdern des Unternehmens in Kontakt zu sein und seine CSR zu vertreten. Je größer das Unternehmen, desto professioneller ist in der Regel seine CSR organisiert. Im Umkehrschluss bedeutet das, dass die CSR von Kleinstunternehmen meist recht wenig professionalisiert ist. Doch da die Verantwortlichkeit des Kleinstunternehmens nahezu allein am Inhaber oder an einer sehr kleinen Gruppe von Personen hängt, ist die Professionalisierung von Programmen und beständigen Maßnahmen einer festgeschriebenen CSR-Strategie auch nicht nötig. Denn sofern die Wertehaltungen der sehr wenigen Mitglieder des Kleinstunternehmens reflektiert und stimmig sind, sind alle gesellschaftsbezogenen Handlungen und Aktivitäten, die über das eigentliche Geschäft hinausgehen, bereits die CSR dieses Unternehmens. Auch wenn in der Praxis CSR-Maßnahmen in Kleinunternehmen oft nach dem Gießkannenprinzip erfolgen, schmälert dies deren Wert und Bedeutung nicht. Viel wichtiger ist es zu erkennen, dass auch ein Kleinstunternehmen, wie alle Unternehmen jedweder Größe, eine spezifische Kernverantwortung innehat, der es sich nicht entziehen kann und die im Alltagshandeln verwirklicht werden muss. Dass dabei die persönlichen Werte der wenigen Beteiligten in einem besonderen Maße Einfluss ausüben, liegt in der Natur eines Kleinstunternehmens. Werteorientierte Führung und gesellschaftliche Verantwortung eines Kleinstunternehmens bedeuten daher weniger den systematischen Aufbau von CSR-Strukturen und Programmen für das Unternehmen als vielmehr die Notwendigkeit, dass die einzelnen Unternehmensangehörigen die persönlichen Werte, die sie sehr unmittelbar in die Geschäftstätigkeit einbringen und in ihrem Handeln verwirklichen, auch reflektieren. Der gesellschaftliche (Verantwortungs-)Diskurs und das Kerngeschäft sind dafür die wesentlichen Maßgaben, auf die sich die wertebasierte Reflexion beziehen muss. In welchem Ausmaß der Diskurs schließlich auch von einem Kleinstunternehmen mitgestaltet werden kann, hängt von der kommunikativen und meinungsbildenden Reichweite des Unternehmens ab. So kann beispielsweise das Einpersonenunternehmen eines unabhängigen und gefragten Journalisten wesentlich größere Impulse in die Gesellschaft geben als ein mittelgroßes Unternehmen, das in unauffälliger Weise unkritische Produkte herstellt.

Weiterführende Literatur

Schmidt M (2016) Reichweite und Grenzen unternehmerischer Verantwortung. Perspektiven für eine werteorientierte Organisationsentwicklung und Führung. GablerSpringer, Wiesbaden

Prof. Dr. Matthias Schmidt (1967) forscht, lehrt und berät zu Fragen der gesellschaftlichen Herausforderungen an ein zeitgemäßes Management und der daraus resultierenden Verantwortung bei der Führung und Organisationsentwicklung. Er ist u.a. Professor für Unternehmensführung an der Beuth Hochschule für Technik Berlin und assoziiertes Mitglied des Instituts für Diversitätsforschung an der Georg-August-Universität Göttingen sowie Geschäftsführer des Instituts für werteorientierte Unternehmensführung (IWU Berlin). Schmidt ist einer der Gründer und Direktoren der Transatlantic Doctoral Academy on Corporate Responsibility (Deutschland, Schweiz, Kanada, Brasilien) und Leiter des Berliner Forums für Wirtschaft, Verantwortung und Gesellschaft. Studium der Betriebswirtschaftslehre und Promotion in Philosophie; Coachingausbildung. www.MatthiasSchmidt.Berlin.

CSR-Management für Kleinstunternehmen – Handschlagzeiten sind vorbei: Gesellschaftliche Verantwortung in Kleinstunternehmen braucht Professionalität

Dennis Lotter

1 Gesellschaftliche Verantwortung und die Besonderheit in Kleinstunternehmen

Eigentümergeprägte Kleinstunternehmen gelten als bescheiden, agieren leise im Hintergrund, sind meist nah am Kunden und gleichzeitig traditionellen Werten verbunden. Sie haben sich trotz der voranschreitenden Dynamik des wirtschaftlichen Strukturwandels weitestgehend behauptet und spielen nach wie vor eine bedeutende ökonomische und gesellschaftliche Rolle in den Volkswirtschaften der Europäischen Union. Es sind die enge Verflechtung und Verbundenheit des Unternehmers mit seinem Kleinbetrieb, die diesem Unternehmenstypus seinen spezifischen Charakter verleihen. Diese Symbiose speist sich aus fundamental unterschiedlichen Systemperspektiven: dem Unternehmer und seinem familiären Umfeld, wo familiäre Regeln und verantwortungsethische Aspekte eine besondere Rolle spielen, und dem Betrieb, wo nach wirtschaftswissenschaftlichen Standpunkten eher harte ökonomische Regeln und Entscheidungsmuster dominieren. Die Unternehmensperspektive reduziert grundsätzlich die Beziehung der Akteure auf eine Mittel-Zweck-Gemeinschaft zur Erfüllung des unternehmerischen Gewinnprinzips. Dazu ist es erforderlich, zweckrationale Entscheidungen zu treffen, marktorientierte Produkte und Leistungen zu entwickeln und kundenorientierte Prozesse zu gestalten. Aus der Perspektive der Eigentümer läuft dieser Interaktionsprozess nicht auf einer rein sachlichen Ebene ab. Der Umgang mit familiären Mitarbeitern ist häufig weniger durch Effizienz und Leistungskriterien geprägt als vielmehr durch Familienwerte, wie Fürsorge, Gleichheit und Gerechtigkeit. Wesentliche Strukturmerkmale des Unternehmenstypus zeichnen sich durch einen familiären Charakter aus, wie beispielsweise die Tendenz zur informellen mündlichen Kommunikation, die Vermeidung von formalisierten Strukturen oder die Art

---

D. Lotter (✉)
Studiendekan Sustainable Marketing & Leadership, Hochschule Fresenius Idstein
Limburger Str. 2, 65510 Idstein, Deutschland
E-Mail: dennis.lotter@hs-fresenius.de

© Springer-Verlag GmbH Deutschland 2017
W. Keck (Hrsg.), *CSR und Kleinstunternehmen*,
Management-Reihe Corporate Social Responsibility, DOI 10.1007/978-3-662-53628-5_2

und Weise der Rekrutierung. Familiäre Argumentationspositionen ersetzen oft zweckrationale ökonomische Argumente im Unternehmen und vice versa im familiären Umfeld. Im Rahmen unserer empirischen Arbeiten zu familiengeprägten Unternehmern und gesellschaftlicher Verantwortung konnten wir herausfinden, dass familienbeeinflusste Unternehmen aus einem traditionellen Selbstverständnis heraus seit Generationen eine gelebte gesellschaftliche Verantwortung praktizieren, ohne jemals von dem Begriff Corporate Social Responsibility gehört zu haben. Redlichkeit, Integrität und die Handschlagqualität eines ehrbaren Kaufmanns waren schon immer bedeutende Themen. Insofern ist es kaum verwunderlich, dass sich gerade Kleinstunternehmer mit zahlreichen Aktivitäten für ihr Umfeld und ihre Mitarbeiter einsetzen. Das Engagement erfolgt dabei allerdings noch oft nach dem Gießkannenprinzip: spontan, sporadisch und unkoordiniert. Der Einsatz für die Gesellschaft wird darüber hinaus noch oft von der Geschäftstätigkeit losgelöst betrachtet. Die gesellschaftliche Verantwortung fußt überwiegend auf einer ethisch-moralischen Überzeugung. Ökonomische Vorteile, die sich durch die professionelle Verbindung von Geschäft und gesellschaftlicher Verantwortung für das Unternehmen selbst ergeben können, bleiben noch weitgehend unbeachtet. Hier werden momentan noch Chancen für die eigene Zukunft vertan. Wird das Engagement professionell geplant und langfristig in die Unternehmensstrategie integriert, so profitiert nicht nur die Gesellschaft davon, sondern auch das Unternehmen selbst. Viele internationale Konzerne haben dies bereits erkannt und ganze Stabsstellen oder sogenannte CSR-Manager implementiert. Und auch in der Betriebswirtschaftslehre haben sich in den letzten Jahren Ansätze entwickelt, die aufzeigen, wie soziale, gesellschaftliche und ökologische Aspekte in die strategische Unternehmensführung integriert werden können. An dieser Stelle sei nochmals darauf hingewiesen: Was die großen Konzerne vollmundig als Corporate Social Responsibility oder kurz CSR bezeichnen, ist für den „ehrbaren Kaufmann" aus dem Mittelstand nahezu Tagesgeschäft. Neu ist hingegen die Professionalisierung in der Umsetzung des gesellschaftlichen Engagements. Die Zeiten, in denen gesellschaftliche Verantwortung durch Handschlag besiegelt und ad hoc realisiert wird, sind nicht mehr hinreichend: Gesellschaftliche Verantwortung in Kleinstunternehmen braucht endlich Professionalität, um ihr gewinnbringendes Nutzenpotenzial zu entfalten.

2 Vom Aktionismus zum strategischen CSR-Management

Der Grund für die herausragende Bedeutung eines professionellen CSR-Managements für den nachhaltigen Erfolg eines Betriebs ist in der engen Verbindung zwischen Gesellschaft und Firma zu finden. Der altbekannte Standpunkt, Betriebe seien alleine für die Gewinnmaximierung zuständig und gesellschaftliche Anliegen sollten von anderen Instanzen bewältigt werden, lässt sich heute nicht mehr halten. Unternehmen und Gesellschaft sind nicht zwei voneinander losgelöste Bereiche. Im Gegenteil, zwischen ihnen besteht eine starke gegenseitige Abhängigkeit.

Möchte ein Kleinstunternehmen erfolgreich sein, so benötigt es dazu eine funktionierende Gesellschaft, z. B. ausgebildete und produktive Mitarbeiter, geregelte Eigentumsverhältnisse oder Konsumenten, die Produkte und Dienstleistungen nachfragen. Umgekehrt ist eine, sich fortentwickelnde Gesellschaft nicht ohne den Erfolg von Kleinstbetrieben möglich. Bleibt der Gewinn der Unternehmen aus, so sinken die Löhne, die Wettbewerbsfähigkeit schwindet und es werden Arbeitsplätze abgebaut. Unternehmen und Gesellschaft – beide können ohne einander nicht leben und beide beeinflussen sich gegenseitig fortwährend.

Gesellschaftliche Trends und Entwicklungen sind ausschlaggebend dafür, in welcher Form ein Betrieb überhaupt seine langfristige Strategie verfolgen kann – und die Entwicklungstendenzen der letzten Jahrzehnte schreien geradezu nach strukturierter Übernahme gesellschaftlicher Verantwortung. Sei es die Globalisierung und die damit einhergehende ordnungspolitische Lücke, die eine Verantwortungsübernahme entlang der Zulieferkette verlangt, der demografische Wandel, der zu einem Fachkräftemangel führt, oder der Verbrauchertrend hin zu ethisch korrekten Produkten – gesellschaftliche Verantwortung ist nötiger und gleichzeitig wirtschaftlich erfolgversprechender denn je. Wird Corporate Social Responsibility konsistent mit dem Kerngeschäft verknüpft, so ergeben sich einzigartige Chancen für Kleinstbetriebe wie für Konzerne.

Nahezu jeder Prozess im Unternehmen hat Auswirkungen auf die umliegende Gesellschaft – sei es der Verbrauch von Ressourcen, der Umgang mit Mitarbeitern oder das fertige Endprodukt und seine Vermarktung. Jeder Berührungspunkt zwischen Unternehmen und Gesellschaft birgt Potenziale für ein professionelles CSR-Management. Ein Unternehmen kann getreu dem Motto „nach mir die Sintflut" Ressourcen schonungslos verbrauchen, solange sie noch da sind, oder aber einen nachhaltigen Umgang mit knappen Ressourcen, wie beispielsweise Wasser, im Unternehmen implementieren. Ein Unternehmen kann seine Mitarbeiter als bloßen Produktionsfaktor betrachten und „verheizen" oder aber in die Entwicklung und Zufriedenheit seiner wichtigsten Ressource investieren. Ein Unternehmen kann Produkte auf den Markt werfen, die die Welt nicht braucht, und diese durch hohe Versprechungen der Zielgruppe schmackhaft machen oder aber es kommuniziert ehrlich und transparent und entwickelt Lösungen für die Probleme seiner Kunden. CSR ist eben keine Nebensache, CSR ist Teil des Kerngeschäfts und muss professionell geplant, gesteuert und umgesetzt werden. Die gegenseitige Abhängigkeit von Gesellschaft und Unternehmen ist so essenziell, dass sie langfristig in der Unternehmensstrategie verankert werden muss. Mit unkoordinierten Spontanaktionen und Spenden nach dem Gießkannenprinzip kann dies nicht gelingen. CSR-Projekte sollen vielmehr zur Unternehmensstrategie in einem ehrlichen und stimmigen Verhältnis stehen. Mit anderen Worten: Die Verantwortung von Energiekonzernen definiert sich sicherlich nicht darüber, welche Kultur- oder Sportveranstaltungen gefördert werden, sondern vielmehr welchen Beitrag sie zur umweltverträglichen Stromversorgung in der Zukunft leisten. Vor der Kür muss zunächst einmal die Pflicht kommen. Natürlich ist es anerkennenswert und ein wichtiger gesellschaftlicher Beitrag, wenn sich Unternehmen in gesellschaftlichen Bereichen, wie Sport, Kultur und Bildung, engagieren, doch bevor solche Maßnahmen in Erwägung gezogen werden, sollte das Unternehmen zuerst seine Kernaufgaben pflichtbewusst und verantwortungsvoll erfüllen.

2.1 Der 5-Stufen-Plan zum erfolgreichen CSR-Management

In unserem Fachbuch *Der CSR-Manager – Unternehmensverantwortung in der Praxis* (Lotter und Braun 2014) beschreiben wir die ersten konkreten Schritte zu einem professionellen CSR-Management und liefern eine praxisnahe Sicht auf Notwendigkeit und Potenziale von gelebter Unternehmensverantwortung. Das Vorgehen in fünf Stufen hat sich in der Praxis bewährt und kann auch als Blaupause für Kleinstunternehmen herangezogen werden (siehe Abb. 1).

Ein Erfolg versprechendes CSR-Management beginnt zunächst mit einer ausführlichen Analyse. Kleinstbetriebe sollten sich zunächst einen Überblick über ihre Ausgangslage verschaffen. Fragen, die in der Analysephase geklärt werden sollen, sind unter anderem:

- Wie sieht unser bestehendes Engagement aus? Was ist gut, was kann optimiert werden?
- Wer sind unsere Anspruchsgruppen?
- Passt das Engagement zu Leitbild und Kerngeschäft?

Nach der Analyse müssen strategische Grundsatzentscheidungen getroffen werden, die die essenzielle Verknüpfung zwischen Kerngeschäft und Engagement betreffen. Sie erhalten Antworten auf Fragen wie:

- Wie beeinflusst mein Betrieb die Gesellschaft?
- Wie kann dieser Einfluss optimiert werden?
- Wo liegen gesellschaftliche Chancen und Risiken für meinen Betrieb?
- Wie können die Chancen optimal genutzt und die Risiken minimiert werden?

Am Ende dieses Abschnitts liegen erste „strategische Leitthemen" vor, deren systematische Bearbeitung in Zukunft sowohl für den Betrieb als auch die Gesellschaft von Vorteil sein wird.

Sind die strategischen Leitthemen identifiziert, so geht es im nächsten Schritt um deren Umsetzung mittels konkreter CSR-Projekte. Entlang folgender Fragestellungen wird die geplante CSR systematisch in die Praxis umgesetzt:

- Welche möglichen CSR-Maßnahmen in den Handlungsfeldern Markt, Umwelt, Mitarbeiter und Gemeinwesen können umgesetzt werden?
- Unter welchen Bedingungen ist eine Kooperation mit einer gesellschaftlichen Institution ratsam und wann nicht?

Die nächste Stufe stellt die Kommunikation des CSR-Engagements dar. Folgende Fragen werden dabei geklärt:

Abb. 1 Der 5-Stufen-Plan. (Quelle: Lotter und Braun 2014)

- Welche Möglichkeiten zur internen Kommunikation mit den Mitarbeitern liegen vor?
- Welche Möglichkeiten zur Kommunikation nach außen gibt es?

Auf der letzten Stufe erfolgt schließlich die Bewertung des bisher erreichten. Gleichzeitig werden Verbesserungspotenziale für das weitere Vorgehen erschlossen.

- Wie kann das Engagement effizient dokumentiert werden?
- Wie lässt sich der Erfolg der CSR-Strategie bewerten?
- Wie kann man angemessen über das Engagement und die Effekte berichten?

2.2 Stufe 1: Die Bestandsaufnahme

Die typische Vorgehensweise ist zunächst die Durchführung einer fundierten Bestandsanalyse, zu der sowohl die interne wie auch die externe Perspektive gehören. Intern besteht häufig die Herausforderung, dass viele vereinzelte Maßnahmen existieren und der Gesamtüberblick fehlt. Extern gilt es, die zentralen Anspruchsgruppen zu identifizieren und ihre Erwartungshaltung an das Unternehmen zu ermitteln. Aus der umfassenden Bestandsaufnahme können dann Risikofelder ebenso wie Profilierungsmöglichkeiten entlang der Wertschöpfungskette abgeleitet werden.

Die Bestandsaufnahme sollte unter Mitarbeit und in ständigem Dialog mit den wichtigsten Anspruchsgruppen, allen voran den Mitarbeitern, entstehen. Die Anspruchsgruppen systematisch einzubinden, ist über den kompletten CSR-Prozess hinweg ein entscheidender Erfolgsfaktor.

Zunächst sollte man sich einen groben Überblick verschaffen. Es sollten alle Anspruchsgruppen zusammengetragen werden, die den langfristigen Unternehmenserfolg beeinflussen, und auch diejenigen, die Unternehmensaktivitäten in irgendeiner Weise tangieren. Wichtig ist es, neben den externen auch interne Anspruchsgruppen zu berücksichtigen. Es sollte akribisch vermerkt werden, welcher Kontakt besteht und welche Meinungen und Erwartungen die jeweiligen Anspruchsgruppen gegenüber dem Betrieb haben. Hierfür bietet sich eine einfache Mindmap an. Unterschiedliche Farben, Formen oder Größen markieren eine erste Bewertung über die Relevanz der jeweiligen Stakeholder.

Für eine Anspruchsgruppenanalyse reichen Spekulationen über die Erwartungen nicht aus. Die jeweiligen Interessengruppen sollten ganz direkt befragt werden. Dafür bieten sich gemeinsame Workshops oder Interviews an, in denen die relevanten Ansprüche gemeinsam herausgearbeitet werden. Dabei gilt es, Anliegen abzufragen und auch Kritik offen zu begegnen.

Neben Workshops und Interviews sind auch Web-2.0-Kanäle wirksam, um kostengünstig, schnell und effizient mit den Anspruchsgruppen in einen Dialog zu treten – etwa über ein Onlineportal oder ein Forum, auf dem die Anspruchsgruppen eigene Erfahrungen bezüglich des CSR-Engagements weitergeben.

2.3 Stufe 2: Die Strategiefindung

Auf der nächsten Stufe folgt die Strategiefindung. Durch eine systematische Priorisierung gilt es, diejenigen Themen herauszufiltern, die das Unternehmen mit seinem Kerngeschäft besonders gut adressieren kann und die bei Anspruchsgruppen von besonderer Relevanz sind. Auf diese strategischen Leitthemen sollte sich das Unternehmen in seinem CSR-Management konzentrieren.

Strategische Leitthemen sind CSR-Themen, die eine enge Verbindung zum Kerngeschäft aufweisen und die im Idealfall gleichzeitig Chancen und Risiken im gesellschaftlichen Umfeld des Unternehmens betreffen. Jedes Unternehmen hat eigene Leitthemen. Man identifiziert die strategischen Leitthemen anhand der Berührungspunkte von Unternehmen und Gesellschaft. Man unterscheidet zwischen dem Einfluss des Unternehmens auf Gesellschaft und Anspruchsgruppen (die sog. Von-innen-nach-außen-Verbindung) und dem Einfluss gesellschaftlicher Rahmenbedingungen und des Wettbewerbsumfeldes auf das Unternehmen (sog. Von-außen-nach-innen-Verbindung).

Die „Von-innen-nach-außen-Verbindung" kann anhand des Wertkettentools von Michael Porter untersucht werden (siehe Abb. 2). Grundsätzlich sollten auf dieser Stufe die elementaren Prozessschritte in einem Betrieb identifiziert werden und diese ähnlich der Wertkette in ihrem gegenseitigen Zusammenhang aufgezeichnet werden. Die Elemente der Wertschöpfungskette sollen daraufhin untersucht werden, welchen Einfluss sie auf Gesellschaft und Umwelt haben. Wird die Gesellschaft positiv oder negativ beeinflusst? Welche Möglichkeiten gibt es, positive Aktivitäten zu verstärken und negative Aktivitäten zu verringern oder zu ersetzen?

So können in der Eingangslogistik durch die Reduktion von Transporten Emissionen verringert werden. In der Produktion kann man den Wasser- und Energieverbrauch senken, Müll vermeiden, die Artenvielfalt erhalten oder die Arbeitssicherheit verbessern. In der Ausgangslogistik ist es möglich, auf umweltfreundliches Verpackungsmaterial zu achten und negative Folgen durch Transporte zu verringern.

Es sollte aber nicht Ziel sein, zu möglichst vielen Berührungspunkten Einzelprojekte zu starten. Es geht darum, sich der Schnittpunkte bewusst zu werden und daraus Leitthemen zu entwickeln, die für das eigene Unternehmen gelten und ihm somit im Idealfall Einzigartigkeit verschaffen können. Stellen Sie sich also die Frage: Gibt es entlang der Wertkette Potenziale, die Gesellschaft positiv zu beeinflussen, die Wettbewerber nicht haben?

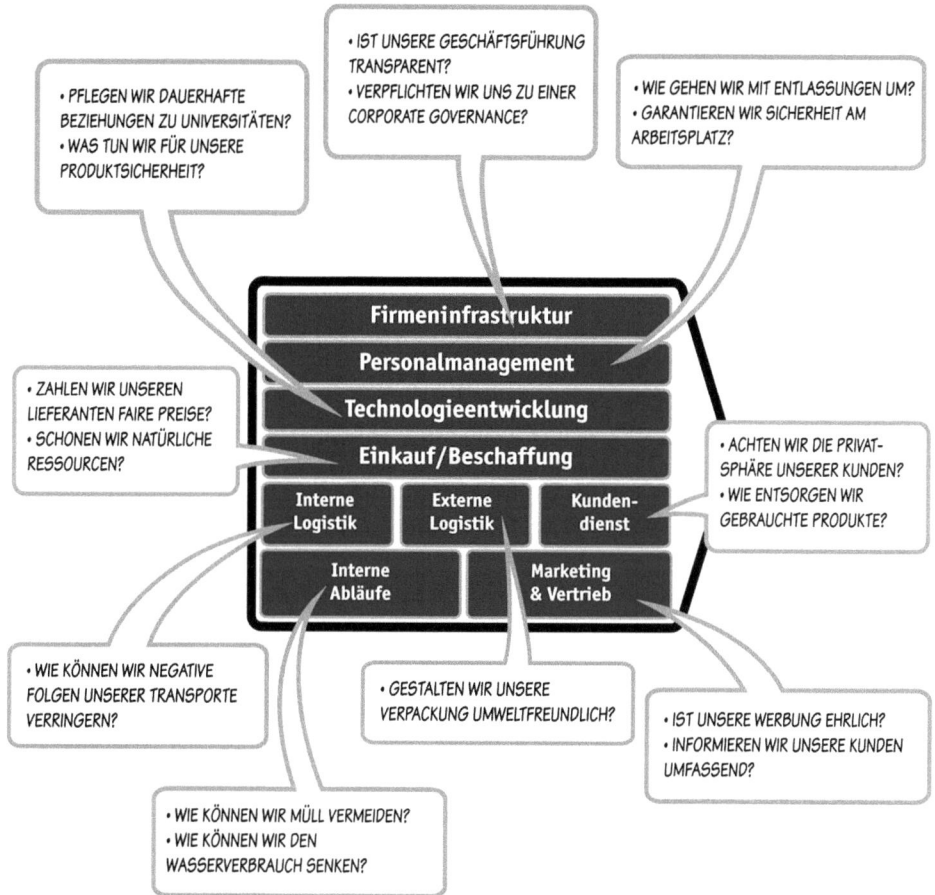

Abb. 2 Das Wertkettentool. (Quelle: Lotter und Braun 2014)

Im nächsten Schritt geht es darum, externe Herausforderungen abzusehen, welche die Zukunft eines Unternehmens beeinflussen. Die Auswirkungen gesellschaftlicher Veränderungen auf die Entwicklung eines Unternehmens sind enorm. Sie können darüber entscheiden, ob ein Unternehmen seine Strategie überhaupt langfristig verfolgen kann. Die Schnittpunkte stellen die „Von-außen-nach-innen-Verbindung" dar. Stellen Sie folgende Fragen: Welche gesellschaftlichen Trends können unser Unternehmen jetzt und in Zukunft beeinflussen? Wie können wir diese und die damit verbundenen Chancen besser nutzen? Wie können wir den gesellschaftlichen Veränderungen entgegentreten, die Risiken für unser Unternehmen sind? Für einen Hersteller von Fast Food wäre das sicherlich die zunehmende Fettleibigkeit von Kindern. Führen Sie ein Fitnessstudio, so ist diese Entwicklung auch für Sie von Bedeutung.

Im Idealfall minimieren die Leitthemen nicht nur negative Auswirkungen einer Geschäftstätigkeit auf die Gesellschaft, sondern sie fördern Themen, die sowohl einen Bezug zur Wertschöpfungskette wie auch zum gesellschaftlichen Umfeld aufweisen. So könnten geschickte Lernprogramme in Schulen und interne Aus- und Weiterbildungsmaßnahmen dem Fachkräftemangel entgegenwirken. Durch die Bearbeitung „beidseitiger" Leitthemen wird aus reaktivem Krisenmanagement zukunftsgerichtetes Handeln.

Eine erfolgreiche CSR-Strategie, die sowohl der Gesellschaft wie auch dem Unternehmen Nutzen bringt, fokussiert auf unternehmensindividuelle Leitthemen. Pflicht ist hierbei die Verknüpfung zwischen Engagement und Kerngeschäft. Zudem müssen die CSR-Aktivitäten die Unternehmenskultur glaubwürdig widerspiegeln.

2.4 Stufe 3: Die Umsetzung

Nachdem die zentralen Leitthemen definiert sind und die grundlegende CSR-Strategie feststeht, geht es im nächsten Schritt darum, die strategische Konzeption in die Tat umzusetzen. Notwendige Prozesse müssen definiert, Verantwortlichkeiten festgelegt und Einzelmaßnahmen geplant werden. Professionelle CSR verlangt auch ein Projektmanagement wie jedes andere Projekt auch. Ganzheitliche und nachhaltig wirksame CSR-Maßnahmen werden also meist über Jahre hinweg durchgeführt und verlangen eine kontinuierliche Betreuung. Der Zeitaufwand für das CSR-Team kann dabei unterschiedlich sein. Gerade in der Anfangsphase, in der noch viel geplant und konzeptioniert werden muss, sind regelmäßige, häufig sogar wöchentliche Treffen des CSR-Teams notwendig. Die CSR-Themen müssen gewählt, Kooperationspartner gefunden, die eigenen Mitarbeiter informiert und motiviert werden. Wenn das Projekt dann „rund" läuft, genügt ein Treffen pro Quartal, bei dem weitere strategische Entscheidungen gefällt und bestehende Projekte einer Erfolgskontrolle unterzogen und ggf. angepasst werden.

Neben der Wahl der CSR-Maßnahmen muss noch eine grundsätzliche Frage geklärt werden: Sollen die CSR-Projekte eigenständig oder in Kooperation mit einem oder mehreren Unternehmen (z. B. aus derselben Branche), gemeinnützigen Organisationen (z. B. Vereinen oder Stiftungen) oder der Politik realisiert werden?

Kooperationspartner sollten vor allem anerkannt und seriös sein und am besten möglichst viel eigene Erfahrung und Ressourcen in die Kooperation einbringen können. Wenn die Kooperation darüber hinaus durch die Bekanntheit und die Netzwerke des Partners profitiert, ist das von großem Vorteil.

Gerade Kleinstbetriebe, die noch wenig Erfahrung in der professionellen und ganzheitlichen Umsetzung von CSR haben, brauchen Kooperationspartner. Im Betrieb fehlen häufig die Zeit, das Personal oder das umfassende Wissen; Projektpartner können hierbei sehr hilfreich sein. Kooperationspartner bringen die nötige Erfahrung bei der Organisation von gesellschaftlichen Projekten mit, sie besitzen Spezialistenwissen und haben den direkten Kontakt zu Zielgruppen und Ansprechpartnern, die den Betrieben bisher verschlossen blieben. Bei vielen, gerade kleineren Projekten, die häufig im regionalen Umfeld und aus eigener Kraft (oft ohne große finanzielle Ressourcen) auf die Beine gestellt werden, müssen die „Wertesysteme" der Kooperationspartner übereinstimmen. Auf einer gemeinsamen Wertebasis können beide Partner enorm von dem jeweiligen Knowhow des anderen profitieren.

CSR bedeutet aber nicht zwingend Kooperation. Viele Projekte lassen sich auch auf dem „kurzen Dienstweg" realisieren. Der Gedanke, sich gegenseitig zu helfen, steht im Vordergrund und nicht eine vertraglich vereinbarte und aufgeblähte Kooperation. Dennoch sollten die Partner zueinander passen, um nicht im Nachhinein als „Mittel-zum-Zweck-Kooperation" und damit als unglaubwürdig entlarvt zu werden.

2.5 Stufe 4: Die Kommunikation

Viele Kleinstunternehmen behalten ihre „guten Taten" lieber für sich, da sie befürchten, ihr gesellschaftliches Engagement könnte ansonsten nur als Marketinggag oder Imagepolitur bewertet werden. Damit werden große Chancen vertan, denn Ziele, die mit einer professionellen Kommunikation erreicht werden können, sind gleichzeitig wichtige Erfolgstreiber von CSR.

Glaubwürdigkeit in der Kommunikation ist das A und O. Ist das Engagement nicht glaubwürdig, so schadet es dem Unternehmen mehr, als es ihm nützt. Neben Transparenz, Dialogorientierung und Kompetenz (die durch die Verknüpfung der Leitthemen mit dem Kerngeschäft gewährleistet wird) ist das Übereinstimmen von Reden und Handeln eine wesentliche Voraussetzung für die Glaubwürdigkeit. Hierfür ist eine angemessene Kommunikation notwendig.

Die interne Kommunikation spielt in der CSR-Strategie ebenso eine besonders wichtige Rolle und ist der externen Kommunikation vorangestellt. Die Mitarbeiter eines Unternehmens sollten im Mittelpunkt der CSR-Kommunikation stehen. Sie sind wichtige Botschafter und übernehmen eine tragende Funktion bei der Meinungsbildung über ein Unternehmen. Sie haben im Alltag wie auch im Privatleben zahlreiche Möglichkeiten, über das Unternehmen zu berichten, und fungieren somit als Multiplikatoren – im positiven wie im negativen Sinne.

Einige Unternehmen verfahren nach dem Motto: „tue Gutes und rede darüber", andere wollen eher im Stillen aktiv sein. Manche Unternehmen begründen ihre „Stille" damit, dass es sich nicht schickt, über sein Engagement zu sprechen. Grundsätzlich liegt dieser Haltung eine ehrenwerte Philosophie zugrunde, allerdings sollte man den Aspekt des „guten Vorbildes" nicht vernachlässigen. Wenn Unternehmen ihr CSR-Engagement kommunizieren, zeigen sie dadurch anderen, wie es funktioniert und vor allem, dass sich Engagement für alle Beteiligten lohnt.

2.6 Stufe 5: Die Erfolgskontrolle

Zu jedem Managementprozess gehört eine Erfolgskontrolle: eine objektive Beurteilung und Bewertung des bereits Erreichten und gleichzeitig eine Offenlegung von Schwierigkeiten und Verbesserungspotenzialen. Beim CSR-Management ist das nicht anders. Die interne Erfolgskontrolle wird in der Praxis häufig mit der Erstellung eines Nachhaltigkeitsberichtes/CSR-Reports verknüpft, der die Nachhaltigkeitsperformance des Betriebs gegenüber internen wie externen Stakeholdern dokumentiert. Denn der CSR-Report ist nicht nur ein Kommunikationsinstrument. Der veröffentlichte Nachhaltigkeitsbericht ist lediglich die Spitze des Eisbergs. Die Erstellung eines professionellen Nachhaltigkeitsberichts verlangt einen umfassenden Bewertungsprozess, der das komplette CSR-Engagement kritisch überprüft. Aufwand und Nutzen eines CSR-Reports sollten allerdings kritisch überlegt werden. Kleinstunternehmen können sich schnell an der Komplexität eines umfangreichen Nachhaltigkeitsberichts verheben. In einigen Fällen genügt zunächst eine kleine Berichtsbroschüre.

Auch die Balanced Scorecard (BSC) stellt ein hilfreiches Werkzeug zur Strategieumsetzung sowie zur Steuerung und Erfolgskontrolle von CSR dar. Sie wurde in den 1990er-Jahren entwickelt. Mit der BSC können systematisch die Vision und Strategie eines Unternehmens in konkrete Ziele, Kennzahlen und Maßnahmen übersetzt werden (siehe Abb. 3).

Die Ausgewogenheit (Balance) bezieht sich auf die gleichzeitige Berücksichtigung der externen Interessen von Anteilseignern und Kunden wie auch unternehmensinterner Erfolgsfaktoren. Dabei werden sowohl vergangenheitsorientierte Messgrößen wie zukunftsgerichtete Leistungstreiber formuliert. Die BSC umfasst vier Perspektiven: Finanzen, Kunden, „Lernen & Entwicklung" und die Perspektive „interne Prozesse". Sie ermöglicht eine detaillierte Darstellung der Strategie sowie eine Operationalisierung der Ziele und eine dadurch mögliche Erfolgskontrolle. Die BSC trägt auch dazu bei, die Ziele in den unterschiedlichen Bereichen klar zu kommunizieren, und motiviert zur Unterstützung auf allen Ebenen. Dem einzelnen Mitarbeiter wird nun klar, welchen Einfluss seine Arbeit auf andere und auf das Unternehmen als Ganzes hat. Darüber hinaus ist mit der BSC ein ständiger Lernprozess mit dem Ziel der Strategieverbesserung im Unternehmen gegeben. Die BSC fokussiert sich nicht allein auf die finanziellen Ziele des Unternehmens, sondern bezieht andere Anspruchsgruppen wie Kunden und Mitarbeiter mit in den Strategieprozess ein. All diese Eigenschaften tragen dazu bei, dass die BSC zur Steuerung, Umsetzung und Erfolgskontrolle der CSR-Strategie besonders geeignet erscheint. Die vier Perspektiven der BSC werden dabei auf die unternehmerische Verantwortung angewandt.

Die Anspruchsgruppenperspektive verdeutlicht, dass in der CSR-Scorecard eine umfassendere Orientierung vorgenommen wird, als es die reine Kundenorientierung der klassischen BSC ermöglicht. Ziel ist es, die Erwartungen der relevanten Anspruchsgruppen zu erfüllen. Zur besseren Übersichtlichkeit kann diese Perspektive in vier Handlungsfelder (Mitarbeiter, Gemeinwesen, Umwelt, Markt) aufgeteilt werden.

Die Prozessperspektive zeigt auf, welche internen Vorgänge verbessert oder geschaffen werden müssen, damit die Umsetzung der CSR-Strategie möglich ist.

In der Lern- und Entwicklungsperspektive werden diejenigen internen Lernprozesse und Innovationen analysiert, mit denen die Geschäftsprozesse im Hinblick auf die Anspruchsgruppenerwartungen optimiert werden können.

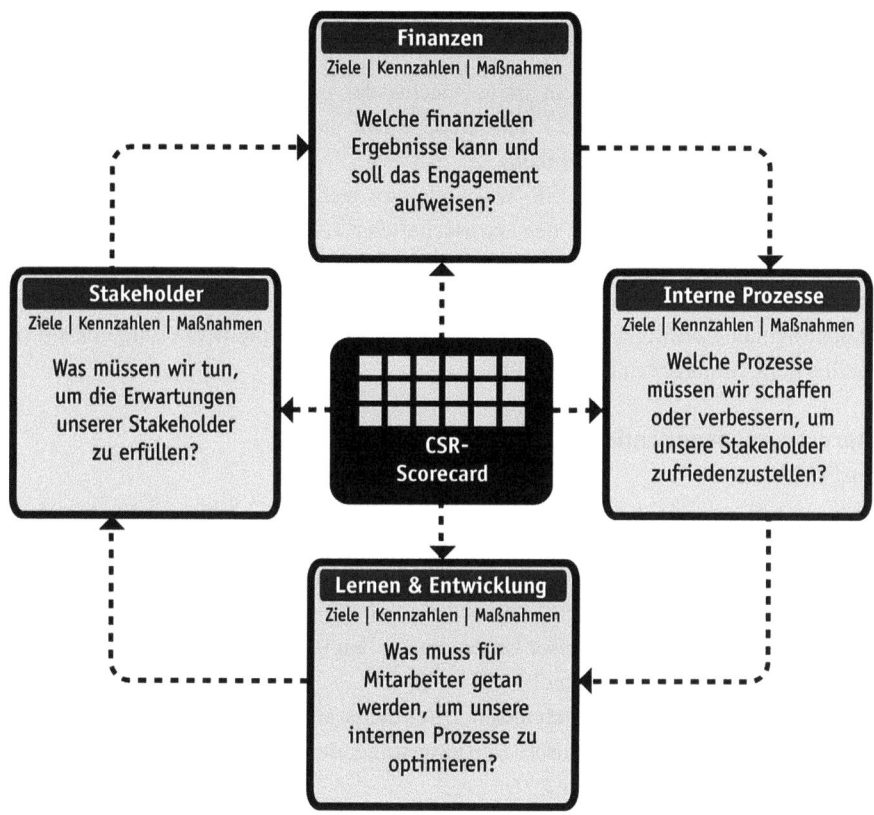

Abb. 3 Die CSR-Scorecard. (Quelle: Lotter und Braun 2014)

In der Finanzperspektive werden die finanziellen Konsequenzen und Ergebnisse deutlich, die durch das Engagement entstehen.

Die einzelnen Ziele sind dabei nicht schwammig und abstrakt, sondern werden durch die Kennzahlen greifbar. Mithilfe der Kennzahlen kann ermittelt werden, welche Ziele in welchem Maß erreicht wurden und an welcher Stelle noch Handlungsbedarf besteht. Diese Punkte stellen dann die Ansätze für Lern- und Verbesserungsprozesse dar. Die Aufschlüsselung des Engagements in die vier Perspektiven trägt auch zur Festlegung von Zuständigkeiten für einzelne Projekte und Projektschritte bei. Schließlich können Sie das Tool auch zur Erfolgskontrolle verwenden.

3 Die Wirksamkeit eines professionellen CSR-Managements

Professionelles CSR-Management ist angesichts der gesellschaftspolitischen und wirtschaftlichen Entwicklungen des 21. Jahrhunderts eine unerlässliche Voraussetzung für die Zukunftsfähigkeit eines Unternehmens.

Im Zentrum des modernen CSR-Verständnisses steht nicht nur eine gemeinwohlorientierte Verwendung eines Teils des erwirtschafteten Gewinns, sondern vielmehr die integrale Berücksichtigung ethischer Aspekte innerhalb der Gewinnerwirtschaftung eines Betriebs.

Nachfolgende Leitfragen sollen bei der Reflexion und Implementierung eines professionellen CSR-Managements unterstützen:

Anspruchsgruppenorientierung
Mitarbeiter

- Woran erkennt man, dass wir ein verantwortlicher Arbeitgeber sind?
- Welchen messbaren Beitrag zur Entwicklung unserer Leistungsträger haben wir konkret geleistet?
- Wie stellen wir sicher, dass unser Unternehmen langfristig qualifizierte Fach- und Führungskräfte gewinnt und bindet?
- Wie stellen wir sicher, dass sich unsere Mitarbeiter am Arbeitsplatz wohlfühlen?
- Wie stellen wir sicher, dass unsere Leistungsträger den wandelnden Anforderungen im Alltag gerecht werden können?

Kunde

- Welchen Grad der Mitarbeiterzufriedenheit haben wir erreicht?
- Woran erkennt man, dass wir um die Kundennutzenmaximierung bemüht sind?
- Welchen messbaren Beitrag zur Erhöhung der Produkt-/Dienstleistungsqualität haben wir konkret geleistet?
- Welchen Grad der Kundenzufriedenheit haben wir erreicht?

Lieferanten und Marktpartner

- Wie stellen wir sicher, dass unsere Lieferanten und Zulieferer langfristig überleben können?
- Wie stellen wir sicher, dass wir langfristig Zugang zu den relevanten Ressourcen und Rohstoffen besitzen?
- Welchen Beitrag zur Stärkung der regionalen Wirtschaftsstruktur leisten wir?

Gesellschaft

- Woran erkennt man unseren gesellschaftlichen Beitrag?
- Welchen messbaren Beitrag zur Reduzierung unserer Umweltauswirkungen haben wir konkret geleistet?
- Welchen messbaren Beitrag zum Gemeinwohl am Firmenstandort haben wir konkret geleistet?

Strategie, Management und Organisation

- Wie stellen wir sicher, dass alle Interessen der relevanten Anspruchsgruppen bei der Strategieformulierung berücksichtigt werden?
- Wie stellen wir sicher, dass unsere Führung eine langfristige Unternehmenspolitik verfolgt?
- Wie stellen wir sicher, dass unsere Leistungsträger die Unternehmenspolitik mittragen?
- Wie stellen wir strukturell sicher, dass Nachhaltigkeit als Handlungsmaxime in den relevanten Geschäftsprozessen verankert ist?

Literatur

Lotter D, Braun J (2014) Der CSR-Manager – Unternehmensverantwortung in der Praxis, 3. Aufl. Altop, München

Prof. Dr. Dennis Lotter studierte Wirtschaftswissenschaften an der Hochschule Heidelberg mit den Vertiefungsrichtungen Marketing und Innovationsmanagement. Er promovierte über das Thema „verantwortliche Unternehmensführung in Familienunternehmen". Neben seiner Tätigkeit als Studiendekan des Masters Sustainable Marketing & Leadership an der Hochschule Fresenius ist er Partner der Unternehmensberatung BENEFIT IDENTITY GmbH. Als Seminarleiter ist er noch heute in der praktischen Weiterbildung von Fach- und Führungskräften bei verschiedenen Instituten tätig. Herr Prof. Lotter ist Jurymitglied des Nachhaltigkeitsawards Green Brands und Buchautor. Sein Fachbuch *Der CSR-Manager: Unternehmensverantwortung in der Praxis* erschien 2014 in 3. Auflage.

CSR für Einpersonenunternehmen

CSR ist für EPU empfehlenswert – wenn sie es richtig umsetzen

Elisabeth Gail und Leo Hauska

1 EPU – die kritische Masse

Im deutschsprachigen Raum gibt es knapp 3 Mio. Einpersonenunternehmen (EPU) und täglich werden weit über 1000 neue gegründet.[1] Diese Unternehmensgruppe ist daher für einen großen Teil der heutigen Wirtschaft verantwortlich und schafft wichtige Grundlagen für die Wirtschaft von morgen. Zwei gute Gründe also, warum gerade Einpersonenunternehmen mit dem Managementansatz CSR vertraut sein sollten.

▶ Einpersonenunternehmen (EPU) sind Firmen ohne unselbstständig Beschäftigte und mit nicht mehr als einem Inhaber. Eine detaillierte Übersicht unterschiedlicher Definitionen bieten Mandl et al. (2009).

---

[1] Diese Berechnung von Hauska & Partner basiert auf folgenden Daten: Österreich verzeichnete laut der Wirtschaftskammer Österreich (2016a) 2015 rund 290.000 Einpersonenunternehmen (EPU), die Schweiz rund 350.000 Selbstständige nach Daten des Bundesamts für Statistik (2016a). In Deutschland war dem Bundesministerium für Wirtschaft und Energie (2016) zufolge 2014 jeder Zehnte im eigenen Unternehmen erwerbstätig. 2015 wurden in Österreich laut Wirtschaftskammerdaten (Wirtschaftskammer Österreich 2016b) rund 40.000 Unternehmen gegründet. Deutschland verbuchte gemäß Metzger (Metzger und Kwf Research 2015) 2014 rund 915.000 Gründungen. Davon stellte jeder Vierte Mitarbeiter ein, der Rest startete ohne Beschäftigte als EPU. Das Schweizer Bundesamt für Statistik (2016b) meldete, dass von den 12.440 Gründungen 3645 weniger als einen vollen Arbeitsplatz (Vollzeitäquivalente) schufen, 8360 zwischen ein bis weniger als fünf Vollzeitäquivalentarbeitsplätze.

E. Gail (✉) · L. Hauska
Hauska & Partner GmbH
Kärntner Str. 21-23/2/7, 1010 Wien, Österreich
E-Mail: elisabeth.gail@hauska.com

L. Hauska
E-Mail: leo.hauska@hauska.com

Bestehenden EPU wird allerdings – noch mehr als KMU – unterstellt, sie hätten keine ausreichenden Ressourcen für die Umsetzung komplexer Managementansätze. Daher wäre auch CSR für sie kaum geeignet. Andererseits finden sich bei Unternehmensgründungen neue Kategorien wie „Start-ups"[2] oder Social Entrepreneurs (Sozialunternehmen), die teilweise enge Verbindungen zu Fragen der gesellschaftlichen Verantwortung aufweisen.

Die CSR-Community wurde bereits auf EPU und ihre mögliche Hebelwirkung aufmerksam: Seit 2009 können EPU für den österreichischen CSR-Preis TRIGOS einreichen, seit 2012 gibt es die zusätzliche Kategorie „Social Entrepreneurship".[3] 2011 setzte die EU das Thema Sozialunternehmertum auf ihre Agenda und entwickelte dazu mehrjährige Programme (vgl. Europäische Kommission 2014).

1.1 „Klassische" Unternehmen vs. Sozialunternehmen

Neue EPU können bereits beim Start überlegen, welchen gesellschaftlichen Nutzen sie stiften wollen. Dabei wird oft zwischen „klassischen" Unternehmen und den „Social Entrepreneurs" (Sozialunternehmen) unterschieden. Was diese beiden Formen tatsächlich charakterisiert, wird teilweise widersprüchlich gesehen.

Laut Europäischer Kommission kennzeichnen drei Eigenschaften die Sozialunternehmen (Europäische Kommission 2014, S. 2):

1. Eine unternehmerische Dimension, d. h. Engagement in kontinuierlicher wirtschaftlicher Tätigkeit, was Sozialunternehmen von herkömmlichen gemeinnützigen Organisationen/sozialwirtschaftlichen Unternehmen (die einen sozialen Zweck verfolgen und eine gewisse Form der Selbstfinanzierung erzeugen, jedoch nicht unbedingt regelmäßigen Handelstätigkeiten nachgehen) unterscheidet;
2. eine soziale Dimension, d. h. ein primärer und ausdrücklich sozialer Zweck, was Sozialunternehmen von etablierten (gewinnorientierten) Unternehmen unterscheidet, und
3. eine steuernde und kontrollierende Dimension, d. h. das Vorhandensein von Mechanismen zur Wahrung der sozialen Ziele der Organisation. Durch die steuernde und kontrollierende Dimension unterscheiden sich somit Sozialunternehmen noch stärker von den etablierten Unternehmen und herkömmlichen gemeinnützigen Organisationen/sozialwirtschaftlichen Unternehmen.

---

[2] Start-ups, eine spezielle Gruppe von Gründern, können, müssen aber keinen sozialen/ umweltschonenden Fokus haben. Ripsas und Tröger (2015) sehen sie durch drei Eigenschaften gekennzeichnet: (1) Start-ups sind jünger als zehn Jahre. (2) Sie sind mit ihrer Technologie und/oder ihrem Geschäftsmodell (hoch-)innovativ. (3) Sie haben (streben) ein signifikantes Mitarbeiter- und/oder Umsatzwachstum (an). Die Verbindungen von Start-ups und Social Entrepreneurs in Österreich diskutiert die Studie *Das Potenzial von Social Business in Österreich* der Wirtschaftsuniversität Wien (2015).

[3] Mehr Informationen dazu unter http://www.trigos.at/trigos/presse.

Diese Position impliziert unter Punkt zwei, dass etablierte Unternehmen ausschließlich zur Gewinnorientierung und -maximierung gegründet wurden. Dem widersprechen Umfragen zu Gründungsmotiven: Das Leben der eigenen Werte, auf dem das strategische CSR-Management beruht, ist generell eines der wichtigsten Motive, warum Personen ein Unternehmen starten. Die Selbstverwirklichung erreichte den 2. Platz der Top-Gründungsmotive 2015 (75 %) laut einer Erhebung der Wirtschaftskammer Österreich (vgl. Wirtschaftskammer Österreich 2016a). Ein ähnliches Ergebnis bringt die Häufigkeitsauswertung (2015) des anonymen Selbsttests der Plattform „nachhaltig selbständig": 63 % gründeten ihr Unternehmen, um den Berufsalltag nach ihren eigenen Vorstellungen gestalten zu können, 60 % wollten ihre eigenen Ideen umsetzen (vgl. Hauska & Partner 2015). In Deutschland zeigte der KfW-Gründungsmonitor, dass bei 38 % der Unternehmensstarts 2014 dieses Motiv im Vordergrund stand (vgl. Metzger und Kwf Research 2015, S. 10).

Die Unterscheidung der EU-Kommission lässt aber auch all jene etablierten Unternehmen außer Acht, die ein professionelles CSR-Management entsprechend dem CSR-Verständnis der EU-Kommission bzw. der ISO 26000 umsetzen. Dieses verlangt ebenfalls eine steuernde und kontrollierende Dimension, nämlich die Umsetzung eines Verfahrens für die laufende Steuerung der Wirkungen von Unternehmensentscheidungen auf Gesellschaft und Umwelt (vgl. Europäische Kommission 2011, S. 7 f., sowie ONR/ISO 2010, S. 34 f.). Demnach würden sich CSR-treibende Unternehmen jedenfalls im Punkt 3 nicht mehr von Sozialunternehmen unterscheiden.

Die Zeitschrift *Gründerzeiten* des deutschen Bundesministeriums für Wirtschaft und Energie spricht diese Diskussion ebenfalls an:

> Es gibt unterschiedliche Definitionen von Sozialem Unternehmertum. Die meisten sind sich darüber einig: Sozialunternehmen sind an ihrem gesellschaftlichen Nutzen zu erkennen. Uneins ist man sich dagegen über den Punkt, wie stark oder schwach die Gewinnorientierung des Unternehmens ausgeprägt sein darf. Allerdings sollten Sozialunternehmen durchaus „Geld verdienen". Nur so können sie sich selber tragen. Das macht sie unabhängig von externen Geldgebern und sorgt dafür, dass sie nachhaltig sozial wirken (Bundesministerium für Wirtschaft und Energie 2015, S. 1).

In ihrer Studie zu Social Entrepreneurship in Deutschland weisen Scheuerle et al. auf die Tradition dieser Unternehmensform hin:

> Social Entrepreneurship ist weder ein originär angelsächsisches Phänomen noch eine neue Entwicklung in Deutschland. Friedrich Wilhelm Raiffeisen, Herman Schultze-Delitzsch oder Adolf Kolping handelten bereits im 19. Jahrhundert nach heutigem Verständnis sozialunternehmerisch. Auf diesen Zeitraum lässt sich auch der Beginn der Genossenschaftsbewegung oder der ersten Mikrokredite datieren, für deren Weiterentwicklung und Verbreitung zur Armutsbekämpfung Muhammad Yunus 2006 den Friedensnobelpreis erhalten hat (Scheuerle et al. 2013, S. 7).

Im Wesentlichen würden, so Scheuerle et al., drei Abgrenzungsmerkmale diskutiert:

- Gemeinwohlorientierung – Dominanz sozialer und ökologischer Zielsetzung,
- Innovation,
- leistungsbasiertes Einkommen („earned income").

Allerdings wären auch diese drei Abgrenzungsmerkmale nicht eindeutig. Betreffend Innovation merken Scheuerle et al. an, dass „bei weitem nicht für jedes Sozialunternehmen von einem hohen Innovationsgrad ausgegangen werden kann" (Scheuerle et al. 2013, S. 10). Dies trifft insbesondere z. B. auf die von den Autoren selbst erwähnten Genossenschaften und Sparkassen zu. Zum Einkommenskriterium erwähnen Scheuerle et al., dieses wäre in Abgrenzung „vor allem gegenüber klassischen zivilgesellschaftlichen Organisationsformen wie Nichtregierungsorganisationen, Stiftungen o. Ä. relevant, die sich im Wesentlichen durch öffentliche oder private Fördermittel wie Spenden etc. finanzieren" (Scheuerle et al. 2013, S. 11). Gleichzeitig weisen sie darauf hin, dass auch für Leistungen wie Pflege oder Jugendhilfe, die über die Sozialversicherungssysteme und öffentliche Kassen finanziert werden, in der Regel feste Sätze für bestimmte Leistungen vereinbart sind (Scheuerle et al. 2013, S. 11).

Insgesamt muss festgestellt werden, dass die genaue Abgrenzung von Sozial- zu klassischen Unternehmen weiterhin unklar bleibt und zusätzlicher, öffentlicher Diskurse bedarf. Eine einfache Schwarz-Weiß-These, klassische Unternehmen wären ausschließlich auf Profit, Sozialunternehmen auf Gemeinwohl ausgerichtet, ist eher nicht haltbar. Da Unternehmen, die ein State-of-the-Art-CSR-Management umsetzen, ihre Wirkung auf die Gesellschaft aktiv steuern und damit gesellschaftliche Ziele verfolgen, ist deren Abgrenzung zu Sozialunternehmen nicht leicht zu treffen. Das gilt insbesondere, wenn CSR nicht nur in die (bisherige) Unternehmensstrategie integriert, sondern die (aktuelle) Unternehmensstrategie an CSR bzw. Nachhaltigkeit ausgerichtet wird. Entscheidend ist damit einmal mehr die grundsätzliche Ausrichtung bzw. Intention von Unternehmen.

Die breite Öffentlichkeit nimmt Unternehmen unterschiedlich wahr, oft kritisch, aber auch durchaus positiv. Eine aktuelle Untersuchung bescheinigt Unternehmern zu einem hohen Prozentsatz eine Ausrichtung auf das Gemeinwohl. Zwischen der Hälfte und einem Drittel der Bevölkerung in der DACH-Region denkt, dass „Entrepreneure den Menschen helfen wollen" (Amway 2015) wie Abb. 1 zeigt.

Daraus resultieren drei Fragen: Wie muss diese „Hilfe" bzw. dieses gesellschaftliche Engagement tatsächlich aussehen, damit es die Ansprüche des Corporate-Social-Responsibility-Ansatzes erfüllt? Wie leicht ist dieser Ansatz für EPU anwendbar? Und warum sollen sich EPU dafür entscheiden?

Abb. 1 Amway Global Entrepreneurship Report 2015 – Wahrnehmung der Unternehmer (N = ≥1000/Land)

2 Die Essenz des CSR-Managements

International verfügbare Standards, Normen und Richtlinien liefern für obige Fragen gute Orientierungshilfen. In ihrer Detailliertheit und ihrem Anforderungslevel werden sie jedoch meist als zu komplex und zu ausführlich für KMU und insbesondere für EPU wahrgenommen. Eine der wichtigsten Fragen ist daher: Wie kann CSR vereinfacht werden? Worauf lässt sich CSR reduzieren? Was ist die Essenz des CSR-Managements?

Werden die aktuellen Vorgaben[4] analysiert, lassen sich drei Kernelemente einer State-of-the-Art-CSR identifizieren:

- Integrieren von Nachhaltigkeit in das Kerngeschäft,
- Auseinandersetzen mit den wesentlichsten Themen,
- Einbinden der Stakeholder.

Diese drei Elemente gelten für multinationale Konzerne ebenso wie für EPU. respACT-austrian business council for sustainable development, die Wirtschaftskammer Österreich, Amway und Hauska & Partner übernehmen die Aufgabe, daraus Handlungsanleitungen gemeinsam mit und für Selbstständige zu entwickeln. 2009 erschien der weltweit erste CSR-Leitfaden für EPU, 2014 erfolgte eine Aktualisierung und Erweiterung zu einer Webplattform: www.nachhaltig-selbstaendig.at führt EPU mittels Fragen und konkreten Tipps Schritt für Schritt zum eigenen CSR-Management (siehe Abb. 2).

Dabei wurde auch der Frage nachgegangen, welche Vorteile das CSR-Management den EPU selbst bringt. Auf www.nachhaltig-selbstaendig.at sind sieben Gründe angeführt, die für ein CSR-Engagement sprechen:

- „Als nachhaltig Selbständige/-r leben Sie Ihre eigenen Werte und konzentrieren sich auf das, was für Sie und die Gesellschaft wertvoll ist!

---

[4] Vgl. z. B. den G4-Standard der Global Reporting Initiative, die EU-Richtlinie zur nichtfinanziellen Berichterstattung oder ONR/ISO 26000.

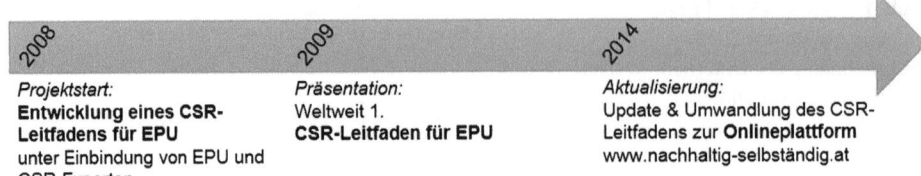

Abb. 2 Entwicklung des CSR-Leitfadens für EPU und von www.nachhaltig-selbstaendig.at. (Quelle: eigene Darstellung)

- Nachhaltiges Wirtschaften sorgt für eine solide finanzielle Basis und hilft Ihnen, Einsparungspotenziale zu heben und somit Kosten zu sparen.
- CSR führt zu einer regelmäßigen Reflexion über Ihr eigenes Unternehmen und damit zu einer neuen Qualität in Ihrer Firma.
- Als nachhaltig Selbständige/-r können Sie sich als verantwortungsvolle/-r Unternehmer/-in positionieren – das bringt Ihnen Wettbewerbsvorteile (Stichwort: Weiterempfehlungen).
- Mit CSR bringen Sie eine neue Form der Kommunikation, des Austauschs in Ihr Unternehmen. Sie verbessern Ihre Geschäftsbeziehungen, schaffen Sympathie und Nähe.
- Ihre Vernetzung als nachhaltig Selbständige/-r führt zu höherer Konflikt- und Krisenresistenz und gibt mehr Sicherheit.
- Die größere Nähe zum Markt und Ihren Kunden/-innen verschafft Ihnen einen Informationsvorsprung. Das nützt Ihnen etwa bei der Entwicklung neuer Produkte oder Dienstleistungen" (Amway et al. 2014; http://www.nachhaltig-selbstaendig.at/was-bringt-csr/).

Der aktuelle Leitfaden betont damit, dass der CSR-Ansatz über eine ethische Orientierung hinaus wesentliche Beiträge zu einer strategischen Unternehmensführung leistet. Richtig angewandt schärft das CSR-Management die Ausrichtung der EPU; der Fokus liegt auf einer langfristig erfolgreichen Tätigkeit. Dabei ist die Wirtschaftlichkeit genauso im Blick wie die beiden anderen Aspekte der Triple Bottom Line, Gesellschaft und Umwelt.

Wie notwendig eine systematischere Herangehensweise der EPU an ihre Managementsysteme sein könnte, zeigt die Auswertung von über 250 anonymen Selbsttests der Plattform „nachhaltig selbständig": Demnach erfassen über 20 % der EPU nicht regelmäßig ihren Umsatz, fast 40 % beobachten nicht ihre Gewinnentwicklung. Details dieser Auswertung bietet Abb. 3.

Andererseits gaben 32 % an, dass ihre Kunden von ihnen die Übernahme von Verantwortung für Gesellschaft/Umwelt erwarten (vgl. Hauska & Partner 2015). Bei vielen EPU spiegelt sich das auch in ihren aktuellen Zielen wider: 80 % der Absolventen des Selbsttests möchten „etwas Wertvolles für die Gesellschaft tun". Rund zwei Drittel wollen „etwas zur Verbesserung der Umwelt tun".

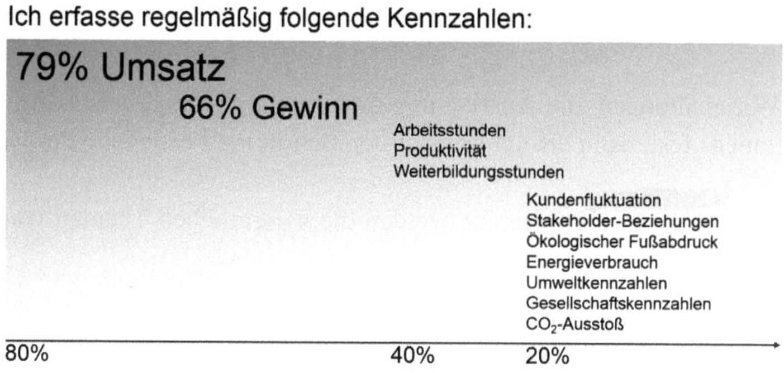

Ich erfasse regelmäßig folgende Kennzahlen:

79% Umsatz
　　66% Gewinn
　　　　Arbeitsstunden
　　　　Produktivität
　　　　Weiterbildungsstunden
　　　　　　Kundenfluktuation
　　　　　　Stakeholder-Beziehungen
　　　　　　Ökologischer Fußabdruck
　　　　　　Energieverbrauch
　　　　　　Umweltkennzahlen
　　　　　　Gesellschaftskennzahlen
　　　　　　CO_2-Ausstoß

80%　　　　　　40%　　　20%

Abb. 3 Selbsttest von „nachhaltig selbständig": Welche Kennzahlen erfassen die EPU? (Häufigkeitsauswertung der anonymen Absolventen, N = 250+ Personen)

3　Der erste Schritt zur Nachhaltigkeit

Wie können nun EPU an das CSR- bzw. Nachhaltigkeitsmanagement herangehen?

Die Plattform „nachhaltig selbständig" empfiehlt, zuerst zu hinterfragen, wofür die eigene Firma stehen soll. Gründer haben es an diesem Punkt leichter: Sie können von Beginn an überlegen, was sie für Kunden und Gesellschaft erreichen und welchen Mehrwert sie schaffen möchten.

Etablierte EPU müssen ihr Unternehmen selbst auf den Prüfstand stellen: Ist ihr Kerngeschäft nachhaltig? Genügen kleinere Adaptionen, damit sie Mehrwert für Gesellschaft und Umwelt schaffen können, oder ist eine umfassendere Neuausrichtung notwendig? Hilfreich für sie könnte das Hinterfragen ihrer Gründungsmotive sein. Auch die eigene Positionierung, die Abgrenzung zum Wettbewerb und die Überlegung, was im eigenen Unternehmen nachhaltiger umgesetzt wird als bei der Konkurrenz, bieten nützliche Hinweise für den Start des CSR-Managements.

In beiden Phasen eines EPU ist die Frage der Wertehaltung essenziell: Welche Werte vertreten die Unternehmer, welche sind die Grundlage ihrer Entscheidungen? Sind diese mit CSR vereinbar? Was wäre für sie ein absolutes No-Go?

Empfehlenswert ist, diese Unternehmensgrundsätze deutlich darzulegen und zur Neu- bzw. Repositionierung zu nutzen.

Hier zeigt sich ein großer Vorteil der EPU: In größeren Firmen sind die Entscheidungsfindung zu CSR-Themen, die Verantwortlichkeiten und Entscheidungsstrukturen oft komplex und ein erfolgskritischer Faktor für das CSR-Management. Die Frage, wie die Mitarbeiter dazu bewegt und verpflichtet werden können, verantwortungsvoll zu handeln, ist zentral und Anlass für die Gestaltung von Codes of Conduct oder anderer Verhaltensrichtlinien. EPU haben hier klare Vorteile: Eine Person trifft alle Entscheidungen und ist für alles verantwortlich. Auch die Frage, ob die (nachhaltigen) Unternehmenswerte mit den persönlichen Werten kompatibel sind – eine Grundlage für das erfolgreiche CSR-Management – erübrigt sich bei den Selbstständigen.

4 Konzentration auf das Wesentliche

Stehen die Wertehaltungen, die Ausrichtung und der mögliche gesellschaftliche Beitrag des Unternehmens fest, dann erfolgt im nächsten Schritt die Festlegung der wesentlichen Themen.

Von der Global Reporting Initiative werden die wesentlichen Themen wie folgt definiert:

> Wesentliche Aspekte sind solche, die die wichtigen wirtschaftlichen, ökologischen und gesellschaftlichen Auswirkungen der Organisation widerspiegeln oder die Beurteilungen und Entscheidungen der Stakeholder maßgeblich beeinflussen (Global Reporting Initiative 2013a, S. 43).

ISO 26000 empfiehlt, die Wesentlichkeit in Bezug auf die 36 Handlungsfelder zu den sieben Kernthemen (Organisationsführung, Menschenrechte, Arbeitspraktiken, Umwelt, faire Betriebs- und Geschäftspraktiken, Konsumentenanliegen sowie Einbindung und Entwicklung der Gemeinschaft) festzulegen:

> Eine Organisation sollte alle Kernthemen prüfen, um zu bestimmen, welche Handlungsfelder relevant sind. Nach der Bestimmung relevanter Handlungsfelder sollte eine Bewertung erfolgen, wie wesentlich die Auswirkungen der Entscheidungen und Aktivitäten der Organisation sind. Ob eine Auswirkung wesentlich ist, sollte mit Blick auf die betroffenen Anspruchsgruppen und den Bezug der Auswirkung zur nachhaltigen Entwicklung beurteilt werden (ONR/ISO 2010, S. 28).

EPU können diese Handlungsfelder ebenso wie die Aspekte von GRI nutzen, um sich beim Festlegen ihrer wesentlichen Themen inspirieren und leiten zu lassen.

Die Konzentration auf ausgewählte Schwerpunkte ist für EPU aus mehreren Gründen empfehlenswert: Sie haben sehr eingeschränkte Ressourcen und müssen ihre Kräfte gut einteilen. Viele Selbstständige vergessen, dass sie beides sind – Mitarbeiter und Chef. Beide Rollen liegen in ihrem Verantwortungsbereich und damit auch die Aufgabe, sich selbst nicht zu überlasten und auf vernünftige Arbeitszeiten und eine gute Balance zwischen Freizeit und Arbeitsstunden zu achten. Familien, Freunde – wichtige Stakeholder für EPU – können bewusst als Regulativ eingebunden werden.

Die klare Prioritätensetzung vereinfacht auch die Übernahme aller weiteren Aufgaben im Unternehmen – neben Chef und Mitarbeiter z. B. Finanzierer und Controller, Entscheider und Umsetzer, Visionär und realistischer Planer. Der bessere Überblick über die Themen, die wirklich wichtig sind, hilft bei der Entscheidung, wie viel Zeit für welche Rollen aufgewandt werden soll.

Zur Bestimmung der Wesentlichkeit gibt es bisher keine einheitliche, international anerkannte Methode. Eine Themensammlung als Ausgangsbasis für alle EPU bieten neben der erwähnten Global Reporting Initiative (diese erstellte ergänzend sektorspezifische Leitfäden[5]) und der ISO 26000 z. B. auch die daraus abgeleitete ONR 192500, www.nachhaltig-selbstaendig.at, der deutsche und der Schweizer KMU-Kompass Nachhaltigkeit (http://kmu.kompass-nachhaltigkeit.de/themen/ sowie http://kmu.kompass-nachhaltigkeit.ch/themen/) oder CSR in Deutschland.

Ausgehend von der anfänglichen, umfassenderen Themenliste überlegt jedes EPU, was für sein Unternehmen mit Blick auf die Werte, Ziele, Prioritäten wesentlich ist und was von den Stakeholdern erwartet wird. Zu bewerten ist, wo das Unternehmen die stärksten Wirkungen entfaltet.

Die Global Reporting Initiative entwickelte Testfragen für die Priorisierung, die für EPU folgendermaßen zusammengefasst werden können:

- Nachhaltigkeitsauswirkungen, -risiken oder -chancen (z. B. Erderwärmung, Armut) des Unternehmens,
- wichtige Nachhaltigkeitsthemen, die von Stakeholdern (z. B. bezogen auf die gesamte Branche) vorgebracht wurden,
- die wichtigsten Themen und zukünftigen Herausforderungen der eigenen Branche,
- maßgebliche Gesetze, Richtlinien, internationale oder freiwillige Vereinbarungen mit strategischer Bedeutung für das EPU und dessen Stakeholder,
- zentrale Werte, Richtlinien, Strategien, Managementsysteme, Ziele und Vorgaben des EPU,
- die Interessen und Erwartungen von Stakeholdern (z. B. Lieferanten, Partner),
- signifikante Risiken des EPU,
- kritische Faktoren für den Unternehmenserfolg,
- die Kernkompetenzen der Organisation und die Art und Weise, wie sie zur nachhaltigen Entwicklung beitragen könn(t)en (abgewandelt nach der Global Reporting Initiative 2013b, S. 12).

Jene EPU, die den Selbsttest der Plattform „nachhaltig selbständig" absolvierten, erachteten die in Abb. 4 dargestellten folgenden Themen als wesentlich für ihr Unternehmen. Top-Thema ist „faire Geschäftsmodelle".

Literatur und Ratgeber sind sich einig, dass die wesentlichen Themen offengelegt werden sollen. Über die Darstellungsform herrscht Uneinigkeit. Die Global Reporting Initiative zeigt in ihren Leitfäden eine Matrix, die von den meisten Unternehmen umgesetzt wird (siehe Abb. 5).

Neben anderen CSR-Experten kritisiert auch Elaine Cohen diese grafische Umsetzung:

> Es kümmert mich nicht wirklich, wo in der Matrix sie [Anm.: die wesentlichen Themen] sind. Ein Zehntel Millimeter Platz zwischen den kleinen Buchstaben kümmert mich nicht wirklich. Kümmert es irgendwen? Ich glaube nicht einmal, dass es möglich ist, zwischen den

---

[5] Die sektorenspezifischen Anleitungen (Bau & Immobilien, elektrische Einrichtungen, Eventorganisatoren, finanzielle Services, Lebensmittelverarbeiter, Medien, Minen und Metalle, NGO sowie Öl und Gas) für Nachhaltigkeitsberichte können als Ausgangspunkt zum Festlegen der CSR-Schwerpunkte dienen, ohne dass daraus ein Report entstehen muss: https://www.globalreporting.org/information/g4/sector-guidance/Pages/default.aspx.

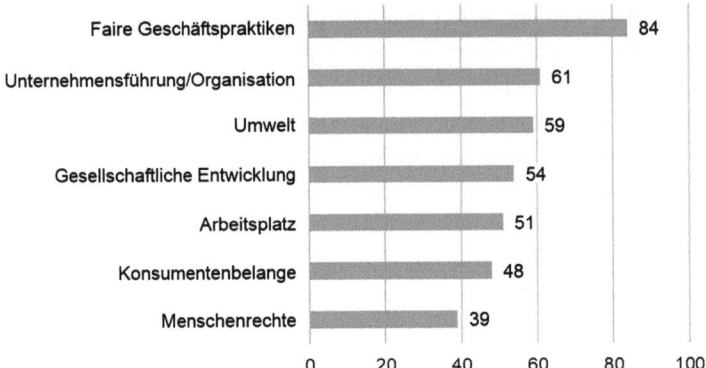

Abb. 4 Selbsttest von „nachhaltig selbständig": Welche Themen erachten die EPU als wesentlich für ihr Unternehmen? (Häufigkeitsauswertung der anonymen Absolventen, N = 250+ Personen)

wesentlichen Themen auf diesem detaillierten Level zu unterscheiden. Ich bin sicher, dass der Prozess des Nachdenkens, was am wichtigsten ist, förderlich gewesen sein sollte. Ich vermute stark, dass der Teil, in dem die Punkte auf der Matrix ihrem Platz zugewiesen werden, einfach eine totale Zeitverschwendung ist (Cohen 2014, Übersetzung durch Hauska & Partner).

Stattdessen empfiehlt Cohen eine Liste der Topthemen: „Also warum sollten wir uns mit einer Matrix plagen. Warum machen wir nicht einfach das, was gefordert wird: eine Liste erstellen" (Cohen 2014, Übersetzung durch Hauska & Partner).

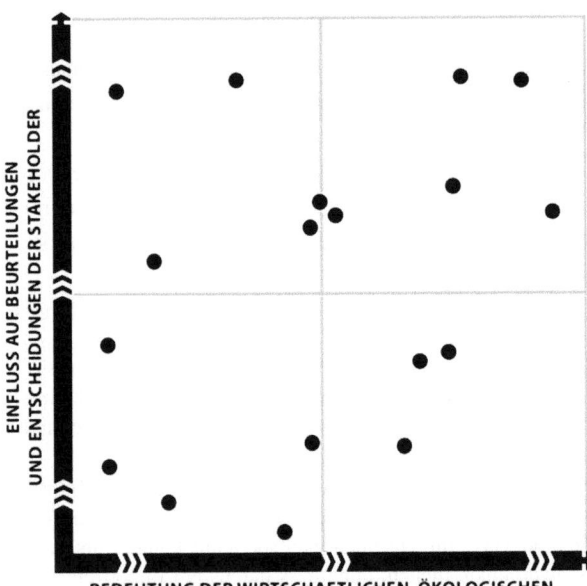

Abb. 5 Global Reporting Initiative (2013b): Beispielhafte Darstellung einer Wesentlichkeitsmatrix („materiality matrix")

Abb. 6 Themenlandkarte. (Entwickelt von Hauska & Partner)

Hauska & Partner entwickelten eine alternative Visualisierung: die Themenlandkarte. Als Quellen dienen interne und externe Dokumente (Unternehmensstrategien, Werte, Stakeholder-Erwartungen, GRI, ISO 26000 etc.). Zusätzlich sind verschiedene Begriffskategorien und -beziehungen erfasst und mittels Netzwerkanalysesoftware ausgewertet:

- Begriffsebenen und Hierarchien (z. B. Werte, Strategien, Maßnahmen/Instrumente),
- Kausalketten und Wirkungszusammenhänge (z. B. Input, Output, Outcome, Impact),
- Themencluster (z. B. organisationsspezifische Handlungsfelder).

Dieser Überblick und die Visualisierung der Zusammenhänge (siehe Abb. 6) bieten eine gute Grundlage für einen Dialog über die Themen sowie deren anschließende Beurteilung und Gewichtung.

5 Stakeholder: informieren, diskutieren, einbinden

Da EPU keine Teams haben, mit denen sie Gedanken und Ideen besprechen, Ziele diskutieren oder Erfahrungen austauschen können, sind Interaktionen mit externen Stakeholdern für sie in jeder Phase ihres CSR-Managements unerlässlich. Dabei profitieren sie von ihrer guten Vernetzung und der Möglichkeit, schnelle Entscheidungen zu treffen. Neben informellen Kontakten kann es für EPU sinnvoll sein, zielgerichtete, strukturierte und regelmäßige Interaktionen mit ihren Stakeholdern zu planen und umzusetzen, d. h. ihr eigenes „Stakeholder-Management" zu gestalten.

Denn EPU müssen sämtliche Aufgaben in Personalunion erledigen. Durch ihre unterschiedlichen Rollen sind sie die Schnittstelle für alle Stakeholder ihres Unternehmens und damit besser vernetzt als die Mitarbeiter größerer Firmen. Diesen Vorteil sieht z. B. das Zukunftsinstitut als wesentlich für die künftige Wirtschaftswelt. Die Organisation geht davon aus, dass es wachsende Komplexität, steigende Unberechenbarkeit und latente Krisen für Unternehmen schwieriger machen, kontinuierlich erfolgreich zu sein. Kleinere, eigenständige Einheiten, die EPU, könnten „oft rascher und flexibler auf solche Veränderungen des Markts reagieren, die von großen Einheiten oft primär als Störung und viel zu selten als Chance wahrgenommen werden. EPU sind damit ‚resilienter', anpassungsfähiger und können Produktivitätseinbußen eher vermeiden als große Unternehmen mit trägen Organisationsstrukturen" (Gatterer und Reiter 2013, S. 26).

Wie stark diese Trägheit großer Unternehmen ist, unterstreicht Tom Monahan anhand einer Umfrage unter 23.000 Beschäftigten: Der Aufstieg von Instrumenten zur Zusammenarbeit sowie die stärkere Abhängigkeit von Teammitgliedern statt von direkten Vorgesetzten führte zu einem Umfeld, in dem sich 60 % aller Beschäftigten täglich mit mindestens zehn Mitarbeitenden abstimmen müssen, um ihre Arbeit tun zu können. Die Hälfte dieser 60 % muss sich sogar mit mehr als 20 Personen koordinieren (vgl. Monahan 2016).

Kleinere, entscheidungsfreudigere Unternehmen – die EPU – können in diesem Punkt zum Vorbild größerer Firmen werden. Bereits jetzt profitieren sie von ihrer stärkeren Vernetzung. Sie können dadurch gesellschaftlichen Bedarf besser erkennen und (durch ihre einfachen Entscheidungsstrukturen) zeitnah auf diesen eingehen. Statt auf Mit-Arbeitende greifen sie auf die Ressourcen ihrer Stakeholder zurück.

Dieser Rückgriff geschieht bereits in der Anfangsphase des CSR-Managements: EPU sollten die Liste der wesentlichen Themen, die Gründern die Basis für die Aufstellung ihres Unternehmens und etablierten Selbstständigen Anregungen für die Umgestaltung und neue Schwerpunktsetzung liefert, mit ausgewählten Stakeholdern diskutieren. Familie, Freunde, Geschäftspartner, Peers oder CSR-Institutionen können die Prioritätensetzung mit dem Blick von außen kritisch hinterfragen.

Grundsätzlich haben EPU genauso wie große Unternehmen drei Möglichkeiten zur Interaktion mit ihren Stakeholdern: Information, Dialog und Einbindung.

1. Zur *Information* ihrer Anspruchsgruppen können EPU sowohl auf den persönlichen Kontakt zurückgreifen als auch unterschiedlichste Kommunikationsmittel wählen. Facebook-Seiten, LinkedIn- oder Xing-Profile sind schnell inklusive Unternehmensportrait, Werte und Ziele erstellt und können mit kurzen Updates zum aktuellen Nachhaltigkeitsengagement befüllt werden. Newsletter, Blogs, Fachbeiträge, die Diskussion in Foren oder Vorträge nehmen mehr Zeit in Anspruch, können aber je nach Zielgruppe die Positionierung der EPU verbessern.

2. Im *Dialog*, in der persönlichen Kommunikation, können sich die EPU belastbare Netzwerke schaffen, die über den engsten Beziehungskreis (Familie, Freunde) hinausgehen und wertvolle Anregungen für die weitere Entwicklung des Unternehmens bieten. Unterstützung erhalten EPU auch bei lokalen CSR-Verbänden, regionalen Nachhaltigkeitsstammtischen, CSR-Events und CSR-Tagen, in auf Nachhaltigkeit fokussierten Hubs sowie auf der Plattform „nachhaltig selbständig".
3. Stakeholder *einzubinden* ist eine Möglichkeit, um komplexere oder ressourcenintensivere Projekte zu bewältigen und neue Perspektiven ins Unternehmen zu holen.

Gatterer und Reiter unterstreichen die Bedeutung der Einbindung von Stakeholdern in ihrem Trenddossier zur Zukunft von Einpersonenunternehmen:

Die richtigen Punkte im Netzwerk zu verbinden bedeutet auch, sich immer neu zu fragen, wo Synergien sinnvoller sind als Individuallösungen und wo durch Kooperationen Mehrwert geschaffen wird, der alleine nicht oder nur viel schwieriger zu generieren wäre (Gatterer und Reiter 2013, S. 28).

Das Nutzen ihrer Netzwerke, die Einbindung der Ressourcen ihrer Stakeholder, eröffnet den EPU zahlreiche Möglichkeiten:

Zum Beispiel können gemeinsam mit dem Mitbewerber oder Branchenvertretungen Lösungen für Herausforderungen gefunden werden, die die gesamte Branche betreffen. EPU haben auch die Möglichkeit, mit Kunden nachhaltigere Produkte oder Dienstleistungen zu gestalten und umzusetzen.

Durch die Zusammenarbeit mit Stakeholdern können die EPU auch wirtschaftliche Vorteile generieren: Sie schaffen sich ihre eigene, wertvolle Position im (inter-)nationalen Wertschöpfungsnetzwerk, profitieren von Empfehlungen und können bei Bedarf schneller auf für sie wesentliche Player zugreifen. Dies hilft auch bei Kapazitätsengpässen und temporär geringen Auftragslagen (vgl. Gatterer und Reiter 2013, S. 26).

Mit dem Blick auf die eigenen Stärken, Schwächen und Eigenheiten können EPU gezielt Partner suchen, die diese ergänzen. Erfahrene Selbstständige können von den frischen Ansätzen junger Start-up-Gründer profitieren, Personen mit Migrationshintergrund Ideen für ihren Kulturkreis einbringen. Dadurch können EPU ebenfalls Diversität leben.

Eine weitere Möglichkeit zur Zusammenarbeit von EPU ist die Bildung „neuer" Genossenschaften. Mehrere Unternehmer schließen sich nach gemeinsam festgelegten Regeln zusammen, um z. B. schnell auf nötige Unterstützung (aus anderen Berufsfeldern) zurückgreifen zu können, Spitzen abzudecken oder eine gewisse soziale Absicherung zu erlangen.

Dabei gilt: Die Einbindung der Stakeholder erfordert die Bereitschaft, Entscheidungskompetenzen aus der Hand zu geben. Nicht jeder ist dafür schon bereit. Daher wählen Unternehmen derzeit unterschiedliche Wege für den Umgang mit ihren Stakeholdern. Diese Interaktionen lassen sich in vier exemplarische Typen einteilen, die Hauska & Partner 2013 entwickelten:

- *Reputation Enhancer* integrieren ihre Stakeholder in Feedbackmechanismen und verbessern kontinuierlich ihre Reputation. Sie informieren ihre Anspruchsgruppen laufend über die Entwicklung und Entscheidungen der Organisation.
- *Project Implementer* beziehen im Rahmen eines bestimmten Projekts relevante Stakeholder in die Organisation und ihre Entscheidungen mit ein. Für die erfolgreiche Umsetzung des Projekts bilden sie mit ihnen ein Wertschöpfungsnetzwerk.
- *Strategy Aligner* tauschen sich laufend mit ihren Stakeholdern aus und beziehen sie in Vorstufen von Entscheidungsprozessen und Strategieentwicklung ein. Sie nutzen deren Inputs als Trendbarometer und identifizieren frühzeitig wesentliche Themen.
- *Value Creator* sehen ihre Stakeholder als „resource owners" und bilden mit ihnen ein Netzwerk. Dieses ermöglicht eine gemeinsame Wertschöpfung, organisationales Lernen, die Mitgestaltung der Geschäftsfelder und Innovation (Hauska & Partner 2013).

Diese Typologie ist ein dynamisches Modell, das Unternehmen zeigt, wo sie gerade mit ihrem Stakeholder-Management stehen. Sie bietet auch für EPU umsetzbare Anregungen, das eigene Stakeholder-Management weiterzuentwickeln.

Zwei Schlagworte verbinden alle Arten der Interaktion mit den Stakeholdern. Sie sind für den Erfolg jedes Unternehmens gleich welcher Größe ausschlaggebend: Transparenz und Vertrauen.

Transparenz erfordert Offenheit und die Bereitschaft, sich Diskussionen und Kritik zu stellen. Gleichzeitig können dadurch neue Kunden, potenzielle Kooperationspartner oder Impulsgeber auf die EPU aufmerksam werden.

Um das Vertrauen der Stakeholder zu gewinnen und zu halten, müssen EPU ihre Handlungen und Aussagen richtig, wahr und redlich gestalten. Für die Nachhaltigkeitskommunikation bedeutet dies, keine leeren Versprechungen zu machen oder auch das eigene Engagement nicht übertrieben darzustellen, d. h. kein „Greenwashing" zu betreiben. Wichtig ist, sinnvolle Maßnahmen zu planen und auf den Boden zu bringen.

6 Umsetzung: Quick Wins und langfristige Veränderungen

Nach der grundsätzlichen Entscheidung für das CSR-Management und dem Festlegen der wesentlichen Themen folgt die Umsetzung. Die Stakeholder können dabei unterschiedliche Rollen erhalten und einnehmen, die sich im Prozess anpassen und erweitern lassen.

6.1 „Basics" und schnelle Erfolge

Einige Maßnahmen sind „Basics" bzw. können schnell verwirklicht werden. Dazu zählen der Umstieg auf nachhaltigere Mobilität (PKW vs. öffentliche Verkehrsmittel und Fahrrad) auf dem Weg zu Kunden und für Besorgungen, weniger Ausdrucke bzw. mit umweltschonenderer Tinte, die Verwendung nachhaltiger erzeugter PCs, Mobiltelefone und sonstiger Büroausstattung. Orientierungshilfen sind z. B.:

1. rankabrand.de: Auf der Website wird die Nachhaltigkeit von Lieblingsmarken in den Kategorien Telekommunikation, Online, Elektronik, Mode/Kleidung/Schuhe, Reisen sowie Essen/Trinken geprüft.
2. www.fairfinanceguide.de reiht Banken unter dem Nachhaltigkeitsblickwinkel auf.
3. bewusstkaufen.at listet rund 60 Einkaufsratgeber (Kategorien: Essen & Trinken, Haushalt & Geräte, Bauen & Wohnen, Energie, Pflanzen & Garten, Mode & Lifestyle), über 2000 Produkte sowie mehr als 250 Gütezeichen.
4. energie-fuehrerschein.at bietet Know-how zum Energiesparen im Betrieb und daheim.

6.2 Maßnahmen aus den wesentlichen Themen ableiten

Über diese „Basics" hinaus sollte der Fokus auf den identifizierten wesentlichen Themen liegen. Wichtig für die EPU ist, sich auf eine Auswahl zu beschränken und die benötigten Ressourcen mit den zur Verfügung stehenden realistisch abzugleichen. Gerade bei Selbstständigen kann und soll neben den angeführten Gewichtungskriterien (Abschn. 4) und der Verbindung zum Kerngeschäft auch die persönliche Präferenz eine Rolle spielen: Schwerpunkte, die Spaß machen und/oder das persönliche Interesse treffen, werden eher und mit mehr Einsatz durchgeführt als solche, zu denen der Unternehmer keinen persönlichen Bezug herstellen kann.

Zu diesen Fokusthemen sollten Ziele, Maßnahmen und Meilensteine festgelegt werden. Gleichzeitig ist zu bedenken, wie der Erfolg gemessen werden kann: Wann ist das Ziel erreicht? Wie kann der positive Einfluss auf Wirtschaft/Gesellschaft/Umwelt festgestellt werden?

Im Mittelpunkt stehen das Kerngeschäft, die eigenen Produkte und Services. Die wesentlichen Themen liefern Anregungen, wie diese nachhaltiger ausgerichtet werden können. Auch Ideen für neue, gesellschaftlich relevante Geschäftsfelder können auf Basis der wesentlichen Themen (und der Interaktionen mit den Stakeholdern) entstehen.

6.2.1 Eigene Produkte und Services nachhaltiger gestalten

Selbstständige sollten überlegen, wie sie ihr Kerngeschäft nachhaltiger gestalten. Wie können sie ihr eigenes Produkt- und Serviceportfolio entwickeln oder überarbeiten, um positivere Auswirkungen auf Wirtschaft, Gesellschaft und Umwelt zu erzielen? Anregungen, die für EPU umsetzbar sind, wären z. B.:

- die Einschränkung des Tätigkeitsradius (z. B. Handwerker, die ihre Services nur in einem Umfeld von 60 km anbieten)

- die Erstellung einer internen Checkliste für Aufträge (Welche positiven Effekte für Wirtschaft/Gesellschaft/Umwelt erziele ich damit? Kann ich meinen Kunden eine nachhaltigere Alternative vorschlagen?)
- die Erstellung einer K.-o.-Kriterienliste für Aufträge (Für welche Unternehmen will ich auf keinen Fall arbeiten? Was würde meinen Werten und meinen Zielen widersprechen?)

Bei der Er- oder Überarbeitung des Produkt- und Serviceportfolios für ein nachhaltigeres Angebot können Stakeholder wertvolle Anregungen bieten, indem sie z. B. über ihre eigenen Erfahrungen, Stolpersteine, hilfreiche Anlaufstellen berichten und Feedback zu den Überlegungen des EPU geben.

6.2.2 Neue nachhaltige Geschäftsfelder

Für EPU können aus dem Gedanken der Nachhaltigkeit Geschäftsfelder entspringen, die sich für große Unternehmen nicht auszahlen bzw. an denen diese kein Interesse haben. Drei Beispiele:

1. Reparaturen: Viele große Unternehmen bieten keine Reparaturservices an, nur in eingeschränkten Garantiefällen oder kostenintensiv und aufwendig für die Konsumenten. EPU, die sich auf das Wiederherstellen von Geräten, Programmen etc. konzentrieren, können eine Marktlücke schließen. Sie unterstützen die Verbraucher bei nachhaltigeren Konsummustern, punkten mit ihrem spezifischen Know-how und der persönlichen, individuellen Betreuung.
2. Tauschen und Teilen: Produzenten sind oft darauf ausgerichtet, möglichst viele Waren in möglichst kurzen Zeiträumen umzusetzen und den Zyklus von Kauf-Verwendung-Kauf eines neuen Produkts möglichst straff zu halten. Tauschen und Teilen steht selten auf ihrer Agenda. Hier bieten sich Marktlücken, indem EPU z. B. entsprechende Plattformen entwickeln, Services zur Verfügung stellen oder selbst entsprechende Angebote nutzen, die für sie billiger sind als der Kauf.
3. Durch die Berücksichtigung von Trends, das Hinterfragen des eigenen Geschäftszwecks und die Überlegungen zu den eigenen Stärken sind EPU näher am (zukünftigen) Markt: Sie können gesellschaftlichen Bedarf entdecken und entsprechende Produkte entwickeln, die z. B. einfach herzustellen, besonders langlebig oder sehr flexibel sind.

Stellvertretend für alle nachhaltigen EPU zeigen fünf Personen, wie diese Überlegungen erfolgreich in die Tat umgesetzt werden können:

- Gabriel Baradee präsentiert mit seinem Label Shakkei seit 2009 „grüne" Mode, die in Österreich und Europa hergestellt wird. Das Unternehmen setzt auf nachhaltige Materialien, Windstrom und regionale Wertschöpfung (http://www.shakkei.at/).

- Cornelia Daniel gründete Dachgold. Ihr Unternehmen unterstützt Firmen bei Vorfeldentscheidungen (z. B. mittels Gestehungskostenrechner) und der Umsetzung von Solaranlagen. Ihr Credo: Die Energie soll dort produziert werden, wo sie gebraucht wird. Gleichzeitig hat Cornelia Daniel es sich zur Aufgabe gemacht, Energiewissen zu verbreiten (dachgold.net).
- Klaus D. Tolliner machte sich 2006 als Unternehmensberater selbstständig. Selbst ein Vorzeigemodell nach einem schweren Unfall 1985, infolgedessen er beide Unterschenkel und den linken Oberarm verlor, treibt er einen Paradigmenwechsel in der Behindertenakzeptanz voran. Sein Wissen und seine Erfahrungen aus internationalen Projekten und Programmen stellt er im Rahmen seiner CSR-Strategie in den Dienst der Behindertenpolitik und Barrierefreiheit. Er gründete den Expertenkongress „Sommercamp für ein selbstbestimmtes Leben behinderter Menschen", der 2015 10-jähriges Jubiläum feierte (http://www.lognostik.eu/).
- Der Elektrotechniker, Mechatroniker und Energieberater Heinz Tschürtz wartet und repariert Thermen für seine Kunden und bringt ihnen das Energiesparen näher. 2013 initiierte er das „energie & reparatur café", in dem sich regelmäßig Interessierte zum Austausch und zur eigenhändigen Reparatur ihrer kaputten Elektrogeräte treffen (http://www.tschuertzservices.at/).
- Martin Wesian entwickelte nach einer Cholerainfektion bei einer Reise eine simple Methode zur Wasserdesinfektion: Verschmutztes Wasser wird in eine PET-Flasche gefüllt und in die Sonne gestellt. Deren UV-Strahlung desinfiziert den Inhalt. Wesian entwickelte ein kleines Gerät, mit dem die UV-Strahlung gemessen werden kann, um sicherzustellen, dass das Wasser bereits trinkbar ist (www.helioz.org).

Weitere Beispiele stellt die Plattform „nachhaltig selbständig" vor.

7 Fazit

Durch ihre große Anzahl und ihre Funktion als Netzwerkpartner prägen EPU die Wirtschaft von morgen. Ihr verantwortungsvolles Wirtschaften ist daher für die gesamte Gesellschaft relevant und kann – trotz der geringen Unternehmensgröße – viel bewegen.

Für die EPU selbst ist die Ausrichtung auf Nachhaltigkeit nicht nur aus ethischen und moralischen Gründen wertvoll: Der Fokus auf nachhaltiges Wirtschaften umfasst auch das Beachten der eigenen finanziellen Stabilität und der langfristigen wirtschaftlichen Gesundheit. Damit führt das CSR-Management auch bei den EPU zu einem zukunftsfähigeren Wirtschaften, für das sie ihre Stärken – bessere Vernetzung, unkomplizierte Entscheidungsstrukturen – bestens einsetzen können. Sie sind näher an den gesellschaftlichen Bedürfnissen und können schneller auf neue An- und Herausforderungen eingehen.

Wenn EPU mit ihren Stakeholdern zusammenarbeiten, dann können sie auch ihr größtes Manko, ihre fehlenden Ressourcen, ausgleichen. Gemeinsam mit ihrem Netzwerk stehen ihnen alle CSR-Handlungsfelder in den drei Bereichen der Triple Bottom Line

(Wirtschaft, Gesellschaft und Umwelt) offen. Ihr Beitrag kann von kleinen Einzelaktionen bis zu gesellschaftsübergreifenden, bahnbrechenden Entwicklungen oder Erfindungen reichen, wie die Beispiele im Abschn. 6.2.2 zeigen. Dadurch nehmen EPU nicht nur ihre ganz persönliche Verantwortung wahr, sondern erreichen Skaleneffekte mit positiven Auswirkungen, die weit über die Grenzen ihres Unternehmens hinausgehen.

Literatur

Verwendete Literatur

Amway (2015) Amway Global Entrepreneurship Report, 2015. Amway, Kestenholz/Puchheim/Wien

Amway, respACT, Hauska & Partner, Wirtschaftskammer Österreich (2014) nachhaltig selbständig. www.nachhaltig-selbstaendig.at. Zugegriffen: 13. Mai 2016

Bundesamt für Statistik (2016a) Erwerbstätige (Inlandkonzept) nach Geschlecht, Nationalität und Erwerbsstatus. Durchschnittliche Quartals- und Jahreswerte, Neuchâtel. http://www.bfs.admin.ch/bfs/portal/de/index/themen/03/02/blank/data/01.Document.64608.xls. Zugegriffen: 9. Mai 2016

Bundesamt für Statistik (2016b) Neugründungen. Neu gegründete Unternehmen und Beschäftigte nach Grössenklassen, 2011–2013, Neuchâtel. http://www.bfs.admin.ch/bfs/portal/de/index/themen/06/02/blank/key/02/neugruendungen.html. Zugegriffen: 12. Mai 2016

Bundesministerium für Wirtschaft und Energie (2015) Soziale Ziele unternehmerisch erreichen. Gründerzeiten 27(05):1

Bundesministerium für Wirtschaft und Energie (2016) Unternehmensgründungen und Gründergeist in Deutschland. Zahlen und Fakten, Berlin. https://www.bmwi.de/BMWi/Redaktion/PDF/F/factbook-gruenderland-deutschland,property=pdf,bereich=bmwi2012,sprache=de,rwb=true.pdf. Zugegriffen: 9. Mai 2016

Cohen E (2014) Why the materiality matrix is useless. http://csr-reporting.blogspot.co.at/2014/12/why-materiality-matrix-is-useless.html. Zugegriffen: 13. Mai 2016

Europäische Kommission (2011) Mitteilung der Kommission an das Europäische Parlament, den Rat, den Europäischen Wirtschafts- und Sozialausschuss und den Ausschuss der Regionen. Eine neue EU-Strategie (2011–14) für die soziale Verantwortung der Unternehmen (CSR). Europäische Kommission, Brüssel

Europäische Kommission (2014) Ein Überblick über Sozialunternehmen und ihre Ökosysteme in Europa. Zusammenfassung. Europäische Kommission, Luxemburg

Gatterer H, Reiter W (2013) EPU machen Zukunft. Trenddossier zur Zukunft von Ein-Personen-Unternehmen. Zukunftsinstitut, Wien

Global Reporting Initiative (2013a) G4 Leitlinien zur Nachhaltigkeitsberichterstattung. Berichterstattungsgrundsätze und Standardangaben. Global Reporting Initiative, Amsterdam

Global Reporting Initiative (2013b) G4 Leitlinien zur Nachhaltigkeitsberichterstattung. Umsetzungsanleitung. Global Reporting Initiative, Amsterdam

Hauska & Partner (2013) Stakeholder Management – Status Quo in Österreich. Ergebnisse einer qualitativen Erhebung bei Unternehmen in Österreich. Hauska & Partner, Wien

Hauska & Partner (2015) CSR & EPU. Erkenntnisse aus dem CSR-Selbsttest. Hauska & Partner, Wien. www.nachhaltig-selbstaendig.at

Metzger G, Kwf Research (2015) KfW-Gründungsmonitor 2015. Tabellen- und Methodenband. KfW Bankengruppe, Frankfurt am Main. https://www.kfw.de/PDF/Download-Center/Konzernthemen/Research/PDF-Dokumente-Gr%C3%BCndungsmonitor/Gr%C3%BCndungsmonitor-2015-Tabellenband.pdf. Zugegriffen: 10. Mai 2016

Mandl I, Gavac K, Hölzl K (2009) Ein-Personen-Unternehmen in Österreich. Wirtschaft Ges 35(2):215–236

Monahan T (2016) The Hard Evidence: Business Is Slowing Down, Fortune. http://fortune.com/2016/01/28/business-decision-making-project-management/. Zugegriffen: 1. Juni 2016

ONR/ISO (2010) Leitfaden zur gesellschaftlichen Verantwortung (ISO 26000:2010). ONR/ISO, Wien

Ripsas S, Tröger S (2015) 3. DSM. Deutscher Startup Monitor. KPMG, Berlin. http://deutscherstartupmonitor.de/fileadmin/dsm/dsm-15/studie_dsm_2015.pdf. Zugegriffen: 13. Mai 2016

Scheuerle T, Gunnar G, Knust R, Then V (2013) Social Entrepreneurship in Deutschland. Potentiale und Wachstumsproblematiken, Studie im Auftrag der KfW. Centrum für soziale Investitionen und Innovationen (CSI) der Universität Heidelberg, Heidelberg. https://www.kfw.de/PDF/Download-Center/Konzernthemen/Research/PDF-Dokumente-Studien-und-Materialien/Social-Entrepreneurship-in-Deutschland-LF.pdf. Zugegriffen: 12. Apr. 2016

Wirtschaftskammer Österreich (2016a) 2015 gab es rund 290.000 Ein-Personen-Unternehmen in Österreich, Wien. https://www.wko.at/Content.Node/Interessenvertretung/EPU/WKOe:-2015-gab-es-rund-290.000-Ein-Personen-Unternehmen-i.html. Zugegriffen: 9. Mai 2016

Wirtschaftskammer Österreich (2016b) Unternehmensgründungen 1993–2015. Vorläufige Ergebnisse, Wien. http://wko.at/statistik/Extranet/Neugr/ng2015v-gesamt.pdf. Zugegriffen: 12. Mai 2016

Wirtschaftsuniversität Wien (2015) Das Potenzial von Social Business in Österreich. http://epub.wu.ac.at/4683/. Zugegriffen: 12. Mai 2016

Weiterführende Literatur

Biesalski & Company, Facit Research (2014) Wertschöpfungsreport Nachhaltigkeit 2014. Was ist gutes Gewissen wert? Biesalski & Company, München. http://www.biesalski-company.com/cms_content/download/Wertschoepfungsreport_Nachhaltigkeit_2014.pdf. Zugegriffen: 13. Mai 2016

Bundesrat (2015) Gesellschaftliche Verantwortung der Unternehmen. Positionspapier und Aktionsplan des Bundesrates zur Verantwortung der Unternehmen für Gesellschaft und Umwelt. Bundesrat, Bern

Europäisches Parlament (2014) Richtlinie 2014/95/EU des Europäischen Parlaments und des Rates vom 22. Oktober 2014 zur Änderung der Richtlinie 2013/34/EU im Hinblick auf die Angabe nichtfinanzieller und die Diversität betreffender Informationen durch bestimmte große Unternehmen und Gruppen Text von Bedeutung für den EWR. Europäisches Parlament, Brüssel

respACT, Wirtschaftskammer Österreich (2009) CSR Leitfaden für Ein-Personen-Unternehmen. Erfolgsfaktor FAIRantwortung. respACT-austrian business council for sustainable development, Wien

TRIGOS Österreich (2016) http://www.trigos.at/trigos/presse. Zugegriffen: 01. Juni 2016

Mag. a. Elisabeth Gail ist seit 2006 Senior Consultant bei Hauska & Partner. Im selben Jahr schloss sie das Studium der Publizistik- und Kommunikationswissenschaften mit einer Fächerkombination aus Politikwissenschaften und Geschichte ab. Mit ihrer über 10-jährigen Expertise in Kommunikation und Nachhaltigkeit arbeitet sie für Organisationen aus verschiedensten Branchen, u. a. Infrastruktur, Transport und Logistik, Handel, Banken und Ernährung. Ihre Schwerpunkte sind Stakeholder-Relations und -Engagement, Issues-Analysen, CSR-Management mit Fokus Nachhaltigkeitsberichte sowie Monitoring & Intelligence. Sie ist Teil des firmeninternen Ethik- sowie des Reportingteams. Elisabeth Gail koordiniert die Arbeitsgruppe Nachhaltigkeitsberichte mit respACT-austrian business council for sustainable development, koentwickelte und betreut die Plattform www.nachhaltig-selbständig.at und ist Autorin verschiedener CSR-News und Fachbeiträge. Zu ihren Veröffentlichungen zählen der *CSR Branchenreport Lebensmittelverarbeiter* (2011) sowie die Studie *Die Evolution der Headquarters. Wie das Nachhaltigkeitsmanagement Unternehmenszentralen verändert* (2015).

Leo Hauska ist geschäftsführender Gesellschafter der Unternehmensberatung Hauska & Partner Corporate Relations, die er 1990 gründete. Er verfügt über 30 Jahre Erfahrung als Unternehmens- und Kommunikationsberater in Österreich sowie Zentral- und Osteuropa. Seit 2004 beschäftigt sich Leo Hauska mit dem Fachbereich CSR, und zwar durch die Anwendung dieses Managementansatzes im eigenen Unternehmen, durch die Unterstützung des CSR-Managements seiner Kunden und durch zahlreiche Beiträge zur CSR-Entwicklung in allen Ländern, in denen Hauska & Partner tätig ist. Er ist akkreditierter CSR-Berater, Lehrbeauftragter an mehreren Universitäten und Fachhochschulen sowie Koautor von Studien und CSR-Leitfäden, u. a. des *CSR Leitfadens für Ein-Personen-Unternehmen* (2009) und der Plattform www.nachhaltig-selbstaendig.at. Als Experte des Österreichischen Normungsinstituts arbeitete er an der Entwicklung der ISO 26000 sowie der ONR 192500 mit. Derzeit engagiert sich Leo Hauska als Mitglied des Steering Committee für die Weiterentwicklung des österreichischen UN Global Compact Netzwerks und die Umsetzung der Sustainable Development Goals bei Unternehmen.

CSR in Mikrounternehmen – anständig wirtschaften: Ethik, Geschäftsmodell und die Gemeinwohl-Ökonomie

Gerd Hofielen

1 Einleitung

In Deutschland machen Mikrounternehmen, die sich dadurch auszeichnen, dass sie weniger als zehn Beschäftigte angestellt haben, 81 % aller Unternehmen aus (Statistisches Bundesamt 2013). Das entspricht einer Anzahl von 3,3 Mio. Kleinstunternehmen in Deutschland, die 2013 ca. 573,7 Mrd. EUR Umsatz erwirtschafteten (Institut für Mittelstandsforschung 2013). Die CSR-Aktivitäten dieser 3,3 Mio. Unternehmen können zusammengenommen eine große Wirkung entfalten. Wie Mikro- oder Kleinstunternehmen CSR leben und welcher ethische Anspruch sich dahinter verbirgt, soll hier näher beleuchtet werden und beitragen, diese Lücke in der wissenschaftlichen Debatte zu schließen.

Corporate Social Responsibility (CSR) ist ein Konzept, mit dem die Wirkungen der unternehmerischen Tätigkeiten auf Umwelt und Gesellschaft erfasst und verantwortlich gestaltet werden sollen. CSR hat das Ziel, Unternehmen mit der Gesellschaft konstruktiv zu verbinden. Die Wirkungen der unternehmerischen Tätigkeit sind zum Teil beabsichtigt – wie die Erzielung von Gewinnen, die Herstellung von Produkten und Dienstleistungen für zahlungsbereite Kunden[1] –, zum Teil aber auch unbeabsichtigt oder werden in Kauf genommen – wie z. B. Umweltbelastungen, Verletzung von Menschenrechten, Unterstützung von repressiven Regimen.

In der Definition der EU-Kommission aus dem Jahre 2001 wird CSR verstanden als „ein Konzept, das den Unternehmen als Grundlage dient, auf freiwilliger Basis soziale Belange und Umweltbelange in ihre Unternehmenstätigkeit und in ihre Wechselbezie-

---

[1] Mit den hier genutzten Personenbezeichnungen (ursprünglich Kundin und Kunde) sind sowohl männliche als auch weibliche Personen gemeint.

G. Hofielen (✉)
Humanistic Management Practices gGmbH
Matterhornstr. 47, 14129 Berlin, Deutschland
E-Mail: gerd.hofielen@hm-practices.org

hungen mit den Stakeholdern zu integrieren" (Europäische Kommission 2001, S. 7). Als Stakeholder gelten alle Berührungsgruppen eines Unternehmens, von Lieferanten, über Kunden bis zu Mitarbeitenden.

Während die Definition von 2001 noch die Freiwilligkeit betonte, stellt die Definition aus dem Jahr 2011 das Verantwortlichsein für die Auswirkungen der Unternehmenstätigkeit in den Mittelpunkt: CSR ist „die Verantwortung von Unternehmen für ihre Auswirkungen auf die Gesellschaft" (Europäische Kommission 2011, S. 7). Dabei kann die These gewagt werden, dass nicht nur die direkten Auswirkungen eines Unternehmens erfasst werden müssen, sondern auch die Nebenwirkungen auf natürliche und gesellschaftliche Lebenssysteme. Folglich dürfen aus der Zielverfolgung unternehmerischer Interessen keine Schäden für beteiligte oder betroffene Dritte entstehen beziehungsweise müssen diese beseitigt oder ausgeglichen werden. Die hier berichteten Unternehmenspraktiken untermauern das Argument, dass die Unternehmen sich als Teil der Gesellschaft verstehen und den Anspruch leben können, ihr Handeln verantwortlich zu gestalten. Nach dieser Auffassung kommt der Nutzen unternehmerischer Aktivitäten nicht nur den Eigentümern, sondern auch direkt und indirekt Betroffenen zugute, wie der Gesellschaft oder der Umwelt.

Was der Terminus CSR inhaltlich umfasst, beschreibt die Kommission wie folgt:

> Damit die Unternehmen ihrer sozialen Verantwortung in vollem Umfang gerecht werden, sollten sie auf ein Verfahren zurückgreifen können, mit dem soziale, ökologische, ethische, Menschenrechts- und Verbraucherbelange in enger Zusammenarbeit mit den Stakeholdern in die Betriebsführung und in ihre Kernstrategie integriert werden (Europäische Kommission 2011, S. 7).

Die Kommission verlangt somit die Integration der gesellschaftlichen Verantwortung in die Wertschöpfungsprozesse des Kerngeschäftes, das heißt dort, wo Gewinne erwirtschaftet werden. Hier zeigt sich, sowohl die EU-Kommission als auch die Fachliteratur (Loew et al. 2004) sprechen im CSR-Kontext von Ethik bzw. „ethischen Belangen". Ferner stellt die Kommission fest, dass „damit die Unternehmen ihrer sozialen Verantwortung in vollem Umfang gerecht werden, sollten sie auf ein Verfahren zurückgreifen können" (Europäische Kommission 2011, S. 7). Dieses Verfahren ist immer ein Abwägungsprozess zwischen unterschiedlichen Interessen und Auswirkungen der Unternehmenstätigkeit. Dieses Verfahren ist in der Essenz ein ethisch begründeter Abwägungs- und Konfliktbearbeitungsvorgang. Somit wird die Frage nach dem ethischen Fundament des Konzeptes CSR essenziell. Was unter den Begriffen soziale, ökologische, Menschenrechts- und Verbraucherbelange zu verstehen ist, wurde bereits vielfach diskutiert (Loew et al. 2004; Global Reporting Initiative und ISO 2014). Deshalb soll hier dem Begriff „ethisch" mehr Aufmerksamkeit geschenkt werden. Dafür wird das Konzept von Hans Küng herangezogen, bevor die CSR-Praktiken von drei Kleinstunternehmen dargestellt und im Kontext von Küngs zentralen Thesen diskutiert werden. Dabei wird gezeigt, dass eine weitreichende CSR-Praktik neue Geschäftsmodelle verlangt und begünstigt.

Ableitend von den drei Fallbeispielen erfolgt im letzten Abschnitt ein Ausblick auf die Gemeinwohl-Ökonomie, die anders als viele Berichtssysteme CSR-Leistungen von Unternehmen messbar und vergleichbar macht. Dabei wird auch deutlich, welche Inhalte und Ansprüche sich hinter dem weit gefassten Begriff Ethik verbergen.

2 Anständig wirtschaften nach Hans Küng

Dem Wirtschafts- und Religionsethiker Hans Küng zufolge umfasst „anständig wirtschaften" dreierlei: „Anständig kann als umgangssprachliches Synonym für kräftig, beträchtlich, stark verstanden werden" (Küng 2010, S. 15). Anständig meint auch „zufriedenstellend, durchaus genügend, ordentlich" (Küng 2010, S. 15). Und es kann verstanden werden als „innerer Anstand oder Charakter und meint dann sittlich einwandfrei, rechtschaffen, redlich" (Küng 2010, S. 15). Der umgangssprachliche Gebrauch des Wortes weist darauf hin, dass sich die Vorstellung von anständig wirtschaften im alltäglichen Geschäftsverkehr entwickelt. Unabhängig von zeitlichem Kontext, Geografie, Religion oder Wirtschaftsform identifiziert Küng, dass verschiedene Gesellschaften gemeinsame Ethiken und Werte definieren, die in zentralen Ansprüchen übereinstimmen.

> Die Erfahrung zeigt: In verschiedenen kulturellen Lebenswelten tauchen immer wieder ähnliche Lebenswerte auf, vor allem der Schutz des Lebens, des Eigentums, der Wahrheit (Wahrhaftigkeit), der Geschlechtlichkeit (Küng 2012, S. 34).

Diese gemeinsamen Werte bezeichnet Hans Küng als „Weltethos" (Küng 2012, S. 19). Dieses Weltethos besteht Küng zufolge aus zwei Grundprinzipien oder Werten und vier Handlungsempfehlungen, Imperative genannt. Die Grundprinzipien sind erstens „das Humanitätsprinzip" (Küng 2012, S. 14) und zweitens die „goldene Regel der Gegenseitigkeit" (Küng 2012, S. 14). Ersteres beschreibt den Anspruch, dass „jeder Mensch menschlich und nicht unmenschlich behandelt werden soll" (Küng 2012, S. 14). Die goldene Regel der Gerechtigkeit beschreibt Küng mit den Worten: „tue nicht anderen, was du nicht willst, dass sie dir tun" (Küng 2012, S. 14).

Die vier Imperative der Menschlichkeit beschreibt Küng (2012, S. 14) wie folgt:

1. „Für eine Kultur der Gewaltlosigkeit und der Ehrfurcht vor allem Leben. Nicht töten, aber auch nicht foltern, quälen, verletzen."
2. „Für eine Kultur der Solidarität und eine gerechte Weltordnung. Nicht stehlen, aber auch nicht ausbeuten, bestechen, korrumpieren."
3. „Für eine Kultur der Toleranz und ein Leben in Wahrhaftigkeit. Nicht lügen, aber auch nicht täuschen, fälschen, manipulieren."
4. „Für eine Kultur der Gleichberechtigung und der Partnerschaft von Mann und Frau. Nicht Sexualität missbrauchen aber auch nicht den Partner überhaupt missbrauchen, erniedrigen, entwürdigen."

Inwiefern die Grundprinzipien und Handlungsempfehlungen des Küng'schen Weltethos in der Praxis von Mikrounternehmen wiederzufinden sind, wird im folgenden Abschnitt analysiert. An dieser Stelle soll zuvor noch der Bogen zur CSR geschlagen werden. Die EU-Kommission berücksichtigt bei ihren Anforderungen an CSR unterschiedliche Unternehmensgrößen und stellt fest: „Im Falle der meisten kleinen und mittleren Unternehmen und insbesondere der Kleinstunternehmen dürfte das CSR-Verfahren informell und intuitiv bleiben" (Europäische Kommission 2011, S. 7). Hier treffen sich die Auffassungen der EU-Kommission mit den Beobachtungen von Küng, der betont, dass das Wertegerüst, das er als Weltethos bezeichnet, ebenfalls aus dem alltäglichen Geschäftsverkehr entsteht. Nach Küng wäre zu erwarten, dass CSR-Praktiken der Kleinstunternehmen informeller, intuitiver Natur sind und sich im Alltag herausbilden. Im Folgenden wird illustriert, inwieweit Unternehmer, die von CSR inspiriert sind, die also anständig wirtschaften wollen, die Wirkungen ihrer Tätigkeit in der Gesellschaft gestalten.

3 CSR-Praktiken und die Rolle der Unternehmensgröße

Bevor die CSR-Praxis von Mikrounternehmen an drei Beispielen erläutert wird, ist es wichtig, zentrale Unterscheidungsmerkmale von Mikrounternehmen gegenüber größeren Unternehmen herauszuarbeiten. Erstens ist die Rolle der Eigentümer prägend für die Geschäftstätigkeit und damit abhängig von deren persönlichem Stil. Die Inhaber sind oft Gründer, immer Initiatoren und Ermöglicher in geschäftlicher und fachlicher Hinsicht. Das Unternehmen steht und fällt mit dem Beitrag der Inhaber.

Zweitens sind die Beziehungen zu Mitarbeitern, Kunden, Lieferanten, Geldgebern, Behörden oft von persönlichen Erwägungen und Stilpräferenzen geprägt. Es gelten die persönlichen Vorstellungen von Anstand und Fairness. Die Strategien und Verhaltensweisen werden nicht von Fachexperten oder Fachabteilungen, wie z. B. Nachhaltigkeitsbeauftragten, entwickelt, sondern vom gesunden Menschenverstand und den alltäglichen Einsichten der Eigentümer. Auch die CSR-relevanten Entscheidungen entstehen aus dem persönlichen Engagement der Inhaber. Drittens orientiert sich die Einstellung zum Gewinn an der Notwendigkeit, den Unternehmerlohn und die Einkommen der Mitarbeiter zu erwirtschaften. Der Kapitaleinsatz ist in der Regel nicht hoch, somit spielen auch die Kalküle der Kapitalverwertung eine untergeordnete Rolle. Lediglich die Bedürfnisse nach einer ausreichenden Altersvorsorge und nach finanzieller Sicherheit sind wichtig.

Es bleibt festzuhalten, die CSR-Leistung der Mikrounternehmen hängt in starken Maß von der Ethik der Inhaber ab. Im positiven Fall kann dadurch viel erreicht werden, weil infolge der Entscheidungsfreiheit und -kompetenz des Unternehmers zwischen Ethik und Umsetzung kurze Wege existieren. Allerdings habe ich als Unternehmensforscher bei vielen, wahrscheinlich den meisten Mikrounternehmen eine Trägheit beobachten können, wie sie häufig auch in der Gesellschaft festzustellen ist. Der eigene Beitrag wird sehr oft als klein und unbedeutend empfunden. Damit bleibt das ethische Niveau der Unternehmenspraktiken weitgehend in tradierten, gewohnheitsmäßigen Verhaltensweisen gefangen und wird nicht angepasst an die Anforderungen der sich verändernden Umwelt. Da ein Vergleich von CSR-engagierten und konventionellen Mikrounternehmen hier den Rahmen sprengen würde, folgt an dieser Stelle zunächst ein erster Einblick in CSR-engagierte Mikrounternehmen und deren Handeln.

3.1 Die CSR-Praxis von Mikrounternehmen an drei Beispielen

Die hier dargestellten Mikrounternehmen waren Teil einer Studie, im Rahmen derer insgesamt 17 in Deutschland ansässige Unternehmen qualitativ interviewt wurden (Hofielen 2015). Dabei waren ihre jeweiligen Definitionen von Erfolg, ihre Zielsysteme, ihre Unternehmensstrategien und die ethisch inspirierten Praktiken von zentralem Interesse. Die Unternehmen spiegeln diverse Branchen und Unternehmensgrößen wider. Da hier lediglich drei Mikrounternehmen betrachtet werden, ist es natürlich nicht möglich, repräsentative, verallgemeinerbare Ergebnisse zu präsentieren. Dennoch bieten diese Unternehmen einen wertvollen Einblick in die CSR-Praxis von Kleinstunternehmen und deren ethischen Gehalt.

A) Branche Holz – eine Tischlerei
Das erste Unternehmen, eine Freiburger Tischlerei, besteht seit rund 20 Jahren, wird von zwei Geschäftsführern geführt und hat einen Gesellen sowie eine Aushilfe angestellt. Sie bietet maßgefertigte Küchen, Büroeinrichtungen und Einbaumöbel aus Holz an. Der Umsatz lag 2014 unter 1 Mio. €.

Als geschäftlichen *Erfolg* betrachten die beiden Geschäftsführer die „Zufriedenheit der Kunden und wenn die Chemie mit Kunden" passt.[2] Die Erträge der Aufträge werden aufmerksam verfolgt. Als *Zielsystem* ihres Kerngeschäftes betrachten sie, „die Unternehmensabläufe [zu] straffen und die Einkaufsprozesse ökologischer [zu] gestalten". Der *finanzielle Ertrag* soll ermöglichen, dass alle gut davon leben können. *Zentrales Anliegen* sind aber ökologische Produkte und Qualitätsprodukte. Das unternehmerische *Wachstum* wird mit wenig Ehrgeiz betrachtet, da dies auch mit Problemen in Verbindung gebracht wird: „Schnelles Wachstum bringt Auslastungsprobleme, höheres Risiko und höhere Grundausgaben, die in der Flaute Probleme machen" (Anonym: Interview, 12.05.2015).

Bei den CSR-*Praktiken* steht im Vordergrund, die Umweltbelastungen zu betrachten, zu analysieren und zu verringern: „Die Umweltwirkungen optimieren wir bei jedem Auftrag. Wir sind innovativ und nehmen erhöhtes Bemühen in Kauf." Das heißt, bei den Produkten aus Holz wird beachtet, dass Oberflächenbehandlungsöle und Lacke lösungsmittelfrei sind. Es wird an einem Projekt „allergiegerechtes Haus" gearbeitet. Das verwendete Holz ist FSC-zertifiziert, die Küchengeräte sind energiesparend. Die angemieteten *Räume* befinden sich in einem Gebäude mit Fotovoltaikzellen und einem Blockheizkraft-

---
[2] Angaben in Anführungszeichen sind wörtliche Aussagen.

werk. Somit wird in fast CO_2-neutralen Räumlichkeiten gearbeitet. Bei den *Lieferanten* werden regionale Firmen mit geringen Transportwegen und Familienbetriebe mit sozialer und ökologisch hochwertiger Fertigung bevorzugt. Die *Führung und Zusammenarbeit* finden im Team statt und auch die Arbeitsbeziehungen mit den Mitarbeitern sind tendenziell gleichberechtigt.

Konfliktfälle zwischen soziökologischen Belangen und der Gewinnmarge gebe es „eigentlich nicht". Gute Qualität habe im Einkauf den Vorrang, was sozialökologische Aspekte beinhalte. In finanzieller Hinsicht werde „der Ball flach gehalten", dadurch „können wir flexibel sein und Lebensqualität priorisieren und uns Freiheiten" gestatten.

Es wird deutlich, dass die Unternehmensführung Wert legt auf ökologisch nachhaltige Beschaffung, Materialien und Räumlichkeiten trotz eines für die Holzverarbeitung typischen, erheblichen ökologischen Fußabdruckes. Es herrscht der Anspruch, negative Umweltauswirkungen zu reduzieren. Die Produktionsverhältnisse bei Lieferanten werden aufmerksam beachtet und die Geschäftsverbindungen nach positiven Sozialkriterien ausgewählt. Die Ansprüche der Verbraucher (Kunden) stehen im Mittelpunkt und werden mit Blick auf deren Gesundheit und die ökologischen Auswirkungen der Materialien erfüllt. Dabei werden die wirtschaftlichen Ziele des Betriebs verfolgt.

B) Dienstleistungsbranche – eine Rechtsanwaltssozietät

Die Rechtsanwaltssozietät befindet sich Berlin und neben dem Inhaber sind zwei Anwälte, zwei Fachangestellte und eine angestellte Reinigungskraft (in Teilzeit) beschäftigt. Ihr Geschäftsmodell besteht aus juristischer Beratung und Vertretung in Arbeitsrechtsangelegenheiten. Die Sozietät erwirtschaftet jährlich einen Umsatz von weniger als 1 Mio. €.

Der *Erfolg* ist nach Angaben des Inhabers vorhanden, wenn spannende Mandate, „die wir gern bearbeiten", angenommen werden können und wenn „kreative Konfliktlösungen unabhängig vom Richterspruch" erreicht werden. Das *Zielsystem* besteht aus Mandatsakquisition, guter Mandantenbetreuung und dem Erreichen guter Ergebnisse für die Mandanten. Die *finanziellen Resultate* sollen einen auskömmlichen Lebensstil ermöglichen. Damit das gelingt, muss die „Größe der Mandate beachtet werden" (Anonym: Interview, 02.04.2015). Ein maximal hohes Einkommen wird nicht angestrebt, denn „wenn wir Gewinn steigern wollten, würden wir Arbeitgeber vertreten und uns auf Großunternehmen fokussieren" (Ebd.). Das wird nicht getan, denn „der Sinn ist uns wichtig". Ein *Wachstum* wird angestrebt, damit die Sozietät mit mehreren Anwälten existenzfähig ist und damit jüngere Kollegen in die Sozietät aufgenommen werden können.

Die *Umweltbelastungen* sind im Dienstleistungsgewerbe nicht sehr hoch. Um potenzielle Umweltbelastungen zu umgehen, werden Reisen in der Regel mit dem öffentlichen Nahverkehr abgewickelt, geringe Fahrten mit PKWs ergänzen das Mobilitätsverhalten. Der Strom wird aus erneuerbaren Quellen bezogen und das Büromaterial von einem Versandhändler, der Nachhaltigkeit zum Geschäftsprinzip gemacht hat. *Mitarbeiter* werden je nach Fachkompetenz an Entscheidungen beteiligt, weshalb auch die angestellten Mitarbeiter an Besprechungen der Anwälte teilnehmen. Die Kultur der Mitwirkung mache Sinn, denn der Alltag hat gezeigt, dass „wenn Angestellte nicht hohe Qualität liefern, führt das zu empfindlichen Fehlern" (Ebd.). Aus dem Grund wird auch eine hohe Kommunikationsdichte gelebt. Die angestellten Mitarbeiter sind überdies an Umsatzsteigerungen der Anwälte beteiligt.

Konfliktfälle zwischen sozioökologischen und finanziellen Zielen „konnten bisher immer zugunsten der ökologischen Ziele gelöst" werden. Als Beispiel wird hier die Balkongestaltung zur Aufwertung des Arbeitsplatzes genannt, die Anschaffung von Büromöbeln aus FSC-zertifiziertem Holz oder ein neuer Holzfußboden im Sekretariat.

Die CSR-Praxis dieser Sozietät fokussiert sich auf Kundenbedürfnisse und eine Kultur der Mitwirkung aller Mitarbeitenden. Als Folge des ethischen Anspruchs, Arbeitsrecht im Arbeitnehmerinteresse zu praktizieren, wird bewusst auf die maximale Gestaltung der Einkünfte verzichtet – zugunsten der so verstandenen Sinnhaftigkeit. Der ökologische Fußabdruck wird als nicht erheblich betrachtet und trotzdem kontinuierlich beobachtet und verbessert.

C) Dienstleistungsgewerbe # 2 – eine Design- und Werbeagentur
Die Münchner Design- und Werbeagentur besteht seit über 20 Jahren und wurde von der Inhaberin gegründet. 2015 sind acht Mitarbeiterinnen angestellt. Das Geschäftsmodell umfasst die Gestaltung des Erscheinungsbildes von Unternehmen und ihrer visuellen Identität (Corporate Design), von Verpackungsmaterialien sowie der Marktforschung. Der Umsatz betrug 2014 weniger als 1 Mio. €.

Die Inhaberin sieht den *Erfolg* in der positiven Wahrnehmung durch Kunden, weil dann Anfragen zu Aufträgen führen und auf Akquiseaktivitäten verzichtet werden kann. Als Qualitätskriterium betrachtet die Inhaberin auch „Initiativbewerbungen von sehr guten Designern". Wichtige *Ziele* sind die Kundenzufriedenheit, aber auch die Gesundheit der Mitarbeitenden. Der *Gewinn* soll reichen zur „Bezahlung von angemessenen Gehältern" und zur Vorsorge in Form von Rücklagen zum Überbrücken von auftragsarmen Zeiten. *Wachstum* wird vorsichtig angestrebt: „wir haben schöne Projekte, die wichtig sind, dann wachsen wir gerne. Aber wir müssen selbst dabei stabil und gesund bleiben" (Anonym: Interview, 02.07.2015). Es gibt die „Angst, schnell zu wachsen. Denn es gilt die Erfahrung aus dem Garten: was schnell wächst, verdirbt auch schnell" (Ebd.). Somit ist Umsatzsteigerung willkommen, aber sie wird als eine „Reaktion auf schöne Projekte" betrachtet.

Die *Umweltbelastungen* des Geschäftsbetriebs werden reduziert durch den Bezug von Strom aus erneuerbaren Energien, die Heizung schaltet nachts herunter. Druckereien sind EMAS-zertifiziert. IT-Geräte sind nachts nicht im Stand-by. Die Beleuchtung wird mit LED-Leuchtkörpern erzeugt. Die Mobilität erfolgt überwiegend mit dem öffentlichen Nahverkehr und dem Fahrrad. Vor Kurzem wurde ein umweltfreundlicher PKW als gemeinschaftlicher Dienstwagen angeschafft. Büromaterial und Verpflegung werden von nachhaltig produzierenden Unternehmen bezogen, das Mobiliar wird gerne gebraucht gekauft. Die sozioökologischen Risiken in der IT-Ausstattung müssen nach eigenen Angaben leider akzeptiert werden, diese werden als alternativlos empfunden.

Die *Mitarbeiterinnen* werden teamorientiert von der Inhaberin geführt. Gesundheit und der sorgsame Umgang mit den eigenen Kräften werden beachtet. Es gilt die Vier-Tage-

Woche, es werden im Betrieb Yogastunden angeboten und mittags bereitet eine Köchin vegetarische Gerichte vor Ort zu.

Die CSR-Praxis dieser Agentur stellt eine faire Beschäftigungspolitik und Bezahlung sowie die Beachtung der Bedürfnisse der Mitarbeiter in den Vordergrund. Deren Gesundheit und die Vereinbarkeit von Familie und Beruf sind wichtig. Der ökologische Fußabdruck wird mit umweltverträglichen Büromaterialien, gebrauchten Möbeln, geringem Energieverbrauch und erneuerbarem Strom optimiert. Aufgrund von Auftragsschwankungen sollen Rücklagen und Finanzpuffer erwirtschaftet werden.

3.2 Die drei CSR-Praktiken im Vergleich und das neue Geschäftsmodell

Die vergleichende Betrachtung der CSR-Praktiken dieser drei Mikrounternehmen zeigt die hohe Übereinstimmung in der Motivation, die sozialen Bedingungen positiv zu gestalten und Umweltauswirkungen zu reduzieren. Dass die Unternehmen konsequent soziökologisch handeln, ist möglich, weil sie das Geschäftsmodell des konventionellen Wirtschaftens in entscheidenden Punkten verändern. Konventionelles Wirtschaften wird als primäres Streben nach maximalem Gewinn und Wachstum erkannt (Friedman 1970). Für die hier dargestellten Mikrounternehmen gilt: Nicht finanzielle Ziele wie Gewinn oder Umsatz stehen im Mittelpunkt und werden maximiert, sondern die Wirkung der Produkte und Dienstleistungen auf Kunden. Diese Wirkung ihrer Produkte und Dienstleistungen wird als Sinn und Zweck des Unternehmens begriffen. Damit wird das konventionelle Verständnis von Unternehmenstätigkeit mit ihrem primären Fokus auf Gewinnmaximierung und Wachstum negiert. Statt höchster Gewinnmaximierung wird ein existenzsichernder Ertrag anvisiert. Der Unternehmenswert wird begriffen als Fähigkeit des Unternehmens, Werte für alle Berührungsgruppen zu erwirtschaften. Zusammenfassend lässt sich schlussfolgern, die hier skizzierten Mikrounternehmen streben Sinnmaximierung statt Gewinnmaximierung an. Konflikte zwischen ökonomischen, ökologischen und sozialen Zielen werden aufmerksam beachtet und wo es wirtschaftlich möglich ist, wird in ökologische und soziale Unternehmenspraktiken investiert. Wachstum wird zwar angestrebt, aber nicht mit hoher Priorität verfolgt. Ein moderates Wachstum wird als die Folge guter Qualitätsarbeit und Kundenzufriedenheit betrachtet. Ausgefeilte (Marketing-)Strategien der Wachstumssteigerung werden nicht eingesetzt.

Damit verfolgen die drei hier skizzierten Unternehmen ein progressives Geschäftsmodell, das durch drei Kriterien gekennzeichnet ist: Erstens, der Unternehmenszweck wird mit Blick auf Kundennutzen definiert und nicht als finanzielles Ziel. Zweitens wird der finanzielle Ertrag gegenüber den Aspekten der Ökologie und des Sozialen nicht per se priorisiert. Es wird im Rahmen der finanziellen Möglichkeiten eine Verbesserung der ökologischen und sozialen Bedingungen angestrebt. Das heißt, die Gewinnerzielung dient den ökologischen und sozialen Unternehmenspraktiken und ist ihnen damit untergeordnet. Drittens betrachten progressive Unternehmer Wachstum als Option, nicht als höchste anzustrebende Maxime. Damit bricht dieses progressive Geschäftsmodell mit dem konventionellen Erfolgsrezept für Unternehmen.

3.3 Die CSR der Mikrounternehmen und ihr Verhältnis zur Ethik

Wie eingangs erwähnt, fußt das Verständnis von CSR auf einer explizit ethischen Komponente. Überlegungen zur Unternehmensethik sind in der Praxis nicht geläufig und auch in der Wissenschaft wenig beleuchtet. Ein Blick auf die Geschäftsmodelle der oben beschriebenen Mikrounternehmen zeigt zum einen den Alltagscharakter der CSR-Praktiken. Sie sind in der Tat nicht strategisch, sondern intuitiv und informell aus den Kulturen und persönlichen Ansichten der Inhaber gewachsen. Außerdem spiegeln die CSR-Praktiken die Imperative, die Küng skizziert, wider. Zur Erinnerung: Küng stellt fest, dass Handlungsempfehlungen, wie nicht zu töten, nicht zu verletzen, sich durch diverse Gesellschaften ziehen und zwar unabhängig von Religion, Geografie oder Epoche. Im Kontext der drei Fallbeispiele lässt sich das Bestreben erkennen, die Umweltauswirkungen so gering wie möglich zu gestalten und durch die Verwendung erneuerbarer Ressourcen zu schonen. Noch deutlicher ist der Anspruch der Gewaltlosigkeit bei der Förderung der vegetarischen Ernährung in der Design- und Werbeagentur zu beobachten.

In Bezug auf den gemeinsamen Wert Solidarität nennt Küng Handlungsempfehlungen, wie nicht zu stehlen, nicht auszubeuten. Mit einer Beschaffungspolitik, die sozial und ökologisch hochwertige Bezugsquellen bevorzugt und mit einer Beschäftigungspolitik, die Rücksicht auf Familienbedürfnisse, angemessene Gehälter und Umsatzbeteiligungen nimmt, zeigen diese drei Unternehmen den klaren Anspruch, fair und solidarisch zu handeln und damit nicht ausbeuten zu wollen.

Auch die Wahrhaftigkeit beobachtet Küng als einen zentralen Wert vieler Gesellschaften. Dabei stehen Handlungsempfehlungen, wie nicht zu lügen, nicht zu täuschen, nicht zu manipulieren, im Vordergrund. Dieser Anspruch wird von den drei Fallbeispielen vor allem praktiziert in der Kundenbeziehung, die alle als zentral erachten, wobei sie sich um Ehrlichkeit und Transparenz bemühen. Kunden haben in der Regel keine umfassende Kenntnis der Herstellungsprozesse und sind somit auf die Ehrlichkeit und Fürsorge der Produzierenden oder Dienstleistenden angewiesen.

Zu guter Letzt identifiziert Küng den Wert der Gleichberechtigung, der sich in Maximen, wie den Partner nicht zu missbrauchen, nicht zu erniedrigen, nicht zu entwürdigen, ausdrückt. Auch dieser Wert wird von den drei Mikrounternehmen gelebt und zwar in Form von kooperativer, teamorientierter Führung und vielfältigen Mitwirkungs- und Mitspracherechten der Angestellten. Interessant ist in diesem Kontext, dass der Wert der Gleichberechtigung offensichtlich auch im Binnenverhältnis der Geschäftspartner und im Verhältnis von Inhabern und Mitarbeitern gelebt wird. Einzelentscheidungen von Ranghöheren sind nicht Teil der Kultur.

Ersichtlich wird hier, dass die CSR-Praktiken der drei Unternehmen sich mit den ethischen Imperativen des Weltethos auseinandersetzen, ohne dass sie expliziten Bezug auf

Küng oder andere ethische Fundamente nehmen. Der ethische Anspruch und die gelebte Realität der CSR-Praktiken kommt erst zum Vorschein, wenn die Praktiken im Kontext von Ethikern wie Küng analysiert werden. In der CSR-Diskussion, zumindest in der Praxis, ist es nicht üblich, sich auf ethische Grundlagen und Prinzipien zu beziehen, stattdessen werden konkrete Maßnahmen diskutiert: Wie hoch sind die CO_2-Emissionen, wie viel Rohmaterial kommt aus erneuerbaren Quellen? Der explizite Rekurs auf das ethische Niveau der Unternehmensleistung kann jedoch die CSR befruchten, denn es besteht dann weniger die Gefahr, dass Corporate Social Responsibility auf Zahlen, Daten, Fakten reduziert wird, und die menschliche Fähigkeit zur ethischen Verantwortung kann unmittelbar adressiert werden.

4 Die offenen Flanken der CSR

Neben dem vernachlässigten expliziten Auseinandersetzen und Ausweisen des ethischen Niveaus ist die CSR in weiterer Hinsicht ergänzungsbedürftig. Es gibt eine Vielzahl von Berichtssystemen, aber keine breit anerkannte Methode, um die CSR-Leistung von Unternehmen darzustellen, zu messen und zu vergleichen.

Teile der Wirtschaft beginnen diese Mängel anzuerkennen und zu beheben. Die Diskussion ist gerade im Entstehen und unter anderem unter dem Begriff *Science Based Targets* zu finden. Dabei werden für die CO_2-Emissionen branchen- und länderspezifische Zielvorgaben erforscht.[3] Die Zertifizierung der jeweiligen CSR-Leistung ist eine weitere Initiative, die den Beitrag von Unternehmen zur gesellschaftlichen Prosperität und Nachhaltigkeit sichtbar machen will. Dies wird von zivilgesellschaftlichen Organisationen wie der B-Corporation und der Gemeinwohl-Ökonomie verfolgt. Nach Aussagen der B-Corporation benutzen 1785 Unternehmen in überwiegend angelsächsischen Ländern dieses Bewertungstool (B Lab 2016). Die Gemeinwohl-Bilanzierung, so der Begriff für die Zertifizierung, liegt von ca. 223 deutschen, österreichischen, schweizerischen Unternehmen vor (Verein zur Förderung der Gemeinwohl-Ökonomie 2016a).

Unternehmenszertifizierungssysteme geben darüber Aufschluss, ob und wie sehr das gesamte Unternehmen ökologisch nachhaltig, sozial fair und ökonomisch tragfähig handelt. Für einzelne Produkte sind Siegel und Zertifizierungen geläufig, sie drücken die ökologische oder faire Beschaffenheit des Produktes aus. Analog dazu drücken Zertifizierungen für Unternehmen die Werthaltigkeit der gesamten Unternehmenspraktiken aus. Eine Zertifizierung überprüft Unternehmensaussagen zu CSR und verifiziert, dass ihre CSR authentisch und transparent betrieben wird.

---

[3] Mehr dazu unter: http://sciencebasedtargets.org/existing-methodologies/.

4.1 Die Zertifizierung der CSR-Leistung am Beispiel der Gemeinwohl-Ökonomie

Hier soll das Zertifizierungssystem der Gemeinwohl-Ökonomie (GWÖ), die Gemeinwohl-Bilanz, näher dargestellt werden, denn der Ansatz ist in der Lage, die oben geschilderten offenen Flanken der CSR zu schließen.

Die Gemeinwohl-Ökonomie hat nach eigenen Angaben das Ziel,

> den Menschen und alle Lebewesen sowie das Gelingen der Beziehungen zwischen ihnen in den Mittelpunkt des Wirtschaftens [zu stellen]. Sie überträgt die heute schon gültigen Beziehungs- und Verfassungswerte auf den Markt, indem sie die WirtschaftsakteurInnen dafür belohnt, dass sie sich human, wertschätzend, kooperativ, solidarisch, ökologisch und demokratisch verhalten und organisieren. Sie macht die Werte der Gesellschaft zu den Werten der Wirtschaft (Verein zur Förderung der Gemeinwohl-Ökonomie 2016b).

Die GWÖ gibt dem ethischen Anspruch, der bei dem Konzept der CSR nur implizit vorhanden ist, eine gut erkennbare Gestalt und zwar in Form von Werten, die auch in den Verfassungen demokratischer Rechtsstaaten regelmäßig verankert sind: Menschenwürde, Solidarität, soziale Gerechtigkeit, Mitbestimmung, Transparenz und ökologische Nachhaltigkeit. Diese Werte werden als Ziele definiert und anhand dessen wird eine Matrix zur Bewertung der praktischen CSR-Leistung zur Verfügung gestellt. Dabei wird gemessen, inwieweit Unternehmen diese Werte gegenüber Lieferanten, Kunden, Mitarbeitern, Kommunen, Mitbewerbern usw. leben. Diese Vorgehensweise folgt wie der Küng'sche Weltethos der Logik, dass die Werte, die für das Gemeinwesen gelten, auch für jeden Bürger und jeden Unternehmensbürger gelten müssen. Zum Schluss werden die Unternehmenspraktiken von einem externen Auditor mit Punkten bewertet, bevor das Unternehmen die Gemeinwohl-Bilanz inkl. des Punkteergebnisses auf der Webseite veröffentlicht (vgl. abitare Tischlerei GmbH 2015; Zahnarztpraxis am Kreuzberg 2015). Das Testat der GWÖ-Zertifizierung überprüft den Wahrheitsgehalt der veröffentlichten Unternehmensdaten und -aussagen und nimmt mit dem Vergeben von Punkten eine Bewertung vor. Damit hat das Unternehmen eine transparente und vertrauenswürdige Aussage über die unternehmerische Verantwortung und die Auswirkungen seiner Tätigkeit für Umwelt und Gesellschaft in der Hand.

Mit der Gemeinwohl-Bilanzierung wird die zugrunde liegende Unternehmensethik aus dem moral-ethischen und theologischen Diskurs des Weltethos aufgegriffen und in den Kontext der Ethik der demokratischen Verfassungen moderner Gesellschaften eingebettet. Damit verknüpft die Gemeinwohl-Ökonomie den Ethikbezug mit Religions- und Gesellschaftsforschung sowie der Demokratietheorie.

Zur Illustration der Vorgehensweise sollen hier die Gemeinwohl-Bilanzen (GW-Bilanz) von zwei Unternehmen aufgeführt werden (abitare Tischlerei GmbH 2015; Zahnarztpraxis am Kreuzberg 2015). Beide Unternehmen, eine Tischlerei und eine Zahnarztpraxis, haben ihre Gemeinwohl-Bilanzen Ende 2015 erstellt. Das Gemeinwohl-Testat der Tischlerei kommt zum Gesamtergebnis von rund 370 Punkten und ist hier abgebildet. Die

Bilanz zeigt an, wie viel Prozent pro Indikatorengruppe erreicht wurden. Insgesamt besteht der Punkterahmen aus 1000 Punkten. Die höchsten Punktzahlen der Unternehmen, die im Jahre 2015 bilanziert wurden, liegen zwischen 600 und 700 Punkten. Es gibt auch Bilanzen mit Ergebnissen im Bereich von 100 oder 200 Punkten. Auch dies ist konstruktiv, weil es eine wahrheitsgemäße Darstellung des CSR-Beitrags des Unternehmens ist und weil diese Transparenz zu Verbesserungen anregen soll.

Während in der Horizontalen der Gemeinwohl-Matrix (vgl. Abb. 1) die Unternehmensaktivitäten in Hinsicht auf Verfassungswerte abgebildet sind, werden in der Vertikalen die Berührungsgruppen aufgeführt, auch als Stakeholder bezeichnet.

Die differenzierte Bewertung innerhalb der einzelnen Kriterien, Indikatoren genannt, soll wiederum an einem Indikator (vgl. Abb. 2), der gerechten Einkommensverteilung (C4), dargestellt werden. Gemessen wird die Unternehmenspraxis im Vergleich zu vorbildlichen Praktiken.

Der Abbildung lässt sich entnehmen, dass eine Gehaltsspreizung von 1:2 für Mikrounternehmen als vorbildlich bewertet wird. Die Definition dieser Bewertungsübersichten wird von Unternehmen, Gemeinwohl-Beratern und Interessierten gleichermaßen entwickelt und soll und kann weiter diskutiert werden. Die Initiative der Gemeinwohl-Ökonomie beansprucht nicht, diese Bewertung allgemeingültig festlegen zu können, sondern fordert alle Anwender auf, die Bewertung zu kommentieren und einen Einfluss auf eine gewünschte Normenfindung auszuüben.

Das Beispiel C4 „gerechte Einkommensverteilung" zeigt auch, dass die Gemeinwohl-Ökonomie eine Verbindung zwischen betrieblicher Praxis und gesamtwirtschaftlicher Gestaltung herstellen will. Indem die Bewertung „vorbildlich" bei einer Gehaltsspreizung von 1:2 bei Unternehmen mit bis zu 20 Mitarbeitern vergeben wird, erhalten Unternehmen mit einer höheren Gehaltsspreizung hier weniger Punkte. Bei einer Spreizung oberhalb 1:8 gibt es null Punkte. Damit soll das viel kritisierte Auseinanderdriften der Einkommensunterschiede begrenzt werden (Prinz und Schwalbach 2011).

Neben der inklusiven Weiterentwicklung zeichnet sich die Gemeinwohl-Bilanz durch Überschaubarkeit aus. Was banal klingt, ist essenziell, denn Nachhaltigkeitsberichte nach den Modellen der *Global Reporting Initiative* (GRI) oder dem *Deutschen Nachhaltigkeitskodex* (DNK) verzichten auf eine übersichtliche Darstellung und eine vergleichende Bewertung und sind dadurch nur mit einem längeren Zeit- und Experteneinsatz verstehbar. Um sie vergleichen zu können, bezahlen Investoren Ratingagenturen (Hipper und Hofielen 2016, S. 9). Eine Gemeinwohl-Bilanz berichtet hingegen schlank und präzise: „Die Spreizung zwischen dem geringsten und höchsten Einkommen im Unternehmen (Bruttolohn inkl. aller Zulagen für Vollzeitäquivalent) ist ohne Azubis: 1:3" (Zahnarztpraxis am Kreuzberg 2015, S. 38).

Gemeinwohl-Bilanzen beinhalten das Testat auf einer DIN-A4-Seite mit einem Ergebnis in Punkten und erhöhen somit die Wahrscheinlichkeit, dass Informationen zur ethischen Performanz eines Unternehmens von allen verstanden und zeitnah gefunden werden. Das heißt, das Testat, die Punkteverteilung, die übersichtliche Zahl der Indikatoren und die immer gleiche ganzheitliche Betrachtung machen den Einsatz von Rating-

TESTAT : PEER EVALUIERUNG

GEMEINWOHL-BILANZ 2014

für abitare Tischlerei GmbH

BegleiterIn Johanna Paul, Lucie Lewandowski

GEMEINWOHL **ÖKONOMIE** Ein Wirtschaftsmodell mit Zukunft

WERT / BERÜHRUNGSGRUPPE	Menschenwürde	Solidarität	Ökologische Nachhaltigkeit	Soziale Gerechtigkeit	Demokratische Mitbestimmung & Transparenz
A) LieferantInnen	**A1: Ethisches Beschaffungsmanagement**				30 %
B) GeldgeberInnen	**B1: Ethisches Finanzmanagement**				30 %
C) MitarbeiterInnen inklusive EigentümerInnen	**C1: Arbeitsplatzqualität und Gleichstellung** 40 %	**C2: Gerechte Verteilung der Erwerbsarbeit** 30 %	**C3: Förderung ökologischen Verhaltens der MitarbeiterInnen** 30 %	**C4: Gerechte Verteilung des Einkommens** 70 %	**C5: Innerbetriebliche Demokratie und Transparenz** 20 %
D) KundInnen / Produkte / Dienstleistungen / Mitunternehmen	**D1: Ethische Kundenbeziehung** 50 %	**D2: Solidarität mit Mitunternehmen** 40 %	**D3: Ökologische Gestaltung der Produkte und Dienstleistungen** 40 %	**D4: Soziale Gestaltung der Produkte und Dienstleistungen** 20 %	**D5: Erhöhung der sozialen und ökologischen Branchenstandards** 20 %
E) Gesellschaftliches Umfeld: Region, Souverän, zukünftige Generationen, Zivilgesellschaft, Mitmenschen und Natur	**E1: Sinn und gesellschaftliche Wirkung der Produkte / DL** 60 %	**E2: Beitrag zum Gemeinwesen** 60 %	**E3: Reduktion ökologischer Auswirkungen** 20 %	**E4: Gemeinwohlorientierte Gewinnverteilung** 80 %	**E5: Gesellschaftliche Transparenz und Mitbestimmung** 00 %
Negativ-Kriterien	Verletzung der ILO-Arbeitsnormen/ Menschenrechte 0 Menschenunwürdige Produkte, z.B. Tretminen, Atomstrom, GMO 0 Beschaffung bei / Kooperation mit Unternehmen, welche die Menschenwürde verletzen 30	Feindliche Übernahme 0 Sperrpatente 0 Dumpingpreise 0	Illegitime Umweltbelastungen 0 Verstöße gegen Umweltauflagen 0 Geplante Obsoleszenz (kurze Lebensdauer der Produkte) 0	Arbeitsrechtliches Fehlverhalten seitens des Unternehmens 0 Arbeitsplatzabbau oder Standort-verlagerung bei Gewinn 0 Umgehung der Steuerpflicht 0 Unangemessene Verzinsung für nicht mitarbeitenden Gesellschafter 0	Nichtoffenlegung aller Beteiligungen und Töchter 0 Verhinderung eines Betriebsrats 0 Nichtoffenlegung aller Finanzflüsse an Lobbies / Eintragung in das EU-Lobbyregister 0 Exzessive Einkommensspreizung 0

Mit diesem Testat wird die Peer-Evaluierung des Gemeinwohl-Berichtes bestätigt. Das Testat bezieht sich auf die Gemeinwohl-Matrix 4.1. Nähere Informationen zur Matrix, den Indikatoren und dem Audit-System finden Sie auf www.gemeinwohl-oekonomie.org

Testat gültig bis 31.05.2017

BILANZSUMME 367

Abb. 1 Gemeinwohl-Bilanz (im Rahmen einer Peer-Evaluierung)

Subindikator	Erste Schritte (0–10 %)	Fortgeschritten (11–30 %)	Erfahren (31–60 %)	Vorbildlich (61–100 %)
Innerbetriebliche Bruttoeinkommensspreizung in Unternehmen (Relevanz: hoch)	Spreizung max: Bis 20 MA: 1:8 20 bis 200 MA: 1:10 Über 200 MA: 1:12	Spreizung max: Bis 20 MA: 1:5 20 bis 200 MA: 1:7 Über 200 MA: 1:9	Spreizung max: Bis 20 MA: 1:4 20 bis 200 MA: 1:5 Über 200 MA: 1:6	Spreizung max: Bis 20 MA: 1:2 20 bis 200 MA: 1:3 Über 200 MA: 1:4
Mindesteinkommen (Relevanz: mittel)	Die Mindesteinkommen müssen bezogen auf die Lebenserhaltungskosten eines Landes und einer Region auskömmlich sein („living wages"). Als Richtwerte gelten für Österreich und Deutschland € 1330 (netto)[1*] und in der Schweiz CHF 3500 (netto)[2*]			
Transparenz und Institutionalisierung (Relevanz: niedrig)	Innerbetriebliche Transparenz der 10 niedrigsten und 10 höchsten Einkommen	Living Wages an allen Standorten; zusätzlich öffentliche Transparenz anhand statistischer Ungleichverteilungsmaße[3*]	Verbindliche Festlegung einer Maximalspreizung in Richtung vorbildlich (siehe oben)	Umsetzung aller Ziele, gemeinsame Festlegung der Gehälter durch die Beschäftigten (siehe Good-Practice-Beispiele), Veröffentlichung aller Gehälter

Abb. 2 Beispielindikator C4 gerechte Einkommensverteilung

agenturen obsolet. Mit der GW-Bilanz kann der Beitrag des Unternehmens zu gesellschaftlichen Erwartungen und Auswirkungen auf einer Seite abgelesen werden und bei näherem Interesse können weitere Angaben im Bericht leicht gefunden werden. Wenn die Erfassung der CSR-Leistungen aller Unternehmen mit einem verbindlichen Modell mit vergleichbaren Resultaten erfolgen würde, wäre es möglich, die einzelwirtschaftlichen CSR-Anstrengungen in Perspektive zu setzen und somit zu einem Wettbewerb oder Streben nach Nachhaltigkeit beizutragen. Es wäre möglich, das Niveau ethischer Unternehmenspraktiken, die eine positive Leistung an die Gesellschaft darstellen, durch den Gesetzgeber zu belohnen, z. B. in Form von Steuervorteilen oder bevorzugter Behandlung bei der öffentlichen Vergabe. Umgekehrt könnte unethisches Verhalten durch erhöhte Steuern und Ausschluss von öffentlichen Vergabeprozessen sanktioniert werden.

Damit würde die CSR an Kraft und Verbindlichkeit gewinnen und die Praxis der oben beschriebenen Kleinstunternehmen wäre häufiger anzutreffen.

5 Fazit

Corporate Social Responsibility erweitert das rein auf wirtschaftliche Erfolgskriterien abzielende Unternehmenshandeln um die Verantwortung für die Auswirkungen auf Gesellschaft und Umwelt. Damit wird Wirtschaftshandeln in einen ethischen Rahmen gestellt. Küngs Weltethos ist ein ethisches Konzept, das aus der Erfahrung des täglichen Lebens abgeleitet wurde und daher dem Verfahren der CSR-Entscheidungen bei Mikrounternehmen sehr nahesteht.

Anhand von qualitativen Interviews mit drei Mikrounternehmen wurden deren CSR-Praktiken hier unter die Lupe genommen. Dabei zeigt sich, dass alle drei das konventionelle Wirtschaften mit dem primären Fokus auf der Gewinnmaximierung und dem unbedingten Streben nach Wachstum überwinden. Stattdessen haben sie progressive Geschäftsmodelle aufgebaut, die Gewinn anstreben, ihn aber sozialen und ökologischen Praktiken unterordnen. Es konnte auch gezeigt werden, dass die Geschäftspraktiken einen deutlichen ethischen Gehalt haben. Küngs Prinzipien von Gewaltlosigkeit, Solidarität, Wahrhaftigkeit sowie Gleichberechtigung waren in allen drei Unternehmen und ihrem Handeln erkennbar. Auch die Unternehmen mit Gemeinwohl-Bilanzen befürworten die Idee, dass es einen expliziten ethischen Bezugsrahmen für CSR geben soll.

CSR und CSR-Berichterstattung gewinnen an Glaubwürdigkeit, wenn Instrumente gewählt werden, die eine Messung und einen direkten Vergleich der CSR-Leistung ermöglichen. Wie in Abschn. 4 gezeigt, ist die Gemeinwohl-Bilanz ein Instrument, das dies ermöglicht. Zudem greift diese Methode auch die Forderung der EU-Kommission auf, dass die Unternehmen ein „Verfahren" anwenden sollten, das die sozialen, ökologischen und ethischen Dimensionen der CSR miteinander verknüpft. Die GWÖ-Bilanzierung macht mit dem Bezug auf Verfassungswerte und der Punktebemessung sichtbar, inwieweit die Werte bei einzelnen Berührungsgruppen gelebt werden. Dadurch werden auch Wertekonflikte transparent dargestellt.

In der weiteren Diskussion von CSR und Unternehmensstrategien erscheint es lohnenswert, eingehender zu erforschen, wie die lebensbedrohlichen Veränderungen der planetarischen Ökosysteme, wie z. B. der Klimawandel, in die Unternehmensstrategien auf breiterer Basis einbezogen werden können. Es sollte in den CSR-Strategien aber nicht nur die Abwendung von Schäden Beachtung finden, sondern auch die Beiträge der Unternehmen zur Verbesserung der Lebensbedingungen in demokratischen Gesellschaften aufgenommen werden. Die stärkere Erforschung des progressiven Wirtschaftens und des ethischen Bewusstseins, das diese Praktiken inspiriert und ermöglicht, kann die Wirkung der CSR unterstützen. Wären die ethischen Haltungen, die CSR ermöglichen, besser bekannt, könnten sie gezielter angesprochen, aktiviert und skaliert werden.

Literatur

abitare Tischlerei GmbH (2015) Gemeinwohl-Bericht 2015. http://www.abitare-tischlerei.de/werte.php. Zugegriffen: 14. Juni 2016
Anonym (2015) Interview am 02.04.2015
Anonym (2015) Interview am 02.07.2015
Anonym (2015) Interview am 12.05.2015
B Lab (2016) http://www.bcorporation.net. Zugegriffen: 22. Juni 2016
Europäische Kommission (2001) Grünbuch – Europäische Rahmenbedingungen für die soziale Verantwortung der Unternehmen. http://www.europarl.europa.eu/meetdocs/committees/deve/20020122/com%282001%29366_de.pdf. Zugegriffen: 24. Juni 2016

Europäische Kommission (2011) Eine neue EU-Strategie (2011–14) für die soziale Verantwortung der Unternehmen (CSR). http://eur-lex.europa.eu/LexUriServ/LexUriServ.do?uri=COM:2011:0681:FIN:DE:PDF. Zugegriffen: 24. Juni 2016

Friedman M (1970) The Social Responsibility of Business is to Increase its Profits. The New York Times Magazine, 13. September 1970

Global Reporting Initiative (2014) ISO: GRI G4 Guidelines and ISO 26000:2010 How to use the GRI G4 Guidelines and ISO 26000 in conjunction. http://www.iso.org/iso/iso-gri-26000_2014-01-28.pdf. Zugegriffen: 22. Juni 2016

Hipper A, Hofielen G (2016) Kriterien für einen guten CSR Report. Woran wir den Erfolg eines Unternehmens messen. In: UmweltDialog 5/2016. http://daten2.verwaltungsportal.de/dateien/seitengenerator/hipper___hofielen_2016_vergleich_berichtssysteme.pdf. Zugegriffen: 22. Juni 2016

Hofielen G (2015) Progressive Unternehmensführung. Eine qualitative Studie zu wesentlichen Elementen der fortschrittlichen Unternehmensführung. http://www.unternehmensgruen.org/wp-content/uploads/2015/10/Studie_Progressive_Unternehmensstrategien102015.pdf. Zugegriffen: 22. Juni 2016

Institut für Mittelstandsforschung (2013) Kleinste Unternehmen in Deutschland gemäß der KMU-Definition des IfM Bonn und der EU-Kommission. http://www.ifm-bonn.org/fileadmin/data/redaktion/statistik/unternehmensbestand/dokumente/KleinsteUnt-D_2009-2013_IfM-_und_EU-Def.pdf. Zugegriffen: 19. Juni 2016

Küng H (2010) Anständig wirtschaften. Warum Ökonomie Moral braucht. Piper, München

Küng H (2012) Handbuch Weltethos: Eine Vision und ihre Umsetzung. Piper, München

Loew T, Ankele K, Braun S, Clausen J (2004) Die Bedeutung der internationalen CSR-Diskussion für Nachhaltigkeit und die sich daraus ergebenden Anforderungen an Unternehmen mit Fokus Berichterstattung. https://www.ioew.de/uploads/tx_ukioewdb/future-IOEW_CSR-Studie_Kurzfassung.pdf. Zugegriffen: 24. Juni 2016

Prinz E, Schwalbach J (2011) Zum Stand der Managervergütung in Deutschland und Europa: Ein aktuelles Porträt. In: Osterloh M, Rost K (Hrsg) Der Anstieg der Management-Vergütung: Markt oder Macht?. Nomos, Baden-Baden, S 130–151

Statistisches Bundesamt (2013) Unternehmensregister. https://www.destatis.de/DE/ZahlenFakten/GesamtwirtschaftUmwelt/UnternehmenHandwerk/Unternehmensregister/Tabellen/UnternehmenBeschaeftigtengroessenklassenWZ08.html. Zugegriffen: 19. Juni 2016

Verein zur Förderung der Gemeinwohl-Ökonomie (2013) Handbuch zur Gemeinwohl-Bilanz. Version 4.1. https://www.ecogood.org/sites/default/files/dateien/page/handbuch_v4.1_offical_release.pdf. Zugegriffen: 22. Juni 2016

Verein zur Förderung der Gemeinwohl-Ökonomie (2016a) Kreis der PionierInnen. https://www.ecogood.org/allgemeine-infos/bewegung/akteurinnen-kreise/kreis-der-pionierinnen. Zugegriffen: 22. Juni 2016

Verein zur Förderung der Gemeinwohl-Ökonomie (2016b) Was ist die Gemeinwohl-Bilanz. https://www.ecogood.org/gemeinwohl-bilanz/was-ist-die-gemeinwohl-bilanz. Zugegriffen: 22. Juni 2016

Zahnarztpraxis am Kreuzberg (2015) Gemeinwohl-Bericht 2015. https://issuu.com/zahnarztpraxisamkreuzberg/docs/gemeinwohl-bericht-2015/31?e=18208690/13909416. Zugegriffen: 14. Juni 2016

Gerd Hofielen berät Unternehmen, wenn sie sich ökologischen, gesellschaftlichen und ethischen Herausforderungen stellen wollen.

Dabei greift er auf Erfahrungen zurück, die er in Beratung, Training und Coaching mit Führungskräften in international tätigen Unternehmen gewonnen hat. Seine Kenntnisse der Betriebswirtschaft (BA) und Organisationspsychologe (MA) befähigen ihn, die ökonomischen Bedingungen zu erkennen wie auch die menschlichen Überzeugungs- und Lernprozesse zu gestalten. Er hat Projekte zu Korruptionsvermeidung und zum Lieferkettenmanagement durchgeführt.

Gerd Hofielen war selbstständiger Berater und Coach in global agierenden Konzernen, zuletzt mit Schwerpunkten im internationalen und kulturübergreifenden Führen. Seit 2010 unterstützt er als Geschäftsführer von Humanistic Management Practices gGmbH vorwiegend mittelständische Unternehmen bei der Einführung und Verstärkung ethisch fundierter Geschäftsmodelle und -praktiken.

Er arbeitet im Vorstand des UnternehmensGrün e. V., dem Verband ökologisch und sozial motivierter Unternehmen, an CSR-Themen und unterstützt die Initiative der Gemeinwohl-Ökonomie, u. a. als zertifizierter Berater.

Er hat zwanzig Jahre in London gelebt und vor einigen Jahren seinen Lebensmittelpunkt wieder nach Berlin zurückverlegt.

Mit verantwortlicher Unternehmensführung in Kleinstunternehmen Fachkräfte sichern

Norbert Zdrowomyslaw, Michael Bladt und Maximilian Schwarz

1 Einleitung

Mit den bereits vorherrschenden und noch zu erwartenden Auswirkungen der Megaherausforderung „demografischer Wandel" werden sich Politik, Wissenschaft und Wirtschaft noch in den nächsten Dekaden intensiv beschäftigen. Die Bevölkerungsentwicklung und die Veränderung der Bevölkerungsstruktur bringen nämlich für alle Unternehmen, ob klein, mittel oder groß, Konsequenzen im Hinblick auf die Angebots- und Nachfragemärkte mit sich.

Vor dem Hintergrund des *demografischen Wandels* und angesichts der zunehmenden Bedeutung der *Menschen* als *Kreativ-*, *Innovations-* und *Wertschöpfungsfaktor* für die Unternehmensentwicklung und die Wettbewerbsfähigkeit von Organisationen und Volkswirtschaften wird seit einigen Jahren die Frage der *Fachkräftesicherung* in der Politik, den Verbänden, den Unternehmen und der Wissenschaft intensiv diskutiert. In den letzten Jahren wurden auch diverse *Initiativen zur praktischen Fachkräftesicherung* in Gang

---

N. Zdrowomyslaw (✉)
Fachbereich Wirtschaft, Fachhochschule Stralsund
Zur Schwedenschanze 15, 18435 Stralsund, Deutschland
E-Mail: Norbert.Zdrowomyslaw@fh-stralsund.de

M. Bladt
Technologie- und Informationstransferstelle, Fachhochschule Stralsund
Zur Schwedenschanze 15, 18435 Stralsund, Deutschland
E-Mail: Michael.Bladt@fh-stralsund.de

M. Schwarz
Fachbereich Wirtschaft, Fachhochschule Stralsund
Zur Schwedenschanze 15, 18435 Stralsund, Deutschland
E-Mail: maximilian.schwarz@fh-stralsund.de

© Springer-Verlag GmbH Deutschland 2017
W. Keck (Hrsg.), *CSR und Kleinstunternehmen*,
Management-Reihe Corporate Social Responsibility, DOI 10.1007/978-3-662-53628-5_5

gesetzt.[1] Die Bundesregierung sieht in der Fachkräftesicherung einen hohen Handlungsbedarf, damit Deutschland mit seinen Unternehmen ein leistungsfähiger und weltoffener Standort bleibt. „Fachkräfte sichern Innovationsfähigkeit und Wachstum in unserer Volkswirtschaft, sie schaffen Neues und generieren Beschäftigungschancen auch für geringer qualifizierte Arbeitskräfte. ... Das betrifft nicht nur Hochqualifizierte, sondern in gleicher Weise alle Fachkräfte, die über eine abgeschlossene Berufsausbildung verfügen", so ist beispielsweise in einer Broschüre des Bundesministeriums für Arbeit und Soziales (2011, S. 9) zu lesen. Die Fachkräftebasis mittel- und langfristig zu sichern, wird dabei als gemeinsame Verantwortung der gesellschaftlichen Gruppen interpretiert. „Originärer Ansprechpartner für Betriebe auf ihrer Suche nach geeigneten Fachkräften ist die Bundesagentur für Arbeit. Daneben gibt es weitere Servicestrukturen der Bundesregierung wie das Kompetenzzentrum für Fachkräftesicherung KMU oder das Innovationsbüro ‚Fachkräfte für die Region'. Regionale Allianzen sollen künftig gemeinsam Strategien über die kurzfristige Bedarfsdeckung hinaus erarbeiten und umsetzen. Die ‚Zukunftsinitiative Fachkräftesicherung in Ostdeutschland' bietet ein regionalspezifisches Forum im Zusammenspiel mit den regionalen Akteuren und unterstützt regionale Modelle der Fachkräftesicherung in ostdeutschen Zukunftsfeldern" (Bundesministerium für Arbeit und Soziales 2011, S. 37). Zwar sind im Hinblick auf die Fachkräftesicherung sowohl Staat, Sozialpartner und Unternehmen gefordert, aber letztlich müssen die einzelnen Betriebe sich im Wettbewerb um geeignetes Personal behaupten.

Zur Bekämpfung des Ausbildungs-, Fach- und Führungskräftemangels können grundsätzlich drei Handlungsebenen unterschieden werden. Wie der Abb. 1 zu entnehmen ist, lässt sich analytisch zwischen politischen, überbetrieblichen und betrieblichen Strategien und Maßnahmen differenzieren.

Zahlreiche Bücher und Studien mit der Beschreibung von Konzepten, Handlungsfeldern, Instrumenten und Maßnahmenkatalogen sind mittlerweile zum weiten Themenfeld

---

[1] „Das Innovationsbüro ‚Fachkräfte für die Region', das im Auftrag der Bundesregierung im April 2011 seine Arbeit aufgenommen hat, soll einen praktischen Beitrag zur Fachkräftesicherung auf regionaler Ebene leisten. Das zentrale Büro ist in Berlin im Haus der Deutschen Wirtschaft angesiedelt und wird von der DIHK Service GmbH betrieben. Hauptaufgabe des Büros ist es, regionale Ansätze zu identifizieren und zu unterstützen, bei denen sich arbeitsmarktnahe Akteure vor Ort – wie Arbeitsagenturen und Jobcenter, Industrie- und Handelskammern, Handwerkskammern, Verbände, Gewerkschaften, Unternehmen und Beratungsstellen der Deutschen Rentenversicherung – erfolgreich vernetzen und gemeinsam konkrete Projekte und Initiativen zur Fachkräftesicherung anstoßen. In den nächsten Jahren sollen auf diese Weise in der ganzen Bundesrepublik leistungsstarke regionale Allianzen entstehen. Kleine und mittlere Unternehmen (KMU) verfügen oft nicht über die Ressourcen, um sich intensiv um die Rekrutierung der notwendigen Fachkräfte kümmern zu können. Zu ihrer Unterstützung hat die Bundesregierung ein Kompetenzzentrum für Fachkräftesicherung eingerichtet. Dort werden Best-Practice-Beispiele und relevante Studien und Strategien gegen den Fachkräftemangel aufbereitet und zur Verfügung gestellt. Träger des Kompetenzzentrums ist das Rationalisierungs- und Innovationszentrum der Deutschen Wirtschaft (RKW) in enger Kooperation mit dem Institut der deutschen Wirtschaft Köln (IW)" (Bundesministerium für Arbeit und Soziales 2011, S. 13).

Politische Ebene	Überbetriebliche Ebene	Betriebliche Ebene
→ Verbesserung des Bildungsniveaus → Ausbildungspakt → Einwanderung qualifizierter Fachkräfte aus dem Ausland → Maßnahmen zur Erschließung nicht ausgeschöpfter Erwerbspotenziale und Förderung der Rückwanderung	→ Aufklärung, Information, Austausch → Tarifvertragqualifizierung → Schulung und Weiterbildung → Ausbildungsverbünde → Überbetrieblicher Personaleinsatz/Pools	→ Verantwortungsvolle Unternehmensführung → Attraktivität als Arbeitgeber erhöhen → Verbesserte Personalrekrutierungsstrategien → Verbesserung der Arbeitsbedingungen → Aus-und Weiterbildung

Abb. 1 Strategien zur Bekämpfung der Fach- und Führungskräfteengpässe

„Fachkräftesicherung" und zum Personalmanagement (vgl. Homma und Bauschke 2015; Knoblauch und Kurz 2011; Stotz und Wedel-Klein 2013) erschienen. Managementkonzepte wie *Employer Branding* (Konzept der Arbeitgeberattraktivität), Unternehmenskultur und *Corporate Social Responsibility (CSR)*, vielfach gleichgesetzt mit *verantwortungsvoller Unternehmensführung* gegenüber der Gesellschaft und Region, haben Hochkonjunktur.[2] Allerdings ist (strategisches) Personalmanagement nur vereinzelt in kleinen und mittleren Unternehmen anzutreffen.[3]

In unserem Beitrag soll die Rolle von CSR in Kleinstunternehmen und die Bedeutung einer verantwortungsvollen und nachhaltigen Unternehmenspolitik für die Organisationsentwicklung sowie die Personalfindung, die Personalmotivation und die Personalbindung betrachtet werden. Oder anders ausgedrückt: Welche Chancen und Instrumente haben Kleinstunternehmen, Fachkräfte zu finden und zu halten? Dabei wird zunächst kurz dargelegt, wie üblicherweise der Begriff „Kleinstunternehmen" abgegrenzt und definiert wird und welche Definition bzw. Abgrenzung wir uns zu eigen machen. Grundsätzlich ist bei allen Analysen von Organisationen zweierlei zu bedenken: Zum einen handelt es sich bei kleinen und mittelständischen Unternehmen um eine recht heterogene Klasse von Unternehmen und zum anderen hängt von der Größe eines Unternehmens auch die Möglichkeit ab, in welchem Ausmaß finanzielle, personelle und materielle Ressourcen für die Umsetzung von Maßnahmen jeglicher Art eingesetzt werden können.

2 Gibt es das Kleinstunternehmen?

Die Unternehmenslandschaft ist in den marktwirtschaftlichen Systemen weltweit und in Deutschland durch Einzelunternehmungen, Familienunternehmen, Kleinst-, Klein- und

---

[2] Zur Nachhaltigkeit und CSR existiert mittlerweile eine umfangreiche und differenzierte Literatur: Ernst und Sailer (2013); Gelbmann und Baumgartner (2012, S. 285–298); Maaß (2010); Schneider und Schmidpeter (2012, 2015); Zdrowomyslaw et al. (2012).
[3] Ausgewählte Literatur zum Personalmanagement: Blumenstock (2013, S. 83–100); Nicolai (2014); Oechsler und Paul (2015).

Mittel- und Großunternehmen sowie unterschiedliche Formen von Unternehmenszusammenschlüssen (Netzwerke, Kooperationen, Konzerne), die auf begrenzte oder unbegrenzte Dauer ausgelegt sind, charakterisiert. Die heutige Wirtschaft und Gesellschaft ist durch eine *Unternehmensvielfalt* gekennzeichnet.[4]

Ein einheitliches Begriffsverständnis und eine eindeutige Definition des Mittelstands gibt es nicht (vgl. Hausmann und Zdrowomyslaw 2013). Trotz einer Vielzahl von *Definitionsversuchen* existiert bis heute noch keine einheitliche Sprachregelung darüber, was unter „Kleinst-, Klein- und Mittelunternehmen" oder dem „Mittelstand" zu verstehen ist. Bei den Abgrenzungsversuchen bzw. der begrifflichen Kennzeichnung des mittelständischen Unternehmens werden diverse *quantitative* und *qualitative Kriterien* herangezogen. Prinzipiell kann die Definition an einem einzelnen Kriterium oder an mehreren Kriterien vorgenommen werden.

Die Unternehmensvielfalt und Branchenbesonderheiten lassen sich nicht in eine allgemeingültige und für unterschiedliche Fragestellungen anforderungsgerechte Definition pressen. Unterschiedliche Abgrenzungen und Definitionsansätze von Begriffen, dies gilt auch für den Mittelstand, sind grundsätzlich *ziel-* oder *zweckbezogen* zu sehen. Insofern ist es nachvollziehbar, dass es *die* Mittelstandsdefinition und klare Grenzziehungen zwischen Unternehmensgrößenklassen nicht gibt. Das Deloitte.Mittelstandsinstitut an der Universität Bamberg (DMI) vertritt die Auffassung, dass vor allem eine *hohe Praktikabilität* eine anwendungsorientierte Mittelstandsforschung auszeichnen muss.

Für die drei in der Abb. 2 ausgewiesenen *quantitativen* „Mittelstandsdefinitionen" gilt es festzuhalten, dass einerseits die quantitativen Kriterien nicht als normative Vorgabe gesehen werden dürfen und andererseits die quantitativen Größen als Näherungswerte zu interpretieren sind. Mit den üblichen Faktoren „Beschäftigtenanzahl", „Jahresumsatz" und „Bilanzsumme" findet lediglich der Versuch einer Klassifikation von Betrieben statt.

Um jedoch strukturelle Unterschiede zwischen einzelnen Typen mittelständischer Unternehmen herausarbeiten zu können, sind sowohl quantitative als auch qualitative Mittelstandskriterien zu berücksichtigen. Neben der sehr gängigen und viel zitierten *integrierten Mittelstandsdefinition* des Instituts für Mittelstandsforschung Bonn (IfM) liefert das DMI einen weiteren Vorschlag für die Einbeziehung von qualitativen Merkmalen in eine kombinierte Mittelstandsdefinition:

- eigentümergeführte Unternehmen bzw. Familienunternehmen,
- managementgeführte Unternehmen bis zu einer Mitarbeiterzahl von ca. 3000 Mitarbeitern und/oder einer Umsatzgröße von ca. 600 Mio. €,
- Unternehmen, die beide Definitionsmerkmale aufweisen.

Um der Struktur des deutschen Mittelstands im Vergleich zu den meisten europäischen Ländern gerecht zu werden sowie eine erhöhte Praktikabilität für eine anwendungsorientierte Forschung zu schaffen, werden vom DMI die Größenklassen des Mittelstands des

---

[4] Zu Aspekten von KMU s. u. a. Zdrowomyslaw (2013).

Klassifikation des Unternehmens	Kriterium	Kleinstunternehmen	Kleinunternehmen	Mittleres Unternehmen	Großunternehmen
Kommission der EU	Anzahl der Mitarbeiter	≤ 9	50 bis 249	50 bis 249	≥ 250
	Umsatz p.a.	bis 2 Mio. €	≤ 50 Mio. €	≤ 50 Mio. €	> 50 Mio. €
	Bilanzsumme p.a.	bis 2 Mio. €	≤ 43 Mio. €	≤ 43 Mio. €	> 43 Mio. €
IfM Bonn	Anzahl der Mitarbeiter		≤ 9	10 - 499	≥ 500
	Umsatz p.a.		< 1 Mio. €	1 Mio. < 50 Mio. €	≥ 50 Mio. €
DMI	Anzahl der Mitarbeiter	bis ca. 30	bis ca. 300	bis ca. 3000	> 3000
	Umsatz p.a.	bis ca. 6 Mio. €	bis ca. 60 Mio. €	bis ca. 600 Mio. €	> 600 Mio. €

*Das Unternehmen darf nicht 25% oder mehr in Besitz eines oder mehrerer Unternehmen stehen, die nicht die EU-Definition eines KMU (Kleinst-, Klein- und Mittelunternehmen zusammen) erfüllen.

Abb. 2 Abweichende Mittelstandsdefinitionen

IfM Bonn und der Europäischen Union (EU) nach oben verschoben. Während nach der EU-Abgrenzung Unternehmen mit lediglich bis zu neun Mitarbeitern als Kleinstunternehmen gelten, werden vom DMI Unternehmen bis ca. 30 Mitarbeiter den *Kleinstunternehmen* zugeordnet (vgl. Becker und Ulrich 2011, S. 28–29).

In unserem CSR-Beitrag zum Können, Wollen und Nach-außen-Treten von Kleinstunternehmen im Hinblick auf CSR-Strategien und Maßnahmen orientieren wir uns an den Größenkriterien des DMI.

3 Gebilde und Strukturen eines Kleinbetriebs

Die Wirtschaftspraxis ist vielfältig. Branchen- und Unternehmensstrukturen sind nicht starr, sondern verändern sich permanent. Kein Unternehmen gleicht dem anderen. Die Aufgaben im Produktions- oder Handwerksbetrieb sind anders als in einem Dienstleistungsbetrieb. Die Führungs- und Mitarbeiterstruktur können sehr unterschiedlich sein, Funktionen verändern sich im Laufe der Zeit und Unternehmen befinden sich in unterschiedlichen Phasen der Unternehmensentwicklung. Die Organisationsstruktur von Kleinstunternehmen unterscheidet sich in der Regel von Mittel- und Großbetrieben in mancherlei Hinsicht; Unterschiede bestehen vor allem im Hinblick auf die Hierarchie- und Entscheidungsstrukturen sowie Qualifikations- und Aufgabenanforderungen. Je höher die Position in einer größeren Organisation ist, desto weniger fallen Ausführungstätigkeiten an und umso mehr sind strategische Entscheidungen gefordert (s. Abb. 3).

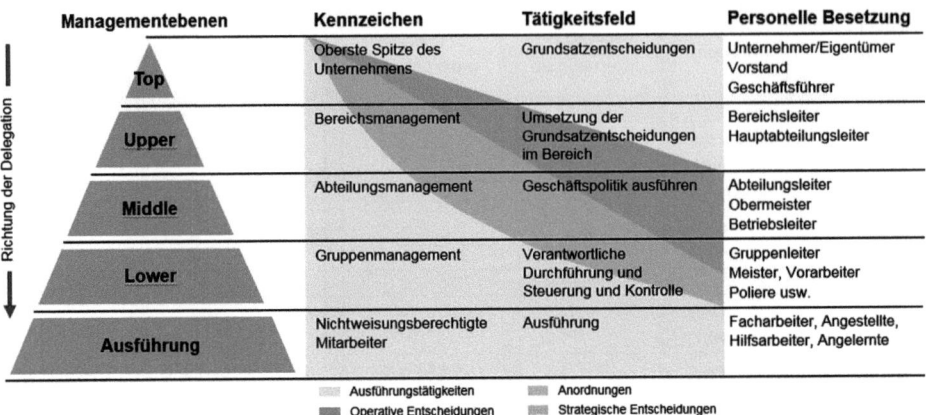

Abb. 3 Managementhierarchieebenen und Tätigkeitsfelder

Allerdings spiegelt dieses Modell der Managementhierarchieebenen und Tätigkeitsfelder lediglich den grundsätzlich organisatorischen Aufbau von Unternehmen wider. In der Realität erfordert die erfolgreiche Bearbeitung unterschiedlicher Absatzmärkte, wie z. B. im Bereich „Ingenieurbüro", „Heizung- und Sanitärhandwerk", „Automobilhandel" oder „Pflegedienst", in Kleinstunternehmen auch jeweils andere Mitarbeiterqualifikationen und Mitarbeiterstrukturen. Abb. 4 soll die Heterogenität der Mitarbeiterzusammensetzung beispielhaft verdeutlichen.

Studien und Beobachtungen zufolge lässt sich festmachen, dass *Personal-* und *Strategieentscheidungen* grundsätzlich in Kleinstunternehmen als „Chefsache" betrachtet werden. An dieser Stelle sei betont, dass jede Organisation als ein komplexes sozioökonomisches Gebilde mit Individualität und spezieller Unternehmenskultur betrachtet werden muss, die sich einer ganzheitlichen Durchdringung sowohl der Wissenschaft als auch der Managementpraxis verschließt. Jedoch kann folgende Behauptung als realitätsnah eingestuft werden: Während viele Großunternehmen, getrieben von Großaktionären und vom Topmanagement, tendenziell eine kurzfristig ausgerichtete Gewinnmaximierung verfolgen (Shareholder-Ansatz), sind die Eigentümer von kleinen und mittelständischen Unternehmen eher an langfristig stabilen Gewinngrößen und der *Existenzsicherung* – möglichst im Einklang mit ihren Anspruchsgruppen – interessiert. Wesentliche Kennzeichen von *Kleinstunternehmen* sind außerdem einerseits die *Ressourcenknappheit* und andererseits ihre *Verankerung in der Region*.

Zu erwähnen ist außerdem, dass bei der Analyse von Unternehmen die *historische* und *kulturelle* sowie *regionale Ausgangssituation* nicht zu vernachlässigen ist. So wird in Studien beispielsweise auf die Kleinteiligkeit ostdeutscher Betriebe, das Fehlen von Großunternehmen und Hidden Champions sowie eine unterdurchschnittliche Innovationskraft verwiesen, die u. a. auf die ungleichen Ausgangsbedingungen nach dem Zweiten Weltkrieg und der Wiedervereinigung zurückzuführen sind (vgl. Zdrowomyslaw et al.

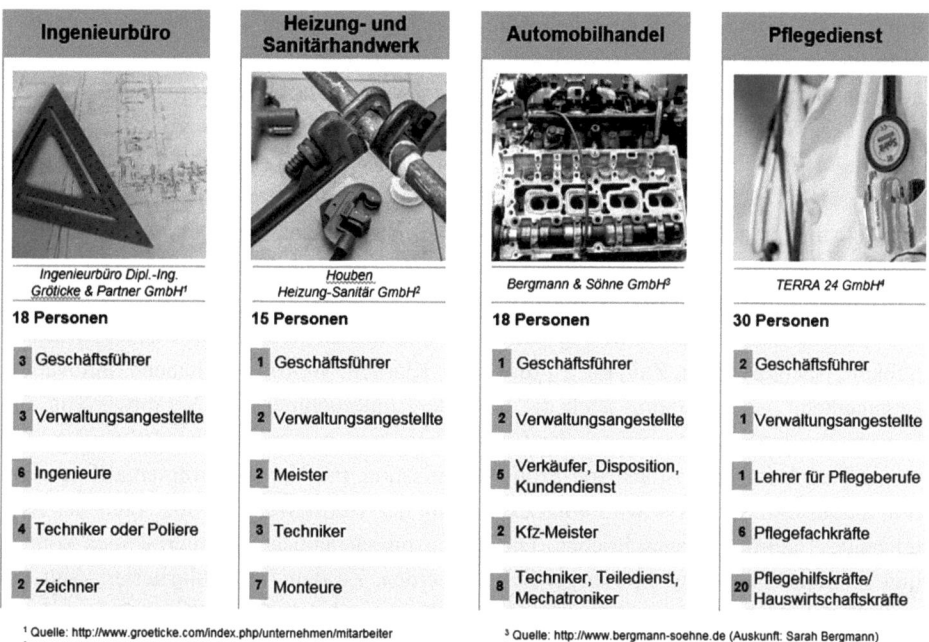

Abb. 4 Heterogenität der Mitarbeiterzusammensetzung in Unternehmen

2015, S. 32–63). Beispielsweise stellen die unterschiedliche Entwicklung der Branchen und Unternehmen in Mecklenburg-Vorpommern sowie der demografische Wandel in diesem Wirtschaftsraum eine besondere Herausforderung im Hinblick auf die Fachkräftesicherung und die unternehmensbezogene Personalpolitik dar. Das flächenstarke Land Mecklenburg-Vorpommern ist vergleichsweise mit am stärksten von der Abwanderung junger Menschen betroffen. Die Altersstruktur der Bevölkerung verändert sich: Einer zunehmenden Zahl älterer Menschen steht eine sinkende Zahl von Kindern und jungen Menschen gegenüber. Hierdurch wird sich das Arbeitskräfteangebot in den nächsten Jahren deutlich verringern. Zweifelsohne gibt es in Deutschland *regionale, branchen-* und *unternehmensbezogene Unterschiede* im Hinblick auf einen Fachkräfteengpass bzw. Fachkräftemangel. Bezogen auf die Stoßrichtung dieses Artikels stellt sich zunächst die Frage, welchen Beitrag eine verantwortungsvolle Unternehmensführung zur Fachkräftesicherung in Kleinstunternehmen leisten kann.

4 Gesellschaftliches und regionales Engagement des Mittelstands in der Tradition des „ehrbaren Kaufmanns"

Häufig wird CSR mit Großunternehmen in Verbindung gebracht, obwohl zahlreiche KMU in vielfältiger Weise sozial und regional engagiert sind und dies schon zu einem Zeitpunkt waren, als der Begriff CSR noch unbekannt war. Verantwortungsvolle Unternehmensführung und gesellschaftliches sowie regionales Engagement von Entscheidern und Unternehmensvertretern sind an sich nichts völlig Neues und mehr als nur ein vorübergehender Trend (vgl. Schneider und Schmidpeter 2012, 2015). Während der Begriff des *ehrbaren Kaufmanns* seit dem Mittelalter bekannt ist, wird als Startpunkt für die Diskussion in der Wissenschaft (H. R. Bowen) das Jahr 1953 genannt und die Periode nach dem Jahr 2010 als diejenige eingeordnet, ab der CSR in der (Unternehmens-)Realität angekommen ist (vgl. Arbeitskreis nachhaltige Unternehmensführung der Schmalenbach-Gesellschaft für Betriebswirtschaft e. V. 2015, S. 46–47).

Wenn die Oskar-Patzelt-Stiftung formuliert: „Mittelstand lebt Verantwortung, Menschlichkeit, Nachhaltigkeit, Zukunft, Optimismus, Klarheit, Weitblick, Chancen, Innovation, Engagement", so soll damit auch die besondere unternehmerische Verantwortung von Entscheidungsträgern gegenüber der Gesellschaft zum Ausdruck gebracht werden. Die Oskar-Patzelt-Stiftung ist als Non-Profit-Organisation und Non-Governmental-Organisation aufgestellt. Seit 1994 wird von der Stiftung der Wettbewerb „Großer Preis des Mittelstandes" jährlich ausgeschrieben. Die besten mittelständischen Unternehmen können hier nominiert, bewertet und ausgezeichnet werden. Zu den Auswahlkriterien zählt unter anderem auch die Umsetzung von CSR, gemessen „durch die Wettbewerbskriterien 2 (Schaffung und Sicherung von Arbeits- und Ausbildungsplätzen) und 4 (Engagement in der Region)" (vgl. Arbeitskreis nachhaltige Unternehmensführung der Schmalenbach-Gesellschaft für Betriebswirtschaft e. V. 2015, S. 46–47).

Legt man die Debatte und die *empirischen Erhebungen* in Hinblick auf *CSR-Aktivitäten im Mittelstand* zugrunde, so werden weitgehend übereinstimmend folgende Einschätzungen artikuliert (vgl. Bader et al. 2007; Deutscher Industrie- und Handelskammertag e. V. 2012; Ernst & Young GmbH Wirtschaftsprüfungsgesellschaft 2012; KfW Bankengruppe 2011; Voithofer et al. 2012):

- Für viele KMU gehört verantwortungsvolles Handeln gegenüber der Gesellschaft und Region seit jeher zur gängigen Praxis.
- Ein interessantes Faktum bei KMU und Familienunternehmen ist der recht klare regionale Bezug bei CSR-Aktivitäten.
- In der Tendenz kann festgehalten werden, dass je größer die Unternehmen sind und entsprechend über mehr finanzielle und personelle Ressourcen verfügen, umso mehr engagieren sie sich in ökologischen und sozialen Bereichen.
- Das Engagement im Mittelstand ist sehr personengebunden. Das konkrete Engagement hängt stark von den persönlichen Einstellungen der Inhaber bzw. Geschäftsführer ab.
- Spenden und Sponsoring dominieren die externen Aktivitäten.
- Im Fokus der internen Aktivitäten stehen organisatorische und mitarbeiterbezogene Maßnahmen wie Personalentwicklung und Gesundheitsmanagement.
- Insbesondere den kleinen Unternehmen ist oft nicht bewusst, dass es sich bei bestimmten Maßnahmen und Initiativen um „CSR" handelt.

- KMU planen ihre CSR-Aktivitäten in der Regel nicht strategisch und nutzen diese seltener zu Marketingzwecken als Großunternehmen, selbst wenn sie viele Einzelmaßnahmen durchführen. Tue Gutes und rede darüber, ist beim Mittelstand wenig ausgeprägt.
- Kooperationen in Hinblick auf CSR-Aktivitäten sind im Mittelstand kaum auszumachen.

René Fahr und *Dörte Foit* ziehen im Hinblick auf Strategien und Instrumente für CSR in KMU folgende Schlussfolgerung: „Bei allen aufgezeigten Barrieren und Herausforderungen sind die Voraussetzungen von KMU für die ganzheitliche Implementierung und gewinnbringende Nutzung von CSR nämlich keineswegs schlecht" (vgl. Fahr und Foit 2015, S. 723). Basierend auf den Analyseergebnissen stellen die beiden Autoren Schlüsselfaktoren und Schlüsselprinzipien für CSR in KMU zusammen, die Abb. 5 zeigt.

Zwar sollten die Voraussetzungen von KMU für die ganzheitliche Implementierung und gewinnbringende Nutzung von CSR nicht überbewertet werden, aber mit unternehmensindividuell angepassten Konzepten und ausgewählten Maßnahmen kann eine nach-

	INTERNE FAKTOREN				EXTERNE FAKTOREN	
ÖKOLOGISCH	Recycling	Wiederverwertung	Vision & Mission	Diversität	Effiziente Nutzung	Ethische Beschaffung
	Abfall		Unternehmenskultur		Ressourcen	
	Schadstoff- & Emissionsreduktion		Partizipation	Innovation	Nachhaltige Design- & Produktionsverfahren	
SOZIAL	Faire Bezahlung	Personalentwicklung	Partnerschaften	Promotion & Intermediäre	Immaterielles Engagement	
	Mitarbeiter		Vernetzung		Gemeinde	
	Flexible Arbeitszeiten	Gerechtigkeit	Kooperation	Solidarität	Sponsoring	Spenden
ÖKONOMISCH	Ethisches Investment	Benchmarking	(Freiwillige) Standards	Kommunikation	Nachhaltige Produkte	Service
	Wirtschaftlichkeit		Transparenz		Kunden & Lieferanten	
	Nischen & Neue Märkte	Strategie	(Labelling & Zertifizierung)	(Reporting)	Fairness	Qualität
			ÜBERGREIFENDE PRINZIPIEN			

Abb. 5 Schlüsselfaktoren und Schlüsselprinzipien für CSR in KMU

haltige Unternehmensentwicklung durchaus erfolgreich unterstützt werden. Aus der Betrachtung von Ergebnissen unterschiedlicher Befragungen wird deutlich, dass CSR viele Facetten hat. An dieser Stelle sei hier exemplarisch auf die Ergebnisse einer Onlineumfrage eingegangen, die unter dem Titel „Gesellschaft gewinnt durch unternehmerische Verantwortung" von dem Deutschen Industrie- und Handelskammertag (DIHK) 2012 vorgestellt wurde. Grundlage der bundesweiten und branchenübergreifenden Auswertung sind knapp 2000 Antworten. Die Befragung des DIHK gibt einen Hinweis darauf, in welchen Bereichen sich Unternehmen für die Gesellschaft über die gesetzlichen Anforderungen hinaus engagieren. In der Studie wird deutlich, dass diverse Instrumente bzw. Maßnahmen einer verantwortungsvollen Unternehmensführung zugerechnet werden können. So kann sich die gesellschaftliche Verantwortung im Engagement für junge Menschen, in der Vereinbarkeit von Familie und Beruf und in Umwelt-, Sport- und Kulturaktivitäten niederschlagen. Daneben wirkt CSR auch nach innen. Dabei geht es insbesondere um den verantwortungsvollen Umgang mit den Mitarbeitern.

Abb. 6 zeigt überblicksartig, in welchen Bereichen sich der bundesdeutsche Mittelstand, insbesondere gesellschaftlich und regional, engagiert. Das starke und vielfältige

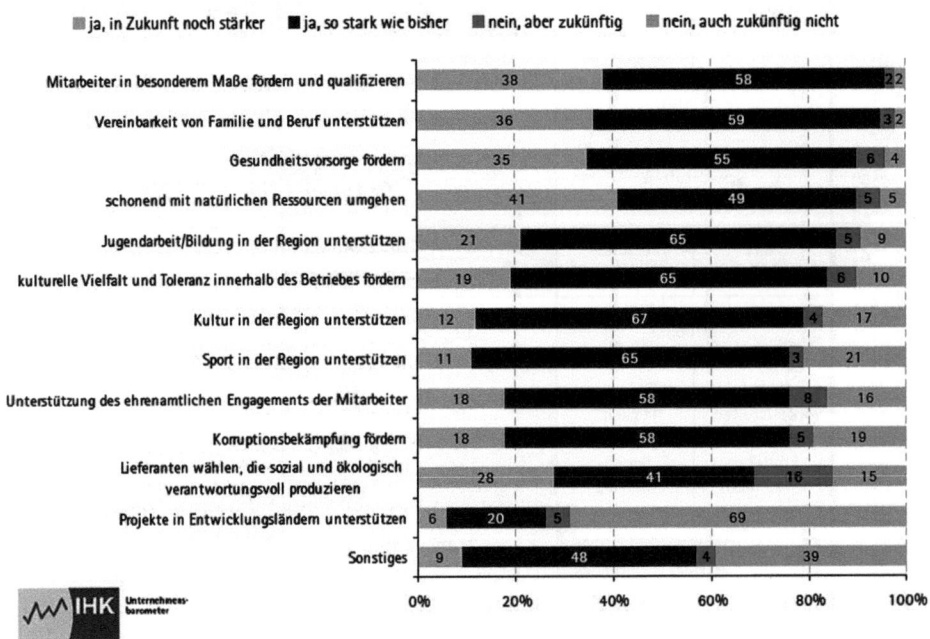

Abb. 6 Unternehmen gestalten gesellschaftlichen Fortschritt mit. (Quelle: Deutscher Industrie- und Handelskammertag e. V. 2012, S. 8)

Engagement wird in der DIHK-Studie wie folgt zusammengefasst: „Nahezu jedes Unternehmen (98 Prozent der Betriebe mit mindestens 20 Mitarbeitern) engagiert sich über die gesetzlichen Anforderungen hinaus für die Gesellschaft (Corporate Social Responsibility, CSR). Die Unternehmen sind hoch motiviert, aktiv und gezielt, gesellschaftliche Verantwortung zu übernehmen. Je größer die Unternehmen sind, über umso mehr Kapazitäten verfügen sie und umso häufiger engagieren sie sich. Das freiwillige CSR-Engagement ist sehr vielfältig und auf die jeweilige Unternehmenskultur passend zugeschnitten. Der verantwortungsvolle Umgang mit Mitarbeitern ist eine wichtige Voraussetzung für den wirtschaftlichen Erfolg des Unternehmens. Maßnahmen zur Förderung und Qualifikation der Mitarbeiter stehen deshalb an oberster Stelle. Für die Mitarbeiter wiederum ist mit einem qualifizierten Arbeitsplatz gesellschaftliche Teilhabe und Lebensqualität verbunden. Maßnahmen zur besseren Vereinbarkeit von Familie und Beruf sowie zur Gesundheitsvorsorge stehen bei den Unternehmen ebenfalls hoch im Kurs" (Deutscher Industrie- und Handelskammertag e. V. 2012, S. 4).

5 Employer Branding – wichtiger Bestandteil von CSR

Dass die Verfügbarkeit von Personal und die Qualifikation der Mitarbeiter für die Unternehmensentwicklung zentrale Faktoren darstellen, steht außer Frage. Employer-Branding-Konzepte (Arbeitgeberattraktivität) können dabei als wichtiger Bestandteil von CSR betrachtet werden. Angesichts der Tatsache von Fachkräfteengpässen in bestimmten Branchen und Funktionen wächst zusehends die Erkenntnis bei den Unternehmen, dass der *Mitarbeiter* eben nicht in erster Linie als Kostenfaktor, sondern primär als *Kreativ-*, *Innovations-*, *Leistungs-*, *Wertschöpfungs-* und *Erfolgsfaktor* betrachtet werden muss (vgl. Zdrowomyslaw 2007). In gewisser Weise können der sozialen Dimension der CSR-Strategie grundsätzlich auch die Aktivitäten zugeordnet werden, die im Rahmen einer Employer-Branding-Strategie (Arbeitgeberattraktivität) entwickelt werden, wie z. B. gute Arbeitsbedingungen, faire Entlohnung, Vereinbarkeit von Familie und Beruf, Karrieremöglichkeiten (vgl. Zdrowomyslaw et al. 2011, 2012).

Wie die tabellarische Auflistung von CSR-Maßnahmen in ausgewählten Kleinstunternehmen aus dem Handwerksbereich in Vorpommern zeigt, orientieren sich viele Betriebe auf punktuelle Maßnahmen im lokalen Umfeld (beispielsweise Kultur-, Sport- und Vereinssponsoring), die nicht in direktem Zusammenhang zu den Kernkompetenzen des Unternehmens stehen (siehe Abb. 7).

In Kleinstunternehmen lassen sich aktives Personalmanagement und die Schaffung einer Arbeitgebermarke aufgrund geringer Finanzmittel und eingeschränkter Flexibilität vor allem im Hinblick auf die Personaleinsatzplanung schwieriger realisieren. Viele Unternehmen dieser Größenordnung sehen insbesondere in Maßnahmen des betrieblichen Gesundheitsmanagements (BGM) eine gute Möglichkeit, Mitarbeiter zu gewinnen, zu motivieren und zu binden (s. Abb. 8).

UNTERNEHMEN	ORT	GESELLSCHAFTLICHE AKTIVITÄTEN
TSH – Technik und Service fürs Haus GmbH	Bergen auf Rügen	Unterstützung Volleyball
Schmiede, Schlosserei und Schlüsseldienst PAETOW	Niepars	Unterstützung Feuerwehr
FLZ Stahl- und Metallbau Lauterbach GmbH	Lauterbach/Putbus	Unterstützung regionaler Vereine
Maurermeister Martin Eisenknapp	Groß Schoritz	Kultur- und Denkmalpflege
RAST Bau GmbH Sellin	Sellin	Unterstützung regionaler Vereine
Meisterbetrieb Askold Falk	Göhren	Unterstützung Tour d`Allee
Rügen Dach GmbH & Co. KG	Binz	Förderung Pferdesport
Gerüstbau Knobloch GmbH	Groß Lüdershagen	Förderung Handball
Sundische Baugesellschaft mbH	Stralsund	Förderung Handball
Bäckerei Michael Mudrick	Baabe	Förderung Radsport
C. Stabenow OHG	Stralsund	Unterstützung Kirchenarbeit St. Nikolai Kirche

Abb. 7 Ausgewählte CSR-Kleinstunternehmensbeispiele in Vorpommern

Die Chance, gute und zufriedene Mitarbeiter zu finden und zu halten, besteht in einer transparenten, vertrauensvollen und wertschätzenden Personalführung. Außer den Maßnahmen der Arbeitsplatzgestaltung und des BGM gehören zum Anreizbündel u. a. Weiterbildungsmöglichkeiten, Work-Life-Balance-Maßnahmen und ein hohes Maß an Verantwortungsübertragung. Patentrezepte bezügliches eines (immer) erfolgreichen Personalmanagements gibt es nicht. Beim Einsatz von Instrumenten und Maßnahmen sind grundsätzlich die jeweils im Betrieb vorhandenen Gegebenheiten (z. B. Schichtbetrieb, Baustellen, Kundenverkehr, Filialbetrieb) zu berücksichtigen. Vor allem sind auch die verschiedenen Belastungen bzw. Bedürfnisse unterschiedlicher Berufsgruppen im Betrieb entsprechend differenziert zu behandeln.

Das 3-Säulensystem des betrieblichen Gesundheitsmanagements lehnt sich an die Struktur von *Rüdiger Möller* an. Die benannten Maßnahmen sind einige ausgewählte Beispiele, die durch Kleinstunternehmen umsetzbar sind. Eine erweiterte Übersicht in Checklistenform mit Abgrenzung der Maßnahmen für Klein-, Mittel- und Großunternehmen ist dem „Praxisleitfaden Betriebliches Gesundheitsmanagement" der Unternehmensberatung für Betriebliches Gesundheitsmanagement (UBGM) zu entnehmen.

Die Erfolgsaussichten von Instrumenten und Maßnahmen des BGM gehen sehr stark mit der Vorbildfunktion der Führungskräfte einher. Wichtig ist außerdem, dass Aktivitäten des BGM nach innen und außen kommuniziert werden. Diesen Sachverhalt betonen die Autoren der UBGM in ihrem Praxisleitfaden folgendermaßen: „Denn was nützt das tollste BGM-Maßnahmen-Paket wenn keiner weiß, dass es dieses gibt. Getreu nach dem Motto: *Tue Gutes und rede darüber*" (Unternehmensberatung für Betriebliches Gesundheitsmanagement 2012).

SYSTEM Systemprävention	ARBEIT Verhältnisprävention	PERSON Verhaltensprävention
Durch Organisationsentwicklung: →Steuerungsgruppe →Strategieentwicklung →betriebliches Eingliederungsmanagement →betriebliche Vorsorgeuntersuchungen **Durch Führung:** →Rückkehr-, Fehlzeitengespräche →Fürsorgegespräche →personalisierte Mitarbeiterzukunftsplanungen **Durch Teamentwicklung:** →Walking-/Laufgruppen →Firmenwettkämpfe/-olympiaden →Mobbingprävention	**Verbesserungsumsetzungen am Arbeitsplatz:** →Arbeitsplatzanalysen →Arbeitssituationserfassungen →Gesundheitszirkel →Mitarbeiterbefragungen **Ergonomie:** →geeignete/entlastende Arbeitsplatzausstattung →Arbeitsplatzbesichtigungen **Arbeitsschutz:** →feste Arbeits- und Gesundheitsschutzroutine	**Stresskompetenz:** →Belastungsanalysen *Psychische Gesundheit* →Mediation zur Konfliktlösung **Entspannung:** →Entspannungspausen →Erlernen von Entspannungsmethoden →Ruheraum **Work-Life-Balance:** →flexible Arbeitszeiten →Familienevents **Ernährung:** →Obstkorb →kostenlose Getränke **Rückenprävention:** →Rückenschule →mobile Massage **Bewegung und Betriebssport:** →Businessyogapausen →fit am Arbeitsplatz →Kooperationen mit Fitnessstudios **Suchtberatung:** →Nikotin-, Alkohol- und BTM-Suchtberatungsgespräche **Coaching:** →Mitarbeiterschulungen für Gesundheitsthemen →Präventionskursangebote der KV →Führungskräfteschulungen *gesundes Führen*

Abb. 8 Maßnahmen im betrieblichen Gesundheitsmanagement mit Beispielen. (Quellen: Möller, S. 1–7; Unternehmensberatung für Betriebliches Gesundheitsmanagement)

6 Fachkräftesicherung im Verbund

Verantwortung für das gesellschaftliche Umfeld zu übernehmen, stellt bei Klein- und Mittelunternehmen keinen Einzelfall dar. Auch Kleinstunternehmen haben viele Möglichkeiten, Beziehungsmanagement zu pflegen, gesellschaftliches Engagement zu zeigen, sich wirkungsvoll und nachhaltig in der eigenen Region unter Berücksichtigung von relevanten Anspruchsgruppen zu engagieren und im Rahmen ihrer ressourcenbedingten Möglichkeiten mit einer **CSR-Strategie** ihr Unternehmen im Hinblick das Finden und Halten von geeigneten Mitarbeitern zu stärken. Zwar ist es für kleine und mittlere Betriebe aufgrund von zeitlich, personell und finanziell knappen Ressourcen schwieriger als für Großunternehmen, sich aktiv und frühzeitig um ihren Nachwuchs zu kümmern. Aber auch mit beschränkten Ressourcen können betriebliches Gesundheitsmanagement, Employer-Branding-Konzepte und Work-Life-Balance-Maßnahmen umgesetzt werden. Eine verantwortungsvolle Unternehmensführung nach innen und außen zu leben und zu dokumentieren ist nicht von der Unternehmensgröße abhängig. CSR mit dem Fokus der Fachkräftesicherung ist kein Luxus, sondern entwickelt sich zusehends auch für Kleinstunternehmen zu einem wichtigen Wettbewerbs- und Existenzfaktor.

Bei der Fachkräftesicherung und dem Aufbau einer Arbeitgebermarke in mittelständischen Betrieben spielen Netzwerke, Kooperationen und Verbundaktivitäten eine wichtige Rolle. Davon ist auch die Kreishandwerkerschaft Rügen-Stralsund-Nordvorpommern überzeugt. So haben die Kreishandwerkerschaften auf Landesebene den sog. BEM-Verein gegründet. „Durch die Kooperation mit dem Verein zur Förderung der Wiedereingliederung im Handwerk MV e. V. ist es möglich, auch eine weitere Säule des BGM, das Betriebliche Eingliederungsmanagement (SGB IV) mit anzubieten. Ebenfalls eine Aufgabe, die durch KMU allein oft nicht leistbar ist", ist im Projektpapier zu lesen. Sowohl bei der Entwicklung und Umsetzung des Bausteins betriebliches Eingliederungsmanagement (BEM) als auch des BGM wird dabei auf die Zusammenarbeit mit der Innungskrankenkasse Nord (IKK Nord) und die Unterstützung des Wirtschaftsministeriums Mecklenburg-Vorpommern gesetzt.

7 Resümee

Verantwortungsvolle Unternehmensführung kann dazu beitragen, die Arbeitgeberattraktivität zu erhöhen sowie die Findung und die Bindung von Mitarbeitern zu erleichtern. Kleine und mittelständische Firmen können durchaus mit Vorteilen wie gutes Betriebsklima, flache Hierarchien, direkte Aufgabenverantwortung und breites Aufgabenfeld sowie schnelles Erreichen einer Führungsposition werben. Allerdings muss dabei die Authentizität gewahrt sein.

Das Motto: „gemeinsam sind wir stärker", hat für den Mittelstand, vor allem für Kleinstunternehmen, angesichts der Ressourcenbegrenztheit eine besondere Bedeutung. **Networking, Netzwerkbildung** und **Kooperationen** sind wichtige strategische Optionen, um Kompetenzen zu ergänzen und Größennachteile möglichst zu kompensieren. Die strategisch ausgerichtete und nachhaltige Steuerung von Unternehmen, eingebettet in regionale Entwicklungsstrukturen, benötigt Visionen, geeignete Strategien und Instrumente sowie vor allem **stabile Partnerschaften**. Die **Kommunikations-** und **Kooperationsfähigkeit** wird zum entscheidenden Motor für eine positive und soziale und ökologische Entwicklung von Unternehmen und Regionen. Regelmäßiger Informations- und Wissensaustausch mit Politik, Verwaltung, Wissenschaft und Wirtschaft sowie die **Bildung von Netzwerken** und **kooperatives Handeln** schaffen den Nährboden für gemeinsame Projekte und Aktivitäten. Diese sind nicht nur für kooperatives Vorgehen bei der Sicherung von Auszubildenden sowie Fach- und Führungskräften erstrebenswert, sondern können sich im besten Fall in **regionalbezogenen Businessplänen** (vgl. Zdrowomyslaw und Bladt 2012, S. 134–144) und **Konzepten** wie „Arbeitgeber und Region als Marke" (vgl. Zdrowomyslaw et al. 2011) niederschlagen.

Literatur

Arbeitskreis nachhaltige Unternehmensführung der Schmalenbach-Gesellschaft für Betriebswirtschaft e.V. (2015) „Verantwortung" eine phänomenologische Annäherung. In: Schneider A, Schmidpeter R (Hrsg) Corporate Social Responsibility. Verantwortungsvolle Unternehmensführung in Theorie und Praxis, 2. Aufl. Springer Gabler, Berlin/Heidelberg

Bader N, Bauerfeind R, Giese C (2007) Corporate Social Responsibility (CSR) bei kleinen und mittelständischen Unternehmen in Berlin. Eine Studie der TÜV Rheinland Bildung und Consulting GmbH in Kooperation mit der outermedia GmbH. TÜV Rheinland Akademie GmbH, Berlin

Becker W, Ulrich P (2011) Mittelstandsforschung. Begriffe, Relevanz und Konsequenzen. Kohlhammer, Stuttgart

Blumenstock H (2013) Strategisches Personalmanagement. In: Ernst D, Sailer U (Hrsg) Nachhaltige Betriebswirtschaftslehre. UVK Verlagsgesellschaft mbH, Konstanz/München, S 83–100

Bundesministerium für Arbeit und Soziales (2011) Fachkräftesicherung. Ziele und Maßnahmen der Bundesregierung. BMAS Bundesministerium für Arbeit und Soziales, Berlin

Deutscher Industrie- und Handelskammertag e. V. (DIHK) (2012) Gesellschaft gewinnt durch unternehmerische Verantwortung, Ergebnisse des IHK-Unternehmensbarometers 2012. DIHK, Berlin

Ernst & Young GmbH Wirtschaftsprüfungsgesellschaft (Hrsg) (2012) Agenda Mittelstand. Nachhaltige Unternehmensführung. Lage und aktuelle Entwicklungen im Mittelstand. Ernst & Young GmbH Wirtschaftsprüfungsgesellschaft, Essen

Ernst D, Sailer U (Hrsg) (2013) Nachhaltige Betriebswirtschaftslehre. UVK Verlagsgesellschaft mbH, Konstanz/München

Fahr R, Foit D (2015) Unternehmensethik, Corporate Governance und Compliance. In: Becker W, Ulrich P (Hrsg) BWL im Mittelstand. Grundlagen – Besonderheiten – Entwicklungen. Kohlhammer, Stuttgart

Gelbmann U, Baumgartner RJ (2012) Strategische Implementierung von CSR in KMU. In: Schneider A, Schmidpeter R (Hrsg) Corporate Social Responsibility. Verantwortungsvolle Unternehmensführung in Theorie und Praxis. Springer, Berlin/Heidelberg, S 285–298

Gerlmaier A et al (Hrsg) (2016) Praxishandbuch lebensphasenorientiertes Personalmanagement. Fachkräftepotenziale in technischen Entwicklungsbereichen erschließen und fördern. Springer Gabler, Wiesbaden

Hausmann T, Zdrowomyslaw N (2013) Bedeutung, Vielfalt und Besonderheiten des Mittelstands. In: Zdrowomyslaw N (Hrsg) Grundzüge des Mittelstandsmanagements. Vom Erkennen zum Nutzen unternehmerischer Chancen. Deutscher Betriebswirtschaft Verlag, Gernsbach, S 19–34

Homma N, Bauschke R (2015) Unternehmenskultur und Führung. Den Wandel gestalten – Methoden, Prozesse, Tools, 2. Aufl. Springer Gabler, Wiesbaden

KfW Bankengruppe (2011) KFW-RESEARCH Standpunkt. Corporate Social Responsibility im deutschen Mittelstand Bd. 7. Eul, Frankfurt am Main

Knoblauch J, Kurz J (2011) Die besten Mitarbeiter finden und halten. Campus Verlag, Frankfurt am Main

Maaß F (2010) Wirtschaftspolitische Ansätze zur Unterstützung von Corporate Social Responsibility-Aktivitäten. IfM-Materialien, Bd. 194. Institut für Mittelstandsforschung Bonn, Bonn

Möller R (2016) http://www.job-movement.de/documents/BGM-Glossar_job_movement_R_Moeller.pdf, S. 1–7. Zugegriffen: 3. Febr. 2016

Nicolai Ch (2014) Personalmanagement Bd. 3. UVK Verlagsgesellschaft mbH, Konstanz/München

Oechsler WA, Paul C (2015) Personal und Arbeit. Einführung in das Personalmanagement, 10. Aufl. Oldenbourg, Berlin

Schneider A, Schmidpeter R (Hrsg) (2012) Corporate Social Responsibility. Vertrauensvolle Unternehmensführung in Theorie und Praxis. Springer, Berlin/Heidelberg

Schneider A, Schmidpeter R (Hrsg) (2015) Corporate Social Responsibility. Verantwortungsvolle Unternehmensführung in Theorie und Praxis. Springer, Berlin/Heidelberg

Stotz W, Wedel-Klein A (2013) Employer Branding. Mit Strategie zum bevorzugten Arbeitgeber, 2. Aufl. Oldenbourg, München

Unternehmensberatung für Betriebliches Gesundheitsmanagement (2012) Praxisleitfaden Betriebliches Gesundheitsmanagement. http://www.gesundheitsmanagement24.de/praxisleitfaeden-checklisten/praxisleitfaden-betriebliches-gesundheitsmanagement/.Download. Zugegriffen: 2. Febr. 2016

Voithofer P, Heckl E, Talker C-M (Hrsg) (2012) Verantwortung in der Praxis – CSR in Salzburger KMU. Wie sich Salzburger KMU für Gesellschaft, Mitarbeiter und Umwelt engagieren. Ergebnisse einer empirischen Befragung 2011. Wissenschaftliche Schriftenreihe der Wirtschaftskammer Salzburg hrsg. Von Kurt Oberholzer, Bd. 7. Springer, Wien/Berlin

Zdrowomyslaw N (Hrsg) (2007) Personalcontrolling. Der Mensch im Mittelpunkt. Erfahrungsberichte, Funktionen und Instrumente. Deutscher Betriebswirtschaft Verlag, Gernsbach

Zdrowomyslaw N (Hrsg) (2013) Grundzüge des Mittelstandsmanagements. Vom Erkennen zum Nutzen unternehmerischer Chancen. Deutscher Betriebswirtschaft Verlag, Gernsbach

Zdrowomyslaw N et al (2015) Entdecke Vorpommerns Vielfalt. Vergangenheit – Gegenwart – Zukunft. Standortatlas für Manager, Investoren, Touristen und Bürger. MV-Verlag und Marketing, Greifswald

Zdrowomyslaw N, Bladt M (2012) Der regionale Businessplan. In: George W, Berg T (Hrsg) Regionalökonomie. Regionales Zukunftsmanagement, Bd. 6. PABST, Lengerich, S 134–144

Zdrowomyslaw N, Burke A, Eggebrecht U (2011) Arbeitgeber und Region als Marke, hrsg. von der Industrie- und Handelskammer zu Rostock und der Stralsunder Mittelstandsvereinigung e.V. MV-Verlag und Marketing, Greifswald

Zdrowomyslaw N, Burke A, Eggebrecht U (2012) Unternehmensverantwortung und Employer Branding, hrsg. von der Industrie- und Handelskammer zu Rostock, Kreishandwerkerschaft Rügen-Stralsund-Nordvorpommern, Stralsunder Mittelstandsvereinigung e.V. BioCon Valley® GmbH, Greifswald

Prof. Dr. rer. pol. Norbert Zdrowomyslaw wurde 1953 in Kętrzyn geboren. Nach seinem Ökonomiestudium an der Universität Bremen war er als wissenschaftlicher Mitarbeiter tätig, leitete die Abteilung Personalwirtschaft/Organisation bei der Fielmann-Verwaltung KG und war Wirtschaftsberater. Seit Herbst 1992 hat er die Professur für „BWL, insbesondere Rechnungswesen und Management von Klein- und Mittelbetrieben" an der Fachhochschule Stralsund inne. Forschungs- und Publikationsschwerpunkte neben dem Rechnungswesen sind: Managementwissen für Klein- und Mittelbetriebe, Zusammenarbeit zwischen Hochschule und Wirtschaft, Regionalwirtschaft sowie Personalmanagement. Er begleitet zahlreiche Lehr- und Forschungsprojekte in Zusammenarbeit mit der regionalen Wirtschaft. Erwähnt sei hier nur das Lehrprojekt STeP/Stralsunder Tagungen für erfolgreiche Partnerschaften. Er ist stellvertretender Vorsitzender der Kooperationsstelle „Wissenschaft und Arbeitswelt in Mecklenburg-Vorpommern e. V.", Mitglied der Arbeitsgruppe „Regionale Entwicklung Vorpommerns" im Bündnis für Arbeit und Wettbewerbsfähigkeit M-V, Mitglied des wissenschaftlichen Beirats der Oskar-Patzelt-Stiftung, Initiativkreissprecher des Netzwerks „Die Rügeninsel Ummanz" und Mitglied des Redaktionsbeirats der Zeitschrift *Der Betriebswirt – Management in Wissenschaft und Praxis*.

Michael Bladt wurde 1978 in Stralsund geboren. Nach seinem Abitur und der Ausbildung zum Bankkaufmann in der Dresdner Bank AG absolvierte er das Studium der Betriebswirtschaftslehre an der Fachhochschule Stralsund. Im Anschluss wirkte er dort leitend als wissenschaftlicher Mitarbeiter der Forschungsprojekte „**I**nnovation **W**ertsteigerung und **A**rbeitsplatzbeschaffung" (IWA), „Implementierung der Gründerlehre" „**K**onzeption eines **K**ompetenzzentrums für **U**nternehmens- und **R**egionalentwicklung in **V**orpommern" (KURV). Nach einer Tätigkeit als Betriebswirt in einem Finanzdienstleistungsunternehmen arbeitete er von 2011 an im Netzwerk „Die Wirtschaftstransferbeauftragten des Landes Mecklenburg-Vorpommern" zur Intensivierung der Kooperationen der 5 Hochschulen im Lande mit der ansässigen Wirtschaft im Wissens- und Technologietransfer. Diesen Fokus verfolgt er nun seit 2015 als einer von 6 „Technologie- und Innovationsberatern" im Land Mecklenburg-Vorpommern an der Fachhochschule Stralsund zusammen mit der Handwerkskammer Ostmecklenburg-Vorpommern. Der Publikationsschwerpunkt liegt im Bereich der Regionalwirtschaft.

Maximilian Schwarz ist seit Juli 2016 Absolvent des Masterstudiengangs Management von kleinen und mittelständischen Unternehmen (KMU) an der Fachhochschule Stralsund. Zuvor beendete er sein Studium der Betriebswirtschaftslehre mit dem Abschluss Bachelor of Arts. In Forschungs- und Lehrprojekten befasst er sich schwerpunktmäßig mit den Bereichen Mittelstandsmanagement, regionale Netzwerke und Kooperationen. Zudem ist er Koautor des Wirtschaftsbuches *Entdecke Vorpommerns Vielfalt*, unter Federführung von Prof. Dr. Norbert Zdrowomyslaw. Des Weiteren setzt er sich kommunalpolitisch für seine Heimatregion Vorpommern ein und bekleidet seit 2009 zahlreiche Ehrenämter, u. a. als Vorsitzender des Wirtschaftsausschusses der Hansestadt Stralsund und als Mitglied in Verwaltungs- und Aufsichtsräten städtischer Unternehmen.

CSR-Beratung im Handwerk – Einblick in die Praxis

Gudrun Laufer und Christoph-Daniel Teusch

1 CSR und Handwerk?

Das Handwerk spielt wirtschaftlich eine bedeutende, aber für Branchenfremde eher unbekannte Rolle. In Deutschland sind von etwa 3,7 Mio. Unternehmen über 1 Mio. im Handwerk angesiedelt. Hier sind nahezu 5,4 Mio. Menschen beschäftigt und jeder vierte Lehrling erhält hier eine qualifizierte Ausbildung. Der Jahresumsatz im Handwerk betrug 2014 rund 533 Mrd. €.

Seit einigen Jahren ist die gesellschaftliche Unternehmensverantwortung unter dem Schlagwort „Corporate Social Responsibility" (CSR) bekannt. Viele Handwerksbetriebe wirtschaften bereits fair und leisten Beiträge für ihre Region und die Gesellschaft: Sie bilden aus, gehen fair mit Zulieferern und Kunden um, achten darauf, wo die Rohstoffe herkommen, und kümmern sich um ihre Mitarbeiter. Das ist Teil ihres Selbstverständnisses. In den Handwerksbetrieben gilt es vor allem, das bestehende Engagement aufeinander abzustimmen, strategisch im Kerngeschäft zu verankern und ein Bewusstsein dafür zu wecken, dass CSR auch wirtschaftlich erfolgswirksam sein kann.

G. Laufer (✉)
Bildungs- und Technolgiezentrum (BTZ), Handwerkskammer Berlin
Mehringdamm 14, 10961 Berlin, Deutschland
E-Mail: laufer@hwk-berlin.de

C.-D. Teusch
Die VERBRAUCHER INITIATIVE e.V.
Elsenstr. 106, 12435 Berlin, Deutschland
E-Mail: christoph.teusch@gmail.com

© Springer-Verlag GmbH Deutschland 2017
W. Keck (Hrsg.), *CSR und Kleinstunternehmen*,
Management-Reihe Corporate Social Responsibility, DOI 10.1007/978-3-662-53628-5_6

2 Die CSR-Beratungsstelle der Handwerkskammer Berlin

Die CSR-Beratungsstelle der Handwerkskammer Berlin wurde im Rahmen des Förderprogramms „Gesellschaftliche Verantwortung im Mittelstand" des Bundesministeriums für Arbeit und Soziales (BMAS) und des Europäischen Sozialfonds (ESF) im Zeitraum von 2012 bis 2014 für insgesamt drei Jahre gefördert.

Die CSR-Beratungsstelle „Fairplay im Handwerk" unterstützte in diesem Zeitraum 28 kleinere und mittlere Handwerksbetriebe dabei, verantwortungsvolles Handeln sinnvoll in den Betriebsalltag und in die Kommunikation einzubinden. Sie erhielten Coaching und Beratung zu den vier CSR-Bereichen Arbeitsplatz, Markt, Umwelt und Gemeinwesen. Ergänzend führte die Beratungsstelle insgesamt über 90 Workshops, Seminare, Infoabende und Tagungen in unterschiedlichsten Formaten und Größen zu praxisrelevanten Themen durch. Manche waren exklusiv für Inhaber sowie Geschäftsführer zum überbetrieblichen Austausch gedacht, andere waren für die breite interessierte (Fach-)Öffentlichkeit offen. Darüber hinaus standen die Vernetzung der Betriebe, der Erfahrungsaustausch mit der Berliner Wirtschaft, der Politik und anderen bundesweiten Verbänden und Kammern sowie Kooperationspartnern im Vordergrund.

3 Zielgruppe – die richtige Ansprache entscheidet

Zielgruppe der Beratungsstelle waren Inhaber, Geschäftsführer sowie Mitarbeiter von kleinen und mittelständischen Handwerksbetrieben aller Gewerke in Berlin. Das Berliner Handwerk ist mit etwa 30.500 Handwerksbetrieben ein bedeutender Wirtschaftszweig und Arbeitgeber in der Hauptstadt. Die Vielseitigkeit zeigt sich hier nicht nur in den zahlreichen verschiedenen Gewerken, sondern auch in den knapp 100 verschiedenen Herkunftsländern der Berliner Inhaber. Die CSR-Beratungsstelle unterstützte die Betriebe bei der Durchführung von Maßnahmen in ausgewählten CSR-Feldern, um eine Betriebskultur der unternehmerischen Verantwortung zu systematisieren und zu verstetigen.

Abgesehen von einigen Ausnahmen haben Handwerksbetriebe eine Unternehmensgröße von durchschnittlich 8–10 Mitarbeitern. Sie werden häufig seit mehreren Generationen als Familienbetriebe geführt und sind entsprechend inhabergeführt. Der Inhaber ist meist selber operativ tätig. Man kennt sich gut untereinander – viele Betriebe sind im „Kiez", in der Region verankert und dort gemeinnützig oder ehrenamtlich engagiert. Sie tun dies aus einem Selbstverständnis heraus und nicht im Bewusstsein, dass ihre Haltung etwas Besonderes ist. Für eine professionelle Unternehmensstrategie fehlen jedoch die Zeit, Ressourcen und nicht selten ein Ansprechpartner, um Ideen zu entwickeln, auszutauschen und umzusetzen. Umso wichtiger sind daher passgenaue Unterstützungsstrukturen.

4 Beratungsansatz

Wichtig im Beratungsansatz war vor allem, die Betriebe mit ihren eigenen Bedingungen und Interessen da abzuholen, wo sie stehen. Es kommt darauf an, ihre Anliegen und Veränderungs- und Entwicklungsbedarfe als Ausgangspunkte zu nehmen. Bei der Beratung selbst könnte man auch von einer Politik der kleinen Schritte sprechen.

„Fairplay im Handwerk" war spezialisiert auf die individuelle Beratung und Begleitung bei der Entwicklung und Umsetzung von Nachhaltigkeitskonzepten in kleinen und mittelständischen Unternehmen. Der Anspruch war, Handwerksbetriebe auf Augenhöhe ein Stück weit zu begleiten, die vorhandenen Ansätze von nachhaltigem Wirtschaften weiterzuentwickeln und gemeinsam neue Lösungen zu erarbeiten. Aktives Zuhören ist hierbei ebenso wichtig wie fachliches Know-how und konzeptionelle Kompetenz der Berater. Die Interessen und Anliegen der Betriebe standen im Mittelpunkt des Beratungsprozesses. CSR wurde dabei stets als ganzheitliches Konzept verstanden, untergliedert in die vier Themenfelder Arbeitsplatz, Markt, Umwelt und Gemeinwesen. Auswahl und Einsatz der Methoden und Instrumente richteten sich nach Praxisrelevanz und Nutzen für die Betriebe. Ziel der Beratung war es, für Nachhaltigkeitsthemen zu sensibilisieren und die Betriebe in die Lage zu versetzen, den gemeinsam beschrittenen Weg eigenständig weiterzugehen. Dies bedeutet auch, die Unternehmen untereinander zu vernetzen, damit sie sich auch unabhängig von der CSR-Beratungsstelle austauschen konnten. Neben dem inhaltlichen Austausch sind sogar einige wirtschaftliche Beziehungen entstanden.

Die Beratung fand größtenteils vor Ort, im Dialog mit der Geschäftsleitung des jeweiligen Betriebes und unter Einbindung der Mitarbeiter statt. Das persönliche Gespräch bot einen optimalen Rahmen, um Vertrauen aufzubauen und so auch die Ansprache problematischer Themen zu ermöglichen. Die Berater wurden als Partner wahrgenommen – dies war hilfreich, um die Entscheidungs- und Veränderungsprozesse unterstützen zu können. Transparenz spielte eine ebenso wichtige Rolle wie absolute Vertraulichkeit. Die Rahmenbedingungen der Beratung, die Vorgehensweise, Erreichbarkeit und Leistungsversprechen wurden gleich zu Beginn offengelegt. Die Berater dokumentierten ihre Arbeit und stellten den Betrieben die Ergebnisse im Anschluss zur Verfügung. Betriebsinterne Informationen wurden vertraulich behandelt. Inhalte, die zum Beispiel im Rahmen der Öffentlichkeitsarbeit nach außen gegeben wurden, wurden zuvor mit dem Betrieb abgestimmt.

Je nach thematischer Anforderung und Bedarf des Betriebes konnten durch die vorhandenen Fördermittel externe Berater zum Prozess hinzugezogen werden.

5 Methodik der CSR-Beratung

Viele kleine und mittelständische Unternehmen haben ein offenes Ohr für CSR und sind bereit sich mit dem Thema auseinanderzusetzen, auch wenn der Begriff CSR selbst sperrig und erklärungsbedürftig war und daher eher selten wortwörtlich verwendet wurde. Es gibt gute Beispiele für Berliner Handwerksbetriebe, die ökologisch und sozial verträglich arbeiten und dabei wirtschaftlich erfolgreich sind. An diese Bereitschaft konnte „Fairplay im Handwerk" oft anknüpfen und CSR-Konzepte entwickeln.

Verantwortungsvolle Unternehmen sind dann erfolgreich, wenn sie ihre Aktivitäten an strategischen Zielen ausrichten und ihre CSR-Maßnahmen systematisch planen und aufeinander abstimmen. Die folgende Übersicht dient vor allem als Orientierung und Anregung für die Einführung von CSR in kleinen und mittelständischen Unternehmen im Handwerk. Inhalt und Umfang der CSR-Beratung sind immer individuell und unternehmensspezifisch. Daher können in der Beratungspraxis die Übergänge zwischen den folgenden abgeleiteten fünf Schritten fließend und unterschiedlich umfangreich sein.

Im Handwerk ist CSR grundsätzlich bei der Geschäftsführung verortet, die häufig stark in das operative Geschäft eingebunden ist. Das von der CSR-Beratungsstelle entwickelte Konzept ist daher im Vorhaben beständig, in der Ausgestaltung dennoch ausreichend flexibel, um auf besondere Gegebenheiten im Unternehmen reagieren zu können und das Tempo der Beratung individuell anzupassen.

5.1 Die Bestandsaufnahme

Grundlage für die Einführung eines erfolgreichen CSR-Konzeptes ist eine ausführliche Bestandsaufnahme im Unternehmen. Die CSR-Beratungsstelle hat dafür einen Fragebogen entwickelt, der im ersten Schritt auf Ebene der Geschäftsführung u. a. folgende Fragen klärt: Warum gibt es dieses Unternehmen (Vision)? Mit welchen Anspruchsgruppen (Stakeholder) arbeitet das Unternehmen zusammen? Welche Werte sind vorhanden und stehen im Einklang mit der Unternehmenstätigkeit? Wie sind das eigene Verständnis und der aktuelle Stand von Nachhaltigkeit?

Die Bestandsaufnahme sowie die weiteren Beratungsschritte erfolgen grundsätzlich immer vor Ort im Unternehmen – inklusive von Betriebsbegehungen und Gesprächen mit den Mitarbeitern. Die Schnittpunkte zwischen Unternehmen und Gesellschaft werden anhand der vier CSR-Themenfelder Arbeitsplatz, Markt, Umwelt und Gemeinwesen analysiert.

5.2 Konzept

Aufbauend auf der Bestandsaufnahme identifiziert der Berater gemeinsam mit der Geschäftsleitung die wichtigsten Leitthemen. In der Praxis hat sich gezeigt, dass für ein Unternehmen nach einer ganzheitlichen Analyse meist ein oder zwei der vier CSR-Themenfelder besonders relevant sind. Es wird ein unternehmensindividuelles Konzept entwickelt – von der Zielsetzung über die Festlegung der Vorgehensweise und Auswahl relevanter Instrumente bis zur Zeit- und Ressourcenplanung. Durch eine vertiefende Analyse wird der Informationsstand verbessert, sodass sich aufgrund neuer Erkenntnisse die Prioritäten im Beratungsverlauf noch verschieben können.

5.3 Maßnahmen

Es kommt nicht darauf an, möglichst viele CSR-Maßnahmen kurzfristig und schnell anzustoßen. Vielmehr dienen die vorangegangene Analyse und Auswertung dazu, die Maßnahmen Schritt für Schritt anzugehen. Dabei können einige Aktionen sehr kurzfristig und sichtbar wirken, andere benötigen einen längerfristigen Zeitraum. Grundsätzlich ist es wichtig, dass die entwickelten Maßnahmen von einem Unternehmen selbstständig umgesetzt werden können. Teilweise begleitete die CSR-Beratungsstelle einige Unternehmen intensiver in der Umsetzung von Maßnahmen, aber stets unter der Prämisse, dass nach Abschluss der CSR-Beratung die jeweils entwickelten Konzepte eigenständig fortgeführt werden können.

5.4 Kommunikation

Ohne Kommunikation erfahren weder die eigenen Mitarbeiter noch die Öffentlichkeit vom CSR-Engagement eines Unternehmens. Eine zielgruppengerechte Kommunikation bedeutet, bereits während des CSR-Beratungsprozesses die Belegschaft und ggf. weitere Anspruchsgruppen einzubinden und im besten Fall als Akteure und Multiplikatoren zu gewinnen. Eine breitere Palette an Kommunikationsmöglichkeiten – häufig eingebettet in ein Marketingkonzept – begleitet die CSR-Maßnahmen und informiert nach innen und außen, während und nach der Zielerreichung.

Nach wie vor zögern manche Unternehmen, öffentlich über gesellschaftliches Engagement und verantwortungsvolles Wirtschaften zu kommunizieren. Dabei interessiert sich die Öffentlichkeit seit Jahren verstärkt für ehrliche und transparente Informationen. Manchmal gilt es einfach, das eigene Selbstverständnis auch für die Kunden sichtbar zu machen.

5.5 Überprüfen der Ergebnisse

Eine regelmäßige Fortschrittsverfolgung ist nicht nur sinnvoll, sondern wesentlich. Die CSR-Beratungsstelle begleitet die Unternehmen während der Umsetzungsphase, da CSR auch immer ein Lernprozess ist und Veränderungen mit sich bringt. Stehen eine Reihe von geplanten Maßnahmen an, kann es nützlich sein, diese nach Prioritäten, Verantwortlichkeiten und Zeitrahmen in einer einfachen Übersicht festzuhalten. Während einige Unternehmen sehr aktiv die Ziele und Maßnahmen verfolgten, wurden andere teils vom Tagesgeschäft eingeholt. Die CSR-Beratungsstelle hat hier teilweise die Fortschrittsverfolgung extern übernommen.

Im Handwerk spielt das in der Literatur häufig diskutierte Thema der „Messbarkeit von CSR" in einigen ausgewählten Themenfeldern eine Rolle, aber nicht in der Breite. Natürlich ist es gerade im Handwerk von Haus aus wichtig, dass man Ergebnisse sehen kann. Dies muss aber nicht zwangsweise in Kennzahlen festgehalten werden. In der Praxis kommen in einigen Bereichen Indikatoren zum Einsatz, um Veränderungen oder die Zielerreichung besser bewerten und messen zu können – z. B. im Bereich Umwelt bei der Energieoptimierung durch Verbrauchsanalysen, bei der Mitarbeiterzufriedenheit durch Befragungen, im Bereich Lieferkette durch kennzahlenbasierte Lieferantenbewertungen und im Bereich Marketing durch Kundenbefragungen. Zum Abschluss des Beratungsprojektes wird zur Sicherung der Beratungsqualität eine Evaluation mit der Geschäftsführung durchgeführt.

6 Die vier Bereiche der CSR-Beratung

Die meisten der Handwerksunternehmen werden nach der Bestandsaufnahme in zwei der vier CSR-Bereiche Arbeitsplatz, Umwelt, Gemeinwesen und Markt beraten, abhängig von ihrer Branche (Gewerk), ihrer Größe und den individuellen Bedürfnissen. Bei den wenigen Unternehmen, die sich in allen Bereichen engagieren wollten, wurde eine Themenpriorisierung vorgenommen.

6.1 Arbeitsplatz

> Faire Arbeitsbedingungen und gegenseitiger Respekt sind die Basis für ein positives Betriebsklima und gute Leistungen.

Mitarbeiter können sich am besten mit Unternehmen identifizieren, die nach außen und innen Verantwortung übernehmen. Damit erhöht CSR die Chancen für eine langfristige Mitarbeiterbindung. Auch für den Nachwuchs kann ein Unternehmen durch CSR attraktiver werden: Viele Nachwuchskräfte geben an, dass soziales oder ökologisches Engagement eines Unternehmens sie bei ihrer Entscheidung positiv beeinflusst hat, gerade dort einen Job anzunehmen. Im CSR-Themenfeld Arbeitsplatz können Unternehmen oft bereits mit relativ geringem Aufwand viel erreichen, um gut für ihre Mitarbeiter zu sorgen. Maßnahmen reichen vom aktiven Gesundheitsschutz über die Einrichtung familienfreundlicher Arbeitszeiten bis hin zur Unterstützung bei Weiterbildung und Terminplanung.

Gerade inhabergeführte Handwerksbetriebe haben oft eine entsprechende Wertschätzung für ihre Mitarbeiter und deren Familien und kommen ihren Angestellten gern entgegen.

6.1.1 Auf einen Blick: Was bedeutet fairer Umgang mit den Mitarbeitern?

- Fachgerechte Ausbildung von Nachwuchs,
- Aktiver Gesundheitsschutz,
- Organisation und Wissensmanagement,

- Langfristige Personalentwicklung und Nachfolgeregelung,
- Talente fördern und motivieren,
- Angebote für die Vereinbarkeit von Familie und Beruf.

6.1.2 Welcher Nutzen entsteht dadurch für die Gesellschaft?

Die Übernahme von Verantwortung für Mitarbeiter zeigt sich sowohl in vielen Dimensionen eines Unternehmens als auch in seiner Beziehung zur Gesellschaft. Zum Beispiel bilden Handwerksbetriebe oftmals auch in schlechten Zeiten über den eigenen Bedarf hinaus aus. Nicht selten bekommen im Handwerk auch Jugendliche eine Chance, die schwierige Startbedingungen im Leben haben und die ihre Fähigkeiten erst nach der Schulzeit voll entwickeln. Insgesamt leisten stabile Unternehmen mit motivierten, gesunden Mitarbeitern einen wichtigen Beitrag für die Gesellschaft.

6.1.3 Ein Beispiel

Beim Raumausstatter Michael Geisler standen die Themen Wissenstransfer und interne Kommunikation im Mittelpunkt. „Fairplay im Handwerk" begleitete die ersten Schritte einer langfristigen und sorgsam geplanten Übernahme des Unternehmens durch betriebsinterne Nachfolger. Weiterhin wurden Empfehlungen für die Neustrukturierung der Abteilungen sowie die interne Kommunikation gegeben.

6.2 Umwelt

> Grün ist gut im Geschäft.

Eine umweltfreundliche Produktionsweise kommt der Natur zugute und kann Rohstoffe und Kosten sparen. Um wettbewerbsfähig zu bleiben und profitabel zu arbeiten, müssen Handwerksbetriebe ihre Ressourcen genau kalkulieren und allein deshalb sorgsam mit Energie und Rohstoffen umgehen. Darüber hinaus bieten ökofaire Produkte immer mehr Marktchancen: Die Nachfrage wächst, besonders bei Menschen mit mittleren und gehobenen Einkommen. Handwerksbetriebe können gute Kunden gewinnen, wenn es ihnen gelingt, hohe Qualität und eine „grüne Produktion" unter einen Hut zu bringen. Dabei steht die gesamte Wertschöpfungskette im Blickfeld – von der Gewinnung der Rohstoffe bis hin zur Auslieferung des fertigen Produkts an die Kunden. Inhaber von Handwerksprodukten wissen meist genau, woher die von ihnen verwendeten Materialien stammen. Das bringt ihnen entscheidende Vorteile, schließlich stehen sie für ihre Leistungen persönlich im Wort.

6.2.1 Auf einen Blick: Was gehört zu einer grünen Produktion?

- Sparsam mit Energie und Rohstoffen umgehen,
- Lokale Ressourcen nutzen,

- Kurze Lieferwege einhalten,
- Recycling und Abfallvermeidung,
- Produkte verantwortlich gestalten,
- Umweltmanagementsysteme einsetzen.

6.2.2 Welcher Nutzen entsteht dadurch für die Gesellschaft?

Der weltweite Bedarf an Energie und Rohstoffen steigt stetig und die Ressourcen werden immer knapper. Sparsames Wirtschaften ist demnach für alle Menschen wichtig. Zudem können Betriebe durch den Einsatz erneuerbarer Energien einen Beitrag zur Verminderung von CO_2-Emissionen und damit zum Klimaschutz leisten. Auch die Kunden haben Vorteile von umweltfreundlich erzeugten Produkten: Sie sind zumeist verträglicher und hochwertige Rohstoffe sorgen dafür, dass sie länger halten.

6.2.3 Ein Beispiel

Die Backstube der Vollkornbäckerei Mehlwurm befindet sich hinter den Ladenräumen. Die Produktionskapazitäten sind hier aus Platzgründen eingeschränkt. In der Umweltberatung wurde geklärt, an welchen Stellen Energieressourcen in der Produktionsstätte noch sparsamer eingesetzt werden können. Zudem wurde ein Konzept zur Umrüstung des Maschinenparks erstellt.

6.3 Markt

> Klappern gehört zum Handwerk.

Viele kleine und mittlere Handwerksbetriebe arbeiten fair und umweltschonend. Das sollen auch die Verbraucher erfahren. Qualitätssiegel können zum Beispiel Orientierung bieten und ermöglichen bei vielen Produkten die Platzierung in einem höheren Preissegment. Inhaber von Handwerksbetrieben pflegen oftmals direkte Kontakte zu Kunden. Faire und individuelle Beratung sind daher meist gewährleistet und es besteht die Möglichkeit, die Verbraucherbedürfnisse genau zu kennen und auf diese einzugehen. Dass Kundenwünsche ernst genommen werden, zeigen auch Einzelstücke und Bedarfsanfertigungen. Damit können sich Handwerksbetriebe Marktnischen erschließen. Nicht zuletzt trägt ökologisch und sozial verträgliches Wirtschaften zur Vertrauensbildung bei und kann das Ansehen eines Betriebs in den Augen von Verbrauchern erhöhen.

6.3.1 Auf einen Blick: Was bedeutet CSR für die Unternehmenskommunikation?

- Kunden fair beraten,
- Fairer Wettbewerber sein,
- Für ökologische und soziale Themen sensibilisieren,

- Kommunikationsnetzwerke verbessern,
- Sich um Auszeichnungen und Siegel bewerben.

6.3.2 Welcher Nutzen entsteht dadurch für die Gesellschaft?

Die Übernahme gesellschaftlicher Verantwortung trägt zur Steigerung der Wettbewerbsfähigkeit kleiner und mittelständischer Unternehmen bei. Die Sensibilisierung für ökologische und soziale Verantwortung in Unternehmen in der Öffentlichkeit fördert den Zusammenhalt in der Gesellschaft. Verbraucher können durch CSR-Kommunikation vom verantwortungsbewussten Handeln von Unternehmen erfahren und ihre Kaufentscheidungen entsprechend treffen.

6.3.3 Ein Beispiel

Die Goldschmiede Oronda bezieht Gold, Silber und Edelsteine ausschließlich von Fair-Trade-Anbietern. Im Zuge der CSR-Beratung initiierte Oronda zusammen mit weiteren Berliner Unternehmen das Netzwerk Faires Berlin, das zum Ziel hat, die ökologische, ökonomische und soziale Leistungsfähigkeit der beteiligten Unternehmen zu stärken sowie die Öffentlichkeit für ökofaire Produkte und Themen zu sensibilisieren. Im Jahr 2015 zählt das branchenübergreifende Netzwerk bereits ca. 80 Berliner Mitgliedsunternehmen, gestaltet gemeinsame Messeauftritte und tauscht sich regelmäßig aus.

6.4 Gemeinwesen

> Im Handwerk ist Engagement Ehrensache.

Die Aktivitäten reichen von der Unterstützung der Suppenküche bis hin zum Sponsoring des lokalen Fußballclubs oder Engagement in benachbarten Schulen. Diese Art des sozialen Engagements entwickelt sich oftmals spontan aufgrund konkreter Problemlagen im nahen Betriebsumfeld. Viele Betriebsinhaber engagieren sich darüber hinaus ehrenamtlich in Prüfungsausschüssen oder als Lehrlingswarte in den Innungen. Betriebe profitieren besonders davon, ihre Aktivitäten strategisch und langfristig zu planen. Der Einsatz für das Gemeinwohl wird in diesem Fall nicht als zusätzliche Aktivität verstanden, sondern wird zum dauerhaften Bestandteil der Unternehmenskultur.

6.4.1 Auf einen Blick: Was bedeutet Engagement im Gemeinwesen?

- Lokales Umfeld aktiv mitgestalten,
- Spenden und Sponsoring,
- Ehrenamtliches Engagement,
- Netzwerke bilden,
- Langfristige Partnerschaften eingehen.

6.4.2 Welcher Nutzen entsteht dadurch für die Gesellschaft?

Durch ihren persönlichen Einsatz, ihre zeitliche Flexibilität und Zuverlässigkeit leisten die Handwerksbetriebe teilweise auch während der Arbeitszeit wertvolle Beiträge zum Funktionieren der Gemeinschaft. Wissenschaft, Politik und andere Organisationen beschäftigen sich seit einigen Jahren verstärkt mit sozialem Engagement und auch Verbraucher sind offen für das Thema. Das Engagement stärkt zudem Zusammenhalt und Werte wie „Füreinander-da-Sein" in der Gesellschaft bzw. konkret in den Berliner Kiezen.

6.4.3 Ein Beispiel

Bei der Firma Menzel Elektromotoren GmbH hat soziales Engagement Tradition. In der CSR-Beratung galt es, die Aktivitäten strategisch auszurichten. Es wurde daher ein Nachwuchstag mit Schülern ins Leben gerufen, der im Mai 2013 erstmals stattfand, 2014 wiederholt wurde und fortan regelmäßig durchgeführt werden soll.

6.5 Was haben Handwerksbetriebe davon?

Faires Wirtschaften sichert Vorteile im Wettbewerb um die besten Mitarbeiter und stärkt das Vertrauen in das Unternehmen – nach innen und außen. Handwerksbetriebe haben so die Chance, ein Profil in der Öffentlichkeit zu prägen, das sie von anderen auf dem Markt unterscheidet. Es können neue Zielgruppen erreicht und neue nachhaltige Produkte entwickelt werden. Die gesellschaftliche Anerkennung und die Kundenzufriedenheit können gestärkt werden. Nicht zuletzt haben auch Unternehmer selbst mit ökologisch und sozial verträglich erwirtschafteten Gewinnen ein gutes Gewissen.

7 Instrumente der CSR-Beratung – eine Auswahl

Rückwirkend hat sich als eines der wirkungsvollsten Instrumente das persönliche Gespräch auf Augenhöhe mit der Geschäftsleitung herauskristallisiert – gerade während der Phase der Bestandsaufnahme. Abhängig von der jeweiligen Situation, dem Beratungsfortschritt, der Unternehmensgröße und dem Beratungsziel kamen weitere verschiedene Instrumente zum Einsatz. Dabei ist bei der Auswahl und Anwendung (u. a. Kreativitätslevel, Dauer, Komplexität) von Beratungsinstrumenten zu berücksichtigen, dass viele KMUs aus dem Handwerk nur wenig Beratungserfahrung mitbringen (siehe Tab. 1).

8 Vernetzung und Öffentlichkeitsarbeit – eine Notwendigkeit

Um das Thema CSR im Handwerk selbst und in der Öffentlichkeit stärker zu verankern, wurde durchgehend die Öffentlichkeitsarbeit vielseitig auf- und ausgebaut und eine intensive Netzwerkarbeit in Berlin und bundesweit betrieben.

Tab. 1 Auswahl von eingesetzten Instrumenten der CSR-Beratung

ARBEITSPLATZ	MARKT
Mitarbeiterbefragung	SWOT-Analyse
Altersstrukturanalyse	Werteworkshop
Selbst- und Fremdbildanalyse	Zielgruppenanalyse
Strukturierte Mitarbeitergespräche	Kundenbefragung
Führungskräfteworkshop	Positionierung
UMWELT	GEMEINWESEN
Verbrauchsoptimierung	Analyse der Anspruchsgruppen
Lieferantenbewertung	Analyse des ehrenamtlichen Engagements
Zertifiziertes Umweltmanagement	Nachwuchstag
	Langfristiges soziales Engagement

Die individuelle CSR-Beratung wurde durch ein breites Spektrum an insgesamt 90 Veranstaltungen ergänzt: vom kompakten Chefseminar – in dem relevante Anliegen der Betriebe aufgriffen wurden – über Netzwerkveranstaltungen, interaktive Workshops bis zu mehreren großen Fachtagungen. Ein Internetauftritt der Arbeit mit guten Beispielen sowie der regelmäßig erscheinende Newsletter mit den aktuellen Veranstaltungsangeboten sprachen die Betriebe und eine breite Öffentlichkeit an.

Darüber hinaus wurden auch handwerksnahe Partner wie die Innungen z. B. für Sanitär, Heizung, Klempner, Klima Innung Berlin, die Tischler-Innung, die Elektro-Innung Berlin – Landesinnung für Energietechnik und die Gebäudereiniger-Innung Berlin, das Projekt CHRONOS aus dem BMAS Förderprogramm „Neue Qualität der Arbeit" (INQUA), das CSR-Projekt der Handwerkskammer Hamburg sowie bestehende Netzwerke, wie z. B. der „Runde Tisch Berliner Wald und Holz", das „Kompetenzzentrum der Handwerkerinnen Berlin" des bfw, sowie der „Landesverband Berlin der Unternehmerfrauen im Handwerk" informiert und einbezogen. Weitere Impulse lieferte ein eigener Beirat, der sich aus Vertretern des Handwerks, der Politik, Gewerkschaft, Wissenschaft und Wirtschaft zusammensetzte.

Der entscheidende Erfolg bei der Gewinnung von Unternehmen war die Zusammenarbeit in und mit den Netzwerken im Handwerk, den Abteilungsleitern im Bildungs- und Technologiezentrum der Handwerkskammer Berlin sowie die direkte Ansprache der Betriebe. Es kam zu Weiterempfehlungen von Unternehmen zu Unternehmen. Über die Veranstaltungen der CSR-Beratungsstelle, die Themenabende sowie die Artikel im *Berlin-Brandenburgisches Handwerk – Magazin der Handwerkskammer Berlin* (BBH) mit einer Auflage von 31.000 Exemplaren kamen Betriebe mit ihren Beratungsanliegen auf die CSR-Beratungsstelle zu.

Folgende Kommunikationsmaßnahmen wurden konzipiert und mit dem Ziel umgesetzt, eine breite Öffentlichkeit für unternehmerische Verantwortung im Handwerk zu sensibilisieren.

8.1 Veröffentlichung von „guten Beispielen" aus der Unternehmenspraxis

Um zu zeigen, wie Corporate Social Responsibility (CSR) in der Praxis aussieht, wurden die Profile aller an der Beratung teilnehmenden Betriebe als „gute Beispiele" aufgearbeitet und auf der Website der Handwerkskammer Berlin veröffentlicht: Die spezifische Ausgangslage, Zielsetzung sowie Ergebnisse und Empfehlungen aus der Beratung sind unter www.hwk-berlin.de/csr zu finden. Neben den Portraits der Unternehmen und der Darstellung der CSR-Aktivitäten wurden die Standorte der CSR-Betriebe ein einer Karte festgehalten. Weiterhin wurden die Beispiele für öffentliche Präsentationen aufbereitet und bei diversen Anlässen vor einem breiteren Publikum vorgestellt. Die Beispiele können als Vorbilder dienen und weitere Betriebe dazu anregen, sich ebenfalls mit dem Thema „CSR" auseinanderzusetzen. Von der Darstellung ihrer CSR-Aktivitäten in der Öffentlichkeit profitieren auch die Betriebe selbst.

8.2 Interviews mit Protagonisten aus den Betrieben

In persönlichen Gesprächen mit Führungskräften aus den einzelnen beratenen Unternehmen wurden Einsichten und Erkenntnisse zu CSR im Handwerk authentisch dargestellt und vertieft. Die Dialogform und die Fragen, die sich auf konkrete Erlebnisse beziehen, sorgten dafür, dass das Thema „CSR" für Leser gut verständlich und ansprechend kommuniziert wurde. Die Interviews wurden auf der Website der Handwerkskammer Berlin veröffentlicht und erschienen zum Teil im Magazin *Berlin-Brandenburgisches Handwerk* (BBH).

8.3 Newsletter

Es wurde ein Newsletter konzipiert und gestaltet, der regelmäßig über aktuelle Entwicklungen im Projekt informierte und zu Veranstaltungen einlud. Der Newsletter wurde an 900 Vertreter aus Handwerk, Politik und Wissenschaft versandt.

8.4 Lancieren von Interviews und Berichten in Fach- und Tagespresse

Es erschienen Berichte in Fach- und Tagespresse, unter anderem im *Berlin-Brandenburgischen Handwerk* (BBH). In der *Berliner Woche* erschien in der Rubrik „Berlin Engagiert" eine vom Projekt initiierte Artikelserie mit Experteninterviews sowie Portraits von Inhabern der am Beratungsprogramm teilnehmenden Betriebe. Weiterhin berichteten der *Tagesspiegel*, die *Berliner Morgenpost*, die *Berliner Zeitung*, *CSR News*, *Bio Boom*, die *Allgemeine Bäckerzeitung* und der *Green Installateur*.

8.5 Kampagnenplakate mit Informationen zu den einzelnen Themenfeldern

Es wurden fünf permanent nutzbare Kampagnenplakate gestaltet und produziert, sodass eine flexibel einsetzbare Ausstellung entstand. Die Gestaltung erfolgte gemäß den Corporate-Design-Vorgaben der Handwerkskammer Berlin. Auf vier Plakaten wurden Informationen zu den einzelnen Themenfeldern gegeben. Das fünfte ist ein Übersichtsplakat, auf dem alle Themen kurz und bündig zusammengefasst wurden. Platziert wurden die Plakate flexibel einzeln oder zusammen, z. B. bei verschiedenen CSR-Themenworkshops und -Veranstaltungen und Presseterminen.

8.6 CSR-Kampagnenlogo

Es wurde ein CSR-Kampagnenlogo entwickelt. Das Logo machte „Fairplay im Handwerk" als Angebot der Handwerkskammer nach außen und innen erkennbar und unterscheidbar. Verwendet wurde es online auf der Website des Projektes www.hwk-berlin.de/csr, auf Partnerwebsites, in E-Mail-Signaturen und in Printformaten wie Plakaten, Flyern und Broschüren.

8.7 Praxistipps für den Betriebsalltag

Es wurde eine Miniserie entwickelt mit Tipps zu den CSR-Themen Arbeitsplatz, Markt, Umwelt und Gemeinwesen, die sich leicht in den Betriebsalltag integrieren und umsetzen lassen. Sinn und Zweck der Miniserie ist es, mit praxisrelevanten Tipps Lust auf CSR zu machen, das Thema so vereinfacht und machbar darzustellen, dass Berührungsängste abgebaut werden und der Nutzen von CSR auch für kleinere Handwerksbetriebe deutlich wird.

8.8 Unterwegs als Referent

Die CSR-Berater wurden regelmäßig zu Messen oder Veranstaltungen eingeladen, um dort die Arbeit der CSR-Beratungsstelle einem breiteren Publikum zu präsentieren. Aber auch einige Unternehmen aus der CSR-Beratung wie die Goldschmiedin, ein Bäckereibetrieb oder ein großes Reinigungsunternehmen waren und sind gefragte Gäste auf Veranstaltungen, um über ihr Engagement zu berichten – wie z. B. auf der Veranstaltung „CSR-Preis der Bundesregierung".

8.9 Teilnehmerzertifikate

Zum Abschluss der Beratung erhielten die teilnehmenden Unternehmen CSR-Teilnehmerzertifikate. Diese konnten sie für ihre Außenkommunikation verwenden, zum Beispiel auf der Website und damit ihr Engagement im Bereich CSR darstellen. Die Verleihung der Teilnehmerzertifikate fand im Rahmen zweier Veranstaltungen statt, um Erreichtes zu würdigen und den Austausch und die Vernetzung der Unternehmen weiter auszubauen.

9 Erfolgsfaktoren für die CSR-Beratung in KMUs – darauf kommt es an

Ursprünglich sollten in den zwei Jahren insgesamt 20 Unternehmen beraten werden. Aufgrund des großen Bedarfs und der Nachfrage wurden acht weitere Unternehmen in die Beratung aufgenommen. Darüber hinaus nahmen und nehmen viele beratene Betriebe bzw. deren Geschäftsführer sowie Mitarbeiter auch nach Abschluss der aktiven Beratungsphase an den Fachveranstaltungen und Vernetzungstreffen teil oder engagieren sich weiterhin im Netzwerk Faires Berlin, welches mit Unterstützung der CSR-Beratung gegründet wurde.

Verantwortungsvolles Handeln wird in Zukunft noch weiter an Bedeutung gewinnen. Eine gute CSR-Beratung kann mit ihrem Blick von außen Zusammenhänge sichtbar machen, die im betrieblichen Alltag nicht wahrgenommen werden oder für die vermeintlich die Zeit fehlt. Neben der vorausgesetzten fachlichen und persönlichen Kompetenz der Berater haben wir abschließend eine kurze Übersicht für eine gute CSR-Beratung zusammengefasst:

- vor allem gut zuhören,
- Betriebe da abholen, wo sie stehen,
- kleine Schritte und erreichbare Ziele – das Handwerk denkt umsetzungsorientiert,
- vermeiden Sie Fachtermini und bevorzugen Sie klare und verständliche Worte,
- Handwerksbetriebe haben nur wenig Berührungspunkte mit Beratung: behutsamer Einsatz von Instrumenten – häufig hilft ein Vieraugengespräch mehr als die kreativste Workshoptechnik von morgen,
- am Ball bleiben, nachhaken, erinnern und abholen,
- bei der Zeitplanung berücksichtigen, dass die Geschäftsleitung häufig operativ arbeitet,
- die Unternehmen selbst bei Veranstaltungen in den Mittelpunkt stellen (z. B. Vorstellen der Ziele und des Erreichten),
- Reflexion auf Augenhöhe bieten.
- Was benötigt das Unternehmen, um auch nach Abschluss der Beratung CSR selbstständig fortzuführen?

Literatur

Berliner Wirtschaft in Zahlen (2015) IHK Berlin u. Handwerkskammer Berlin, Ausgabe 2015

CSR-Beratungsstelle der Handwerkskammer Berlin (2015) www.hwk-berlin.de/csr. Zugegriffen: 29. Oktober 2015

Laufer G, Möller J (2012) Fairplay im Handwerk, CSR-Beratung für Handwerksbetriebe – ein neuer Ansatz. Handwerkskammer, Berlin

Laufer G, Möller J, Teusch C-D (2014) Fairplay im Handwerk, Methoden und Instrumente der CSR-Beratung. Handwerkskammer, Berlin

Zentralverband des deutschen Handwerks (2015) www.zdh.de/daten-und-fakten.html. Zugegriffen: 30. Oktober 2015

Gudrun Laufer: Erziehungswissenschaftlerin, Beauftragte für Innovation und Technologie der Handwerkskammer Berlin mit den Schwerpunkten Personalentwicklung und Organisationsberatung. Sie leitete von 2012–2014 die CSR-Beratungsstelle „Fairplay im Handwerk" der Handwerkskammer Berlin. Dazu gehörten die CSR-Themenfelder Arbeitsplatz, Umwelt, Gemeinwesen und Markt. Ihre Arbeitsschwerpunkte sind u. a. Beratung und Coaching zu Themen wie Mitarbeiter gewinnen und binden, Wissensmanagement, Begleitung von Betrieben bei der Nachfolge, Vernetzung und soziales Engagement von Unternehmen. Darüber hinaus konzipiert und realisiert sie Veranstaltungen.

Christoph-Daniel Teusch: Als Referent für den Fachbereich Nachhaltigkeit beim Bundesverband der VERBRAUCHER INITIATIVE e. V. engagiert er sich für die ökologische, gesundheitliche und soziale Verbraucherarbeit. Davor war er als CSR-Berater und Coach in der CSR-Beratungsstelle „Fairplay im Handwerk" der Handwerkskammer Berlin tätig. Als CSR & Product Manager bei einem Softwareanbieter für Nachhaltigkeitsmanagement stand die Sichtbarmachung der Nachhaltigkeitsleistung von mittelständischen und großen Unternehmen im Vordergrund. Er verfügt über mehr als fünf Jahre Erfahrung im Bereich Nachhaltigkeitsmanagement aus verschiedensten Perspektiven.

CSR-Kompetenz an Kleinstunternehmen vermitteln

Thorsten Brinkmann und Rolf Merchel

1 Einleitung

Zu Kleinstunternehmen gehören Unternehmen, die weniger als zehn Mitarbeiter beschäftigen und deren Jahresumsatz oder Jahresbilanzsumme 2 Mio. € nicht überschreitet. Sie bilden den größten Teil der deutschen Unternehmen.

Laut Statistischem Bundesamt entfallen in Deutschland von insgesamt 1,67 Mio. Unternehmen rund 1,66 Mio. (99,3 %) Unternehmen auf sogenannte kleine und mittlere Unternehmen (KMU, bis 249 Beschäftigte). Hiervon wiederum stellen die Kleinstunternehmen mit 1,3 Mio. Unternehmen den überwiegenden Teil dar. Nur etwa 11.500 Unternehmen sind Großunternehmen.

KMU spielen eine wichtige Rolle für die Beschäftigung. Fast 60 % aller Arbeitsplätze befinden sich in KMU. In Kleinstunternehmen arbeiteten rund 18 % der Beschäftigten. Insofern ist es mehr als verständlich, dass es insbesondere diese kleinen Betriebe sind, die im Fokus von wirtschaftsfördernden Organisationen sowie Politik und Verwaltung stehen.

Vor allem kommunale Wirtschaftsförderungen konzentrieren sich bei der Unterstützung auf „ihre" kleinen Mittelständler am Standort. Als Wirtschaftsförderer vor Ort agieren sie seit jeher an der Schnittstelle von Wirtschaft, Verwaltung, Wissenschaft und Gesellschaft. Und genau hier setzt das Thema „Verantwortung" für die Unternehmen gegenüber ihrem Umfeld und ihren Anspruchsgruppen an. Zudem ist es Aufgabe von Wirtschaftsförderungen, aktuelle Trends und Innovationen in die heimische Wirtschaft zu transferieren – selbstverständlich auch Megatrends in unserer Gesellschaft wie CSR und Nachhaltigkeit.

T. Brinkmann (✉) · R. Merchel
GILDE Gewerbe- und Innovationszenrum Lippe-Detmold GmbH
Bad-Meinberger-Str. 1, 32760 Detmold, Deutschland
E-Mail: brinkmann@gildezentrum.de

R. Merchel
E-Mail: merchel@gildezentrum.de

Und last, but not least unterstützen Wirtschaftsförderungen Betriebe in Sachen Zukunftsfähigkeit und Wettbewerbsfähigkeit. CSR als strategischer Erfolgsfaktor ist hier nicht nur für die Mitarbeitergewinnung und -bindung ein gutes Beispiel.

Im betrieblichen Alltag ist es für viele Kleinstunternehmen selbstverständlich: Sie sind Teil der sozialen Gemeinschaft und haben eine Verantwortung gegenüber ihren Stakeholdern, wie Mitarbeitern, Kunden und Nachbarn, ihrer Umwelt und der Gesellschaft insgesamt. Während die meisten Großunternehmen bereits die Vorteile von Corporate Social Responsibility (CSR) erkannt haben und sich entsprechend positionieren, bestehen in kleineren Unternehmen in Deutschland häufig Informationsdefizite: „Was ist eigentlich das Besondere an CSR?" und „Wie kann ich CSR für mich nutzen?" sind typische Fragen, die Inhaber kleinerer Unternehmen häufig stellen. Dabei wird der Vorteil von freiwilligem gesellschaftlichem Engagement von diesen Unternehmen nicht verkannt.

Obwohl sich Kleinstunternehmer vielfach im Sinne von CSR verhalten, so sprechen sie nicht unbedingt von CSR oder kommunizieren offensiv ihr gesellschaftliches Engagement. Auch wenn in den letzten Jahren CSR im Mittelstand als Begriff bekannter geworden ist, so ist vielen Kleinstunternehmen aber nicht bewusst, was CSR ausmacht und welche Chancen mit CSR verbunden sind. Nicht selten wird CSR nach wie vor mit Spenden, Sponsoring oder Mäzenatentum gleichgestellt. Diesen Unternehmen muss vermittelt werden, dass sie bei CSR aus ihrem Kerngeschäft heraus etwas „Gutes" für die Gesellschaft bzw. für bestimmte Stakeholder und somit ggf. für die soziale und städtische Infrastruktur an ihrem Standort tun und hierbei gleichzeitig die eigene Unternehmensentwicklung fördern.

Kleinstunternehmen sind sehr häufig mit ihrem Standort eng verbunden und zeigen i. d. R. eine hohe Bereitschaft, ihn mitzuentwickeln. Eine positive Entwicklung von Städten und Gemeinden sowie Landkreisen ist heute für die meisten Gebietskörperschaften allein aufgrund ihrer finanziellen Ausstattung schwer zu gewährleisten. Zukünftig wird sich diese Situation noch verschärfen. Für die Kommunen kommt es darauf an, im Zusammenspiel mit ihren Bürgern, wissenschaftlichen Einrichtungen und den am Standort befindlichen Unternehmen die Bedingungen für eine prosperierende Entwicklung zu schaffen. Die Kooperationen zwischen Kommunen und ihren Stakeholdern sind insgesamt betrachtet noch sehr ausbaufähig. Insbesondere erscheint die Zusammenarbeit zwischen Kommunen und ihren Unternehmen, mit dem Ziel, konkrete Herausforderungen und gemeinsame Problemstellungen, etwa im Rahmen des demografischen Wandels, anzupacken, als sehr ausbaufähig.

2 Entwicklung von CSR-Strategien in Kleinstunternehmen

Auch wenn sich viele Kleinstunternehmen gesellschaftlich verantwortlich verhalten, so ist dennoch festzustellen, dass oftmals die systematische und strategische Ausrichtung dieser Aktivitäten am eigentlichen Kerngeschäft fehlt. CSR bietet hier insbesondere kleineren Unternehmen die Chance, das eigene gesellschaftliche Engagement strategisch und konzeptionell zum Wohl des Unternehmens und gleichzeitig zum Wohl der Gesellschaft einzusetzen.

Allerdings orientieren sich insbesondere kleinere Unternehmen häufig nicht an einer längerfristigen Ausrichtung, die konzeptionell untermauert ist oder auf einer Unternehmensstrategie beruht. Vielmehr verfolgen sie eher kurzfristig erreichbare Ziele. Strategische Ausrichtungen sind in Kleinstunternehmen nur selten vorzufinden. Die besondere Herausforderung besteht daher darin, die Unternehmensvertreter davon zu überzeugen, dass CSR eine Möglichkeit darstellt, die Entwicklungschancen einzelner Unternehmen nachhaltig zu verbessern, und Wege aufzuzeigen, wie die Unternehmen CSR praktisch nutzen können. Besonders anspruchsvoll ist diese Aufgabe deshalb, da sich CSR – als Strategie angewandt – nicht unbedingt kurzfristig mit betrieblichen Erfolgen messen lässt, sondern sich häufig erst mittel- oder langfristig „richtig" auszahlt.

Die häufig fehlende strategische Ausrichtung kleinerer Unternehmen wirkt sich nachteilig bei der Implementierung von CSR-Konzepten aus. Eine konzeptionelle Ausrichtung des Unternehmens im Sinne von CSR erfordert in diesen Fällen auch eine Veränderung der Unternehmensplanung und -steuerung und somit eine deutliche Veränderung der Unternehmensführung.

Weiterhin sind kleine Unternehmen verglichen mit größeren Unternehmen bei der Ausstattung mit Ressourcen benachteiligt. Insbesondere die finanziellen Möglichkeiten sind häufig sehr begrenzt und die personelle Ausstattung erfordert i. d. R. ein hohes zeitliches Engagement des Inhabers über alle Unternehmensbereiche hinweg.

Vorteilhaft für Kleinstunternehmen ist, dass sie Transparenz über ihre Prozessketten besitzen und sich, anders als bei Großunternehmen, weniger der Gefahr ausgesetzt sehen, dass irgendwo im Unternehmen etwas „nicht sauber" ist. Ein weiterer Vorteil gegenüber größeren Unternehmen besteht darin, dass die Inhaber von kleineren Unternehmen ihre Unternehmensphilosophie sehr viel einfacher im ganzen Unternehmen vorleben können, als dies bei größeren Einheiten der Fall ist.

Ein weiterer Pluspunkt von kleineren Unternehmen stellen die eher mittel- und langfristig ausgerichteten betriebswirtschaftlichen Erwartungen der Unternehmensinhaber dar, gegenüber den kurzfristigen Renditeerwartungen vieler größerer Unternehmen.

Insbesondere kleinere Betriebe können CSR zur Verbesserung der individuellen Wettbewerbsposition auf ihren Märkten (Absatzmarkt, Personalmarkt, Finanzmarkt etc.) nutzen. Von größeren Unternehmen wird CSR hingegen häufig genutzt, um Risiken zu minimieren, z. B. im Rahmen ihrer Supply Chain.

Um die Wettbewerbsfähigkeit von KMU zu steigern, ist es notwendig, deren gesellschaftliches Engagement *strategisch* zum Wohl bestimmter Stakeholder und des eigenen Unternehmens einzusetzen. Zudem muss es auch gelingen, das breite, unternehmensübergreifende Spektrum von CSR zu vermitteln. Kleinstunternehmen müssen befähigt werden, ausgehend von den vier CSR-Handlungsfeldern (Mitarbeiter, Markt, Ökologie, Gemeinwesen), eigenständig einen individuellen CSR-Ansatz zu entwickeln.

3 Herausforderung: Der Zugang zu Kleinstunternehmen

Inhaber von Kleinstunternehmen kommunizieren anders als Entscheider in größeren Unternehmen. In der Regel bevorzugen sie eine direkte Sprache, ohne diplomatische Schnörkel und frei von Anglizismen.

Bei der Ansprache von KMU ist daher der Begriff „Corporate Social Responsibility (CSR)" mit Vorsicht zu benutzen. Leichter fällt der Zugang zu Kleinstunternehmen bei Erstkontakten zu diesem Thema, wenn von gesellschaftlichem Engagement oder der gesellschaftlichen Verantwortung von Unternehmen gesprochen wird. Dieser Hinweis betrifft sowohl die direkte persönliche Kommunikation als auch den Einsatz zielgerichteter Kommunikationsmedien.

Entscheidend für eine erfolgreiche Ansprache und Kommunikation mit Kleinstunternehmen ist allerdings die Face-to-face-Kommunikation. Hierfür ist es notwendig, nicht nur über umfangreiche CSR-Fachkenntnisse zu verfügen, sondern auch über sogenannte Soft Skills bzw. extrafunktionales Wissen, um mit der Zielgruppe der Unternehmensvertreter auf „Augenhöhe" zu sprechen.

Praxisorientierte Erfahrungen bilden die Basis für eine erfolgreiche Kommunikation mit Kleinstunternehmen. Akademisches Wissen ist i. d. R. nur in geringen Dosen eingesetzt hilfreich. Kleinstunternehmen erwarten häufig Hilfestellungen bei der Umsetzung von Strategien, nicht nur bei der Entwicklung von Unternehmenskonzepten.

Erleichtert wird die Ansprache von Kleinstunternehmen zum Thema CSR und die Entwicklung von CSR-Konzepten, wenn bereits eine persönliche Beziehung zum Unternehmer besteht. Häufig ist hierdurch eine Vertrauensbasis vorhanden, über die sich eine strategische Ausrichtung des gesellschaftlichen Engagements von Kleinstunternehmen besser entwickeln lässt. Um die begrenzte Anzahl der direkten persönlichen Kontakte zu erweitern, ist es sinnvoll, über Netzwerke indirekte Kontakte zu der Zielgruppe aufzubauen.

Die GILDE-Wirtschaftsförderung hat in den zurückliegenden Jahren bei der Ansprache von Unternehmen vielfach auf dezentrale Ansprechpartner zurückgegriffen, die z. B. vor Ort einen direkten Zugang zu Kleinstunternehmen aufweisen. Hierbei handelte es sich um Kooperationspartner, wie z. B. andere Wirtschaftsförderungseinrichtungen, Industrie- und Handelskammern oder Handwerkskammern. Mit diesen Netzwerkpartnern war es einer im Prinzip lokal agierenden Wirtschaftsförderungsgesellschaft wie der GILDE-Wirtschaftsförderung möglich, CSR-Konzepte auch für Unternehmen in Kiel oder Augsburg zu entwickeln.

Diesen Ansatz werden wir auch im Rahmen des CSR-Kompetenzzentrums Ostwestfalen-Lippe (OWL) verfolgen. Im Auftrag des Landes Nordrhein-Westfalen trägt das Kompetenzzentrum CSR in die Fläche. Auch hier erleichtern wir uns den Zugang zu den Unternehmen durch Einbindung dezentraler Ansprechpartner in unserer Region. Hierbei handelt es sich um Vertreter von Kammern und Wirtschaftsverbänden, Wirtschaftsförderungseinrichtungen, Branchennetzwerken, Hochschulen und Organisationen, die sich mit CSR beschäftigen.

4 Unser Weg

Seit 2005 beschäftigt sich die GILDE-Wirtschaftsförderung mit der Frage, wie CSR erfolgreich in kleinere Unternehmen transferiert werden kann. Bis zum damaligen Zeitpunkt war CSR – wenn überhaupt – nur ein Thema für größere und in der Regel global agierende Unternehmen. Die Europäische Union erkannte allerdings die Chancen zur Verbesserung der Wettbewerbsfähigkeit kleinerer europäischer Unternehmen, wenn sich diese mit CSR beschäftigen würden. Sie veröffentlichte eine Ausschreibung mit dem Ziel, Erfolgsfaktoren zu identifizieren, die eine Verbreitung von CSR im Mittelstand unterstützen. Der Wettbewerbsbeitrag der GILDE-Wirtschafsförderung konnte erfolgreich platziert werden und die EU-Kommission beauftragte die GILDE federführend in Zusammenarbeit mit letztendlich zwölf weiteren nationalen und internationalen Projektpartnern mit der Durchführung des Projektes „Zukunft Mittelstand – Erfolgsfaktor gesellschaftliches Engagement". In dem Projekt wurden z. B. CSR-Best-Practice-Beispiele in Deutschland, Frankreich und Polen gesammelt und dokumentiert, Unternehmen beraten, CSR-Fallstudien für die Hochschulausbildung entwickelt sowie Informationsveranstaltungen durchgeführt. Ein wichtiger Bestandteil des Projektes war die Durchführung einer Primäranalyse (www.csr-mittelstand.de). Hiermit wurde der CSR-Entwicklungsstand von mittelständischen Unternehmen in den zuvor genannten drei Nationen ermittelt.

In Deutschland wurde die Studie von der GILDE-Wirtschaftsförderung gemeinsam mit den Wirtschaftsjunioren Deutschland durchgeführt. Unter den ca. 200 befragten kleinen und mittleren Unternehmen befanden sich zahlreiche Kleinstunternehmen. Der Vorteil von freiwilligem gesellschaftlichem Engagement wurde bereits damals von den Kleinstunternehmen nicht verkannt. In der CSR-Studie haben lediglich 22 % der befragten kleinen und mittelständischen deutschen Unternehmen die Auffassung vertreten, dass sich CSR betriebswirtschaftlich nicht rechne. Dagegen waren 75 % der Auffassung, dass die Bedeutung von CSR mittel- bis langfristig weiterhin zunehmen werde. Hauptgrund für die Nichteinführung eines CSR-orientierten Unternehmenskonzeptes waren im Übrigen nicht evtl. fehlende finanzielle Ressourcen, sondern fehlende Informationen zu CSR im Unternehmen bzw. nicht ausreichend zu CSR qualifizierte Mitarbeiter. Interessant: Die Antworten der befragten Unternehmen in Frankreich und Polen korrespondierten in den genannten Aspekten mit den Einschätzungen der deutschen Unternehmen.

Die Resultate des „CSR-Mittelstandsprojektes" waren Auslöser für die Entwicklung eines CSR-Qualifizierungskompendiums. Die Unternehmensbefragung und zahlreiche Kontakte mit kleineren Unternehmen machten deutlich, dass das bei dieser Gruppe vorhandene Informationsdefizit zu CSR reduziert werden musste, um die Nutzung von CSR im Mittelstand zu verstärken. Um die Wissenslücke zu schließen, war es nicht ausreichend, Kommunikationsmittel, wie z. B. Flyer, zu produzieren, die in sehr begrenztem Umfang die Grundzüge von CSR charakterisieren. Vielmehr war es notwendig, Grundlagen für Qualifizierungsprogramme zu entwickeln, die CSR in seiner gesamten Bandbreite beleuchten und Verbindungen zu diversen Unternehmensbereichen herstellen.

In dem Projekt „InnoTrain CSR" wurde folglich ein CSR-Kompendium als Bestandteil beruflicher Qualifizierung produziert. Das Kompendium besteht aus gut 80 Lernbriefen und vier filmischen Beiträgen, in denen erfolgreiche CSR-Unternehmen aus Großbritannien, Portugal, Ungarn und Deutschland präsentiert werden. Auch dieses Projekt wurde von der EU gefördert, wiederum trat die GILDE-Wirtschaftsförderung als Konsortialführer für die beteiligten nationalen und internationalen Projektpartner, u. a. die Auslandshandelskammern in London und Budapest, auf. Das CSR-Kompendium stellt CSR in einen breiten betrieblichen Kontext. Es beschreibt detailliert die Charakteristika von CSR, dokumentiert den Entwicklungsstand von CSR in vier europäischen Nationen, geht auf Schnittstellen im Unternehmen ein, wie z. B. zur Personalentwicklung, oder beleuchtet die Abhängigkeit von CSR von der Unternehmenskultur. Den Kern des Kompendiums stellen die Erläuterungen zu den unterschiedlichen CSR-Handlungsfeldern und CSR-Aktionsfeldern dar sowie insgesamt die Präsentation von zwölf Praxisbeispielen und ein eigenes Kapitel mit dem Titel „In einfachen Schritten zur CSR-Strategie".

In allen acht Kapiteln vermitteln die meisten Lernbriefe auch methodisches Wissen und zeigen durch Übungen oder Planspiele, wie mit CSR begonnen werden kann und wie die einzelnen Schritte zum CSR-Unternehmen erfolgreich absolviert werden können.

Das Kompendium ist so strukturiert, dass es sowohl direkt von den Unternehmensleitungen bzw. von den für die Einführung mit CSR beauftragten Mitarbeitern genutzt werden kann oder von Trainern und Ausbildern, die für externe Unternehmen ihre Dienstleistungen anbieten. Das CSR-Kompendium ist unter www.csr-training.eu frei zugänglich.

Auf der Basis des CSR-Kompendiums führte die GILDE-Wirtschaftsförderung anschließend im Auftrag des Bundesministeriums für Arbeit und Soziales das Projekt „CSR unternehmen!" durch. Ziel war es, maßgeschneiderte Unternehmensstrategien für Corporate Social Responsibility (CSR) in kleinen und mittleren Unternehmen zu entwickeln. Das Angebot war vierstufig aufgebaut und bestand aus einer CSR-Impulsveranstaltung, einem CSR-Intensivseminar, einem CSR-Praxisworkshop und einem CSR-Erfahrungsaustausch (siehe Abb. 1).

Die vier Stufen der CSR-Qualifizierung wurden mit strategischen Partnern vor Ort durchgeführt. Der Erfolg des Projektes basierte auch auf einer starken Partnerschaft mit Wirtschaftsförderungsgesellschaften und Industrie- und Handelskammern an den jeweiligen Standorten. Betriebsübergreifend wurden an insgesamt zehn Standorten in Deutschland mehr als 750 KMU zu CSR informiert und hiervon 85 Unternehmen auf ihrem Weg zum CSR-Unternehmen unterstützt. Hierunter befanden sich knapp 20 Kleinstunternehmen aus unterschiedlichen Wirtschaftssektoren und Branchen. So haben das komplette Programm Handwerksunternehmen (z. B. aus dem Bausektor), Industrieunternehmen (z. B. Metallbearbeitung), Handelsunternehmen (z. B. Getränkemarkt) oder Dienstleister (z. B. Marketingagenturen) absolviert.

Vermittelt wurden den Teilnehmern in den Veranstaltungen nicht nur fachliche CSR-Inhalte, sondern auch Methodenwissen. Ziel war es, die Teilnehmer zu befähigen, nach dem Besuch des Intensivseminars und des Praxisworkshops ihre eigene CSR-Strategie im

Abb. 1 CSR-Qualifizierung in vier Stufen – Programm „CSR unternehmen!"

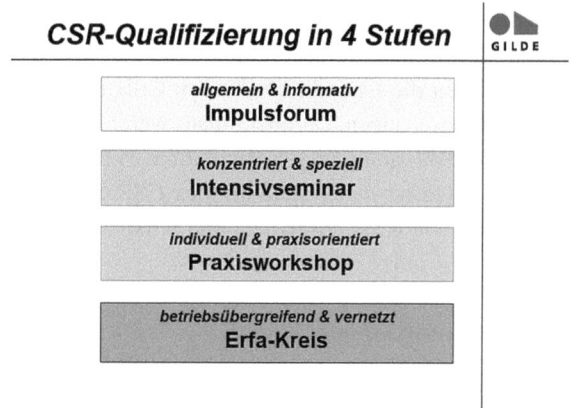

Unternehmen zu entwickeln. So wurden z. B. konkrete Handlungsfeldanalysen, SWOT-Analysen oder Stakeholder-Analysen durchgeführt.

In den betriebsübergreifenden Seminaren und Workshops wurden die Vor- und Nachteile von Kleinstunternehmen gegenüber größeren Unternehmen sehr schnell deutlich. Wie weiter oben bereits beschrieben, zeichneten sich die Kleinstunternehmen insbesondere dadurch aus, dass sie i. d. R. über geringere finanzielle und natürlich personelle Ressourcen verfügen als Unternehmen mit z. B. 200 Mitarbeitern. Da die Kleinstunternehmer aber direkt die CSR-Qualifizierung erhielten und in den größeren mittelständischen Unternehmen i. d. R. nicht die Geschäftsführung oder die Gesellschafter in den Seminaren vertreten waren, konnten die Kleinstunternehmen ihre CSR-Vorhaben häufig viel schneller umsetzen als die anderen Teilnehmer. Die Kleinstunternehmer haben auch viel schneller auf gute Ideen der anderen Beteiligten reagiert als die Vertreter der größeren Unternehmen und externe Ideen für die eigenen Zwecke adaptiert. Nähere Informationen zu dem Projekt: www.csr-unternehmen.de.

Nach dem bundesweit ausgerichteten Projekt „CSR unternehmen!" beschäftigt sich die GILDE-Wirtschaftsförderung in den kommenden Jahren mit der stärkeren Verbreitung von CSR in der Region Ostwestfalen-Lippe (OWL) in Nordrhein-Westfalen (NRW). Das Wirtschaftsministerium des Landes NRW hat die GILDE-Wirtschaftsförderung mit dem Aufbau und dem Betrieb eines CSR-Kompetenzzentrums OWL beauftragt. Die Region OWL ist sehr stark mittelständisch geprägt und verfügt über eine ausgesprochen hohe Anzahl an familiengeführten Unternehmen. Zum Klientel des CSR-Kompetenzzentrums werden insbesondere auch die Kleinstunternehmen gehören.

Das CSR-Kompetenzzentrum OWL orientiert sich an einem Leistungsspektrum, das auf drei Bausteinen basiert und mit dem folgende Ziele verfolgt werden:

Öffentlichkeitsarbeit

Durch Maßnahmen der Öffentlichkeitsarbeit und durch Impulsveranstaltungen erfahren Unternehmen die Charakteristika von CSR und erkennen die Relevanz für die eigenen Entwicklungschancen. Darüber hinaus werden CSR-Tage organisiert. Zu diesen Terminen werden in OWL an mehreren Standorten diverse CSR-Aktionen durchgeführt. Höhepunkt der CSR-Tage ist die Verleihung des CSR-Preises OWL. Ziel ist, CSR stärker in den Blickpunkt von KMU zu rücken und praxisorientierte Chancen für die eigene Unternehmensstrategie aufzuzeigen.

Grundlagenworkshops

Zur praxisorientierten Information werden den KMU niederschwellige Angebote unterbreitet, die einen kompakten Themenüberblick ebenso ermöglichen wie eine spezifische Themenfokussierung. Als Formate sind unternehmensübergreifende Workshops geplant. Der Umfang der Workshops erstreckt sich – je nach Bedarf der Unternehmen – von halbtägigen Sensibilisierungsmodulen bis zu ganztägigen Praxisworkshops. Die jeweiligen Sensibilisierungsmodule umfassen unterschiedliche CSR-Themenfelder und beinhalten z. B. Fragestellungen zur Festlegung relevanter CSR-Handlungsfelder, zur CSR-Kommunikation oder zur Messbarkeit des CSR-Erfolgs.

Ziel ist es, KMU auf ihrem Weg zum CSR-Unternehmen so zu unterstützen, indem sie befähigt werden, ihren eigenen CSR-Weg zu finden.

Vernetzung

Unternehmen, die Interesse haben, sich mit anderen Unternehmen in OWL oder darüber hinaus zum Thema CSR auszutauschen und voneinander zu lernen, erhalten durch das CSR-Kompetenzzentrum OWL eine notwendige Plattform. Ziel ist, von guten CSR-Initiativen zu lernen und die Wirkungen von CSR durch unternehmensübergreifende Aktionen zu steigern.

Die Veranstaltungen werden dezentral in OWL an unterschiedlichen Orten angeboten. Hierzu wurden, wie in dem vorangegangenen Projekt „CSR unternehmen!" bereits erfolgreich praktiziert, Kooperationspartner gewonnen, die an den entsprechenden Orten den besten Zugang zu den dortigen KMU haben. Bei den Kooperationspartnern in OWL handelt es sich z. B. um die beiden in der Region vertretenen Industrie- und Handelskammern, um die Handwerkskammer OWL, den DGB OWL, die Regionalentwicklungsgesellschaft OWL GmbH, alle Wirtschaftsförderungsgesellschaften der Landkreise und der größten Städte in OWL.

5 Erfolgsfaktoren

Für die Verbreitung und Nutzung von CSR im Mittelstand und insbesondere in Kleinstunternehmen ist es notwendig, unterschiedliche Faktoren zu berücksichtigen. Zunächst ist die Bereitschaft des Unternehmers entscheidend, sich mit CSR zu beschäftigen. Nur wenn die entscheidenden Personen von CSR überzeugt sind, kann es gelingen, CSR zu implementieren. Die Überzeugung kann aus altruistischen Motiven stammen oder aus „nüchternen" Marktbetrachtungen. Wenn diese Voraussetzung gegeben ist, lassen sich aus unseren Erfahrungen drei Erfolgsfaktoren definieren, die die Entwicklung von CSR-Konzepten für Kleinstunternehmen besonders unterstützen.

So lassen sich Unternehmensvertreter häufig von guten Beispielen inspirieren und leiten. Dies trifft nach unserer Überzeugung insbesondere auf Kleinstunternehmer zu, die gerne positive Erfahrungen von größeren Unternehmen für eigenes Handeln übernehmen. Wir haben in den zurückliegenden Jahren gute Beispiele von CSR-Unternehmen in diversen Projekten dokumentiert und werden diese Sammlung im Zuge des CSR-Kompetenzzentrums OWL um weitere Videodokumente ergänzen. Unter dem Titel „CSR smart" werden kurze Videoclips erstellt, die CSR-Initiativen von Unternehmen in wenigen Minuten darstellen und die Beweggründe der Unternehmen offenlegen. Die ca. zehn Videoclips zeigen CSR-Aktivitäten von Unternehmen unterschiedlicher Größe (bis zehn Mitarbeiter; 11–49 Mitarbeiter; 50–249 Mitarbeiter) aus unterschiedlichen Wirtschaftssektoren (Handwerk, Industrie, Dienstleistungen, Handel) und aus allen vier CSR-Handlungsfeldern. Die Videoclips werden in die Projektwebseite integriert, in Veranstaltungen präsentiert und über geeignete soziale Medien und digitale Kanäle kommuniziert.

Ein weiterer Erfolgsfaktor stellt aus unserer Sicht das Angebot dar, neben CSR-Fachwissen auch Methodenkenntnisse zu vermitteln. Insbesondere für Kleinstunternehmen ist es häufig nicht ausreichend, darauf hinzuweisen, welche Entwicklungen sie im Auge behalten müssen und was für sie in Zukunft von besonderer Bedeutung ist. Vielmehr geht es darum, zu vermitteln, wie bestimmte betriebliche Prozesse verändert werden können, und Instrumente zu liefern, mit deren Hilfe die Unternehmer betriebliche Veränderungen konkret umsetzen können.

Inhaber und Geschäftsführer von KMU müssen mit wenigen Worten erreicht werden. Sie haben keine Möglichkeiten, bestimmte Aufgaben zu delegieren, sondern müssen i. d. R. Veränderungsprozesse und Innovationen in eigener Regie betreiben. Daher ist es notwendig, den CSR-Entwicklungsprozess in KMU so zu strukturieren, dass die einzelnen Prozessschritte, die zum CSR-Unternehmen führen, klar aufeinander aufbauen und über einen „roten Faden" schon zu Beginn der CSR-Entwicklung die nachfolgenden Schritte erkennbar sind, die letztendlich zum Erfolg führen. Hierbei handelt es sich aus unserer Sicht um den dritten Erfolgsfaktor. Als „roten Faden" haben wir für unsere CSR-Workshops den CSR-Regelkreis entwickelt und in zahlreichen Veranstaltungen bislang erfolgreich angewendet. In nur fünf Schritten lässt sich hierdurch der CSR-Entwicklungsprozess zusammenfassen und verständlich visualisieren.

Der CSR-Regelkreis erlaubt es, das komplexe CSR-Thema niederschwellig in KMU zu transferieren (siehe Abb. 2).

Das Modell steigert bei den KMU die Sensibilität für das Thema und regt an, eigene CSR-Aktivitäten zu entwickeln.

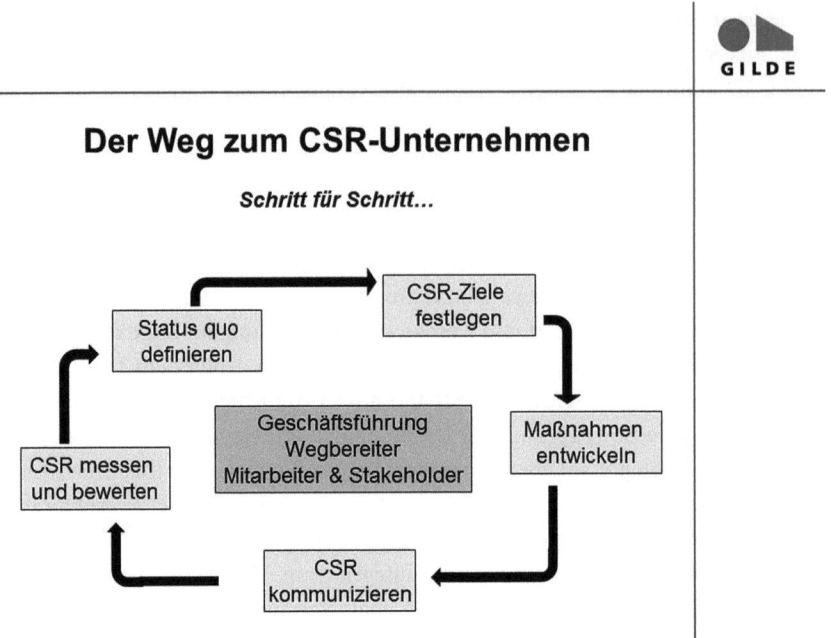

Abb. 2 CSR-Regelkreis für KMU

6 CSR-Kompetenzen von Kleinstunternehmen bündeln

Unternehmen, die sich in besonderer Form gesellschaftlich verantwortlich verhalten, haben häufig das Interesse, sich mit anderen Unternehmen, die sich ebenfalls nach CSR ausrichten, auszutauschen. Vielfach geht es um das Lernen von anderen guten Beispielen und die Weiterentwicklung der eigenen CSR.

Ein weiteres Motiv von Unternehmen, sich mit anderen Firmen zu vernetzen, ergibt sich dadurch, dass KMU häufig eine hohe Verantwortung für ihren Standort übernehmen. Die enge Verbindung zu ihrem Standort fördert das gesellschaftliche Engagement vieler KMU. Häufig sind sie bereit, gemeinsam mit anderen Unternehmen die Entwicklung der eigenen Region mit CSR-Aktivitäten zu unterstützen. Durch gemeinschaftliche CSR-Ansätze lassen sich häufig größere Effekte erzielen als durch Einzelaktionen. Dies betrifft insbesondere CSR-Aktivitäten von Kleinstunternehmen, wenn sie z. B. darauf ausgerichtet sind, den Standort des Unternehmens zu fördern. Aus Sicht einer kommunalen Wirtschaftsförderung ist es daher reizvoll, für die Standortentwicklung das Engagement von vielen kleineren Unternehmen zu bündeln und die Wirkung der CSR-Maßnahmen zu vergrößern.

Bereits mit Start unseres CSR-Mittelstandsprojektes konnten wir einen unserer Mitgesellschafter, die Industrie- und Handelskammer Lippe zu Detmold von den Chancen, die CSR den Unternehmen, aber auch einer ganzen Region bieten kann, überzeugen. Von Anfang an richteten wir gemeinsam unser Augenmerk darauf, möglichst vielen Unternehmen in unserer Region die Chancen, die mit CSR verbunden sind, zu vermitteln. Im Jahr 2009 nahmen wir die Gelegenheit wahr, Lippe als Verantwortungspartnerregion zu entwickeln. Die Bertelsmann Stiftung unterstützte zu Beginn diesen Prozess. Kern der Verantwortungspartneridee ist es, das gesellschaftliche Engagement von Unternehmen an einem Standort oder in einer Region zu kanalisieren und zu bündeln. In Lippe ist dies seit Jahren sehr gut gelungen. Auch heute noch engagieren sich mehr als 50 Unternehmen in Lippe, um mit gemeinsam entwickelten CSR-Maßnahmen die zukünftige Entwicklung unserer Region positiv zu beeinflussen.

Die „Verantwortungspartner für Lippe" haben mit Dienstleistungen und konkreten Projekten dazu beigetragen, die Entwicklungschancen ihrer Region zu verbessern. In vier Arbeitsgruppen engagieren sich Unternehmer für die Förderung der Vereinbarkeit von Familie und Beruf, der beruflichen Orientierung junger Menschen für naturwissenschaftlich-technische Berufe, für eine bessere Integration von Menschen mit Migrationshintergrund in den Unternehmen oder für die bessere Einbindung älter werdender Mitarbeiter in den Betrieben. Vielfach sind Kleinstunternehmer in den Arbeitsgruppen aktiv.

Die Erfolgsstory der Verantwortungspartner Lippe macht deutlich, dass gesellschaftliches Engagement eine Gemeinschaftsaufgabe in Regionen ist. Nur gemeinsam können Lösungen entwickelt und Nachhaltigkeit standortorientiert umgesetzt werden. Eine zentrale Rolle kommt dabei intermediären Organisationen wie Wirtschaftsförderungen und/oder Kammern zu. Denn im Alltag bedarf es immer wieder eines „Kümmerers", der die anderen Akteure antreibt, motiviert und für die gemeinsame Sache begeistert, der Akteure und Strukturen bündelt und vernetzt.

Eine herausfordernde wie lohnende Aufgabe für eine Wirtschaftsförderung: Denn das Thema CSR bietet insbesondere kommunalen Wirtschaftsförderungen eine doppelte Chance, sowohl die Wettbewerbsfähigkeit „ihrer" Unternehmen individuell zu stärken wie auch die Standortfaktoren durch das gemeinsame Engagement generell zu verbessern.

www.csr-mittelstand.de

www.csr-training.eu

www.csr-unternehmen.de

www.csr-kompetenz.de

www.verantwortungspartner-lippe.de

Thorsten Brinkmann, geb. 3.8.1966 in Bielefeld

Nach Abitur und Wehrdienst studierte Thorsten Brinkmann Betriebswirtschaftslehre an der Westfälischen Wilhelms-Universität Münster mit den Schwerpunkten Marketing und Umweltmanagement/Umweltökonomie. Seine Diplomarbeit am Institut für Marketing bei Prof. Meffert schrieb er zum Thema „Umweltorientiertes Konsumverhalten". Nach erfolgreichem Abschluss als Diplom-Kaufmann qualifizierte er sich weiter als Referent für Unternehmenskommunikation.

Nach verschiedenen Praxisstationen in PR und Öffentlichkeitsarbeit bei großen Markenartiklern ist er seit 2001 als Prokurist bei der GILDE-Wirtschaftsförderung Detmold beschäftigt. Hier ist er in unterschiedlichen Geschäftsfeldern wie dem Gründer- und Innnovationszentrum sowie Projekten zu Ausbildung, Hochschul-Start-ups und Fachkräftesicherung engagiert. Herr Brinkmann verantwortet zudem die Kommunikation und die Außendarstellung der Detmolder Wirtschaftsförderung.

Darüber hinaus ist Herr Brinkmann Ansprechpartner für CSR-Themen. Seit 2006 beschäftigt er sich intensiv in zahlreichen nationalen und internationalen Projekten mit Corporate Social Responsibility, insbesondere in mittelständischen Unternehmen. Seit November 2015 ist er Projektleiter des CSR-Kompetenzzentrums Ostwestfalen-Lippe im Auftrag des Wirtschaftsministeriums Nordrhein-Westfalen.

Thorsten Brinkmann ist verheiratet, Vater von zwei Kindern und bekennender Anhänger von Eintracht Frankfurt und Arminia Bielefeld.

Rolf Merchel, geb. 22.1.1957 in Marl, hat Industriekaufmann in einem mittelständischen Unternehmen der Bauindustrie gelernt. Danach studierte er Wirtschaftswissenschaften an der Universität Kassel mit dem Abschluss Diplom-Ökonom. Unmittelbar im Anschluss an das Studium war er bei einem Gewerkschaftsunternehmen im Rahmen der beruflichen Erwachsenenbildung tätig, anschließend bei einem Unternehmensverband. Hier unterstützte er Unternehmen bei der Einführung von Mitarbeiterkapitalbeteiligungsmodellen. Bevor er nach Detmold wechselte, arbeitete er an der Universität Kassel als Innovationsberater.

Seit 1993 ist Rolf Merchel Geschäftsführer der GILDE-Wirtschaftsförderung GmbH in Detmold und beschäftigt sich seit mehr als zehn Jahren mit der Verbreitung von CSR im Mittelstand. Über eingeworbene Förderprojekte der Europäischen Union, des Bundes und des Landes NRW konnten unter Federführung von Herrn Merchel zahlreiche nationale und transnationale CSR-Projekte konzipiert und erfolgreich umgesetzt werden. Als ein Ergebnis dieser Projekte ist das CSR-Kompetenzzentrum Ostwestfalen-Lippe entstanden, das von der GILDE-Wirtschaftsförderung betrieben wird.

Rolf Merchel ist verheiratet und hat zwei erwachsene Kinder.

Mein Körper, mein Geist, meine Welt

Der Inbegriff eines Selbstständigen im Komplexitätszeitalter

Alexandra Hildebrandt

1 Der Inbegriff des Selbstständigen

1.1 Leben mit sich selbst

Lebensunternehmer begreifen sich nicht als Verwalter ihrer Existenz, sondern als innerlich unabhängige Gestalter. Sie erkennen, was ihr wahrer Wille (ihre Bestimmung) ist, und handeln danach. Das ist Lebenskunst, die mit „Können" eng verbunden ist (Hildebrandt). Denn Handwerker ihres eigenen Lebens gehen „ans Werk". Die schöpferische Dimension des Begriffs ist auch im altgriechischen „ergon" (Werk) verborgen – darin steckt „energeia" (Verwirklichung, Vollendung).

Auch wenn der Designer Karl Lagerfeld im Gegensatz zu den meisten Menschen ein „Luxusleben" führt, so lässt sich dennoch von ihm lernen, dass jeder ein Lebenskünstler sein kann. Menschen wie er sind selbst der Taubenschlag, „bei dem die Ideen ein- und ausfliegen" (zit. in Hildebrandt 2016a). Inspiration braucht allerdings auch Einsamkeit.

Lagerfeld lebt sehr gut mit sich allein. Das ist für ihn der absolute Luxus: nur zu machen, was er will – ohne auf die Uhr zu sehen. Das schenkt er sich nicht nur an den Wochenenden, sondern auch „preiswert" zu Weihnachten: Es ist für ihn ein Tag wie jeder andere, den er allerdings noch mehr genießt, weil er ihm ganz allein gehört und niemand etwas von ihm will. Er lädt niemanden ein und geht auch nicht aus dem Haus. Silvester genauso:

> Das ist ja noch schlimmer, auf einer Party mit vielen Leuten, denen man allen ein gutes neues Jahr wünschen muss, wo die einem total egal sind. Nein, nein, nein. Da höre ich doch lieber zu Hause meine Musik (Hildebrandt 2016a).

A. Hildebrandt (✉)
Burgthann, Deutschland
E-Mail: drhildebrandt.alexandra590@gmail.com

© Springer-Verlag GmbH Deutschland 2017
W. Keck (Hrsg.), *CSR und Kleinstunternehmen*,
Management-Reihe Corporate Social Responsibility, DOI 10.1007/978-3-662-53628-5_8

„Stehe alleine, am Rande, ganz still" (Leberecht 2015, S. 11). Das ist die letzte Regel der Businessromantiker (Hildebrandt 2015). Sie ist wie das gleichnamige Buch von Tim Leberecht (Leberecht 2015) als Vorschlag und geistige Kontur zu verstehen und nicht als fest umrissene Aufstellung. Das Buch widmet sich dem Inbegriff des Selbstständigen, der in seiner Tätigkeit einen höheren Sinn findet und wie Karl Lagerfeld nicht von Arbeit spricht. Denn das würde bedeuten, etwas zu tun, was man eigentlich nicht mag: „Sobald man liebt, was man tut, ist es keine Arbeit mehr" (Lagerfeld 2014, S. 42).

Er gehört zu jenen Berufenen, die ihr Leben in Einklang bringen mit den eigenen „Vorstellungen von sozialer Gerechtigkeit". Dazu gehört für ihn, „sein ganzes Geld weggeben und das Leben leben, für das man kämpft. So sollte es sein" (Lagerfeld 2014, S. 84).

Das Buch von Tim Leberecht lädt dazu ein, sich mit Menschen zu beschäftigen, die wie Lagerfeld von sich sagen, dass sie keiner Generation angehören, undatierte Wesen sind, die alles interessiert und es „verarbeiten" (Hildebrandt 2016b). So möchte Lagerfeld alles hören und kennen, aber er will nicht beteiligt sein:

„Ich beobachte und deute die Welt von meinem Fenster aus. Anschließend gehe ich auf reisen, um herauszufinden, ob dort wirklich alles so interessant ist, wie ich es mir immer vorstellte" (Lagerfeld 2014, S. 23).

„Ich bin ein Zeuge, einer aus dem Publikum, der die Welt aus seiner Loge betrachtet" (Lagerfeld 2014, S. 12).

„Mit der Menschheit halte ich es wie Jean Rostand mit den Insekten: Ich beobachte sie. Dagegen mag ich es gar nicht, wenn man mich beobachtet" (Lagerfeld 2014, S. 12).

Grenzgänger leben immer in der Gleichzeitigkeit. Sie sind anwesend und abwesend, verrückt und diszipliniert, sind unzufrieden und leben doch äußerst angenehm mit sich selbst. Ihr Leben mag äußerlich langweilig anmuten, weil es meistens ruhig und ritualisiert verläuft, während das reiche Innenleben übersprudelt. Lagerfeld sagt sogar von sich, dass er äußerlich ein echter Tugendpinsel sei: „Ich habe nie geraucht, nie getrunken, nie Drogen genommen, aber sauertöpfische Puritaner und Calvinisten wie ich sind mir ein Gräuel" (Lagerfeld 2014, S. 17).

Wenn er das grenzüberschreitende Leben vieler Freunde oder Menschen geführt hätte, von denen er zeitlebens angezogen war, wäre er schon tot: „Manche sind dazu geboren, sich zu zerstören. Ich bewundere das fast schon, aber ich bin fürs Überleben gemacht. Mein Selbsterhaltungstrieb ist stärker und das hat mir immer geholfen" (Lagerfeld 2014, S. 17).

Die Stärken des Alleinseins zu erkennen und zu nutzen, ist eine wichtige Voraussetzung für die eigene Selbstständigkeit. Die Schauspielerin Cleo Kretschmer hat das erst mit Mitte Sechzig begriffen: Immer verliebte sie sich in Einzelgänger, mit denen man eigentlich nicht leben kann – bis sie erkannte: „Ich bin selbst ein Einzelgänger! Am allerwohlsten fühle ich mich mit mir alleine" (Stern 2016, S. 134). Auch der Psychologe und Schlafforscher Jürgen Zulley rät dazu, sich dem Alleinsein auszusetzen, um sich als eigenständige Person zu begreifen (www.hoheluft-magazin.de/wp-content/uploads/2014/06/HoheLuft0414_Allein-sein.pdf).

Tim Leberecht bemerkt zu Recht, dass Denken:

- sich nicht beschleunigen lässt, indem man im Netz nach dem nächsten „großen Ding" sucht,
- studiert, was die Konkurrenz macht,
- anderen sagt, was sie tun sollen, und sie dann dabei überwacht,
- sich den Terminkalender mit Meetings vollpackt.

Einsamkeit ist für Leberecht das eigentliche Wesen von Führung, denn die „Position des Anführers" ist eine äußerst einzelgängerische, da schwere Entscheidungen oft allein getroffen werden müssen: „Und in solchen Momenten haben sie wirklich nur sich selbst" (Leberecht 2015, S. 258 f.) Die letzte Regel der Businessromantiker besagt, dass sie Zeit brauchen und sich nehmen:

- für eine Pause,
- für Stille,
- um das Signal zu sein.

Paul Valéry schreibt in seinen berühmten „Cahiers":

Allein. Ganz für sich –
   Man muß zugeben, daß das ich – nur ein – Echo ist (Valéry 2016, S. 81).

Dies deckt sich mit einer Aussage von Karl Lagerfeld, für den das Alleinsein ein Sieg und keine Niederlage ist, er lebt, wie bereits erwähnt, sehr gut mit sich selbst: „Aber ich sehe auch mich immer neben mir, also bin ich auch zu zweit. Und der eine macht sich über den anderen lustig" (Lagerfeld 2014, S. 23). Auch über sein ständiges Übergewicht – im Kopf. Der Rest kam später, den ist er aber „wieder losgeworden" (Lagerfeld 2014, S. 166).

Einsamkeit war auch für den im Februar 2016 verstorbenen Weltbürger und Publizisten Roger Willemsen der „Aggregatzustand", in dem er sich am besten auskennt: „Ich bin sehr gern allein, lebe allein, es ist nicht nötig, jemanden einzulassen" (Wilke 2015, S. 142). Willemsen gehörte zu den charmanten Männern von Welt, die sich in unterschiedlichsten gesellschaftlichen Bereichen zu bewegen wussten – aber allein und innerlich am meisten „bewegt" waren: „ein autonomer und Selbstversorger auf der Sonnenseite der Kreativindustrie" (Radisch 2016, S. 39). Auch Karl Lagerfeld kann nur so „viel" gestalten, weil er gut mit sich allein lebt – sonst wäre er nicht das, was er ist:

Ich kümmere mich um nichts. Das ist zwar sehr egoistisch, aber mein Egoismus produziert etwas, wovon viele Leute leben. Denn der Umsatz von Chanel, der in der Mode größer ist als im Parfum, ernährt viele, viele Leute (http://m.welt.de/article.do?id=lifestyle/article11749585/Karl-Lagerfeld-zwischen-Genie-und-Diaetcola&cid=&pg=9).

Der Lebenskünstler, der vor allem daheim an seinen Entwürfen arbeitet, hat alles in seinem Kopf. „Das ist natürlich viel besser, weil man da alles überall hin mitnehmen kann" (http://knaller.co/die-100-besten-lagerfeld-zitate/). Er nahm die Welt immer, wie sie kam, und versuchte, „eine Nische für sich darin zu finden". Schon als Kind war er ein Einzelgänger, der die einsame Arbeit liebte und nie so sein wollte wie seine Kameraden in der Schule (http://www.zeit.de/2002/43/KARL_LAGERFELD_Ich_habe_den_Traum_niemals_stehen/seite-4).

Zeitprobleme kennt er nicht, weil er kaum ausgeht. Das interessiert ihn heute nicht mehr: „Ich bin total Egoiste" (http://www.glamour.de/mode/style-interviews/karl-lagerfeld-des-kaisers-neue-kleider/karl-lagerfeld-karl-lagerfeld-ueber-musen-und-seine-nachfolge). Unverständlich sind ihm auch die Klagen einiger Designer über ihre Arbeit: „Wenn man denkt, es ist zu viel, dann sollte man die Finger von solchen Verträgen lassen" (http://www.abendzeitung-muenchen.de/inhalt.deutscher-modedesigner-karl-lagerfeld-findet-sich-nicht-normal.b783e547-8462-461a-ad60-23e94db729e0.html).

Lagerfeld mag zwar alles, was neu ist, aber immer mit einem gewissen Abstand – als Beobachter: „Ich bin der Professor, der das Insekt betrachtet, nicht das Insekt selbst" (Hildebrandt 2016a). Als eine Chanel-Show in einem Supermarkt „gespielt" wurde, interessierte es ihn nur, dort Fotos zu machen: „Ich brauche das Leben ja nicht selbst zu leben, nicht?" Die Realität interessiert ihn nicht. An seinem Beispiel zeigt sich auch, dass Ideen „kommen", wenn Beruf und Berufung verschmelzen. Berufung ist einerseits mit innerer Freude und intrinsischem Antrieb verbunden, andererseits aber auch mit der tiefen „Überzeugung der gesellschaftlichen Relevanz" (Reiter 2016, S. 68).

Ideen können nicht „bestellt" werden. Vermutlich würde sich Lagerfeld über einige Kreativ-Labs, die derzeit in vielen Großunternehmen boomen, amüsieren, denn man kann nicht sagen: „Morgen früh hätte ich gern eine Idee, und dann kommt sie einfach. Sie kommen, wann sie kommen wollen ..." (Hildebrandt 2016a).

Statt Lab-Kultur lässt sich auch aus Lagerfelds Leb-Kultur lernen. Dazu gehört:

- keinen Alkohol zu trinken und keine Drogen zu nehmen („so bleibt der Kopf klar"),
- ausreichend Schlaf (Lagerfeld schläft jede Nacht sieben Stunden, ohne aufzuwachen),
- den Tag abzuschließen vor dem Schlafengehen,
- sich täglich Stunden mit dem Lesen zu beschäftigen,
- nicht darauf zu warten, von der Muse geküsst zu werden, sondern sich ihr durch kontinuierliches Arbeiten zu stellen,
- immer etwas Neues zu schaffen, was voraussetzt, dass man sich für alles interessieren muss und nicht nur in eine Richtung gehen darf,
- nie zufrieden zu sein, denn „Selbstgefälligkeit ist furchtbar"[1].

---

[1] Alexandra Hildebrandt: Schöne neue Arbeitswelt: Von Stilblüten, Worthülsen und Labs. In: HarmonyMinds. The Mindful Revolution (2016c) http://www.harmonyminds.de/schoene-neue-arbeitswelt-von-stilblueten-worthuelsen-und-labs/.

1.2 Grenzgänger über die Welt und das Leben

Hochkreative schöpfen allerdings nicht allein aus sich selbst, sondern „verwandeln" sich alles an: Erlebtes und Erlesenes. Es geht durch sie hindurch und fügt sich zu etwas Neuem. Scheint die Quelle durch einige Stellen hindurch, ist das die größte Wertschätzung an den Urheber. Dass im Komplexitätszeitalter besonders der französische Lyriker, Philosoph und Essayist Paul Valéry (1871–1945) bleibende Eindrücke bei Intellektuellen und Kreativen hinterlässt, hat mit der Zeitlosigkeit seines fragmentarischen Werkes zu tun, aber auch mit seiner Anschlussfähigkeit, die verwandte Geister heute schätzen.

Sie lieben das Unfertige, das über seine Grenzen hinausweist und weitergedacht werden will. Das Fragment war beispielsweise auch für Roger Willemsen eine Lieblingsform, weil es Leser dazu anregt, selbst produktiv zu werden. Er empfand „fertige" Texte häufig als tot, weil alle Arbeitsspuren getilgt sind. Auch er liebte Paul Valérys Hefte und fand das „Mach weiter", das „Champagnerartige der überbordenden Einfälle" (Wilke 2015, S. 191), immens anregend.

Doch auch Valéry graste nicht nur seine eigene Gehirnwiese ab, sondern fand das meiste bei anderen: „Neun Zehntel dessen, was wir von uns wissen, wurde uns von anderen gelehrt oder eingeblasen" (Valéry 2016, S. 273). In seinen Notizbüchern wollte er aufstöbern und herausfinden, was sich lohnt, mit sich und seiner Zeit in Beziehung gesetzt zu werden.

Je mehr Lagerfeld macht, desto mehr Ideen hat er auch. „Das Gehirn ist ein Muskel und ich bin eine Art geistiger Bodybuilder" (Lagerfeld 2014, S. 166). Er zeichnet, wie er atmet – nicht auf Befehl, sondern aus innerer Notwendigkeit, die einfach passiert. In Paul Valérys berühmten „Cahiers" wird in diesem Zusammenhang die Stärkung eines Muskels durch Übung beschrieben: „Die Produktion von Ideen ist bei mir eine natürliche, gleichsam physiologische Tätigkeit – deren Unterbindung meinen körperlichen Zustand ernsthaft beeinträchtigt, deren Ausübung mir unerlässlich ist" (Valery 2016, S. 48). Für Menschen wie Valéry und Lagerfeld ist alles geistige Nahrung. Ihre Spezialität ist ihr Gehirn, das die Dinge gebraucht und verwandelt (übersetzt).

1.3 Lebenskunst, Können und Komplexität

„Ich bin wie eine Satellitenschüssel, die alles empfängt, aufnimmt, verarbeitet und auf meine Art wiedergibt" (Lagerfeld 2014, S. 103), sagt Lagerfeld über sich selbst, der einfach seinem Instinkt folgt und sich nicht zu viele Fragen stellt. Er macht immer weiter und ist dabei niemals zufrieden. Das ist für ihn Drama und Glück zugleich. Wenn beispielsweise eine Kollektion gezeigt worden ist, denkt er sofort an die nächste. Wie Valéry passt er in keine Kategorie, weil er nichts gründlich betreiben (will), denn das würde bedeuten, seinen geistigen Taubenschlag vor anfliegenden Ideen zu verschließen.

Von solchen Menschen lässt sich lernen, sein eigener Lehrer zu sein, mit unbekannten Situationen und mit Komplexität umgehen zu können. Dabei kommt es nicht darauf an, überall und mit jedem vernetzt zu sein, sondern sich richtig zu vernetzen. „Das Leben so einfach, das Denken so komplex wie möglich, so ist's nach meinem Geschmack" (Valéry 2016, S. 52).

Was haben Valéry, Lagerfeld und Leberecht gemeinsam? Und warum ist das Zusammendenken ihrer Ideen heute so dringlich? – Alle verbindet das weite Feld der Lebenskunst und Komplexität. Beides findet sich schon im Denken einiger kluger Frauen des 18. Jahrhunderts, die Lagerfeld maßgeblich beeinflussten: Liselotte von der Pfalz, Madame du Deffand, Julie de Lespinasse.

Sich mit diesen Männern und Frauen zu beschäftigen, ist heute deshalb eine Bereicherung, weil sich dadurch Denkprinzipien und Regeln des Handelns bei Ungewissheit und hoher Komplexität offenbaren, die wir dringend brauchen. Wir benötigen Lösungen, um mit der neuen komplexen Welt besser umgehen zu können. Sie ist unbekannt, was uns nach neurowissenschaftlichen Forschungen mehr Angst bereitet als das „Negative", das wir uns „ausmalen" können und durch das wir scheinbar mehr Kontrolle haben. Wenn es aber ums Unbekannte geht, sind wir oft hilflos, weil es uns an Wissen und Erfahrungen fehlt.

Viele Menschen und Institutionen versuchen die neuen Probleme mit alten komplizierten Ansätzen zu lösen, denn das Komplizierte agiert vorsehbar in leblosen Systemen, die nur auf Anweisung funktionieren. „Es gibt keine Überraschung, keine Unsicherheit und keine Subjektivität. Komplizierte Systeme können mithilfe von Ursache-Wirkungsketten beschrieben werden. Sie sind extern kontrollierbar" (Pfläging 2014, S. 16), sagt der Managementexperte Niels Pfläging.

Das Komplexe verunsichert, weil sich ein lebendes System (das von außen beobachtbar, aber nicht kontrollierbar ist) ständig verändert und Überraschungen erzeugt. „Tools, Standardisierung, Regeln, Strukturen oder Prozesse" sind hier keine hinreichende Antwort, wenn es um handfeste Problemlösung geht. Echte Könner lassen sich gern überraschen.

Gerade die Methoden, die im Industriezeitalter nützlich waren, versagen heute. In einem komplexen Umfeld geht es „nicht um die Frage, wie ein Problem gelöst wird, sondern wer das tun kann. Deswegen werden erfahrene Menschen bedeutsam. Menschen mit Können und Ideen. Wir nennen sie Könner. Könner, die Schüler haben, nennen wir Meister" (Pfläging 2014, S. 17). Die Brücke zu Lagerfeld, Valéry und Leberecht ist schnell geschlagen:

Interessant sind für Lagerfeld Menschen, die etwas können(!), was er nicht kann. Und Veränderung ist für den Kreativen die „gesündeste Art zu überleben" (Lagerfeld 2014, S. 46). Er lebt zwar sehr geordnet, möchte aber nicht zu ordentlich sein, denn dann würde man nur das finden, was man gesucht hat. Nie würde es „Überraschungen und die Freude des zufälligen Wiederfindens" (Lagerfeld 2014, S. 45) geben.

Für Valéry, der den Begriff Können mit wirksamem Wissen, Fähigkeit und dem Aspekt des Handelns verbindet, ist die Überraschung nicht nur eine besondere Empfindung („Verzögerung der physiologischen modifizierten Reizbeantwortung"), sondern – allgemein – Unordnung oder Störung einer „bestimmten normalen Ordnung" (Valéry 2016, S. 224), die seine Natur stets erhellt hat. Wer Überraschungen, das Ungewöhnliche, Plötzliche in sein Leben lässt, ist auch in der Lage, die Gegenwart mit anderen Augen zu sehen, aktuelle Entwicklungen zu reflektieren und eine lockere Distanz zu sich selbst zu entwickeln – sonst ist es schwer, in einer komplexen Welt mit Überraschungen klarzukommen.

Mit dem Unvorhergesehenen haben vor allem jene kein Problem, die auch den Dingen ihre Zeit lassen, die eine gesunde Vorstellung von Wachstum haben, aber ebenso wissen, das Glück nur zu haben ist, wenn das Unvorhergesehene zugelassen wird. Für Claudia Silber, Leiterin der Unternehmenskommunikation bei der memo AG, einem Ökoversandhandel, bedeutet es, flexibel zu bleiben – vor allem auch geistig: „Wenn immer alles in geplanten und geregelten Bahnen läuft, wird man träge und verliert vor allem die notwendige Aufmerksamkeit und Achtsamkeit. Deshalb ist Unvorhergesehenes bei mir eher willkommen und wirkt auf keinen Fall abschreckend."

Wenn nie etwas Unerwartetes geschieht, geraten wir in eine Art Lähmungszustand. Unerwartete Situationen sind für sie auch mit Wachsamkeit, Spannung (ihre Abwesenheit führt nur selten zu Bestleistungen) und einem anhaltenden Interesse an der Welt verbunden. Doch was tut ein Unternehmen wie die memo AG, um nicht in der Routine zu erstarren? Den Mitarbeitern werden viele Freiheiten gegeben, zu der auch eine größtmögliche Flexibilität gehört, „auch um Beruf und Familie individuell zu vereinbaren und sein ganz persönliches Lebensmodell zu entwickeln und zu verfolgen."

Kleine Auszeiten wie eine Runde Tischtennis oder Tischkicker werden hier nicht argwöhnisch beäugt. „Auch Witz und Humor dürfen im täglichen Leben und vor allem im Berufsalltag dabei auf keinen Fall fehlen" (Hildebrandt 2014).

Auch Tim Leberecht schlägt vor:

„Gestalten Sie die Dinge mit dem naiven Blick eines Kindes, und finden Sie die unverfälschten Momente von Überraschung und Zuneigung" (Leberecht 2015, S. 114, 115).

1.4 Das Silicon Valley in uns

Um sich dem Geheimnis der Kreativität und Innovation anzunähern, braucht es keine Reisen ins Silicon Valley oder lange Bärte, denn der Mensch bleibt innen gleich. Wer kreativ ist, ist es zu jeder Zeit und an jedem Ort. Wem das Schöpferische fehlt, erhält es auch nicht durch äußere Impulse.

Unternehmen sollten vielmehr Bedingungen schaffen, die ein ständiges gutes Arbeiten in einem natürlichen Umfeld ermöglichen. Hier lässt sich vor allem von soliden Mittelständlern mit einer nachhaltigen Firmenphilosophie lernen:

„Unternehmen, die sich nach außen modern und innovativ präsentieren und nach innen ‚verstaubt' und altmodisch handeln, sind meiner Ansicht nach nicht glaubwürdig. Wenn in einem Hochglanzpalast mit Designermöbeln und modernster Technik der Mitarbeiter zu kurz kommt und die Zusammenarbeit schwierig ist, passt etwas nicht zusammen. Manch einer mag unseren naturnahen Stil gerade bei der Büroeinrichtung als überholt empfinden, aber er repräsentiert das, was wir sind – ehrlich, glaubwürdig und bodenständig", sagt Claudia Silber (Hildebrandt 2016c).

Die memo AG verlegte 1995 ihren Firmenstandort vom Würzburger Stadtzentrum in das Gewerbegebiet der kleinen Gemeinde Greußenheim, ca. 15 km westlich von Würzburg. Er liegt sprichwörtlich „auf der grünen Wiese". Daran angrenzend hat die Gemeinde ein kleines Biotop angelegt. Die Errichtung des Firmengebäudes erfolgte nach gesundheits- und umweltverträglichen Kriterien. Bei schönem Wetter können die Mitarbeiter in den Pausen eine bestuhlte Terrasse zum Entspannen und eine große Rasenfläche für sportliche Aktivitäten nutzen.

Experimentierorte wie Labs können zu einer nachhaltigen Unternehmenskultur sicher einen entsprechenden Beitrag leisten, wenn sie sich von innen heraus entwickeln, aus dem Wollen und Können des Einzelnen – und den Bezug zur Wirklichkeit nicht verlieren. Wer selbst fliegen will und in den Labs aus Plastik und Stahl mit den Flügeln schlägt, sollte zuerst die Natur kennen und lieben, denn der Aufprall in Scheinwelten kann nicht nur hart sein, sondern auch blind machen für die Wirklichkeit (Hildebrandt 2016c).

2 Wahre Größe von Kleinunternehmen

2.1 Heirat mit sich selbst

Das Kleinunternehmertum erhält im Zeitalter des digitalen Wandels eine neue Dimension, weil sich die organisatorischen und kulturellen Rahmenbedingungen in einem grundlegenden Transformationsprozess befinden. Während viele Großunternehmen konsequent mit dem Vergangenen brechen und sich in kleinere Einheiten zerlegen, boomen parallel die Einpersonenunternehmen (auch Einmannunternehmen), die meistens zur „kreativen Klasse" gehören. Typisch für sie sind oft Zickzacklebensläufe und abgebrochene Stationen, weil sie Routine als Tortur empfinden und herausfordernde Aufgaben brauchen.

Dazu zählen nicht nur schreibende und künstlerische Berufe (Freelancer), sondern zunehmend auch Vertreter der Internetökonomie, die vielfach eine Fachexpertise haben, die am Arbeitsmarkt sehr gefragt ist. Zu ihnen gehört beispielsweise der Techniknerd, Schauspieler und Digitalnomade Antoine Monot, Jr.:

> Ich bin ein Ein-Mann-Unternehmen und die Technik hilft mir jeden Tag enorm dabei, mein Pensum bewältigen zu können. Ob das mein Handy ist – das sozusagen mein Büro ist – oder all die Apps und Programme. Ich bin ja nicht nur Schauspieler, sondern auch mein eigener Geschäftsführer, Marketing- und Finanz-Vorstand, ich leite meine Personalabteilung und bin eben auch mein technischer Chef" (Koglin 2015, S. 63).

Die Entscheidung, sein eigener Unternehmer zu sein, erinnert (überspitzt formuliert) daran, sich selbst zu heiraten und sich zu seiner Eigenverantwortung „offiziell" zu bekennen. Der österreichische Autor Karl-Markus Gauß erzählt in seinem Buch *Der Alltag der Welt* von der dreißigjährigen Büroangestellten Chen Wie Yi, die sich in Taipeh selbst geheiratet hat. „Wir müssen uns selbst lieben, um andere lieben zu können" (Gauß 2015, S. 37), kommunizierte sie in Facebook und ehelichte sich anschließend in einer öffentlichen Zeremonie. Vom Gelingen der taiwanesischen Einpersonenehe hängt „nicht viel weniger ab als die Zukunft der Zivilisation" (Gauß 2015, S. 38).

2.2 Die Grenzen des Alleinseins

Wer sich als sein „eigener" Lebensunternehmer allerdings nur in sich selbst zurückzieht, dreht sich bald nur noch um sich selbst. Lagerfeld sagte einmal selbstironisch: „Es fängt mit mir an, und es hört mit mir auf" (http://mediasteak.com/karl-lagerfeld-wdr/). Wie für viele Kreative und Berufene ist Freundschaft mit anderen kein Thema für ihn. Das ist nicht ungewöhnlich bei Menschen, die ihre gesamte Energie für sich selbst brauchen: Freunde hatte weder der Philosoph Friedrich Nietzsche (mit dem sich auch Lagerfeld in diesen Jahren intensiv beschäftigt) noch die verstorbene US-Sängerin Whitney Houston, weil sie davon überzeugt war, dann weniger Probleme zu haben. Auch Madonna hatte nie viele Freunde, weil sie zu sehr auf ihre Karriere fixiert war.

Im Sport sind es vor allem Einzelkämpfer wie Niki Lauda, die ehrlich zugeben, dass sie keine Freunde haben: „Wenn ich irgendwelche Sorgen hätte, habe ich niemanden, den ich anrufen und zu dem ich sagen würde: Du, kann ich mal mit dir reden" (Lauda 2016, S. 58). Sie verlassen sich lieber auf sich selbst: „Das ist der schnellste Weg, das Problem zu lösen" (Lauda 2016, S. 58).

Auch wenn diese Einzelkämpfer mit ihren Ansichten einigen Menschen befremdlich erscheinen, so ist ihr Verhalten durchaus „nachhaltig" verwurzelt: Denn auch ein Baum ist bei aller Geselligkeit zutiefst individualistisch. Das zeigt sich darin, dass er sich immer dann, wenn es um Tod oder Leben geht, instinktiv zugunsten des eigenen Überlebens oder dessen seiner Nachkommen entscheidet – ein Baumleben lang.

2.3 Im Abseits

Lebensunternehmer, die sich für einen zutiefst individualistischen Weg ohne Freundschaft entschieden haben, stellt auch Katja Kraus in ihrem Buch *Freundschaft. Geschichten von Nähe und Distanz* vor. Gezeigt wird die Polarität des Lebens, die Spannung zwischen positiven und negativen Seiten, besonders an zwei Personen: dem ehemaligen Exnationalspieler Christoph Metzelder und dem Werber und Unternehmer Jean-Remy von Matt.

Der Exfußballer mag es nicht, jemanden um etwas zu bitten. Das ist u. a. ein Grund, weshalb er sich nicht für einen guten Freund hält. „Er vermutet, dass seine selbststrenge Haltung auch sein Umfeld davon abhält, sich mit Anliegen an ihn zu wenden" (Kraus 2015, S. 63), schreibt Katja Kraus. Er setzt auf seine individuelle Selbstverantwortung. Wer soll die Dinge tun, wenn nicht er selbst? Seine Angelegenheiten macht er deshalb mit sich allein aus und erwartet das auch von anderen: „Er habe eine emotionale Firewall um sich herum gebaut" (Kraus 2015, S. 63). Warum seine Sorgen mit anderen teilen und sie damit zusätzlich belasten? Er beschäftigt sich nicht mit dem Maß dessen, was Freunden zumutbar ist, sondern vertraut sich lieber gar nicht erst an. Geselligkeit ist für ihn eher „zivilisatorische Verpflichtung als ein Herzenswunsch."

In seinem Autonomieanspruch liegt nach Ansicht der Autorin eine schützende Unantastbarkeit und Unerreichbarkeit, die ihn von Menschen entfernt. Und sie liefert dazu auch gleich den entsprechenden Hintergrund: Seine Eltern trennten sich, als er klein war. Seine Mutter zog die vier Jungs alleine groß und stellte ihr eigenes Leben dafür zurück. Die Kinder mussten funktionieren und wollten keine zusätzliche Belastung für sie sein. „Immer das Beste aus sich herausholen, Leistung bringen, das ist seine Form der Dankbarkeit dafür" (Kraus 2015, S. 64).

Einen besten Freund hatte er in seiner Schulzeit nicht, weil die Tage sehr durchorganisiert waren. Der Sport forderte ihn, „aus seiner schützenden Isolation herauszutreten" (Kraus 2015, S. 64). Auf dem Spielfeld sah er sich sogar lieber als Teil der Mannschaft denn als Solist. Diese Erfahrungen gaben seinem Leben Struktur und das Gefühl, wichtig zu sein und gebraucht zu werden. Es wurde gestärkt durch Anerkennung und Bedeutung.

Das Führungsverhalten des Werbers Jean-Remy von Matt, der zu seinem ehemaligen Geschäftspartner Holger Jung mit der Zeit eine „Art Freundschaft" (Kraus 2015, S. 97) empfand, entspricht einer gepflegten Distanz:

> Wenn man den Mangel als wesentlichen Antriebsfaktor erfolgreicher Menschen begreift, ist es naheliegend, auch eine brüchige Selbstliebe zu unterstellen. Eine Form des Selbstzweifels, der die ernstgemeinte Zugewandtheit von anderen stets in Frage stellt. Der die Fokussierung auf die professionelle Rolle notwendig macht, um damit das Persönliche fernzuhalten. Begegnungen, die eine selbstregulierbare Entfernung als Schutzmechanismus brauchen. Der Zweifelnde wählt den Rückzug als Methode, um in der Initiative des Anderen den Beweis der Wertschätzung zu bekommen (Kraus 2015, S. 104 f.).

Ein Buch über Nähe und Distanz hinterlässt auch Brüche und viele dunkle Stellen, aber gerade diese sind es, die vielleicht zum Nachdenken anregen und dazu führen, Themen wie Freundschaft, die auf den ersten Blick selbstverständlich erscheinen, differenzierter zu betrachten, weil sie auch eine Rückseite haben (Hildebrandt 2016d).

Gewiss braucht der Mensch auch Sozialkontakte, Feedback und das Gefühl der Teilhabe, um geistig nicht zu verarmen. Einsamkeit ist also immer auch eine Frage der Dosis. So ist es genauso schädlich, mit der ganzen Welt gleichzeitig vernetzt zu sein.

2.4 Werde, wer Du bist!

Dass aus vielen Einpersonenunternehmen oft auch Großunternehmen werden, zeigt das Beispiel von Artur Fischer, der im Februar 2016 verstarb: Aus einer Einmannwerkstatt im Schwarzwald, wo er 1948 als Reaktion auf den Streichhölzermangel der Nachkriegsjahre mit der Herstellung von elektrischen Feueranzündern aus Kriegsschrott begann, wurde der „Dübel-Magnat" mit Tausenden Mitarbeitern. Schon als Kind hatte er eine unbändige Neugier, aber auch Forscher- und Erfindergeist: „Man muss den Mut haben, das umzusetzen, was man für richtig hält" (Ritzer 2016, S. 12), sagte er häufig. Auch Roland Berger begann 1967 mit einem Einmannunternehmen – in den Folgejahren baute er eines der größten Beratungshäuser Deutschlands auf und wurde zu einer der „einflussreichsten Spinnen im Netz der Deutschland AG" (Welp 2016, S. 43).

Auch Helmut Schlotterer, der 1973 das Modehaus Marc Cain gründete, begann im Kleinen: Sein Weg führte ihn zunächst aus der schwäbischen Provinz ins Paris der 1968er-Maiunruhen, wo er internationale Einflüsse und das Gefühl für das Schöne aufgesogen hat. „Das Ein-Mann-Unternehmen Marc Cain startete, mit einer Italienerin und einem Kanadier fuhr Schlotterer auf Messen, erlebte Höhen, Tiefen und Geldnot, lernte die Banken hassen, die ihm kein Geld leihen wollten – und arbeitete bis zur Erschöpfung. Ohne das, was er ‚Selbstausbeutung pur' nennt, wäre aber das eigenständige und kreative Leben eines Unternehmers nicht möglich geworden" (Schneider 2008).

Nachdem elektrische Strickmaschinen den Durchbruch brachten, war es möglich, in kurzer Zeit neue Schnitte und Muster auf den Markt zu bringen. In den 1980er-Jahren war Schlotterer damit ein „echter Pionier". 1986 wurde der erste Marc-Cain-Shop eröffnet. Heute ist Marc Cain eine weltweit operierende Premiummarke für Damenmode mit eigenem Produktionsanteil in Deutschland. Vom Stammsitz Bodelshausen aus betreut Marc Cain das weltweite Geschäft. Das Unternehmen beschäftigt mittlerweile fast 1000 Mitarbeiter allein in Deutschland (http://www.presseportal.de/pm/104492/2557748).

In der Modebranche finden sich aber auch entgegengesetzte Entwicklungen, die zurück zum Kleinunternehmen führen: So gründete Wolfgang Joop 1999 die Firma „Wunderkind". Die Idee war eine exklusive Damenmode mit dem Charme der Manufaktur fernab vom industriellen Luxusversprechen. Als er damit beginnt, hat er keine Marketingstrategie. Der Unterschied zu seiner früheren Arbeit besteht darin, dass er keinen Konzern hinter sich hat – er ist allein auf seine Talente und Instinkte gestellt.

Modeschüler sollten ihren eigenen Zugang zu den Dingen finden. „Komm und sieh selbst", hatte schon Buddha empfohlen. Als strenge Kritiker ihrer eigenen Ideen sollten sie sich nicht im erstbesten Einfall verrennen. Joop rät jungen Designern, keine Krücken zu nehmen, solange sie noch gehen können. Das bedeutet auch, nicht nach dem Wort Sponsor zu fragen, sondern lieber zu balancieren, allein zu gehen: „Bleib klein und halte durch. Frage nicht nach zu viel Ruhm. Die Manager nehmen dir schnell die Sprache" (zit. in Hildebrandt). Sie erklärten ihn, den Kreativen, zum Feind. In diesem Zusammenhang sei auf einen wichtigen Passus in Tim Leberechts Buch *Business-Romantiker* verwiesen:

> Ob man Firmen kauft, indem man massiv Schulden aufnimmt, die dann das übernommene Unternehmen tragen muss; ob man mit erwarteten Verlusten auf den Aktienmärkten Gewinn macht; ob man Immobiliendarlehen an Leute vergibt, die sie sich nicht leisten können; ob man ein Corporate Social Responsibility-Programm auflegt, um ethisch fragwürdiges Verhalten zu bemänteln; oder ob man einen Angestellten glauben lässt, dass er für eine Beförderung vorgesehen sei, nur um seine Motivation und sein Engagement auszunutzen – der zynische

Impuls fühlt sich im Business oft ganz und gar zu Hause. Wie Oscar Wilde einst sagte: „Ein Zyniker ist ein Mensch, der von allem den Preis kennt und von nichts den Wert." (Leberecht 2015, S. 93).

Im Juli 2001 verkaufte Joop die restlichen fünf Prozent seines Unternehmens an die Wünsche AG und begann, an seinem Roman *Im Wolfspelz* zu arbeiten. Sprache war für ihn damals wie ein umhüllendes Gewand, in dem er seine „wahre Größe" spürte. Sie macht auch Kleinunternehmern mit der „Linie anders" aus:

- Sie tragen das Risiko der Selbstständigkeit, schätzen dafür aber ein hohes Maß an Selbstbestimmtheit und vertrauen dem gesunden Menschenverstand.
- Sie begreifen sich nicht als Erleider ihrer Existenz, sondern als Gestalter.
- Sie sind gern mit sich allein, weil sie aus der Einsamkeit Inspiration für ihre Arbeit schöpfen.
- Sie haben ein scharfes Persönlichkeitsprofil und sind kein Mitläufertyp.
- Sie haben unerschütterliches Selbstvertrauen.
- Sie tragen die Konsequenzen für ihre Entscheidungen.
- Sie sind sich ihrer einzigartigen Qualitäten bewusst und in der Lage, sie effektiv zu bündeln.
- Sie widmen sich dem Detail mit der gleichen Aufmerksamkeit wie dem Ganzen.
- Sie bleiben ein Leben lang neugierig und lieben Überraschungen.
- Sie können sich gut auf Veränderungen und Unsicherheiten einstellen und bewegen sich zwischen Angst und Mut – im Bewusstsein, dass sie sich nie gegen alle Risiken absichern können.
- Sie sind niemals (selbst-)zufrieden und werde deshalb auch nicht träge.
- Sie verändern selbst die Dinge, die sie verbessern wollen.
- Sie setzen gute Ideen auch gegen Konventionen durch.
- Sie stellen sich auch in Erfolgszeiten immer wieder die Sinnfrage und erneuern sich ständig selbst.

Alle wirklich „Großen" haben den Kleinunternehmer in sich niemals „abgelegt", weil sie zugleich Lebenskünstler sind, die ständig üben und dem Versprechen von Steve Jobs gerecht werden: „Echte Künstler können liefern" (Kremp 2011).

Literatur

Verwendete Literatur
Gauß K-M (2015) Der Alltag der Welt. Zwei Jahre, und viele mehr. Paul Zsolany, Wien
Hildebrandt A (2014) Überraschung! Warum wir auch in Zukunft das Unerwartete brauchen, in: Huffington Post (24.10.2014). http://www.huffingtonpost.de/alexandra-hildebrandt/ueberraschung-warum-wir-auch-in-zukunft-das-unerwartete-brauchen_b_5701471.html. Zugegriffen: 22.01.2017

Hildebrandt A (2015) Warum die Wirtschaft Business-Romantiker braucht, in: Huffington Post (2.5.2015). http://www.huffingtonpost.de/alexandra-hildebrandt/arum-die-wirtschaft-business-romantiker-braucht---und-was-wir-von-ihnen-lernen-konnen_b_7188128.html. Zugegriffen: 22.01.2017

Hildebrandt A (2016a) Unnötige Indiskretionen: Was Karl Lagerfeld mit Stefan Zweigs brennendem Geheimnis verbindet. In: Huffington Post (22.12.2016). http://www.huffingtonpost.de/alexandra-hildebrandt/karl-lagerfeld-stefan-zweig_b_8853352.html. Zugegriffen: 22.01.2017

Hildebrandt A (2016b) Mein Körper, mein Geist, meine Welt: Der Inbegriff eines Selbstständigen, in: Huffington Post (20.3.2016b). http://www.huffingtonpost.de/../../alexandra-hildebrandt/mein-koerper-mein-geist_b_9506062.html. Zugegriffen: 22.01.2017

Hildebrandt A (2016c) Schöne neue Arbeitswelt: Von Stilblüten, Worthülsen und Labs. In: Huffington Post (10.1.2016c). http://www.huffingtonpost.de/alexandra-hildebrandt/schoene-neue-arbeitswelt-_b_8944928.html. Zugegriffen: 22.01.2017

Hildebrandt A (2016d) Ein Leben ohne Freunde ist möglich, aber sinnlos, in: Huffington Post (21.4.2016d). http://www.huffingtonpost.de/alexandra-hildebrandt/ein-leben-ohne-freunde-ist-moglich-aber-sinnlos_b_7103934.html. Zugegriffen: 22.01.2017

Koglin I (2015) Mein Handy ist mein Büro. T3n Mag 42

Kraus K (2015) Freundschaft. Geschichten von Nähe und Distanz. S. Fischer, Frankfurt a.M.

Kremp M (2011) Anekdoten über Steve Jobs: Pirat, Geizhals, Notnagel. http://www.spiegel.de/netzwelt/gadgets/anekdoten-ueber-steve-jobs-pirat-geizhals-notnagel-a-790364-3.html. Zugegriffen: 22.01.2017

Lauda N (2016) Über EINZELKÄMPFER. In: Süddeutsche Zeitung Nr. 24 (30./31. Jan. 2016)

Leberecht T (2015) Business-Romantiker. Von der Sehnsucht nach einem anderen Wirtschaftsleben. Aus dem Amerikanischen von Niklas Hofmann. Droemer, München

Napias J-C, Gulbenkian S (Hrsg) (2014) Karl über die Welt und das Leben. Edel Books, Hamburg

Pfläging N (2014) Organisation für Komplexität. Wie Arbeit wieder lebendig wird – und Höchstleistung entsteht. Redline, München

Radisch I (2016) Alles im Übermaß. Nachruf auf Roger Willemsen. In: Die Zeit, 11. Febr. 2016

Reiter T (2016) Revolution dank Innovation. Mit Corporate Entrepreneurship zurück an die Spitze. Campus, Frankfurt a.M.

Ritzer U (2016) Blitz und Dübel. Ein Nachruf. In: Süddeutsche Zeitung, Nr. 24, 30./31. Jan. 2016

Schneider H (2008) Der schwäbische Mode-Pionier. In: Schwäbische Post (22.11.2008). www.schwaebische-post.de/artikel.php?aid=10241787&print=19. Zugegriffen: 22.01.2017

Valéry P (2016) Ich grase meine Gehirnwiese ab. Paul Valéry und seine verborgenen Cahiers. Ausgewählt und mit einem Essay von Thomas Stölzel. Fischer Taschenbuch, Frankfurt a.M.

Was macht eigentlich? Cleo Kretschmer. Stern, 23. März 2016

Welp C (2016) Neustart aus der Not heraus. WirtschaftsWoche, 7, 12. Febr. 2016

Wilke I (2015) Der leidenschaftliche Zeitgenosse. Zum Werk von Roger Willemsen. S. Fischer, Frankfurt am Main

Weiterführende Literatur

Hildebrandt A. Die leibhaftige Wahrheit. Joop und Andersen: Biographische Texturen. http://gazette.de/Archiv2/Gazette5/Hildebrandt.pdf. Zugegriffen: 22.01.2017

Hildebrandt A. Schöne neue Arbeitswelt: Von Stilblüten, Worthülsen und Labs. In: HarmonyMinds. The Mindful Revolution. http://www.harmonyminds.de/schoene-neue-arbeitswelt-von-stilblueten-worthuelsen-und-labs/. Zugegriffen: 22.01.2017

Hildebrandt A. Übung in Lebenskunst. Warum Philosophie und Nachhaltigkeit keine akademische Angelegenheit sind. http://www.huffingtonpost.de/alexandra-hildebrandt/uebung-lebenskunst-philosophie-nachhaltigkeit_b_7003560.html. Zugegriffen: 22.01.2017

Dr. Alexandra Hildebrandt ist Publizistin, Nachhaltigkeitsexpertin und Wirtschaftspsychologin. Sie studierte Literaturwissenschaft, Psychologie und Buchwissenschaft. Anschließend war sie viele Jahre in oberen Führungspositionen der Wirtschaft tätig. Bis 2009 arbeitete sie als Leiterin Gesellschaftspolitik und Kommunikation bei der KarstadtQuelle AG (Arcandor). Beim Deutschen Fußball-Bund (DFB) war sie 2010 bis 2013 Mitglied der DFB-Kommission Nachhaltigkeit. Sie ist spezialisiert auf die Positionierung nachhaltiger Unternehmen und Organisationen, ihrer Leistungen, Produkte und ihrer Kommunikation. Den Deutschen Industrie- und Handelskammertag unterstützte sie bei der Konzeption und Durchführung des Zertifikatslehrgangs „CSR-Manager (IHK)". Alexandra Hildebrandt ist Sachbuchautorin, Herausgeberin und Mitinitiatorin der Initiative Gesichter der Nachhaltigkeit (www.gesichter-der-nachhaltigkeit.de). Sie ist Bloggerin bei der Huffington Post und Co-Publisher der Zeitschrift *REVUE. Magazine for the Next Society*. Im Verlag Springer Gabler gab sie in der Managementreihe Corporate Social Responsibility die Bände *CSR und Sportmanagement* (2014), *CSR und Energiewirtschaft* und *CSR und Digitalwirtschaft* (2016) heraus. Weitere Informationen: Wikipedia: https://de.wikipedia.org/wiki/Alexandra_Hildebrandt_(Publizistin), www.gesichter-der-nachhaltigkeit.de.

Innovationen vom Tellerrand: Die Rolle von Unternehmensgründerinnen in der Ökonomie nachhaltigen Wirtschaftens

Katja von der Bey und Ulrike Röhr

1 Einleitung

Unter dem Label „Green Economy" ist in den letzten Jahren ein neues Wirtschaftskonzept diskutiert worden, das den Umwelt- und Ressourcenschutz stärker in den Fokus von Unternehmensgründungen und unternehmerischem Handeln rückt. Preise wie der „Start Green Award" (https://start-green.net/award/) oder das Green Economy Journal und die Webseite der Wirtschaftswoche (http://green.wiwo.de/) belegen den Trend hin zu grünem Wirtschaften. Allerdings zeichnen sich viele der Informations- und Unterstützungsangebote dadurch aus, dass sie vor allem auf grüne Technologien setzen: Technologien zum Klimaschutz, zur Verringerung des Einsatzes von Chemikalien in der Landwirtschaft oder zu der effizienteren Nutzung von Ressourcen. Grüne Gründungen finden demnach vor allem im Bereich technischer Innovationen statt. Es ist offensichtlich, dass dies Gründungen von Männern sind.[1] Frauen gründen eher im Bereich wissensintensiver Dienstleistungen, zum Beispiel in der Kreativ- oder Gesundheitswirtschaft, und fallen damit aus dem Unterstützungsraster heraus. Es stellt sich aber auch grundsätzlicher die Frage, ob den Umweltkrisen dieser Welt allein mit technischen Innovationen begegnet werden kann oder

---

[1] Die Berufssegregation, also die geschlechtsspezifische Wahl von Berufs- und Tätigkeitsfeldern, ist in Deutschland immer noch ausgeprägt. In den klassischen MINT-Bereichen ist der Anteil der Frauengründungen daher immer noch unterdurchschnittlich (vgl. Gründungen von Frauen in den Ingenieurwissenschaften 2010).

K. von der Bey (✉)
WeiberWirtschaft eG
Anklamer Str. 38, 10115 Berlin, Deutschland
E-Mail: katja.vdbey@weiberwirtschaft.de

U. Röhr
genanet - Leitstelle gender, Umwelt, Nachhaltigkeit, c/o GenderCC
Anklamer Str. 38, 10115 Berlin, Deutschland

© Springer-Verlag GmbH Deutschland 2017
W. Keck (Hrsg.), *CSR und Kleinstunternehmen*,
Management-Reihe Corporate Social Responsibility, DOI 10.1007/978-3-662-53628-5_9

ob es nicht vielmehr eines umfassenderen Konzeptes nachhaltigen Wirtschaftens bedarf, das soziale und gesellschaftliche Aspekte selbstverständlich und gleichwertig einbezieht. Wie dieses aussehen kann und welchen Beitrag Gründungen von Frauen und Frauenunternehmen dazu leisten können, soll im Folgenden dargestellt werden.

2 Frauen gründen anders

Die Wahrscheinlichkeit, dass Mann oder Frau sich in Deutschland selbstständig macht, liegt immer noch weit hinter derjenigen in vielen Nachbarländern (vgl. Sternberg et al. 2014) und wird von Politik und Wirtschaft als unzureichend betrachtet. Insbesondere bei den Frauen wird ein enormer Nachholbedarf gesehen, denn nur rund jedes dritte Unternehmen in Deutschland wird derzeit von einer Frau gegründet. Dabei stimmen die statistischen Daten zur Selbstständigkeit von Frauen hoffnungsvoll: Die Dynamik bei den Frauen ist enorm, die Zahl der Unternehmensgründerinnen und selbstständigen Frauen steigt seit Jahren stabil an. Hier werden aber immer noch immense unausgeschöpfte Wachstumspotenziale gesehen (vgl. Rambøll Management Consulting GmbH 2013).

Gleichzeitig zeigen aktuelle Untersuchungen, dass es immer noch unterschiedliche Strukturmerkmale der von Männern und Frauen gegründeten Unternehmen gibt:[2] Frauen gründen kleinere Unternehmen und sind häufiger solosebstständig als Männer. Denn die unterschiedlichen Rahmenbedingungen lassen größere Unternehmensgründungen von Frauen meist nicht zu. Außerdem stehen Frauen statistisch gesehen deutlich weniger Ressourcen zur Verfügung, wenn sie sich selbstständig machen. Sie erzielen in einer vorhergehenden abhängigen Beschäftigung meist ein deutlich kleineres Einkommen und haben deshalb weniger Möglichkeiten, Eigenkapital anzusparen. Sie leisten mehr unbezahlte Familienarbeit und haben mit einer größeren Wahrscheinlichkeit durch Familienphasen unterbrochene Erwerbsbiografien. Sie haben bei einer Gründung weniger Unterstützung im familiären Umfeld, weil ihnen niemand die Hausarbeit abnimmt, und sei es für die eigene Versorgung. Und sie müssen mit weniger staatlicher Unterstützung rechnen, weil die sich meist noch am männlichen Gründer und dessen besonderen Strukturmerkmalen orientiert. Aus der Perspektive der Frauen ist es also ein absolut logisches Verhalten, auf ihre schlechteren Rahmenbedingungen mit der Gründung kleinerer Unternehmen zu reagieren.

Frauen reagieren also auf ihre strukturell schlechtere Position im Gründungsgeschehen mit einem hohen Risikobewusstsein statt einem riskanten Verhalten. Den Vorteil einer solchen Herangehensweise haben wir in den letzten Jahren der Finanzkrise alle schätzen gelernt. Frauen gründen risikobewusster, ihre Unternehmen sind krisenfester, dafür nehmen sie ein langsameres Wachstum in Kauf.

---

[2] Einen Überblick über die aktuellen Statistiken bietet: Gründerinnen und Unternehmerinnen in Deutschland (2015).

Am interessantesten im CSR-Kontext ist aber die Feststellung, dass viele Frauen offensichtlich bewusst auf Wachstum verzichten, weil sie stattdessen andere Werte oder Fragen in den Vordergrund stellen.

3 Warum selbstständig werden?

Die Gründe, weshalb sich noch weniger Frauen als Männer selbstständig machen, sind vielschichtig. Besonders große Bedeutung hat dabei aber immer noch ein normatives geschlechtsspezifisches Rollenverständnis, das den Frauen den reproduktiven Sektor zuordnet (Familie und Haushalt) und den Männern den produktiven (Erwerbsarbeit und Wirtschaft). Dieses Rollenverständnis beeinflusst die Berufswahl, die geschlechtsspezifische Arbeitsteilung, die Erwerbsbiografien und am Ende sogar das Gründungsverhalten von Männern und Frauen. Der Bereich Unternehmertum und Wirtschaft wird in diesem heteronormativen Kosmos ganz eindeutig den Männern zugeordnet. Umgekehrt aber hemmt das vorherrschende Bild von Unternehmertum und Wirtschaft die Identifikation von Frauen mit der unternehmerischen Selbstständigkeit.

In der praktischen Arbeit mit jährlich vielen Hundert Frauen in der Vorgründungs- und Gründungsphase begegnet uns dabei vor allem immer wieder ein großes Misstrauen gegenüber der Wirtschaft und den damit üblicherweise verbundenen Werten, das sogar als gründungshemmend einzustufen ist. Sollte man, so lässt sich dieses Misstrauen überspitzt zusammenfassen, angesichts der Diskussion über Lebensstile auf Kosten des globalen Südens und in Erwartung einer Postwachstumsgesellschaft überhaupt noch ein Unternehmen gründen? Schließlich gibt es gute logische und auch moralische Gründe, nicht auf Konsum und Wachstum zu setzen.

Als eine Organisation, die sich der Förderung und Unterstützung von Unternehmensgründerinnen verschrieben hat, beschäftigt sich die Berliner Genossenschaft WeiberWirtschaft immer wieder mit diesem Themenkomplex. Statt vor dem skizzierten Hintergrund nur darauf zu drängen, dass endlich mehr Frauen sich genau wie die Männer selbstständig machen sollten, fragt sie nach dem Warum und besonders nach den Motiven derjenigen Frauen, die sich trotz der skizzierten kulturellen Hintergründe und Vorbehalte selbstständig machen.

Dabei zeigt sich, dass die unternehmerische Selbstständigkeit und die damit verbundene Selbstbestimmtheit für viele Frauen als eine Strategie verstanden werden, sich mit der normativen Dichotomie von Erwerbs- und Sorgearbeit besser einzurichten oder ihr sogar zu entgehen. Gängige Motive für die Unternehmensgründung bei Männern wie Frauen sind das Verfolgen einer guten Idee und das (Mehr-)Geldverdienen. Ein besonders hohes Einkommen oder schnelles Wachstum gehört aber nicht zum positiv konnotierten Wertehorizont von Frauen. Geld macht Männer sexy, nicht aber Frauen. Es hat aus der Perspektive von Frauen also zwar einen praktischen Nutzen, darüber hinaus aber kaum symbolische, emotionale Bedeutung. Von weitaus größerer Bedeutung für die Entscheidung von Frauen, die Selbstständigkeit einer abhängigen Beschäftigung vorziehen, sind die bessere Vereinbarkeit von Beruf und Familie und die Idee von „guter Arbeit".

Frauen tragen mehr Familienverantwortung als Männer und leisten deutlich mehr unbezahlte Sorgearbeit. In der abhängigen Beschäftigung wirkt sich das für sie nachteilig aus. Sie haben mehr Unterbrechungen in der Erwerbsbiografie, schlechtere Aufstiegschancen in einer auf Präsenz ausgelegten Arbeitskultur, sie verdienen immerhin rund ein Fünftel weniger für die gleiche Arbeit und sind nicht zuletzt durch die geltende Steuer- und Sozialgesetzgebung (Ehegattensplitting!) benachteiligt. Zugleich haben sie eine deutlich höhere Arbeitsbelastung durch die beiden „Arbeitsplätze", den bezahlten und den unbezahlten. Die Selbstständigkeit kann in diesem Szenario – zumindest subjektiv – ein Ausweg sein, selbstbestimmter und unabhängiger über die Zeit- und Arbeitsteilung zwischen Erwerbs- und Sorgearbeit zu entscheiden und dauerhaft den eigenen Arbeitsplatz nachhaltig zu sichern. Nachhaltigkeit bezieht sich dabei im besten Fall auch auf die Nachhaltigkeit der eigenen Arbeitskraft und ist damit alles andere als abstrakt. Es geht konkret auch um die eigene Work-Live-Balance, also den Ausgleich zwischen Frei- und Arbeitszeit, die eigene Gesundheit und den langfristigen Erhalt der Arbeitskraft. Aus der Perspektive der Unternehmensgründenden steht die eigene Person im Mittelpunkt und nicht das abstrakte Gebilde des Unternehmens.

Die Idee von „guter Arbeit" (vgl. Gather et al. 2014) geht noch darüber hinaus, sie bezieht sich auch auf die Qualität der angebotenen Dienstleistung oder des Produkts und auf eine ethisch verantwortungsvolle und befriedigende und vor allem nachhaltige Tätigkeit im ursprünglichen Sinne von „Nachhaltigkeit": ökologisch, sozial und gerecht! Womit kann ich meinen Kunden tatsächlich nutzen? Wie sind die Arbeitsplätze gestaltet, die ich anbiete? Welches Material verwende ich und wie viel? Wie viele Ressourcen benötige ich? Woher kommt der Strom? Welche Produktionsabläufe und Lieferwege gibt es? Wie kann ich das papierlose Büro umsetzen? Wie lange hält das, was ich herstelle? Welchen gesellschaftlichen Mehrwert leistet mein Unternehmen?

Die geschlechtsspezifisch unterschiedlichen Rahmenbedingungen führen also dazu, dass Frauen nach unserer Auffassung im Sinne des CSR auch durchaus „innovativer" gründen als die Männer. Frauen sind Trendsetterinnen für nachhaltiges Wirtschaften – nicht, weil Frauen die besseren Menschen sind! Sondern weil sie aufgrund ihrer strukturell bedingten Nebenrolle in der Wirtschaft leichter einen Perspektivwechsel hin zu nachhaltigem, d. h. ressourcenschonendem, sozialverträglichem und gerechtem Wirtschaften vollziehen können. Damit stellt sich aber auch die Frage, wie eine Veränderung von Normen und Werten im Bereich Wirtschaft die Teilhabe von Frauen begünstigen kann und umgekehrt, welche Rolle Frauen selbst in diesem Transformationsprozess spielen könnten.

Noch gereichen die aus dieser geschlechtsspezifisch unterschiedlichen Herangehensweise an die Unternehmensgründung erwachsenden Strukturmerkmale der gegründeten Unternehmen den Frauen allerdings meist zum Nachteil.

4 Gründen Frauen grüner? FrauenUNTERNEHMEN Green Economy

Um die These von einer Vorreiterinnenrolle der Frauen im Bereich des nachhaltigen Gründens und Wirtschaftens zu belegen und um die Frauen bei ihrer nachhaltigen und sozial gerechten Unternehmensgründung und Unternehmensführung zu unterstützen, wurde das Projekt FrauenUNTERNEHMEN Green Economy ins Leben gerufen. Es war Teil eines Projektzyklus zu Frauen und Green Economy (s. http://www.genanet.de/projekte/greeneconomy.html), bei dem es sowohl um die Definition und Erforschung einer feministischen Positionierung zu einer sozial- und umweltgerechten Wirtschaftsweise ging als auch um die unternehmerische Praxis. Wie müsste eine Wirtschaftsweise aussehen, die menschliches Wohlergehen steigert und soziale Gerechtigkeit sicherstellt, während gleichzeitig Umweltrisiken und ökologische Knappheiten erheblich verringert werden? Wenn es stimmt, dass Frauen ohnehin die beschriebene höhere Neigung zu nachhaltigem Wirtschaften aufweisen, dann sollten sie darin bestärkt werden, es sollten ihnen Werkzeuge und Tipps an die Hand gegeben werden, um Ökologie und Soziales in ihren Unternehmen in Einklang zu bringen und sie zu ihrem Vorteil zu nutzen. Gleichzeitig sollte durch diesen Ansatz die Option Unternehmensgründung auch für wirtschaftsskeptische Frauen als attraktive Alternative dargestellt werden.

Viele Gründerinnen und Unternehmerinnen sind zwangsläufig mit der Frage konfrontiert, wie sich Umweltschutz, familiäre Versorgungsarbeit, soziale Verantwortung und ökonomischer Erfolg in Einklang bringen lassen. Die drei Dimensionen der Nachhaltigkeit in ihrer Vielfalt, aber vor allem mit gleicher Wertigkeit in der Praxis zusammenzubringen, ist eine Herausforderung. Unser Ziel war und ist es, Gründerinnen und Unternehmerinnen dabei zu unterstützen, Vorreiterinnen für ein wirklich nachhaltiges und sozial gerechtes Wirtschaften zu werden. Das Projekt FrauenUNTERNEHMEN Green Economy wurde von 2013 bis 2015 gemeinsam von dem Verein LIFE – Bildung Umwelt Chancengleichheit e. V. und der WeiberWirtschaft eG durchgeführt und vom Bundesumweltministerium und Umweltbundesamt gefördert.

Aber was ist das Neue an dem Konzept einer grünen Ökonomie, wenn sie die übliche Trennung zwischen Produktions- und Reproduktionssphäre lediglich fortführt? Ein wesentliches Anliegen war uns deshalb, innerhalb der Green-Economy-Debatte und -Praxis den Aspekt der Sorgearbeit zu stärken, der allzu oft hinter technischer Innovation zurückgestellt wird. Versorgungsarbeit, oder neudeutsch Care-Arbeit, ist aber die Voraussetzung jeglichen Wirtschaftens (vgl. Praetorius 2015). Sie umfasst den gesamten Bereich der personenbezogenen Dienstleistungen, seien sie unbezahlt oder bezahlt: der Sorge füreinander, der hauswirtschaftlichen Versorgung, der Pflege und Betreuung von Kranken, Alten und Kindern und des zivilgesellschaftlichen Engagements. Und mehr noch, die bei der Care-Arbeit angewandte Logik der Fürsorge und Vorsorge ist auch wichtige Grundlage eines nachhaltigen Wirtschaftens, das die Grenzen der Natur respektiert und ein „gutes Leben für alle" anstrebt.

5 Mehr als nur grün. Eckpunkte für ökologisch nachhaltiges, soziales und gerechtes Wirtschaften in Klein- und Kleinstunternehmen

Es gibt gute Gründe dafür, CSR um ein umfassendes Nachhaltigkeitsmanagement zu erweitern:

1. Wenn wir so weitermachen wie bisher, brauchen wir demnächst eine zweite und dritte Erde. Die stehen uns aber nicht zur Verfügung.
2. Wir leben in EINER Welt, der reiche Teil der Welt kann nicht immer weiter auf Kosten der Bevölkerung in den monetär armen Regionen leben. Wenn wir dieser Situation nicht bei unserem Wirtschaften und in unserem Alltagshandeln Rechnung tragen, wird der Frieden zunehmend bedroht und die Migration aufgrund von Armut und Klimawandel zunehmen – mit allen bekannten Folgewirkungen.
3. Soziale Gerechtigkeit ist für das Wohlbefinden der Bevölkerung wichtiger als monetärer Reichtum, das zeigen viele Forschungsergebnisse (s. z. B. Wilkinson und Pickett 2010). Und ist Wirtschaft nicht dazu da, das Wohlbefinden der Bevölkerung zu sichern?

Gründerinnen und Unternehmerinnen haben neben der Verantwortung auch die große Chance, eine zukunftsfähige Welt aktiv mitzugestalten. Durch ihr unternehmerisches Handeln können sie ihren Kunden echte Alternativen bieten und zu Vorreiterinnen und Gestalterinnen eines neuen, nachhaltigen Wirtschaftens werden. Aber über den moralischen Appell hinaus gibt es auch ökonomische Argumente. Da sind zum einen die Wettbewerbsvorteile, wenn der nachhaltige Umgang mit der Umwelt und der faire Umgang mit Menschen auch entsprechend kommuniziert wird. Immer mehr Kunden legen Wert auf nachhaltig produzierte Güter und nachhaltig orientierte Dienstleistungen. Zum anderen rechnet sich der sparsame Verbrauch von natürlichen Ressourcen mittelfristig immer – auch wenn kurzfristig möglicherweise eine höhere Investition erforderlich ist. Zum Beispiel ist ein ressourceneffizienter Drucker zwar teurer in den Anschaffungskosten, die Folgekosten für Tonerkartuschen sind aber deutlich niedriger.

Wie kann grünes, nachhaltiges, sozial gerechtes Wirtschaften in einem Kleinunternehmen konkret umgesetzt werden? Die Handlungsfelder werden in folgender Grafik (Abb. 1) aufgezeigt.

Ein wesentliches Anliegen ist dabei, dass die Handlungsfelder nicht unverbunden nebeneinander stehen bleiben, sondern möglichst weitgehend miteinander verwoben werden. Das heißt, dass auch die sozialen Aspekte der Umweltschutzmaßnahmen zu betrachten sind ebenso wie umgekehrt die Umweltwirkungen von sozialen Maßnahmen. Nachhaltigkeit setzt vernetztes Denken und Handeln voraus und ist damit immer auch ein Abwägungsprozess zwischen ökonomischen, ökologischen und sozialen Anforderungen.

Das Handlungsfeld Ökologie steht bei Klein- und Kleinstunternehmen oftmals nicht im Zentrum ihrer Unternehmenspolitik: zum einen weil sie häufig keine Waren produzieren, zum anderen weil sie ihren möglichen Beitrag zum Umweltschutz als marginal einschät-

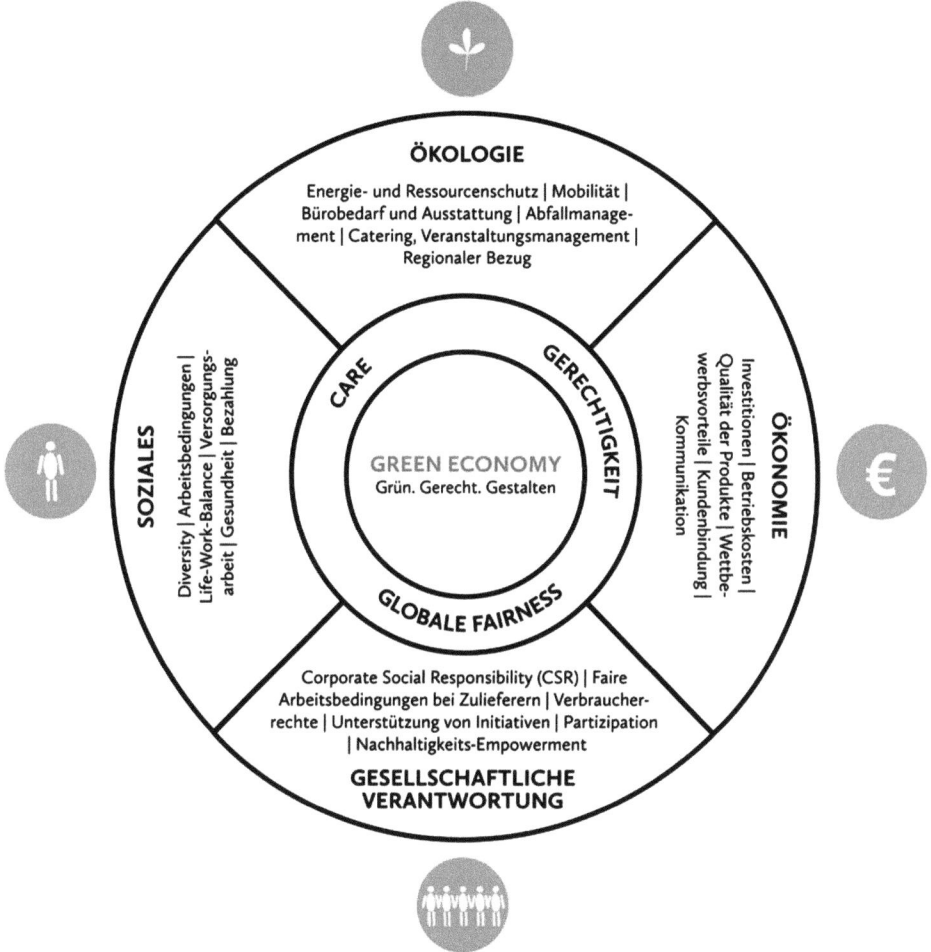

Abb. 1 Handlungsfelder für grünes, nachhaltiges und sozial gerechtes Wirtschaften im Kleinunternehmen

zen. Das ist er aber nicht, wenn man die vielen kleinen Unternehmen zusammenrechnet, wie ein Rechenbeispiel zeigt: Wenn 1,8 Mio. Kleinstunternehmen jeweils nur 200 kWh pro Jahr einsparen, werden damit 360 Mio. kWh eingespart und über 200.000 t CO_2, die bei der Erzeugung dieser Energiemengen beim derzeitigen Strommix in Deutschland entstehen. Das entspricht immerhin dem durchschnittlichen CO_2-Ausstoß einer Kleinstadt!

Potenziale gibt es im Handlungsfeld Ökologie vor allem im Bereich der regionalen Beschaffung, beim Energiebezug und Energiesparen oder auch beim Ressourcenschutz. Weniger zu verbrauchen ist dabei oberstes Gebot, aber auch gemeinschaftliche Nutzung trägt zum Schutz der Umwelt und knapper werdender Ressourcen bei. Wichtige Aktionsfelder sind hier auch das Catering und die Mobilität. Bei allen gilt: Reduzierung geht vor

Wiederverwendung, die vor Recycling bedacht werden sollte. Viele kleine Maßnahmen machen erst in der Summe einen großen Effekt. Also z. B. weniger Papier verwenden, das verwendete Papier doppelseitig bedrucken oder Rückseiten als Schmierpapier verwenden und schließlich im Altpapier entsorgen.

Zwei Fallbeispiele sollen zeigen, wie in kleinen frauengeführten Unternehmen mit dieser Herausforderung umgegangen wird:

Fallbeispiel 1
WomenFairTravel – Reisen für Frauen mit Weltblick ist Reiseveranstalterin für Frauenreisen innerhalb Europas und weltweit – mit über 150 Angeboten pro Jahr. Die Gründerin ist eine langjährige Profifrau und Mitbegründerin der Frauentouristik, die mit ihren Angeboten andere Akzente setzen will. Mehr umweltbewusste Reisen, mehr faires Networking mit den Frauen aus der Reisebranche vor Ort und auch mehr Internationalität innerhalb der Reisegruppen. Das Unternehmen versucht prinzipiell Reisen abseits vom Massentourismus anzubieten, im Reiseland bewegen sich die Reisenden, so oft es geht, mit öffentlichen Verkehrsmitteln, per Rad oder zu Fuß. Es wird mit kleinen individuell geführten landestypischen Hotels zusammengearbeitet, die teilweise ökologisch gebaut wurden, und mit regionaler und biologischer Verpflegung. WomenFairTravel bietet achtsame Reisen in Naturlandschaften an und Reisen nur in kleinen Gruppen, die sich an die Gegebenheiten eines Landes anpassen können und es nicht „überfluten". Gemeinsame Bahnanreisen, verbilligte Bahntickets, Vermittlung von Mitfahrgelegenheiten und bei Flugbuchungen auch die Möglichkeit, einen freiwilligen Beitrag an ein Klimaschutzprojekt durch einen atmosfair-Beitrag zu leisten, gehören zum Konzept.

Bei den Reisen wird gezielt mit Frauen auch in den Ziellländern zusammengearbeitet. „Geld in Frauenhand" ist ein Hauptkriterium des Unternehmens, das in erster Linie und wo immer möglich ausschließlich Frauen zur Durchführung einer Reise engagiert. Das kann von der Hotelbesitzerin über die Busfahrerin, Reiseleiterin, Agentur vor Ort bis zu den Sherpas im Himalaya alles sein, um Frauenarbeit zu unterstützen und um die Kompetenz von Frauen wertzuschätzen und fair zu bezahlen. Die Reiseleiterinnen erhalten ein branchenüberdurchschnittliches Honorar und gehören meist mit zum großen Team, was in der Tourismusbranche nicht selbstverständlich ist. Auf Augenhöhe mit allen zu sein, ist eine tragende Säule der Reiseangebote.

Das Handlungsfeld Soziales bezieht sich nicht nur auf die sozialen Aspekte im eigenen Unternehmen, sondern auch bei den Zulieferern und auf die gesellschaftliche Verantwortung – die wir in unserer Grafik als eigenen Bereich dargestellt haben. Nachhaltiges Wirtschaften – wir erwähnten es bereits am Anfang – bedeutet mehr, als Umweltschutz im Unternehmensziel und in der Unternehmenspraxis umzusetzen. Es bedeutet, die Grundlage jeglichen Wirtschaftens, die Versorgung von Kindern, Pflege von Kranken und Unterstützung von Alten einzubeziehen und zu unterstützen. Das sind Aufgaben, die im traditionellen Rollenverständnis eher Frauen zugeschrieben werden und auch immer noch verstärkt von Frauen wahrgenommen werden. Für das nachhaltige Unternehmen stellen sich daraus zwei Anforderungen: die Motivation männlicher Kollegen zur Übernahme familiärer Versorgungsarbeit, um damit eine gerechtere Verteilung dieser gesellschaftlich notwendigen Arbeit zu unterstützen, und die Anerkennung der Versorgungsleistungen und deren Einbindung in den betrieblichen Arbeitsablauf.

Fallbeispiel 2

ALLRESIST ist unabhängiger und eigenständiger Resist-Hersteller für die Mikroelektronik. Seit 1992 auf dem Markt, entwickelt, produziert und vertreibt das Unternehmen eigene lichtempfindliche Lacke, mit denen die Kunden Mikrochips für alle gängigen elektronischen Geräte, wie z. B. Drucksensoren für die Automobilindustrie, herstellen. Als chemischer Produktionsbetrieb ist ALLRESIST sich der besonderen Verpflichtung für eine gesunde Umwelt bewusst. So sind von Anbeginn ein verantwortlicher und schonender Umgang mit Ressourcen sowie der freiwillige Ersatz umweltgefährdender Stoffe gelebte Politik. ALLRESIST verfügt über ein hochentwickeltes integriertes Qualitäts- und Umweltmanagementsystem (DIN EN ISO 9001, 14001).

Was ALLRESIST besonders macht, ist die konsequente mitarbeiterorientierte Unternehmenspolitik. Alle Mitarbeiter sind in wichtige Entscheidungen einbezogen und werden am Unternehmenserfolg beteiligt. Regelmäßige Weiterbildungen, Strategierunden, Qualitätszirkel und Mitarbeiterbefragungen sind genauso selbstverständlich wie gute, faire Gehälter und eine gleiche Bezahlung für Frauen und Männer. ALLRESIST zahlt leistungs-, umsatz- und ertragsabhängige Zulagen und Prämien für Verbesserungsvorschläge, bei Nichtkranksein und sportlichen Aktivitäten und bietet Urlaubsgeld und eine betriebliche Altersvorsorge. Jobrotation, die besonders gefördert wird, hilft Auftragsspitzen abzufedern und alle möglichst gleich und „normal" auszulasten. Die Mitarbeiter beherrschen mehrere Arbeitsplätze und erhalten dafür Zulagen. Dadurch kommt das Unternehmen auch gut durch die Urlaubszeit und erreicht eine sehr hohe Mitarbeiterzufriedenheit und -motivation.

Nachhaltig wirtschaftende Unternehmer haben viele Möglichkeiten, gesellschaftliche Verantwortung zu übernehmen und sich fair und gerecht zu verhalten. Das fängt an bei einer mitarbeiterorientierten Unternehmenskultur und reicht über die Nutzung fair gehandelter Produkte, über das Engagement durch Spendenaktionen bis hin zur Unterstützung von Hilfs- und Umweltprojekten – um nur einige Beispiele zu nennen. Hier verbindet sich das Konzept der nachhaltigen Unternehmensführung am offensichtlichsten mit dem Konzept Corporate Social Responsibility.

Die hier kurz vorgestellten Eckpunkte nachhaltigen Wirtschaftens haben wir in einem Leitfaden „Grün. Gerecht. Gestalten" (zum Download http://www.genanet.de/fileadmin/user_upload/dokumente/FrauenUNTERNEHMEN/FUGE_Leitfaden_final_web.pdf oder http://weiberwirtschaft.de/fileadmin/user_data/pdf/green_economy/Leitfaden_final_web.pdf) ausführlicher dargestellt, mit Beispielen und Informationsquellen unterlegt und dem Ganzen eine Checkliste beigelegt. Damit sollen Unternehmerinnen und Gründerinnen auf ihrem Weg in einer ökologisch nachhaltigen, sozialen und gerechten Unternehmensführung begleitet werden.

6 Die Ökonomie nachhaltigen Wirtschaftens

„Was kostet das?" und „Was bringt es meinem Unternehmen/meiner Gründung?" sind die Fragen, die vermutlich nicht nur von Gründerinnen und Unternehmerinnen am häufigsten gestellt werden, wenn nachhaltiges Wirtschaften thematisiert wird. Natürlich kann hier immer wieder darauf hingewiesen werden, dass die Anschaffung energiesparender und emissionsarmer Geräte zwar teurer ist, die Mehrkosten sich aber im Laufe der Nutzungszeit rechnen. Oder dass auch durch schlichtes „Weniger" Kosten gespart werden können. Was brauche ich wirklich, was kann ich vielleicht gemeinsam mit anderen nutzen, was kann ich mir ausleihen oder erst später anschaffen? Und sicher, wenn die Unternehmerinnen oder Gründerinnen gesellschaftliche Verantwortung übernehmen und etwas für die Umwelt, für die Gleichstellung oder die internationale Gerechtigkeit tun, wirkt sich das nicht nur positiv in den jeweiligen Handlungsfeldern aus, sondern auch auf das Unternehmensimage und hilft potenziellen Kunden bei ihrer Entscheidung. Neben dem Preis spielen Umweltschutz und soziales Engagement eine große Rolle bei der Entscheidungsfindung zwischen gleichwertigen Produkten/Dienstleistungen.

Das ist alles richtig und gut. In der Realität zeigt sich aber, dass frauengeführte Unternehmen gegenwärtig noch einen hohen Preis dafür bezahlen, dass sie nachhaltiger gründen, langfristiger und verantwortlicher denken und weniger den monetären als den gesamtgesellschaftlichen Nutzen ihres Wirtschaftens im Blick haben. Ihnen steht statistisch gesehen weniger Geld für eine Unternehmensgründung zur Verfügung, sie sind deutlich schlechter abgesichert und sie verdienen bis zu 44 % weniger Geld mit ihrer Selbstständigkeit als Männer. Häufiger als Männer bewegen sie sich mit ihrem Solounternehmen am Rande des Existenzminimums (vgl. Gather 2010). Realität ist auch, dass sie weniger Unterstützung aus dem familiären Umfeld erfahren als ihre männlichen Counterparts und häufig neben der Gründung oder Unternehmensführung auch noch die Familienarbeit schultern (König et al. 2012; und in einer Kurzfassung: Leicht 2013). Die Care-Arbeit ist in Klein- und Kleinstunternehmen zwar einerseits flexibler zu organisieren, weil keine starren Strukturen vorgegeben sind – viele Frauen wechseln aus genau diesem Grunde in die Soloselbstständigkeit. Die gewonnene Flexibilität kann sich jedoch auch als Flexibilisierungsfalle durch das Risiko der Entgrenzung von Arbeit und Privatleben erweisen.

Sollen also gerade die ohnehin hoch belasteten Personen durch die Anforderungen nachhaltigen und sozial gerechten Wirtschaftens noch weiter belastet werden? Sollen sie dafür bestraft werden, dass sie die immer wieder geforderte gesellschaftliche Verantwortung übernehmen und die richtigen Schritte auf dem Weg zu einer nachhaltigen Wirtschaft unternehmen? Ganz sicher nicht. Erforderlich ist ein breites Unterstützungsprogramm für diese Vorreiterinnen eines nachhaltigen Wirtschaftens oder einer grünen und sozial gerechten Ökonomie. Das lässt aber leider immer noch auf sich warten.

Literatur

ambøll Management Consulting GmbH, Wachstumspotenziale inhaberinnengeführter Unternehmen (2013) Wo steht Deutschland im EU-Vergleich. Endbericht einer Studie im Auftrage des Bundesministeriums für Wirtschaft und Technologie, Februar 2013

Gather C (2010) Tanja Schmidt und Susan Ulbricht: Der Gender income Gap bei den Selbstständigen – Empirische Befunde. In: Bührmann AD, Pongratz HJ (Hrsg) Prekäres Unternehmertum. Unsicherheiten von selbstständiger Erwerbsarbeit und Unternehmensgründung. VS Verlag, Wiesbaden, S 85–110

Gather C, Biermann I, Schürmann L, Ulbricht S, Zipprian H (Hrsg) (2014) Die Vielfalt der Selbständigkeit. Sozialwissenschaftliche Beiträge zu einer Erwerbsform im Wandel. edition sigma Berlin, Berlin

Gründerinnen und Unternehmerinnen in Deutschland. Daten und Fakten IV, bga-Publikation Nr. 39/2015. http://www.existenzgruenderinnen.de/SharedDocs/Downloads/DE/Publikationen/39-Gruenderinnen-Unternehmerinnen-Deutschland-Daten-Fakten-IV.pdf?__blob=publicationFile. Zugegriffen: Januar 2017

Gründungen von Frauen in den Ingenieurwissenschaften. bga-Publikation Nr. 29/2010. http://www.existenzgruenderinnen.de/SharedDocs/Downloads/DE/Publikationen/29-Ingenieurwissenschaft.pdf?__blob=publicationFile. Zugegriffen: Januar 2017

König S, Cesinger B, Langhauser M, Leicht R (2012) Erfolg ist, wenn beide Karriere machen. Ergebnisse aus dem Projekt: Durch Selbständigkeit zur Doppelkarriere? Berufs-, Partnerschafts- und Lebenskonzepte erfolgreicher Gründerinnen, Teil I: Über Karriereerfolg im Partnerschaftskontext

Leicht R (2013) Karriere zu zweit. Haushalt allein? Frauen in Beruf und Partnerschaft. http://www.selbstaendige-frauen.de/bilder/veranst/01/Leicht_Karriere_zu_zweit_Haushalt_allein.pdf. Zugegriffen: Januar 2017

Praetorius I (2015) Wirtschaft ist Care oder: Die Wiederentdeckung des Selbstverständlichen. Ein Essay von Ina Praetorius. Schriftenreihe Wirtschaft und Soziales, Bd. 16. Heinrich-Böll-Stiftung, Berlin

Sternberg R, Vorderwülbecke A, Brixy U (2014) Global Entrepreneurship Monitoring (GEM), Länderbericht Deutschland 2014. Global Entrepreneurship Research Association (GERA), Hannover/Nürnberg

Wilkinson R, Pickett K (2010) Gleichheit ist Glück. Warum gerechte Gesellschaften für alle besser sind. Tolkemitt Verlag bei Zweitausendeins, Berlin

Dr. Katja von der Bey, Jahrgang 1962, studierte Kunstgeschichte, Geschichte und Philosophie an der Universität zu Köln und an der FU Berlin und promovierte im Fach Kunstgeschichte an der Carl von Ossietzky Universität in Oldenburg. 2004 schloss sie eine zweijährige berufsbegleitende Ausbildung zur Fundraising Managerin (FA) ab.

Noch während des Studiums machte sie sich 1986–1990 als Galeristin selbstständig. In den 1990er-Jahren kuratierte sie Ausstellungen und die internationalen Auftritte einer Klangperformancegruppe und engagierte sich ehrenamtlich bei der Frauenunternehmung WeiberWirtschaft eG. Seit 1996 ist sie ehrenamtliche Vorstandsfrau der Genossenschaft, seit 1999 zusätzlich hauptamtliche Geschäftsführerin (www.weiberwirtschaft.de).

In dieser Funktion war sie wesentlich beteiligt am Aufbau und der Konsolidierung der Organisation, an der Entwicklung und Umsetzung der Ausgründung „Gründerinnenzentrale – Navigation in die Selbständigkeit" (www.gruenderinnenzentrale.de), am Aufbau eines hauseigenen Mikrokreditprogramms und des Nachschlagewerks www.Frauenunternehmen-berlin.de. Sie ist Regionalverantwortliche der bundesweiten gründerinnenagentur (bga) für das Bundesland Berlin (www.existenzgruenderinnen.de). 2013 wurde sie mit dem Frauenpreis Berlin ausgezeichnet.

Ulrike Röhr, Bauingenieurin und Sozialwissenschaftlerin, verbindet seit mehr als 25 Jahren die Geschlechtergerechtigkeit mit der Umweltpolitik. Sie unterstützt die Umsetzung des Gender Mainstreaming in Organisationen und Institutionen die im Umwelt- und Nachhaltigkeitsbereich tätig sind, u. a. durch die Bereitstellung von Informationen (www.genanet.de), Durchführung von Studien, Entwicklung von Instrumenten und Vernetzung der Akteure.

Die Perspektive der Geschlechtergerechtigkeit in der Green Economy und in nachhaltigem Wirtschaften hat sie in mehreren Projekten – gemeinsam mit Frauenverbänden und Wissenschaftlerinnen – bearbeitet. Sie hat Positionspapiere und Forschungskonzepte erarbeitet und schließlich mit dem Projekt FrauenUNTERNEHMEN Green Economy, das gemeinsam mit der WeiberWirtschaft eG durchgeführt wurde, die Ergebnisse dieser Aktivitäten auf die Praxis von Gründerinnen und Frauenunternehmen angewandt.

Aktuell befasst sie sich schwerpunktmäßig mit den Genderaspekten in der Energie- und Klimaschutzpolitik, für die sie sich auch bei den UN-Klimakonferenzen und als Vorstandsmitglied des internationalen Netzwerks GenderCC – Women for Climate Justice (www.gendercc.net) einsetzt.

Aus klein mach groß? Zur Bedeutung von Wachstum für eine nachhaltige Entwicklung

Tina Teucher

1 Einleitung: Die gute Idee vergrößern

Auch wenn sie für sich gesehen unbedeutend erscheinen, spielen Kleinstunternehmen für eine nachhaltige Entwicklung eine wesentliche Rolle: Sie sind zahlreich, flexibel, innovativ, weil bedürfnisorientiert, und haben durch persönliche Beziehungen eine verhältnismäßig hohe Strahlkraft und Vorbildrolle.

In Deutschland bilden kleine und mittelständische Unternehmen (KMU) 99 % der Unternehmenslandschaft und beschäftigen zwei Drittel aller Mitarbeiter. Als größte Arbeitgeber und Nachwuchsförderer, aber auch durch ihren Anteil an der Umweltbelastung lohnt es sich, sie aus der Perspektive ökonomischer, gesellschaftlicher, ökologischer und kultureller Nachhaltigkeit zu betrachten (vgl. Hansen 2011, S. 47). Kleinstunternehmen formieren die überwiegende Mehrheit der Unternehmen (vgl. Statistisches Bundesamt 2008). Um das Thema gesellschaftliche Verantwortung in KMU zu fördern, bieten EU und Regierung verschiedene Maßnahmen, wie etwa das Förderprogramm „Gesellschaftliche Verantwortung im Mittelstand" aus Mitteln des Europäischen Sozialfonds (ESF), das mit 36 Mio. € bundesweit etwa 2000 KMU in 73 Projekten erreichte (vgl. Brehmer 2014).

In Kleinstunternehmen treiben die Geschäftsführer bzw. Inhaber persönlich Themen voran, die ihnen wichtig sind. Besonders bei Verantwortungsthemen rund um die „Corporate Social Responsibility" (CSR) ist die Geschäftsleitung gefragt, weil sie strategische Entscheidungen fällt (vgl. Grothe und Marke 2012, S. 29). Ihre Existenz ist direkt ans Unternehmen gekoppelt und das Bestehen des Unternehmens hängt wiederum an ihrer Persönlichkeit. Daher werden in Kleinstunternehmen die Konsequenzen von Entscheidungen anders abgewogen als durch Vorstandsmitglieder, Abteilungsleiter oder Geschäftsführer

---

T. Teucher (✉)
Sustainable Matchmaker, c/o Impact Hub Munich
Gotzinger Str. 8, 81371 München, Deutschland
E-Mail: yes@sustainablematchmaker.com

© Springer-Verlag GmbH Deutschland 2017
W. Keck (Hrsg.), *CSR und Kleinstunternehmen*,
Management-Reihe Corporate Social Responsibility, DOI 10.1007/978-3-662-53628-5_10

in großen Firmen (vgl. Müller-Christ 2009, S. 37 f., zitiert bei Grothe und Marke 2012, S. 29). Wenn sie sich in der Praxis nicht systematisch mit Nachhaltigkeitsmanagement bzw. der Zukunftsfähigkeit ihres Betriebes auseinandersetzen, dann aus Zeitnot, Finanzknappheit und einem Mangel an Überblick, welche Maßnahmen zu treffen wären (vgl. Grothe und Marke 2012, S. 29). Viele Kleinstunternehmen fokussieren sich daher auf Schritte, die kurzfristig und eindeutig Kosteneinsparungen bringen (vgl. Steinle und Reiter 2002; EU-Kommission 2002).

Unternehmerpersönlichkeiten, die mit ihrer Geschäftstätigkeit Verantwortung übernehmen wollen, möchten vor allem ihr direktes Umfeld positiv beeinflussen. Viele wollen klein bleiben, aber dabei einen größtmöglichen positiven Einfluss bzw. die geringstmögliche negative Belastung auf Umwelt und Gesellschaft erzielen. Es ist letztendlich die nachhaltige Idee der Geschäftsführung, die wachsen soll. Für dieses Wachstum gibt es verschiedene Möglichkeiten, etwa durch stetige interne Verbesserungen, durch Kunden, die zu Fans und Botschaftern werden, durch Kooperationen und Netzwerke oder auch Franchisemodelle.

Aus welchen Gründen entscheiden sich Unternehmer für welchen Weg? Dazu findet sich bisher wenig Forschung und Literatur, die eher im Entrepreneurshipbereich (z. B. zur Wahl der Rechtsform) und im Social-Business-Bereich (z. B. zur Messung gesellschaftlichen Impacts) angesiedelt ist (vgl. dazu u. a. Wüstenhagen 1998; Wüstenhagen et al. 2008; Schaltegger und Hansen 2013; Borderstep Institut 2015; Ketola und Rodgers 2010; Bergset und Fichter 2012; eine Übersicht über die bestehende Scalability-Literatur geben Weber et al. 2012). Dieser Beitrag zieht Fallbeispiele aus Unternehmen verschiedener Branchen, Größen, Rechtsformen und dahinterstehende Unternehmerpersönlichkeiten heran. Er basiert auf eigens geführten Tiefeninterviews mit den Geschäftsführern relativ junger Kleinstunternehmen, die verschiedene Strategien für Wachstum und Verbreitung ihres nachhaltigen Gedankenguts verfolgen. Gefragt wurde u. a. nach der persönlichen Bedeutung von Nachhaltigkeit, der Unternehmensvision, der Rolle von Wachstum für die Geschäftsführung und wichtige Anspruchsgruppen, dem Vorgehen bei der Übernahme gesellschaftlicher Verantwortung sowie Kooperationen und Netzwerken. Ergänzt wurden die Fallbeschreibungen durch im Internet frei verfügbare Informationen über die interviewten Unternehmen sowie weitere Beispiele von Betrieben, die mit kleinen Teams einen verhältnismäßig hohen gesellschaftlichen Einfluss und teils auch mediale Sichtbarkeit für sich und das Thema nachhaltiges Wirtschaften erreichen konnten.

Die Fallbeispiele unterstreichen die Vielfalt der Möglichkeiten, auch als kleines Unternehmen zu nachhaltiger Entwicklung beizutragen. Die Stärkung und Verbreitung nachhaltiger Vorstellungen der Gründer bzw. Geschäftsführer wird möglich z. B. durch Kunden, die zu Mitgliedern und Fans werden (FairMarkt Dippoldiswalde), durch die Entdeckung einer unterschätzten Mitarbeiterzielgruppe (Kuchentratsch), durch genossenschaftliche Strukturen (Kartoffelkombinat), interne Nachhaltigkeitsmaßnahmen (Handwerkskunst Lippmann) oder das klassische Unternehmenswachstum in Kombination mit einem starken Netzwerk (Polarstern). Im Folgenden werden die einzelnen Beispiele kaleidoskopartig beschrieben; eine zusammenfassende Analyse erfolgt im Ausblick.

2 Wachsen mit Mitgliedern: FairMarkt Dippoldiswalde

„Bio geht sogar mit Hartz IV", sagt Sylvia Kleber. Mit ihrem Lebenspartner gründete sie 2011 den FairMarkt in Dippoldiswalde. Schon lange hatten sie den Plan gehegt, selbst einen Bioladen mit frischem Obst und Gemüse zu eröffnen. Niemand in ihrem Ort wollte das übernehmen und so mussten die beiden immer ins 25 km entfernte Dresden fahren, um sich mit ökologischen Lebensmitteln einzudecken. Also gründeten sie die FairMarkt-Gemeinschaft, „als Kühlschrankvergrößerung für meinen Partner und als Hobby für mich", so Kleber. Wer Mitglied wird, zahlt eine monatliche Grundgebühr von 14 € für Einzelpersonen und 26 € für Familien. Dafür kann man vergünstigt einkaufen, fast zu Großhandelspreisen: Sylvia Kleber bietet den Mitgliedern alle Artikel fast ohne Marge an, damit jeder teilhaben kann und die Chance erhält, biologische Lebensmittel zu kaufen – nicht nur die mittlere und obere Schicht.

Das Konzept geht auf: Die inzwischen 250 Mitgliedshaushalte sorgen für einen ausreichenden Umschlag, um immer frisches Obst und Gemüse zu beziehen. „Wir selber hatten und haben auch nicht so viel Geld, aber wir essen seit elf Jahren zu 99 Prozent Bio", sagt Sylvia Kleber. Dafür lässt sie gern mal einen Luxusartikel weg.

Wichtig ist der Unternehmerin vor allem eine intensive Kundenbeziehung. Im ländlichen Raum funktioniert das gut: Man kennt sich, unterhält sich auch privat, etwa 50 Kunden besuchen den Laden in der Nähe der Dresdner Landstraße B170 täglich. Auch mit den inzwischen fünf Teilzeitangestellten bleibt Zeit für eine gute Beziehung. „Im Angestellten-Verhältnis bei einer großen Hotelkette habe ich negative Erfahrungen gemacht", berichtet Sylvia Kleber. Die Wertschätzung gegenüber Mitarbeitern sei gering gewesen, dafür die Verschwendung von Ressourcen hoch. Heute arbeitet sie ohne cholerischen Chef in einem Geschäft, das beständig und langsam wächst.

„Für uns bedeutet Wachstum die Umsetzung unserer Ziele und Ideale", erklärt die Unternehmerin. Damit sei weniger die Wirtschaftlichkeit gemeint als vielmehr das Weitergeben von Wissen über eine gesunde und nachhaltige Lebensweise. „Wir wollen vorleben und zeigen, dass das funktioniert und keine Hexerei ist." Ihren gesellschaftlichen Beitrag sieht sie vor allem darin, die Kunden mitzunehmen und aufzuklären über Gesundheitsprobleme, Klimawandel, Ressourcenverschwendung und die jeweiligen Alternativen. Mit Beratung im Laden, Buchlesungen, Filmvorführungen und Vorträgen im kleinen gemütlichen FairMarkt-Café erreichen sie und ihr Team Herz und Verstand der Kunden. Auch Gemeinschaftserlebnisse lassen sich dadurch wieder auffrischen: „Früher saß man viel öfter mit Nachbarn zusammen, man grüßte sich, tauschte sich aus", hat Sylvia Kleber beobachtet. Heute säßen mehr und mehr Menschen allein vor dem Fernseher. Um diese gesellschaftliche Entwicklung in ihrem Umfeld umzukehren, wird ihr Laden und Café immer mehr zum Begegnungsort, an dem man sich zu einer gesunden, umweltverträglichen Lebensweise austauscht. Von den Kunden kommt bisweilen besonderes Feedback: „Seitdem ich bei euch einkaufe, habe ich keine Rückschmerzen mehr."

Die Entscheidung zur Weiterentwicklung des Ladenkonzepts obliegt dem Inhaberpaar selbst. „Wir sind nicht an Geldgeber gebunden, denen wir Rechenschaft ablegen müssen", sagt Sylvia Kleber. Durch den allgemeinen Aufschwung der Biobranche wachsen die Lieferanten mit und auch die Kunden freuen sich über die steigende Produktvielfalt im Geschäft. Nun plant der FairMarkt nach seiner Philosophie „gesundes Wachsen mit dem Bedarf und mit Qualität" einen Anbau, sogar eine Verdopplung der Ladenfläche, die immer noch vergleichsweise bescheiden ist: von 70 m^2 auf 140 m^2. Einige Kunden fürchten, dass es dann nicht mehr so klein, urig und gemütlich sein wird. Übersichtlich soll es aber trotzdem bleiben, sagt die Geschäftsführerin: „Wir möchten ein Lebensgefühl und Ideen rüberbringen – das geht nicht, wenn das Unternehmen riesengroß ist." Nur im Kleinen ließen sich die Kunden dort abholen, wo sie gerade sind. Im persönlichen Gespräch erhält man direktes Feedback: Was kennt diese Person schon, was noch nicht? „Meine Kunden kommen zu mir, weil sie etwas Neues kennenlernen und etwas anders machen wollen", so Kleber.

Aus ihrem ursprünglichen Businessplan zieht sie immer, wenn die Zeit reif erscheint, ein weiteres Element zum ideellen Wachstum hervor: Gerade haben sie und ihr Partner den Onlineshop freigeschaltet, durch den nun auch bundesweit Kunden nachhaltige Ware vom FairMarkt beziehen können. Vor allem aber wünschten sich die regionalen Kunden den Webshop. Denn die ländliche, ausgedünnte Struktur im sächsischen Osterzgebirge hat fast alle Tante-Emma-Läden verschwinden lassen. Deshalb zieht der FairMarkt auch Biointeressierte aus einem relativ großen Umkreis von über 25 km an, die jedoch nicht immer den weiten Weg auf sich nehmen können.

Von außen gesehen erstaunlich erscheint vor allem, dass der FairMarkt ohne klassische Werbung und PR auskommt. Am Eröffnungstag, dem 9.11.2011, gab es keine Ankündigung. Trotzdem erlebten die frischen Gründer einen regelrechten Ansturm von Neugierigen, mit dem sie nicht gerechnet hatten. Und noch überraschender war: Die Kunden kamen einfach und kauften das, was da war. So konnten die Kleinstunternehmer neue Ware, die sich die gerade gewonnenen Mitglieder wünschten, nachkaufen. Seither hat sich die Qualität des FairMarkts nur über Mund-zu-Mund-Propaganda verbreitet. Selbst für die Vorträge, Seminare und Buchlesungen im Café von und für Kunden gibt es keine große Publicity, bis auf kleine Aushänge im Laden.

Trotzdem kommen immer öfter Menschen auf Sylvia Kleber zu, die sich einen zweiten Laden wünschen – u. a. ein Bürgermeister, der noch ein Biogeschäft in seinem Ort vermisst. Auch eine ernsthafte Anfrage von Franchisingnehmern läuft: Eine Familie mit drei kleinen Kindern möchte von den Erfahrungen aus Dippoldiswalde profitieren und ihr finanzielles Risiko minimieren. Das braucht zwar noch etwas Zeit für Standards und Franchisevertrag. Doch das Konzept steht, funktioniert und bei Problemen würde sie mit Coaching und Hilfe bereitstehen, sagt die Einzelhändlerin.

Für die FairMarkt-Unternehmer gilt: Klein ist fein. „Ein erfolgreiches Unternehmen ist nur so lange erfolgreich, wie es überschaubar ist", glaubt Sylvia Kleber. Der Firmeninhaber oder Geschäftsführer sollte die Prozesse noch verstehen und leiten können. Bei kleinen Unternehmen sei zwar die Auswahl nicht so groß, dafür leide in großen aber schnell mal die Qualität und passierten Dinge, die keiner Struktur mehr entsprechen. „Es braucht jemanden, der die Fäden zieht. Eine effiziente Wirtschaft sollte geprägt sein von kleinen und mittelständischen, gut vernetzten Unternehmen."

3 Wachstum mit Alten: Kuchentratsch

Omas Kuchen schmecken am besten! Mit dieser Erkenntnis über einen unvergleichlichen Mehrwert gründeten die 26 Jahre jungen Münchnerinnen Katrin Blaschke und Katharina Mayer im Juni 2014 ihr Social Business. „Kuchentratsch" will Senioren eine Anlaufstelle bieten und dabei die Stadt mit leckeren Kuchen versorgen. In der Backstube können ältere Menschen neue Leute kennenlernen, eine feste Aufgabe verfolgen und sich etwas zur Rente dazu verdienen. Das Sozialunternehmen bietet dafür die Räumlichkeiten, die Gerätschaften, die regionalen Zutaten sowie die entsprechende Vergütung. Jeden Montag, Mittwoch und Freitag ist Backtag: Ein reges Treiben mit Kuchenduft, Tratsch und feinen „Produkten" von A wie Apfelkuchen bis Z wie Zupfkuchen erfüllt dann die eigens eingerichtete Backstube. Die mit Liebe und erfahrenen Händen hergestellten Werke treffen auf viel Gegenliebe bei Cafés, Unternehmen, Stiftungen und Privatpersonen.

Am Anfang trieb die beiden studierten Betriebswirtinnen die Frage an, wie man ein gesellschaftliches Problem mit einem wirtschaftlichen Modell lösen kann. Denn Vereinsamung im Alter und Altersarmut nehmen zu – auch im „reichen" München. Ihr Lösungsansatz: Gemeinsames Kuchenbacken, Rezepte austauschen, Geschichten und Erfahrungen teilen und Verantwortungsübernahme geben älteren Menschen das Gefühl des Gebrauchtwerdens. Das Angebot bildet neue Kontinuität und Stabilität in ihrem Leben. Und es trägt sich auch wirtschaftlich: Die Kuchen können via Onlineshop, Anruf oder E-Mail bestellt werden und kosten ab 29,50 €. Die Senioren sind auf 450-Euro-Basis angestellt.

Bei jeder Entscheidung achten die Unternehmerinnen auf eine stimmige Philosophie, zu der Regionalität, Saisonalität und Nachhaltigkeit gehören. So beziehen die Kuchenbäckerinnen Mehl von der Meyermühle in Landshut und Bioeier vom Seepointerhof im nahe gelegenen Tiefenbach. Die Milch kommt von Berchtesgadener Land, das als bekannte genossenschaftliche Marke für artgerechte Rinderhaltung im bayrischen Voralpenland gilt. Selbst Papier, Schreibmaterial und Hygieneartikel bezieht das kleine Unternehmen nachhaltig vom Onlinebüroartikelhändler Memo. Für die Qualitätssicherung sorgen zum einen die Senioren mit ihren über 40 Jahren Backerfahrung, zum anderen die offene Backstube, in die Interessierte hineinblicken können, und schließlich eine Sondergenehmigung zum Backen von der Handwerkskammer. Weil Kunden immer zu Feedback eingeladen werden, kann sich die Backkultur ständig verbessern: Jede Seniorin steht mit ihrem Namen für ihren Kuchen, sodass Lob und konstruktive Rückmeldungen sie leicht erreichen können.

Mit ihrer sympathischen Idee trafen die Kuchentratsch-Gründerinnen auf hilfreiche Unterstützer und Kooperationspartner. So wurde etwa der Gründer des Impact Hub München (ein Coworking Space für Social Entrepreneurship) Joscha Lautner zum persönlichen Mentor der Unternehmerinnen. Durch die Ashoka-Wirkungsschmiede für Teilhabe

2014/2015 konnten sie sich zusätzliches Know-how aneignen. Über die Crowdfunding-Plattform Startnext sammelten sie über 24.000 € für die eigene, seniorengerechte Backstube mit energieeffizienten Geräten. Außerdem gewannen sie die BMW Stiftung als strategischen Partner, der als Referenzkunde auch den Zugang zu Netzwerkveranstaltungen öffnete.

Das kleine Unternehmen wächst mit seinen Omas. Im Kernteam arbeiten die beiden Gründerinnen mit einer Werkstudentin und einer Praktikantin – zu viert. Als Kuchenbäckerinnen auf Minijobberbasis haben sich inzwischen 28 Seniorinnen versammelt. „Unser erstes Wachstumsziel ist es, Kuchentratsch stabil in München zu etablieren", sagt Katrin Blaschke. Das Unternehmen solle erst einmal rundum funktionieren. „Wir beschäftigen uns aber auch intensiv mit dem Thema Skalierung, besuchen dazu Workshops und Seminare." So kämen auch Franchise- oder Open-Source-Modelle infrage. „Das ist für jede Unternehmerin eine persönliche Entscheidung: Wie stellen wir uns unsere Zukunft vor und passt Wachstum in diese Vision hinein?" Im Fall von Kuchentratsch sei Wachstum vor allem für die „Fans" interessant. Sie wollen, dass das Modell auch in anderen Städten aufblüht. Den Omas gehe es dagegen eher um Kontinuität: Sie wollen sich auf die Initiative als Anlaufstelle und Zusatzverdienst verlassen können. Auch die Investoren sind geduldig und üben keinen Druck aus, um zunächst das Funktionieren auf Stadtebene zu sichern.

Beim Wachstum ist es wie mit der Liebe: Es gehören immer zwei dazu, damit es funktioniert. Im Falle des Wachstums: Angebot und Nachfrage. Kuchentratsch erlebte zu Beginn eine hohe Anfrage von interessierten Senioren. Inzwischen ist die Nachfrage der hungrigen Kunden höher als das „Omaangebot". Von welchen saisonalen und anderen Bedingungen diese Schwankungen abhängen, muss sich das junge Unternehmen zunächst erarbeiten.

Schließlich wollen Inspirierte aus anderen Regionen auch etwas vom Kuchen abhaben. „Viele möchten ein Franchise eröffnen, kommen zum Probebacken bei uns vorbei und stellen dann fest, dass die Welt doch nicht so rosa ist", erklärt Katrin Blaschke schmunzelnd. Denn neben der intensiven Arbeit in der Backstube gibt es eben auch viel im Hintergrund und Büro zu tun, um die Geschäfte am Laufen zu halten, Kunden und Omas zu gewinnen und Netzwerke aufzubauen. „Unsere Prozesse funktionieren, aber es gibt noch einige Kinderkrankheiten." Kuchentratsch setzte bisher auf ein experimentelles Vorgehen: ausprobieren und dann anpassen. „Wenn wir von vornherein alles perfekt hätten machen wollen, dann gäbe es uns wahrscheinlich immer noch nicht", so Katrin Blaschke. Für ein Franchising möchten sie und Katharina Mayer aber ein zu 100 % funktionierendes Konzept mitgeben können. Dafür suchen sie momentan Partner mit viel unternehmerischer Praxiserfahrung, mit Professionalität im Bereich Backstube und eine Betriebsleitung. Denn 40 bis 60 Kuchen pro Backtag wollen erst einmal koordiniert sein. Für die Balance der Arbeit im Business (operativ) und am Business (strategisch) braucht es eben Zeit: Für die Seniorinnen, für die Kunden und die Zukunftspläne.

4 Wachstum mit Genossen: Kartoffelkombinat

Das Kartoffelkombinat eG in München ist seit seiner Gründung im Frühjahr 2012 verhältnismäßig rasant gewachsen: Inzwischen haben sich etwa 900 Mitgliederhaushalte der Genossenschaft angeschlossen. Sie wirtschaftet nicht gewinnorientiert, sondern zum Wohle ihrer Mitglieder als solidarische Landwirtschaft: ein Modell, bei dem sich Konsumenten zu einer garantierten Abnahme der Ernte von Gärtnern bzw. Bauern verpflichten und diese wiederum eine vereinbarte Anbauqualität garantieren. So sind Endkonsumenten und Produzenten direkt und ohne Handelsumwege miteinander verbunden.

Ein Kombinat bezeichnete ursprünglich den Zusammenschluss von Industriebetrieben in sozialistischen Staaten. Damit verbindet es Produktion, Entwicklung und Vertrieb einer Branche. Zwar arbeitet das Kartoffelkombinat heute weit weg vom Sozialismus, im Südwesten Deutschlands, die Parallele ist aber zu erkennen: Der Zusammenschluss macht Handelsnormen, Großhandelsstrukturen, lange Transportwege und die Biozertifizierung überflüssig. Die Mitglieder kennen und vertrauen auf ihre landwirtschaftlichen Betriebe. Billiger als im Supermarkt ist das Gemüse trotzdem nicht: Durch Elemente wie eine faire Bezahlung aller Mitarbeiter, den Verzicht auf künstliche Dünger oder auch auf landwirtschaftliche Subventionen werden gesellschaftliche Kosten eingerechnet, die in der „normalen" Landwirtschaft externalisiert – also auf die Allgemeinheit umgewälzt – werden. So kostet am Ende ein Genossenschaftsanteil 150 €, der Ernteanteil pro Haushalt liegt bei 68 € pro Monat.

Die Mitglieder im Kartoffelkombinat sind Miteigentümer und Kunden zugleich. Zweimal jährlich treffen sie sich für gemeinsame Entscheidungen über den Anbau: Sorten, samenfestes Saatgut, Verzicht auf Dünger, unbeheiztes Gewächshaus. „Natürlich ist das mehr Aufwand", sagt Daniel Überall. „Aber es lohnt sich, weil die Entscheidung dann auch von allen getragen wird." Abholen können sich die Mitglieder ihre Ernte jede Woche in zentralen Abholpunkten. Dabei wird der Begriff „solidarisch" auch auf das Gemüse selbst angewendet und zum ungewöhnlichen Alleinstellungsmerkmal: Gemüsesorten, die man nicht mag, kann man nicht abwählen – es wird gegessen, was mit der Kiste kommt.

Für die Genossenschaft arbeiten hauptamtlich zwei Vollzeitangestellte (Vorstand und Gärtner) sowie vier Teilzeitangestellte, drei Minijobber und eine Freiberuflerin. Die Münchner beziehen 100 % der Ernte der Schönbrunner Behindertenwerkstatt. Damit sind 14 % des Jahresbedarfs der Genossen gedeckt. Den restlichen Bedarf kauft das Kartoffelkombinat von anderen Partnerbetrieben im Umkreis.

Warum ist ausgerechnet das Kartoffelkombinat im Vergleich zu ähnlichen Projekten so schnell gewachsen? Schließlich ist auch in München die Szene der an Nachhaltigkeit interessierten Menschen relativ übersichtlich. Dieses Projekt unterscheidet sich, weil es wie eine klassische Marke aufgebaut wird: „Wir hätten es auch ‚Solidarische Landwirtschaft München West' nennen können", sagt der Kommunikationswirt und Vorstand Daniel Überall. „Aber das hätte nicht halb so viel Attraktivität wie das Kartoffelkombinat."

Auch die Rechtsform macht den Gemeinschaftsgedanken attraktiv. Schnell entschieden sich die Initiatoren für die Form der Genossenschaft. Es ging ihnen dabei um langfristige Tragfähigkeit: „Das Projekt selbst ist wichtiger als die einzelnen Akteure", sagt Daniel Überall. Oft sind Projekte der solidarischen Landwirtschaft als GbR aufgestellt und dadurch stark von einzelnen Personen abhängig. Auch mit einer GmbH sind Gründer und Inhaber oft eng verbunden. Dagegen findet sich eine auf Dauer angelegte Struktur, in der die Gemeinschaft ein höheres Gewicht bekommt als die einzelnen Personen, in der Aktiengesellschaft – oder der Genossenschaft. Solidarisch erscheint dabei vor allem das Kopfstimmrecht der Genossenschaft: Egal wie viele Gesellschaftsanteile jemand hält, er bekommt eine Stimme und damit ein basisdemokratisches Instrument. Eine AG erschien den Gründern als kaltes Finanzkonstrukt: „Bei der AG geht's ums Geld, bei der Genossenschaft um die Menschen", sagt Daniel Überall. Die Genossen hätten eine höhere emotionale Bindung an ihren Betrieb, sodass Rendite und Eigenkapitalquote eher im Hintergrund stünden.

So geht es dem Kartoffelkombinat auch nicht um Wachstum, sondern um die Stabilität des Konstrukts. Die Stabilität stelle sich bei einer bestimmten Größe ein, die man durch Wachstum erreichen muss. Hier verfolgen die Erdapfelliebhaber aber größere Ziele als normale Projekte der solidarischen Landwirtschaft, bei denen es darum geht, eine schwarze Null für den Landwirt durch eine stabile Absatzstruktur zu erreichen. Viele dieser Projekte haben etwa 100 bis 120 Mitgliedshaushalte und daneben noch andere Vertriebswege. Das Kartoffelkombinat strebt dagegen an, ein Versorgungsmodell für eine Millionenstadt aufzubauen und damit zu beweisen, dass eine gemeinwohl- statt profitorientierte Wirtschaft mit positiver Bilanz wirtschaften kann. „Für den Versuch einer alternativen Versorgungsstruktur spielt die Größe eine Rolle, um ernst genommen zu werden und wirklich etwas an der Realität zu verändern", erläutert Daniel Überall. Momentan hat die Genossenschaft 900 Mitgliedshaushalte, wovon 800 eine Kiste beziehen und 100 als Förderer dabei sind. Das ist schon eine beachtliche Menge für deutsche Verhältnisse: Die nächst kleineren Gemeinschaften im Bundesgebiet haben 300 oder 500 Mitglieder.

Das Wachstum sorgt bei den Genossen immer wieder für kontroverse Diskussionen. Am Anfang führten die Debatten fast zum Bruch, weil sie die Leitbildentwicklung ins Stocken brachten: Welche Ziele, Werte und Leitplanken wollte sich das junge Projekt geben? Ein Vorstand forderte, dass sich alle Haushalte kennen müssen, damit sie eine Verbindung aufbauen, die sich in guten wie in schlechten Zeiten solidarisch trägt. Ihm schwebte eine lebendige, sich gegenseitig stützende Gemeinschaft vor. Der andere Vorstand glaubte dagegen, dass sich dieses Konzept finanziell nicht tragen würde: Die enge Bindung würde für den einzelnen Mitgliedshaushalt so teuer werden, dass man mit dem Angebot nicht mehr die Mitte der Gesellschaft anspricht. Das Ergebnis aus dem Diskussionsprozess mit dem Aufsichtsrat: Das Kartoffelkombinat versucht den Gemeinschaftsgedanken möglichst hochzuhalten – jedoch eher in Form von nachbarschaftlicher Vernetzung, organisiert rund um die Verteilpunkte für die Gemüsekisten. Die Genossen haben sich politische Ziele gesetzt, u. a. die (von Prof. Dr. Niko Paech geprägte) Postwachstumsökonomie mit Suffizienz[1] und Subsistenz[2].

In der Streitkultur liegt zugleich ein Erfolgsfaktor des Kartoffelkombinats. Die beiden Vorstände Simon Scholl und Daniel Überall sind so gegensätzlich, dass sich unterschiedliche Menschengruppen an ihnen reiben, mit ihnen identifizieren oder etwas in sie projizieren können. „Es ist wie bei einer gecasteten Gruppe, wie bei den Spice Girls", vergleicht Daniel Überall: „Simon setzt eher auf Emotionen, ich gelte als rational." Beide nutzen ihre persönlichen Netzwerke, um die solidarische Landwirtschaft voranzubringen. Zu den Partnern des Projekts gehört der Carsharinganbieter Stattauto München (für die Lieferung) und die Stiftungsgemeinschaft anstiftung & ertomis (für Forschung zu „urbanen Gärten" und der „DIY-Bewegung").

Das Kartoffelkombinat will nicht nur Gemüse für seine Mitglieder, sondern auch politische Veränderungen ernten: Nachhaltigkeit, Generationengerechtigkeit, faire Entlohnung und ein zukunftsfähiges, an langfristigen Zielen orientiertes Wirtschaften gehören zu den Früchten der Genossen. Die Ideen und Ziele der Wertegemeinschaft wachsen und verbreiten sich mit den regelmäßigen Veranstaltungen der „Kartoffelakademie". Seit Juni 2013 organisiert die Genossenschaft jeden zweiten Freitag im Monat Veranstaltungen zu gesellschaftlichen und ökologischen Themen. Sie stehen allen Interessierten offen und vermitteln im Sinne einer Bildung für nachhaltige Entwicklung Wissen und Kompetenzen z. B. zu Artenschutz, plastikfrei leben, Mobilität, Slow Food und erneuerbaren Energien. Außerdem beteiligt sich das Kartoffelkombinat aktiv an regionalen Nachhaltigkeitsveranstaltungen, z. B. am Münchner Klimaherbst (durch Vorträge) am Tollwood-Festival und an Veranstaltungen von Green City (mit Informationsständen), um zur Hinterfragung des konsumorientierten Wachstums beizutragen.

Im noch größeren Rahmen ist das Kartoffelkombinat Teil der Gemeinwohl-Ökonomie. 2014 schlossen sich in München vier Unternehmen (darunter die Polarstern GmbH und das Kartoffelkombinat eG) zu einer Peergroup zusammen, um ihren Gemeinwohl-Bericht zu erstellen. Die vom Österreicher Christian Felber gegründete Bewegung der Gemeinwohl-Ökonomie (GWÖ) hat eine Methode entwickelt, mit der sich Unternehmen daran messen lassen, welchen Beitrag sie zum Gemeinwohl leisten. Die langfristige volkswirtschaftliche Vision: Die GWÖ setzt steuerliche und finanzielle Anreize für gemeinwohlorientiertes Wirtschaften, z. B. geringere Steuern und günstigere Zinsen für Unternehmen mit einer guten Gemeinwohl-Bilanz. Diese Bilanz bewertet die Zusammenarbeit mit Gruppen in der gesamten Wertschöpfungskette: von Geldgebern und Eigentümern über Lieferanten bis hin zu Mitarbeitern, Kunden und dem gesellschaftlichen Umfeld. Die Auseinandersetzung mit diesen Themen reicht bis in die internen Prozesse von Partnern: Orientiert sich der Kartoffelbauer Knoll als wichtiger Lieferant nicht nur ökologisch, sondern hält sich auch an arbeitsrechtliche Bestimmungen, zahlt Abgaben und faire Löhne? Im Fe-

---

[1] Strategie der Genügsamkeit.
[2] Bevorzugung von Selbstversorgung für den Eigenbedarf.

bruar 2016 erhielt das Kartoffelkombinat das offizielle Testat der Gemeinwohl-Ökonomie mit 70 von 100 erreichbaren Punkten.

5 Wachstum im Inneren: Daniela Lippmann Handwerkskunst

Nachhaltigkeit war für Daniela Lippmann die längste Zeit ein Fremdwort. Als sich die Dresdnerin 2014 selbstständig machte, entwickelte sie ein klares Profil, wie sie ihren Betrieb im traditionsreichen Friseurhandwerk führen wollte. Doch Daniela Lippmann ist keine gewöhnliche Handwerkerin – sie ist eine Künstlerin. Mit ihrem hohen Qualitätsanspruch begleitet sie Menschen durch Frisuren und Styling zu einer schönen Ausstrahlung. Für ihre besondere Fertigkeit, das „Perfect Blond" zu färben, wurde sie schon mehrfach bundesweit geehrt. Die Friseurmeisterin und ausgebildete Stylistin wusste, dass diese Kombination aus Anspruch und Kunstfertigkeit besonders in gut situierten Kreisen der sächsischen Landeshauptstadt gut ankommen würde. Doch auf die Frage des Gewerbeamts, wie sie ihre Firma nennen wollte, war sie nicht vorbereitet. Ihre Antwort kam spontan, aus dem Innersten: Daniela Lippmann Handwerkskunst.

„In erster Linie bin ich Handwerkerin: Ich liebe es, handwerklich zu arbeiten und jeden Tag etwas mit meinen Händen zu machen, weil immer etwas Gutes herauskommt", erzählt die 38-Jährige. Ständig vor dem Computer sitzen oder an Projekten arbeiten könnte sie nicht. Aber sie sieht sich auch als Künstlerin, „weil ich jeden Tag meine Kundinnen schön zaubere". Sie will Handwerkskunst auf höchstem Niveau nicht bewerben, sondern leben.

Zu diesem Qualitätsverständnis gehört für Daniela Lippmann heute auch nachhaltiges Wirtschaften. Der Auslöser dafür war der Blick auf die nächste Generation: Vor allem ihre jugendliche Tochter, die vegan lebt und sich intensiv mit Umweltschutz beschäftigt, motiviert die Mutter dazu, alle Alltagsentscheidungen zu hinterfragen – auch die in ihrem Geschäft. So achtet die Haarkünstlerin z. B. auf die biologische Abbaubarkeit von Shampoos und Haarfarbe, verwendet Papierstreifen statt Alufolie beim Strähnchenfärben.

Die Erziehung zum Konsumenten sieht die Meisterfriseurin kritisch: „Ich kaufe nicht zu viel Ware und nur solche, die meine Kunden und ich wirklich brauchen", erzählt sie. Lieber bestelle sie öfter, damit alles wirklich aufgebraucht wird und ihre Kunden frische Produkte erhalten. Dank ihrer Tochter entdeckte sie den Hersteller Pur Hair, der vegane Shampoos und Conditioner anbietet. Oft sind ökologische Lösungen auch ganz einfach, beispielsweise beim Putzen mit Essig: „Das ist billig, sauber und desinfiziert gut", so Lippmann. Der Abfall im Salon ist auf ein Minimum reduziert: Eine Mülltüte pro Woche reicht, um Haare und Zuckertütchen für den Kaffee oder Tee der Kunden zu entsorgen. Letzterer stammt aus einer Radebeuler Teemanufaktur und unterstützt damit auch das regionale Handwerk. Wer Saft trinken möchte, bekommt Rhabarbersirup aus dem Garten einer treuen Kundin des Salons serviert.

Wie viel Energie durch ihren Laden fließt, schaut die Unternehmerin sich genau an: Bei den Haartrocknern entschied sie sich lieber für effiziente Profiföns: „Die sind zwar teurer in der Anschaffung, aber günstiger im Unterhalt." Die energiesparenden Lampen, die im

Laden für angenehmes Ambiente sorgen, rentieren sich auch erst in einigen Jahren. Einsparpotenzial sieht Daniela Lippmann noch bei den Heizkosten. Hier versucht sie schon zu optimieren: Die Fußbodenheizung braucht es am Nachmittag kaum, weil dann genug Wärme durch die Fenster kommt. Im Winter sorgen Laternen und Kerzen für Atmosphäre. Beim Kaffee weiß die Kunsthandwerkerin um ihre Verbesserungsmöglichkeiten: „Im Moment nutze ich meine kleine Kapselmaschine, weil das einfach schneller geht", was die Kunden sehr schätzen. Langfristig will sie auf nachhaltigen Kaffee umsteigen.

Von all diesen Nachhaltigkeitsmaßnahmen weiß die Kundschaft nichts: „Das kümmert die Konsumenten bisher wenig", bedauert Daniela Lippmann. „Aber ich bin die Brücke": Die auf Schönheit bedachte Damenwelt kauft nachhaltiges Shampoo, weil die Flasche chic aussieht – und weil sie ihrer Friseurmeisterin vertraut. Dass das Haarwaschmittel ohne Tierversuche, Parabene und Sulfate hergestellt ist, interessiert die Kundinnen nicht in erster Linie – doch sie sind begeistert, wenn es für die Frisur Wunder wirkt. Diese Verbindung schätzt die Kleinunternehmerin: „Mein Gewissen und mein Herz sind beruhigt: Ich mache etwas Gutes, indem ich das oberflächliche Konsumdenken mit sinnvollen Produkten und Dienstleistungen verbinde." Wenn es nach ihr geht, gäbe es jetzt endlich ein Umdenken in der Kosmetikindustrie: „Wir müssen weg vom angestaubten Öko-Image der Nachhaltigkeit und vielmehr zeigen, dass sie mit Schönheit sehr gut zusammenpasst."

So unterstützt die Unternehmerin auch andere Handwerker, indem sie ihren Haar- und Modeschmuck im Laden ausstellt. Die Manufaktur Lemper in Hessen entwirft, produziert und vertreibt mit ihren 40 Mitarbeitern in dritter Generation schöne Accessoires. „Das finde ich unterstützenswert und die in Deutschland hergestellten Produkte kommen bei meinen Kunden sehr gut an", hat Lippmann festgestellt.

Zur Vernetzung lädt die Blondexpertin regelmäßig zu einem Unternehmerinnenabend in ihren Laden an der Elbe in Dresden-Loschwitz ein. „Inzwischen sind wir so groß geworden, dass wir in einen Hoteltagungsraum umziehen mussten." Dort treffen sich etwa 60 Unternehmerinnen regelmäßig zum Frühstück, zu einem Themenvortrag, Vorstellungsrunden und zum Netzwerken. Die Veranstaltungen sind für Daniela Lippmann eine Herzensangelegenheit: „Ich finde, dass wir insbesondere Frauen, die im Alltag Doppel- und Dreifachbelastungen haben, motivieren sollten, ihre Selbstständigkeits- und Unternehmenskultur zu leben."

Neue Kundinnen erreicht die Stylingexpertin durch Empfehlungsmarketing, also Mund-zu-Mund-Empfehlungen ihres Netzwerks. Was ihr allerdings noch fehlt, ist eine „grüne" Bank im Osten für Geschäftskunden, bei der problemlos Onlinebanking möglich ist, die aber auch einen persönlichen Ansprechpartner bietet.

Mit dem eigenen Wachstum auf eine ideale Größe haben es Kleinstunternehmen nicht leicht: „Viele Handwerker geben aufgrund der Bürokratie auf." Auf der anderen Seite beobachtet Lippmann einen erfreulichen Trend: kleine Geschäfte, regionale Produkte und eine suffiziente Einstellung nach dem Motto: „Wenn's alle ist, ist es alle!" Um sich aber wirtschaftlich stabil aufstellen zu können, würden viele Unternehmer zum Wachstum gezwungen und damit zur Verschuldung. „Da gerät man schnell in eine Spirale der Abhängigkeit von Banken." Deren Finanzierung biete nur eine Scheinsicherheit, denn das

Wachstum führe auch wieder zu höheren Kosten, wie z. B. Leasingraten. Nachhaltigkeit für KMU könnte deshalb eben heißen, nicht zum ständigen Wachstum gezwungen zu werden, sondern klein und fein bleiben zu dürfen.

6 Wachstum als Unternehmen: Polarstern

Polarstern versorgt Menschen in Deutschland mit sauberer Energie: Der Ökostrom stammt aus deutscher Wasserkraft und das Ökogas – eine echte Innovation – aus organischen Reststoffen. Gleichzeitig blickt der junge Energieversorger über den deutschen Tellerrand hinaus: Polarstern hilft Familien in Kambodscha beim Bau einer eigenen Biogasanlage inklusive angeschlossener Toilette sowie bei der Installation von Gaslampen und eines Gasherds. „Ich wollte nicht die 25. App machen, die kein Mensch braucht", sagt Florian Henle, der zum dreiköpfigen Gründerteam gehört. „Die Energiewende ist die größte Herausforderung unserer Zeit. Unser größter Treiber war der Sinn." Zusammen mit Jakob Assmann und Simon Stadler entschied er sich 2011 für den Start einer GmbH: „Wir wollten Unternehmer sein."

Inzwischen ist der kleine Energieversorger auf 30 Mitarbeiter angewachsen, in Teilzeit und Vollzeit, etwa 15 Vollzeitäquivalente. „Wachstum ist wichtig, aber kein Selbstzweck", ist das Credo von Polarstern. Zwar müsse ein Unternehmen am Anfang auch in ökonomischer Hinsicht wachsen, um auf eigenen Beinen stehen zu können. Doch finanzielle Kennzahlen seien nicht das einzige Messkriterium: „Wir müssen professionell und effizient arbeiten, aber ordnen nicht alles der finanziellen Rendite unter, sondern blicken auch auf die ökologische und soziale Rendite." Deshalb haben die drei Energiemarktexperten sich konkret messbare Ziele für die soziale Rendite gesetzt in Form von unterstützten Familien in Kambodscha. „Meistens schauen Unternehmen erst, dass es ihnen gut geht, und wenn sie etwas übrig haben, verteilen sie es", hat Florian Henle beobachtet. Polarstern hat von Anfang an Familien in dem von Feuerholz und Petroleum abhängigen Land Südostasiens unterstützt und damit die Idee der Energiewende in globaler Dimension angepackt. „Die Verbreitung des nachhaltigen Gedankens heißt für uns: Wir wollen zeigen, dass es geht. Konkret: Man kann als Social Business auf dem sehr wettbewerbsintensiven Energiemarkt bestehen."

Wenn ein Unternehmer nah an den inhaltlichen Themen seiner Firma bleiben möchte, sollte man sich auf bis zu 50 Mitarbeiter begrenzen, ist Florian Henle überzeugt. Denn ab einer bestimmten Größe brauche es andere Strukturen und der Unternehmer beschäftigt sich immer weniger mit inhaltlichen, dafür immer mehr mit administrativen Themen. Die ideale Größe hänge auch von Branche und Struktur ab. Auf dem Land, im Regionalen, sei das Kleine eher tragfähig. Florian Henle hat für sich eine Art Impact-Maximierungsstrategie gewählt: Man sollte das Maximale aus seinem Potenzial machen, je nach eigenem Horizont, dem Umfeld, der Branche und den Mitarbeitern. In Deutschland gibt es über 1000 Energieversorger. Polarstern gehört noch zu den kleinen und profitiert davon durch Flexibilität. Für ein Stadtwerk könne die jeweilige Größe genau richtig sein, denn die regionale Positionierung verleiht hier Glaubwürdigkeit. Um aber mehr gesellschaftliche Wirkung (Impact) zu erzielen, sei für Polarstern weiteres Wachstum nötig.

Damit das Bewusstsein für die Social-Business-Idee steigt, betreiben die Polarsterne viel Medienarbeit, halten Vorträge und vernetzen sich. Seit Anfang 2016 ist das Unternehmen als erster Energieversorger Deutschlands gemeinwohlökonomie-zertifiziert – zusammen mit vier anderen kleinen Firmen in München. Außerdem kooperiert Polarstern mit mehreren Organisationen und Unternehmen, u. a. mit der Umweltorganisation Sea Shepherd. Sie erhält für jeden Neukunden, der über ihr Netzwerk zu Polarstern wechselt, eine Spende. Seit drei Jahren organisiert Polarstern die Isar-Cleanup-Aktion, bei der das Team des Ökostromanbieters zusammen mit Münchnern und Organisationen die Isar-Ufer der Stadt von Müll befreit.

Mit solchen Aktivitäten und dem Beweis des erfolgreichen Sozialunternehmertums wird Polarstern zum Role Model und zur Inspiration für andere. Die größte Aufgabe sehen die Gründer aber noch vor sich: den Energiemarkt umwälzen, die dezentrale Energiewende in Schwung bringen und sie auch zu den Mietern und nicht nur zu Eigenheimbesitzern zu bringen. Eine weitere soziale Mission.

7 Wachstum durch Vernetzung

Neben den in den Fallbeispielen erwähnten Möglichkeiten zum Wachstum gesellschaftlich positiver Wirkung in Kleinstunternehmen gibt es zahlreiche weitere, individuell zu den jeweiligen Betrieben passende Wege, z. B. Digitalisierung, Kooperationen und Franchising. Einige davon sollen im Folgenden kurz vorgestellt werden.

Die **Fleischerei Böbel** im fränkischen Rittersbach nutzt zur Erhaltung ihres Traditionsbetriebs in einer zunehmend schwachen ländlichen Region die Digitalisierung (zu diesem Beispiel vgl. Linde 2015): Mit dem eigenen Onlineshop „UmDieWurst.de" schaffte es Metzgermeister Claus Böbel sogar in den Telekom-TV-Spot über die Chancen der Industrie 4.0. Durch die Website erreicht Böbel nun Fleischliebhaber weltweit; mit zusätzlichen inhaltlichen Mehrwerten wie Vorträgen, Kursen zum Wursten und Erlebnisseminaren lenkt er die Aufmerksamkeit auf die Qualität seines Handwerks, die durch Billigfleisch- und Gesundheitsskandale in Verruf geraten ist. Über 50 % der Bestellungen laufen inzwischen über die digitale Ladentheke der Metzgerei, etwa 30 % mehr Umsatz kann sie dadurch erzielen. Nebenbei kann das Traditionsunternehmen sich gegenüber Discountern profilieren und Ressourcen sparen, weil es sein Angebot mithilfe der Onlinedaten zielgruppengenauer aufstellen und weiterentwickeln kann. Mit dieser digitalen Öffnung steht die Metzgerei nicht allein, denn der Trend bei KMU geht zur eigenen Website: 2013 präsentierten sich bereits 64 % der Kleinstunternehmen im Internet, erst 37 % nutzten auch Social-Media-Plattformen (vgl. Statistisches Bundesamt 2014).

Der *Avocadostore* hat sich seit seiner Gründung 2010 zum größten Onlinemarktplatz für ökologische und soziale Mode und Lifestyleprodukte entwickelt. Die inzwischen neun Mitarbeiter ermöglichen Kunden den Zugang zu mehr als 70.000 nachhaltigen Produkten und über 1000 Marken. So verbindet die Seite als Knotenpunkt viele kleine Hersteller und gibt ihnen und ihrem nachhaltigkeitsorientierten Anliegen eine größere Plattform und Kundenreichweite, als die Kleinstunternehmen dies mit eigenen Anstrengungen könnten. Zudem betreibt Avocadostore selbst auch Konsumentensensibilisierung durch klare Kriterien für Produkte und Hersteller, einen inhaltlich wertvollen und optisch attraktiven Blog sowie Newsletter und Social-Media-Aktivitäten.

Für eine starke Vernetzung in der analogen Welt sorgt dagegen das *Impact Hub München* (zu diesem Beispiel vgl. Teucher 2015). Der Coworking Space bietet nicht nur Arbeitsraum für Start-ups aus dem sozialen Bereich, sondern auch Raum für Kooperationen, kreative Ideen und Austausch. Über 150 Mitglieder nutzen den Impact Hub als Brutstätte für ihre nachhaltige Geschäftsidee. Dort, wo 2012 noch eine leere Lagerhalle auf ihre Wachküssung wartete, ist inzwischen ein physischer Ort entstanden, der sich in dieser Form einzigartig der Vielfalt des gemeinwohlorientierten Wirtschaftens widmet. Von diesem Netzwerk profitieren zahlreiche Kleinstunternehmer: „Viele der Menschen hier verdanken einen Teil ihres wirtschaftlichen Erfolgs der Hub-Community", sagt Hub-Gründer Joscha Lautner. Mustergültig für die Sharing Economy finden sie hier alles vor und bringen sich selbst ein, von fachlichem Know-how über Beratungen bis hin zu einem Teamgefühl für Selbstständige, die hier nicht die übliche Isoliertheit, sondern eine Willkommensatmosphäre erfahren. Weil gesellschaftliche Veränderungen nicht aus der Isolation heraus funktionieren können, schloss sich das kleine Team dem internationalen Impact Hub-Netzwerk an, das seit zehn Jahren Social Entrepreneurship fördert.

Zu den Hub-Mitgliedern zählt u. a. *Flechtwerk 2+1*. Das Sozialunternehmen ist Träger des Programms „Mein Papa kommt" (MPK) und vermittelt getrennt lebenden Elternteilen (überwiegend Vätern) private Übernachtungsmöglichkeiten bei Gastgebern am Wohnort des Kindes. Die Vision der Gründer Annette Habert und Jobst Münderlein ist eine Gesellschaft, deren Stabilität sich durch feste Bindungserfahrungen erhöht und insgesamt ein friedlicheres Zusammenleben ermöglicht. Dafür baut Flechtwerk u. a. ein unterstützendes Gastgebernetzwerk auf, das die Bekanntheit der Idee ebenfalls weiter verbreitet.

Nicht immer heißt „mehr Nachhaltigkeit" auch „größer". Eine Nachhaltigkeitsstrategie, die noch wenige Unternehmen aktiv wählen, ist die der Suffizienz – also der freiwilligen Beschränkung bzw. Genügsamkeit. Niko Paech zeigt dafür mögliche Indikatoren auf, z. B. den Fokus auf regionale Zulieferer, Handelsbeziehungen und Kunden, um die Wertschöpfungskette kurz zu halten. Besonders durch bessere regionale Vernetzung lassen sich ihm zufolge Eigenproduktions- und Tauschquoten verbessern (vgl. Paech 2008, S. 16 ff.). Auf solche nachhaltigen Handlungsweisen trifft man oft, wo man es nicht unbedingt erwartet – zum Beispiel in *türkischen Betrieben* in Berlin. Zu ihren suffizienten Verhaltensmerkmalen zählt die Bindung an spezielle Orte und damit ein überdurchschnittlich starker Nahabsatz, die Einbindung von Familienangehörigen und ortsnahen Personen als Mitarbeiter, die Nutzung von Tauschgeschäften und familiären Krediten sowie aktives, starkes Netzwerken (vgl. Yildiz 2012, S. 216 f.). Auf diese Art werden nach der Devise: „weniger ist mehr", bereits viele Ressourcen für Transportwege, Overheads und durch die Vermeidung von Verschwendung gespart. Gleichzeitig wirft die stark vernetzte

Wirtschaftsweise andere Dimensionen von Nachhaltigkeitsfragen auf (wozu ggf. Selbstausbeutung, Kinderarbeit, Compliance und Steuerfragen sowie Kultur- und Integrationsfragen zählen können).

Großes Potenzial für die Verbreitung nachhaltiger Geschäftsmodelle liegt im sog. *Green-Franchising*. Durch Standardisierung und Multiplikation lässt sich Nachhaltigkeit ganzheitlich in ein Franchisingsystem integrieren und kann den Markenwert zusätzlich stärken. Partner im Franchising sind oft Kleinstbetriebe, die u. a. durch Trainings, das Systemhandbuch und Systemziele für das Thema Nachhaltigkeit sensibilisiert werden. Andererseits können sie durch gezielte Einbindung z. B. bei der Entwicklung eines gemeinsamen Werteverständnisses auch einen Beitrag zur persönlichen Verantwortungsübernahme leisten. Beispiele für Green-Franchiseunternehmen sind dean&david (nachhaltiges Fastfood), Isotec (Haussanierungen), Schminkbar (Kosmetiksalons) oder Göttin des Glücks (ökofaire Kleidung) (vgl. Bellone und Matla 2012).

8 Fazit und Ausblick: Wann ist klein fein, wann ist groß famos?

Wachstum und Weiterentwicklung gehören zu den menschlichen Grundbedürfnissen. Auch eine positive gesellschaftliche Einflussnahme – oft erwähnt als „Contribution" oder „Geben" – ist vielen Menschen ein Anliegen. Diesem Bedürfnis folgen viele Kleinstunternehmer bewusst oder unterbewusst durch ihre Geschäftsaktivitäten, die sie (in den verschiedenen Dimensionen unterschiedlich ausgeprägt) nachhaltig gestalten. Dafür stehen ihnen unterschiedliche Wege offen: mit internen ökologischen und sozialen Verbesserungsmaßnahmen, Kooperationen, Franchising, Veranstaltungsgestaltung, Mitgliedermodellen, genossenschaftlichen Strukturen und nicht zuletzt durch analoge und digitale Netzwerke. So stärken sie den Verantwortungsgedanken auf Unternehmens-, Branchen- oder Gemeinschaftsebene, manchmal sogar mit einer überregional übertragbaren Philosophie.

Wann ist klein fein, wann ist groß famos? Auf diese Frage, die sich nicht nur Gründer stellen, kann dieser Beitrag keine abschließende Antwort geben. Die Fallbeispiele zeigen, dass es im Wesentlichen von der Unternehmerpersönlichkeit abhängt, ob und wie ein Unternehmen mit seiner Idee wächst und wann die ideale Größe als erreicht erscheint. Zudem prägt der Markt, in dem sich die Firma bewegt, den Wachstumsdruck: Bietet das Geschäftsmodell eine starke Innovation, ist organisches Wachstum ohne störende Wettbewerber eher möglich und unter Umständen sogar auch nötig, um den neuen Markt zu erschließen. Agiert das Unternehmen in einem stark umkämpften Markt oder ist es zur Etablierung auf Investoren angewiesen, steigt der Wachstumsdruck.

Langfristig erfolgreich sind diejenigen Unternehmen, die ihren Kunden und der Gesellschaft einen einzigartigen Mehrwert bieten. Geht dieser Mehrwert über die Grenzen der eigentlichen Geschäftstätigkeit hinaus und lädt dabei das Angebot mit zusätzlichem Sinn auf, wird das Unternehmen auf eine breitere Basis gestellt, die auch andere begeistert. So kann mit und um die Organisation herum ein lebendiges Ökosystem entstehen, in dem Menschen sich als Wertegemeinschaft, Community und Teil eines größeren Ganzen verstehen. Ein solches Zusammengehörigkeitsgefühl kann den Effekt einer Markenbildung unterstützen: Kunden, Mitarbeiter, Lieferanten und andere Gruppen entwickeln dabei ein Interesse am Bestand und an der Weiterentwicklung des Unternehmens, das über die Befriedigung der eigenen Bedürfnisse hinausgeht. Dann inspiriert auch ein kleines Unternehmen über seine eigene Welt hinaus. Dann können gute Ideen zu großartigen Gemeinschaften und Bewegungen wachsen.

Literatur

Bellone V, Matla T (2012) Green Franchising. mi-Wirtschaftsbuch Verlag, München

Bergset L, Fichter K (2012) Financing sustainable entrepreneurship in start-ups – an exploration of potential challenges. Paper zum Vortrag beim G-Forum 2012–16. Interdisziplinäre Jahreskonferenz zur Gründungsforschung, Potsdam

Borderstep Institut (2015) Green Economy Gründungsmonitor 2015. Entwicklung grüner Gründungen in Deutschland und im europäischen Vergleich. https://www.borderstep.de/wp.content/uploads/2016/09/Gr%C3%BCndungsmonitor-2015.pdf. Zugegriffen: 31. Januar 2017

Brehmer A (2014) Aktionsplan CSR der Bundesregierung. http://csr-news.net/main/?p=48626. Zugegriffen: 24. Juni 2016

EU-Kommission (2002) Europäische KMU und soziale und umweltbezogene Verantwortung. Beobachtungsnetz der europäischen KMU, Bd. 4. EU-Kommission, Luxemburg

Grothe A, Marke N (2012) Nachhaltiges Wirtschaften – eine besondere Herausforderung für KMU. In: Grothe A (Hrsg) Nachhaltiges Wirtschaften für KMU. Ansätze zur Implementierung von Nachhaltigkeitsaspekten. oekom Verlag, München, S 26–35

Hansen C (2011) Ökoeffizienz in deutschen Unternehmen. Ökologisches Wirtschaften 3:47–50

Ketola T, Rodgers C (2010) Sustainable entrepreneurship in SMEs: a case study analysis. Corp Soc Responsib Environ Manag 17(3):125–132

Linde M-L (2015) Schreck lass nach. Mit „Industrie 4.0". N-Kompass Mag 2015(4):12–13

Müller-Christ G (2009) Nachhaltiges Management. Vorabdruck eines Lehrbuchs zur Verwendung in der Veranstaltung 07-35-6-M-M35-01. Universität Bremen, Bremen

Paech N (2008) Regionalwährung als Bausteine einer Postwachstumsökonomie. Zeitschrift Für Sozialökonomie 45:158–159 (Folge, Oktober, Kiel, S. 10–19)

Schaltegger S, Hansen EG (2013) Industry transformation through sustainable entre-preneurship. Examples in the apparel and energy industries. In: McIntosh M (Hrsg) The necessary transition. The journey towards the sustainable enterprise economy. Greenleaf Publ., Saltaire, S 182–197

Statistisches Bundesamt (2008) Kleine und mittlere Unternehmen in Deutschland. https://www.destatis.de/DE/Publikationen/STATmagazin/UnternehmenGewerbeInsolvenzen/2008_08/2008_8KMU.html. Zugegriffen: 24. Juni 2016

Statistisches Bundesamt (2014) Zwei Drittel der Kleinstunternehmen mit eigener Website. https://www.destatis.de/DE/ZahlenFakten/ImFokus/UnternehmenHandwerk/UnternehmenMitWebsite.html. Zugegriffen: 31. Januar 2017

Steinle C, Reiter F (2002) Ökologieorientiertes Anreiz- und Entwicklungsmanagement für mittelständische Unternehmen. Erich Schmidt, Berlin

Teucher T (2015) Die Ermöglicher – Wie ein Tatort in München Weltverbesserer fördert. Der Co-Working-Space Impact Hub Munich. In: Social-Startups vom 21.4.2015. http://www.social-startups.de/die-ermoeglicher-wie-ein-tatort-muenchen-weltverbesserer-foerdert/. Zugegriffen: 24. Juni 2016

Weber C, Lambrich K, Kröger A (2012) Scaling social enterprises – a theoretical and empirically grounded framework. Paper zum Vortrag beim G-Forum 2012–16. Interdisziplinäre Jahreskonferenz zur Gründungsforschung, Potsdam

Wüstenhagen R (1998) Greening Goliaths versus multiplying Davids. Pfade einer Coevolution ökologischer Massenmärkte und nachhaltiger Nischen; nachhaltige Schweiz im internationalen Kontext: Visionen, Strategien und Instrumente, entwickelt am Beispiel des Bedürfnisfeldes Ernährung; integriertes Projekt Gesellschaft I im Rahmen des XXIV Schwerpunktprogramms Umwelt (SPPU) des Schweizerischen Nationalfonds, Teilprojekt Nr. 6: Von der Öko-Nische zum ökologischen Massenmarkt. IWÖ, St. Gallen

Wüstenhagen R, Sharma S, Starik M, Wuebker R (2008) Sustainability, innovation and entrepreneurship. In: Wüstenhagen R (Hrsg) Sustainable innovation and entre-preneurship. New perspectives in research on corporate sustainability. Elgar, Cheltenham, S 1–23

Yildiz Ö (2012) Nachhaltiges Wirtschaften in Türkisch-Berliner Betrieben. In: Grothe A (Hrsg) Nachhaltiges Wirtschaften für KMU. Ansätze zur Implementierung von Nachhaltigkeitsaspekten. oekom Verlag, München, S 210–219

Tina Teucher macht Beispiele für gelingende Nachhaltigkeitstransformation sichtbar und vernetzt als Sustainable Matchmaker Menschen und Organisationen für eine zukunftsfähige Wirtschaft. Die Kommunikationsspezialistin hält den Abschluss des MBA Sustainability Management der Leuphana Universität Lüneburg. 2009–2014 war Tina Teucher leitende Redakteurin des Entscheidermagazins *forum Nachhaltig Wirtschaften*. Sie hält Lehraufträge u. a. im Studiengang „Sustainability Marketing & Leadership" der Fresenius Hochschule. Die Kulturwissenschaftlerin engagiert sich im Beirat von social-startups.de, im Netzwerk Weitblick e. V. für Nachhaltigkeit im Journalismus und als Koordinatorin des Projekts „Umweltbildung mit Flüchtlingen" bei der ANU Bayern, dem Dachverband der Umweltbildner. Als Moderatorin und Rednerin gestaltet Tina Teucher zahlreiche Veranstaltungen mit, wie die Hannover Messe, den Entrepreneurship Summit, die Green-Cities-Green-Industries-Konferenz sowie diverse Wirtschafts- und Nachhaltigkeitskongresse. Zudem publiziert, referiert und berät sie zu grünen und sozialen Innovationen, Corporate Social Responsibility (CSR), gelingender Kommunikation, Sustainable Entrepreneurship, zukunftsfähiger Führung und ganzheitlichen Lösungen.

CSR in Kleinstunternehmen: Ehrensache!

Thorsten Grantner, Andrea Kaiser und Katja Schmidt

1 Unternehmenssituation in Deutschland

Der Begriff „Corporate Social Responsibility" (kurz CSR) – da denkt man zunächst mal an Großkonzerne, oder? Sollte dieses Thema im Bereich der Kleinst- und Kleinunternehmen doch seine Relevanz finden? Zunächst sollte man die Fakten betrachten: Deutschland zählte im Jahr 2013 3,6 Mio. Unternehmen. 99,3 % davon wurden definitionsgemäß den kleinen und mittleren Unternehmen (KMU) zugeordnet. Ungefähr 1,8 Mio. Unternehmen galten als Kleinstunternehmen und nur ca. 16.000 Unternehmen wurden zu den Großunternehmen gezählt (Quelle: Erhebung des Statistischen Bundesamtes, nachzulesen unter https://www.destatis.de/DE/ZahlenFakten/GesamtwirtschaftUmwelt/UnternehmenHandwerk/KleineMittlereUnternehmenMittelstand/Aktuell_.html;jsessionid=BC05C4C82A810B9210EE938363EF88B4.cae). „Untersucht wurden Unternehmen im verarbeitenden Gewerbe, in der Energie- und Wasserversorgung, im Handel, Gastgewerbe sowie in Teilen der sonstigen Dienstleistungsbranchen" (Quelle: Erhebung des Statistischen Bundesamtes, nachzulesen unter https://www.destatis.de/DE/ZahlenFakten/GesamtwirtschaftUmwelt/UnternehmenHandwerk/KleineMittlereUnternehmenMittelstand/Aktuell_.html;jsessionid=BC05C4C82A810B9210EE938363EF88B4.cae). Dies bedeutet im Umkehrschluss, dass mehr als 60 % der rund 26,5 Mio. Beschäftigten in kleinen und mittleren Unternehmen arbeiten und davon in Kleinstunternehmen immerhin 18 % der tätigen Personen.

T. Grantner (✉) · A. Kaiser
OmniCert Umweltgutachter GmbH
Kaiser-Heinrich-II-Str. 7, 93077 Bad Abbach, Deutschland
E-Mail: thorsten.grantner@omnicert.de

K. Schmidt
waldvorbäumen
Mathildenstr. 21, 90762 Fürth, Deutschland
E-Mail: katja.schmidt@waldvorbaeumen.de

© Springer-Verlag GmbH Deutschland 2017
W. Keck (Hrsg.), *CSR und Kleinstunternehmen*,
Management-Reihe Corporate Social Responsibility, DOI 10.1007/978-3-662-53628-5_11

Diese Zahlen verdeutlichen das Potenzial einer praxisorientierten, gelebten CSR in kleinen und kleinsten Unternehmen von ein bis 50 Mitarbeitern (Quelle und genaue Definitionen unter: http://eur-lex.europa.eu/legal-content/DE/TXT/?uri=URISERV %3An26026). Zurück zur Frage eingangs dieses Abschnitts: Klein- und Kleinstunternehmen stellen also sehr wohl einen relevanten Bestandteil derer Wirtschaftsteilnehmer dar, die Verantwortung für die Gesellschaft und ihre Mitarbeiter übernehmen sollen und sollten. „Kleinvieh macht auch Mist", denkt man sich – und so ist es! Zufriedene Mitarbeiter haben Spaß am Beruf, machen gute Arbeit und halten das Unternehmen am Laufen und so auch die Wirtschaft Deutschlands. Doch Standards haben oft eine abschreckende Wirkung auf Unternehmer und Mitarbeiter. Muss CSR auf Standards beruhen? Was bringt ein zertifiziertes CSR? Und funktioniert CSR nicht auch in kleinem Umfang? Dies sind Fragen, die sich die Mitarbeiter von kleinen und kleinsten Unternehmen stellen. Im Folgenden wollen sich im Rahmen dieses Artikels die OmniCert Umweltgutachter GmbH und die Freiberuflerin Katja Schmidt mit diesen Fragen beschäftigen.

2 Die OmniCert Umweltgutachter GmbH: kleines Unternehmen im großen Managementsystemdschungel

Die OmniCert Umweltgutachter GmbH (im Folgenden OmniCert genannt) wurde 2009 von Umweltgutachter Thorsten Grantner gegründet. Im Jahr 2014 wurde das Unternehmen von der DAU (Deutsche Akkreditierungs- und Zulassungsgesellschaft für Umweltgutachter mbH) als Umweltgutachterorganisation mit sechs Umweltgutachtern zugelassen. Mit einem Team von 26 Ingenieuren inkl. sechs Umweltgutachtern, Naturwissenschaftlern und Verwaltungsprofis zählt OmniCert selbst zu den kleinen Unternehmen in Deutschland und trotzdem zu einem der wenigen Komplettanbieter für Biogasprüfungsleistungen: Gutachten nach EEG, BetrSichV, VAwS/AwSV, Stromsteuer, Leckageerkennung und Flexibilitätsprämie. Aufbauend auf dieser Kernkompetenz haben sich seit dem Jahr 2009 die Geschäftszweige Zertifizierung von Energiemanagementsystemen nach ISO 50001 und Umweltmanagementsystemen nach ISO 14001 sowie die Validierung von Umwelterklärungen nach EMAS entwickelt. Als eine von wenigen Zertifizierungsgesellschaften ist OmniCert von den beiden deutschen Zulassungsbehörden DAU und DAkkS (Deutsche Akkreditierungsstelle) akkreditiert und führt somit den größtmöglichen Beleg für hochqualitative und unabhängige Prüfleistungen. Seit 2014 ist das junge Unternehmen zusätzlich einer von nur elf Accredited Assessment Bodies in Europa und einer von zwei Accredited Assessment Bodies in Deutschland für die Produktzertifizierung Cradle to Cradle®. Mit neun durch das Cradle to Cradle Products Innovations Institute zugelassenen Assessoren für den Cradle to Cradle Certified™ Product Standard stellt OmniCert ein stabiles Fundament aus Know-how und Manpower bereit, um Projekte zügig und praxisorientiert bearbeiten zu können. Im Lauf der Zeit hat sich das Dienstleistungsangebot des Unternehmens zu einem in sich stimmigen Gesamtkonzept entwickelt, welche die Bereiche Ressourcen, Energie, Umwelt und soziale Verantwortung im weiteren Sinn abdecken (s. Abb. 1).

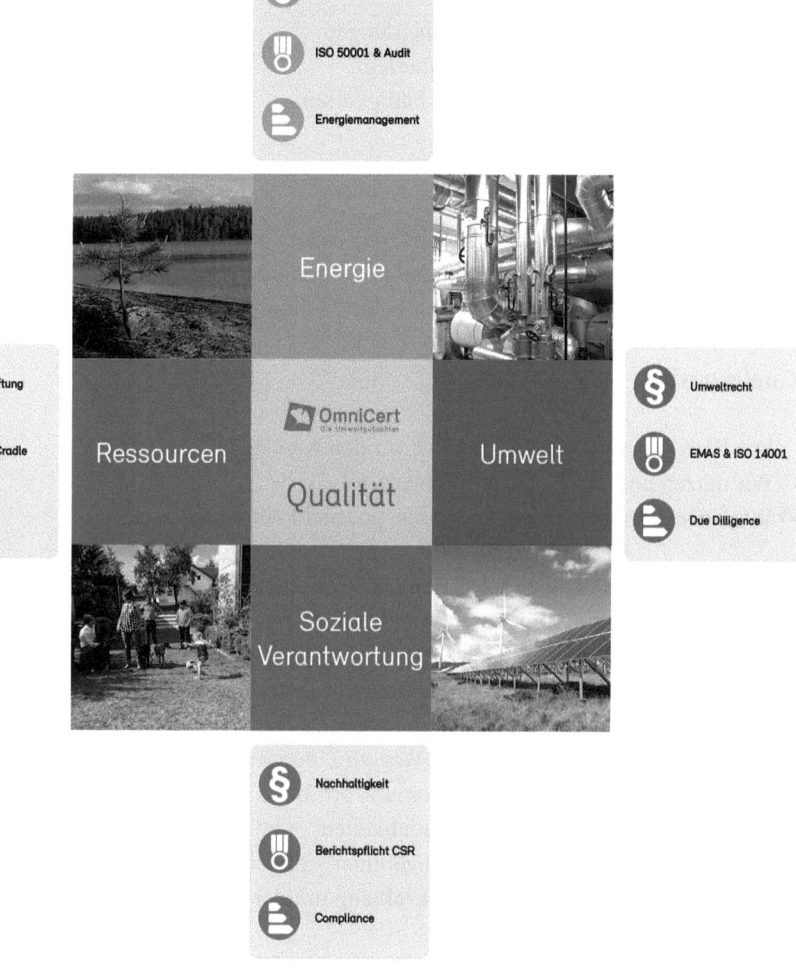

Abb. 1 Das Dienstleistungsangebot der OmniCert ist unmittelbar verknüpft mit ihrer Unternehmenskultur

Die Werte von OmniCert basieren auf vier Säulen, die durch konkretisierende Aussagen mit Leben gefüllt werden:

Leistung und Professionalität

- Wir leisten unsere eigene Arbeit mit höchster Qualität.
- Wir wollen stetig besser werden.
- Wir halten unsere Zusagen ein.

Mit offenen Augen eigene Wege gehen

- Wir zeigen Mut zu eigenen Entscheidungen.
- Wir denken voraus und handeln überlegt.
- Wir vertrauen auf unsere eigenen Fähigkeiten.

Respekt und Offenheit

- Wir pflegen einen respektvollen Umgang miteinander und mit anderen.
- Wir gehen offen mit Meinungen und Informationen um.
- Wir streben nach Kritikfähigkeit in beide Richtungen.

Kundennutzen

- Der Wert unserer Dienstleistung ist für den Kunden erkennbar.
- Wir nützen unseren Netzwerkpartnern.
- Wir bewerten unsere Fähigkeiten aus der Sicht der Kunden.

OmniCerts Vision: „Erfolgreicher Umweltschutz, echte Kreislaufwirtschaft, soziale Fairness und die Wende hin zu 100 % Erneuerbaren Energien benötigen Ideen, Mut und Glaubwürdigkeit. Unsere tägliche Arbeit schafft das dazu nötige Vertrauen: wir prüfen aufrichtig und unabhängig die Einhaltung von ambitionierten Standards und entwickeln diese aktiv weiter. Wir inspirieren andere Menschen und unterstützen sie bei der Umsetzung von guten Ideen – auf dem Weg zu einer fairen, nachhaltigen und lebenswerten Gesellschaft. Wenn nötig unterstützen wir pro bono Organisationen oder hilfsbedürftige Menschen im Rahmen unserer Möglichkeiten", und die Analyse von und Auseinandersetzung mit den Stakeholdern haben zu einer stetigen Weiterentwicklung des Dienstleistungsportfolios geführt, welches im Einklang mit der grundsätzlichen Firmenkultur steht.

3 waldvorbäumen – eine Einzelunternehmerin stellt sich der Selbstverantwortung

Im Juli 2014 gründete Katja Schmidt ihre Selbstständigkeit als Freiberuflerin unter dem Synonym „waldvorbäumen". Ursprünglich aus dem IT-Umfeld kommend, bietet sie ihren Kunden neben der eigentlichen Softwareimplementierung Beratung zu den Themen Kommunikation, Prozessoptimierung, Change-Management und Projektmanagement an. Aus Eigeninitiative und dem Wunsch, Verantwortung wahrzunehmen und in Projekten umzusetzen, nahm sie im Herbst 2015 in Nürnberg an der renommierten IHK-Weiterbildung zur CSR-Managerin teil. Innerhalb dieser Weiterbildung konnte sie ihre Kenntnisse um die theoretischen Ansätze und die Werkzeuge zur praktischen Umsetzung von CSR-Maßnahmen erweitern. Das neue Wissen, das Netzwerk und der Austausch in diesem Kurs verstärkten ihre Motivation und den Glauben, CSR auch in ihrem eigenen Tun und Handeln zu manifestieren.

Ist es für ein Kleinunternehmen wie OmniCert schwierig, so scheint es für eine Einzelunternehmerin wie Katja Schmidt so gut wie nicht machbar, CSR selbst in die geschäftlichen Prozesse zu implementieren. Doch wo ein Wille ist, da auch ein Weg – und mit Engagement und Kreativität lassen sich auch hier Ansätze finden.

Sie recherchierte und wurde fündig bei dem *CSR-Leitfaden für Ein-Personen-Unternehmen* herausgegeben von respACT (2013). Dieser Leitfaden brachte die notwendige Basis um die eigenen Gedanken zu ordnen. Neben den Denkanstößen behandelt der Leitfaden auch die Frage: „Warum gerade Ein-Personen-Unternehmen?". Die Megatrends „Individualisierung" und „digital vernetzte Welt" ermöglichen neue Arbeitswege und entsprechen dem Wunsch, sich ortsunabhängig beruflich zu verwirklichen (Quelle: Prof. Dr.-Ing. Wilhelm Bauer 2014). Die Zahlen der Existenzgründungen sprechen ebenfalls für diese Entwicklung: „Im Jahr 2015 haben insgesamt rund 83.300 Personen in Deutschland eine selbstständige freiberufliche Tätigkeit aufgenommen", so die Aussage des Instituts für Mittelstandsforschung Bonn (Quelle: http://www.ifm-bonn.org/statistiken/gruendungen-und-unternehmensschliessungen/#accordion=0&tab=2, abgerufen am 12.06.2016). Eine nicht unbeachtliche Zahl von Menschen entscheidet also jedes Jahr, den Weg in die Freiberuflichkeit zu gehen. Diese Zahl ist damit nun im vierten Jahr steigend. Man kann und sollte CSR für diesen wachsenden Bereich also etablieren und zugänglich machen – Katja Schmidt hat das klare Ziel, bei waldvorbäumen CSR zu leben und auch ihren Kunden und anderen Kontakten die Wichtigkeit der gesellschaftlichen Verantwortung von Unternehmen näherzubringen und diese bei der Konzipierung und Realisierung von Maßnahmen zu unterstützen.

4 CSR in der Theorie

CSR – Corporate Social Responsibility – eine große Bezeichnung mit großer Bedeutung. Gefühlt war die Bedeutung von CSR in den letzten 20 Jahren – auch wenn es damals nicht als CSR bezeichnet wurde – entweder in traditionsreichen, familiengeführten Unternehmen Thema oder in Firmen, in welchen Werte und Normen eine zentrale Rolle gespielt haben. In der breiten Masse von Unternehmen stand das „Kerngeschäft", also ein Produkt oder eine Dienstleistung und deren gewinnbringender Verkauf, im Vordergrund. Die Auswirkungen auf den Markt, die Umwelt, den Arbeitsplatz und das Gemeinwesen standen weder im Mittelpunkt der Betrachtungen noch waren sie Bestandteil der unternehmerischen Strategie.

Große Unternehmen, die im Fokus des öffentlichen Interesses stehen, berichten immer häufiger über ihre nichtfinanziellen Auswirkungen auf die Umwelt und Gesellschaft. Im Jahr 2016 findet man beinahe auf jeder Homepage von großen, namhaften Unternehmen einen Nachhaltigkeitsbericht. Standards wie der Deutsche Nachhaltigkeitskodex oder der GRI Standard der Global Reporting Initiative werden zur Erstellung von CSR-Berichten verwendet und verifiziert. Dies stellt neben einem mitunter hohen Datenerhebungsaufwand auch einen nicht zu unterschätzenden Zeit- und Personalaufwand dar. Ein weiterer Faktor sind die Zertifizierungskosten, die bei einer Zertifizierung von einer unabhängigen dritten Stelle aufaddiert werden müssen.

In der Vergangenheit tauchten neue, zentrale Herausforderungen, sog. Megatrends, für Unternehmen und die Gesellschaft auf. Diese sind unter anderem Globalisierung, Klimawandel, Ressourcenknappheit, demografischer Wandel, Strukturwandel, Fachkräftemangel, Einkommensungleichheit, Vertrauensverlust, NGOs, Social Media, Kundenbewusstsein/Konsumentenbewusstsein und Unternehmensethik (Quelle u. a.: Prof. Dr. Matthias S., Fifka 2015). Als modernes Unternehmen mit dem Ziel der Zukunftsfähigkeit vor Augen muss man sich diesen Trends stellen und deren Auswirkungen auf sich und Gesellschaft und Umwelt proaktiv deuten.

5 Was ist CSR?

Seinen Ursprung hat CSR oder Corporate Social Responsibility als eigenständiges Konzept in den USA der 1950er-Jahre. Es wurde die gesellschaftliche Verantwortung von Unternehmen aus moralischen Gründen eingefordert, nicht aus rechtlichen oder finanziellen Gründen. CSR ist zu dieser Zeit freiwilliger und ethischer Natur. Es wurde speziell die Verantwortung der Manager selbst in den Vordergrund gestellt. CSR als Managementkonzept oder Unternehmensstrategie ist erst seit der jüngeren Vergangenheit bekannt. Es wandelt sich der Blick von einem „Nachkommen der moralischen Pflicht" hin zu einem offensiven Verständnis, also „CSR als Geschäftschance", CSR proaktiv angehen und so einen Mehrwert für das Unternehmen und die Gesellschaft (Shared Value) gestalten. „Wie verdiene ich das Geld, das ich verdiene?", stellt die zentrale Frage dar. CSR handelt direkt am Kerngeschäft. Die Wichtigkeit von CSR erklärt sich zum einem aus einem reaktiven Teil und zum anderen aus einem aktiven Teil. Als Mitglieder der Gesellschaft stehen Unternehmen einer Erwartungshaltung und einem Anspruch auf ein verantwortungsbewusstes Handeln gegenüber. Eine fundierte CSR-Strategie birgt Innovations- und Wettbewerbsvorteile gegenüber Mitbewerbern. Zu nennen wären hier die Kundengewinnung und -bindung, Erschließung neuer Märkte, technische und technologische Innovationen, Kostensenkung durch Innovationssteigerung, Mitarbeitergewinnung, -bindung und -zufriedenheit sowie Kostensenkungen durch effizienteren Ressourceneinsatz (Fifka 2011).

Zum Punkt Mitarbeitergewinnung, -bindung und -zufriedenheit: Wie viele Stellen werden in Kleinstunternehmen durch Stellenausschreibungen mit genauen Stellenprofilen vergeben? Steht in Bewerbungsgesprächen oder bei Verhandlungen wirklich nur das Gehalt im Vordergrund oder sind es mittlerweile auch andere Fragen und Hintergründe, die Arbeitsuchende dazu bewegen, bei einem Unternehmen tätig zu werden oder nicht? Für viele Bewerber stellen das gesellschaftliche Engagement, die nachhaltige Ausrichtung des Unternehmens und die aktive Einbeziehung aller Mitarbeiter in Prozesse ein wichtiges Kriterium bei der Arbeitsplatzwahl dar. Mitarbeitergenerierung über positive Mund-zu-Mund-Propaganda im Umkreis des Unternehmens führt zu zufriedenen, motivierten Mitarbeitern. In der Konsequenz profitiert der Arbeitgeber an mehreren Stellen: sehr hohe Mitarbeiterbindung, Generierung von Know-how über einen langfristigen Zeitraum und geringere Kosten für Stellenausschreibungen, Bewerbungsportale und administrativen Aufwand. CSR ist besonders für Frauen, die für derartige Themen sensibilisierter sind als Männer, ein attraktiver Punkt bei der Arbeitsplatzwahl. Frauen sind am Arbeitsmarkt auch verfügbarer als Männer. Man begegnet mit aktivem, gelebtem CSR-Management den Entwicklungen und Herausforderungen proaktiv. Die bereits angesprochenen Megatrends sind allgegenwärtig und stehen in wechselseitiger Abhängigkeit mit allen Unternehmen, dem Unternehmenshandeln und dem Unternehmensumfeld. Aus dieser wechselseitigen Abhängigkeit ergeben sich Einflüsse auf das Selbstverständnis, die Strategie und das operative Geschäft eines Unternehmens – nur wer diese Entwicklungen in seinem Geschäftsmodell berücksichtigt, wird im 21. Jahrhundert erfolgreich sein. In Bezug auf Megatrends müssen sich Unternehmer unter anderem die folgenden Fragen stellen:

- Welche Auswirkungen hat die Globalisierung auf mich?
- Spielen die Konsequenzen des Klimawandels eine Rolle für mein Unternehmen?
- Werden Ressourcenknappheit und demografischer Wandel Auswirkungen auf Unternehmen haben?
- Was bedeutet der Strukturwandel für uns und werden wir dem Problem Fachkräftemangel begegnen?
- Welche Auswirkungen kann ein erhöhtes Konsumentenbewusstsein auf mein Unternehmen haben und was kann ich tun, um dem positiv zu begegnen?
- Was können wir als Unternehmen tun, um das Vertrauen uns gegenüber zu stärken?
- Wie können wir positiv mit NGOs zusammenarbeiten, um uns dort beraten zu lassen, und was bedeutet es für uns, proaktive Wege zu beschreiten?
- Inwieweit nutzt mein Unternehmen Social Media und die neuen Medien allgemein?
- Wie beeinflusst ethisches Handeln mein Unternehmen und wie kann das Unternehmen intern und nach außen für die Gesellschaft ethisch handeln?

6 Welche Bewertungs- und Steuerungsinstrumente gibt es auf internationaler Ebene?

Die OECD (Organisation for Economic Co-operation and Development, d. h. Organisation für wirtschaftliche Zusammenarbeit und Entwicklung): Dies sind Empfehlungen der Regierungen an multinationale Unternehmen. Ziel ist die Sicherstellung, dass die Aktivitäten von multinationalen Unternehmen im Einklang mit den staatlichen Gesetzen und Maßnahmen stehen. Weiterhin soll die Basis für das gegenseitige Vertrauen zwischen Unternehmen und den Gesellschaften gestärkt und das Klima für ausländische Investments verbessert werden. Somit steigert sich der Beitrag von multinationalen Unternehmen für die nachhaltige Entwicklung (Sitzler 2013).

Die ISO 26000 dient als Leitlinie für gesellschaftlich verantwortungsvolles Handeln. Sie kann im Gegensatz zu anderen Standards nicht zertifiziert werden und ermutigt Organisationen, sozial verantwortlich zu handeln, indem internationale Prinzipien der Verantwortung in konkreten Maßnahmen umgesetzt werden (Quelle: http://www.iso.org/iso/home/standards/iso26000.htm).

Die GRI (Global Reporting Initiative), welche eine netzwerkbasierte Organisation darstellt, hat einen umfassenden Berichtsrahmen für Nachhaltigkeit erarbeitet. Dieser wird bereits in der ganzen Welt eingesetzt. GRI stellt einen Berichtsstandard dar, welcher Prinzipien und Leistungsindikatoren definiert. Diese können Unternehmen nutzen, um ihre ökologischen, sozialen und ökonomischen Wirkungen zu messen und zu berichten. Insgesamt gibt es 81 Indikatoren aus den Bereichen Ökonomie, Umwelt, Arbeitsbedingungen, Menschenrechte, Gesellschaft und Produktverantwortung. Ein Unternehmen identifiziert für sich, welche Indikatoren relevant sind. Für mittelständische Unternehmen wurden die Indikatoren auf zehn Stück reduziert, um eine Realisierung zu ermöglichen (nachzulesen unter: https://www.globalreporting.org/information/news-and-press-center/press-resources/Pages/default.aspx und https://www.globalreporting.org/resourcelibrary/German-G4-Part-One.pdf).

Die ILO (International Labor Organization) stellt Leitprinzipien für den sozialen und gesellschaftlichen Bereich zur Verfügung. Sie umfasst eine Reihe an Empfehlungen für Unternehmen, Regierungen, Mitarbeiter und Arbeiter aus den Bereichen Beschäftigung, Beförderung und Sicherheit, Chancengleichheit und faire Behandlung, Fähigkeiten und Training, Arbeitsbedingungen und industrielle Beziehungen (nachzulesen unter: http://www.ilo.org/berlin/ziele-aufgaben/lang--de/index.htm).

Der UN Global Compact definiert zehn Prinzipien aus den Bereichen Menschenrechte, Arbeitsbedingungen, Umwelt und Antikorruption. Der Bericht, den das Unternehmen schreibt, muss jährlich aktualisiert werden. Der UN Global Compact bestätigt jedoch nicht die Einhaltung der zehn Prinzipien, sondern lediglich das Engagement in Prozessen bezüglich der unterschiedlichen Bereiche (nachzulesen unter: https://www.unglobalcompact.org/what-is-gc/our-work/).

Fakt ist, dass Fragen zu den Themen der Nachhaltigkeit und CSR immer stärker in die betriebswirtschaftlichen Disziplinen und Managementansätze integriert werden, wie beispielsweise CSR und …

… Innovation,

… Wertschöpfung,

… Beschaffung,

… Produktmanagement,

… Kommunikation,

… Reporting.

Integriert ein Unternehmen Corporate Social Responsibility in seine betriebswirtschaftlichen Abteilungen und Tätigkeiten, kann es sich durch Fakten der Nachhaltigkeit und CSR erfolgreich am Markt positionieren, Wettbewerbsvorteile generieren, Innovationen vorantreiben und Resilienz erhöhen.

7 CSR als Teil der OmniCert-Unternehmenskultur

Bei der OmniCert Umweltgutachter GmbH basieren die CSR-Maßnahmen nicht auf einer detaillierten CSR-Analyse durch vielfältige Methoden und der Orientierung an einem Standard, vergleichsweise ISO 26000, Deutscher Nachhaltigkeitskodex oder GRI. Die ehrliche Selbstreflexion des unternehmenseigenen Verhaltens in der Gesellschaft, kombiniert mit dem Feedback der Stakeholde sowie der langjährigen Begleitung von externer Stelle seit dem Jahr 2010 führten zu einer Unternehmenskultur, die Corporate Social Responsibility lebt, das Unternehmen weiterentwickelt und wachsen lässt. Der unmittelbare oder mittelbare Bezug der Maßnahmen mit dem Kerngeschäft des Unternehmens steht dabei im Mittelpunkt. Die folgenden Beispiele sollen zum einen die Einfachheit mancher Umsetzungen darstellen, zum anderen kleine und Kleinstunternehmen motivieren, erste Maßnahmen zu definieren.

Eingeteilt werden die unterschiedlichen Maßnahmen in die vier Handlungsfelder Markt, Arbeitsplatz, Gemeinwesen und Umwelt.

Markt
Die Bezugsstellen von Zertifizierungsleistungen fordern von den Ausführenden Unabhängigkeit und Loyalität. Um dies zu gewährleisten, mit Interessenkonflikten offensiv umzugehen und diese zu beseitigen sowie die professionelle Abwicklung von unabhängiger Stelle kontrollieren zu lassen, hat die OmniCert Umweltgutachter GmbH einen Ausschuss zur Sicherung der Unparteilichkeit einberufen. Die Mitglieder des Ausschusses sind unabhängige Personen des öffentlichen Rechts und stehen in keinerlei geschäftlicher Beziehung zum Unternehmen. Gleichwohl stellt der Ausschuss einen Vermittler bei möglichen Einsprüchen und Beschwerden der zertifizierten Organisationen dar.

Anforderungen an Leistungen und Kompetenzen ändern sich. Deshalb liegt ein Schwerpunkt des Unternehmens in der aktiven Generierung von Wissen über Schulungen, Fortbildungen, Workshops und Ähnliches. So lag die Summe an Fortbildungstagen des Unternehmens für das Jahr 2015 bei 175 Tagen. Um das gewonnene Wissen zu teilen und zu verwalten, kommt ein firmeneigenes Online-Wiki zum Einsatz.

Arbeitsplatz
Monatlich und jährlich werden unabhängige, anonyme Mitarbeiterumfragen über Onlinetools durchgeführt, die die temporäre Einschätzung der Mitarbeiter in Bezug auf Arbeitsplatzausstattung, allgemeine Stimmung im Unternehmen, Zusammenarbeit, Kommunikation, Führungsstil, Weiterbildungsmöglichkeiten und Vorschlagswesen einholen. Diese

werden ausgewertet und mit der Geschäftsführung diskutiert. Auf diese Weise können Unstimmigkeiten direkt und unbürokratisch erkannt und gegebenenfalls weitere Handlungsschritte besprochen werden.

Die allgemeine Familienfreundlichkeit hat oberste Priorität und wird auch aufgrund der Altersstruktur im Unternehmen aktiv gelebt. Das onlinebasierte technische System ermöglicht eine vollständig flexible Arbeitsweise, das Arbeiten von zu Hause eingeschlossen. Dies ermöglicht jedem Mitarbeiter eine individuelle Gestaltung seiner Arbeit und eine ausgewogene Work-Life-Balance – was sich in den Umfragen in einer hohen Mitarbeiterzufriedenheit bestätigt. Ein weiterer Baustein der flexiblen Arbeitsgestaltung ist das vollständig flexible Teilzeitmodell, das OmniCert seinen Mitarbeitern anbietet.

Auch die individuellen Interessen im Bereich Gesundheit werden berücksichtigt. Durch die Förderung von Sportprogrammen, Ernährungsberatung, Gesundheitschecks und ergonomischen Arbeitsplätzen wird dem Wohlbefinden und der daraus resultierenden Leistungsfähigkeit und Motivation Sorge getragen.

Gemeinwesen
Der oben benannte Ausschuss dient unter anderem der Vermittlung und unabhängigen Evaluierung bei Einsprüchen oder Beschwerden von zertifizierten Organisationen. Das Verfahren zum Umgang mit Einsprüchen und Beschwerden ermöglicht den zertifizierten Organisationen aktives Mitspracherecht, welches zur Kundenbindung und Qualitätssteigerung etabliert wurde.

Die intensiven Vorkehrungen zum Datenschutz werden regelmäßig in Schulungen aktualisiert und sind Bestandteil des täglichen Arbeitsablaufes. Das bestehende Qualitätsmanagementsystem wurde im Zuge der DAkkS-Akkreditierung nach ISO 17021 zertifiziert. Zur Weiterentwicklung des Unternehmens und seiner Mitarbeiter werden Ziele in einer Balanced Scorecard dokumentiert. Ein hohes Maß an ehrenamtlichem Engagement wird bei den Mitarbeitern der OmniCert großgeschrieben. Zudem leistet Geschäftsführer Thorsten Grantner umfassende Gremienarbeit, wie z. B. im Umweltgutachterausschuss des Bundesministeriums für Umwelt, Naturschutz, Bau und Reaktorsicherheit (BMUB).

Umwelt
Nachhaltige Beschaffung wird im Ingenieurbüro der OmniCert großgeschrieben. Im Qualitätsmanagement des Unternehmens werden unter anderem auch die Beschaffung und der Einkauf über Arbeitsanweisungen gestaltet. Bei Dienstleistungen vertraut OmniCert auf regionale Anbieter, um Fahrt- und Transportwege kurz zu halten. Der Einkauf von Büromaterial wird ausschließlich bei nachhaltigen Anbietern beauftragt und durch die Anlieferungsoption „Schüttenlieferung" sichergestellt.

8 CSR bei waldvorbäumen

Ebenso wie OmniCert hat Katja Schmidt ihre CSR-Maßnahmen auf die eigenständige und kreative Reflexion ihrer Dienstleistungen und der damit verbundenen Tätigkeiten aufgebaut. Sich selbst mit der Thematik auseinanderzusetzen und mit Kunden die gewonnenen Erkenntnisse dieses Prozesses zu teilen, ist ein fester Bestandteil ihrer Beratungsarbeit geworden und manifestiert sich in ihrem Selbstverständnis als Unternehmerin. Unweigerlich greifen die Maßnahmen in ihr Kerngeschäft ein.

Das besondere an einem Einpersonenunternehmen ist die Tatsache, dass der Freiberufler mehrere Rollen in einer Person vereint. Nach dem Kommunikationsmodell des inneren Teams von Schulz von Thun (nachzulesen beispielsweise hier: http://www.inneres-team.de/) ist der Freiberufler gefragt, sich kontinuierlich mit sich selbst zu „besprechen". Die wichtigste Erkenntnis für Katja Schmidt in diesem Prozess war „der Fakt, dass man selbst sein kritischster Stakeholder ist". Die Entscheidungen über Qualität, Entwicklung und Work-Life-Balance liegen in einer Person. Gedanken darüber können Konflikte mit sich bringen, die man mit sich selbst zu klären hat. Regel Nummer eins für den Freelancer: Achte auf dich, du bist dir selbst dein wichtigster Mitarbeiter! Es ist also bei waldvorbäumen selbstverständlich geworden, die eigene Work-Life-Balance und die damit verbundene Leistungsfähigkeit im Blick zu haben. Denn ohne die Leistungsfähigkeit von Katja Schmidt kann waldvorbäumen keine erfolgreiche Unternehmung sein und bleiben.

Auch die Handlungsbereiche Markt, Umwelt und Gesellschaft wurden reflektiert und im Folgenden werden die Maßnahmen beschrieben, mit denen waldvorbäumen sich dort aktiv beschäftigt.

Markt Die Beratung und das Management von Prozessen jeglicher Art erfordern zum einen das Vertrauen des Kunden und zum anderen die unbedingte Loyalität und Seriosität des Freiberuflers. Um dem Kunden die notwendige Vertrauensgrundlage zu bieten, arbeitet waldvorbäumen transparent und authentisch. Kunden können auf Nachfrage jederzeit über die Verfügbarkeit und den derzeitigen Arbeitsschwerpunkt informiert werden und bekommen klare und eindeutige Auskünfte. Die Verschwiegenheit über Geschäftsbeziehungen und die Inhalte der Zusammenarbeit mit anderen Kunden ist selbstverständlich und wird schriftlich bestätigt. waldvorbäumen kommuniziert offen und partnerschaftlich mit seinen Kunden. Unter der Wahrung von Autoritäten und mit Respekt begegnet Katja Schmidt ihren Kunden auf Augenhöhe. Im Rahmen von Weiterbildung, Workshops, Messebesuchen und Netzwerkkontakten ist es ein wichtiger Bestandteil der Freiberuflichkeit, sich mit den Neuigkeiten und Entwicklungen in den angebotenen Dienstleistungen auseinanderzusetzen und sich darüber hinaus in neuen Themenfeldern professionell weiterzuentwickeln.

Gesellschaft Katja Schmidt engagiert sich ehrenamtlich in einem städtischen Kindergarten. Der Kindergarten ist eine der vielen Einrichtungen, die mehr und mehr mit besonderen Bedingungen zu kämpfen haben (Kinder ohne Deutschkenntnisse, Kinder aus anderen

Kultur- und Religionskreisen, Kinder aus bildungsfernen Schichten), und das notwendige Personal für individuelle Betreuung fehlt. Hier engagiert sie sich aktiv für Bildung und Sprache und wendet ihre Zeit zur Unterstützung der Einrichtung auf. Als Ansprechpartner für Studierende und Gründer steht sie als Unterstützung mit Rat und Tat zur Seite für all jene, die Fragen zum Thema Freiberuflichkeit und den Weg in die eigene unternehmerische Tätigkeit haben.

Umwelt Durch die beinahe ausschließliche Arbeit im digitalen Umfeld ist die Lieferkette bei waldvorbäumen mehr als überschaubar. Doch auch hier werden die Aspekte der Umweltfreundlichkeit berücksichtigt. Katja Schmidt bezieht zertifizierten Ökostrom und kauft Büromaterialien ausschließlich bei nachhaltigen Anbietern ein. Im Rahmen ihrer Geschäftsreisen achtet sie auf die CO_2-Kompensation von Flügen über zertifizierte Dienstleister, bevorzugt die Reise mit öffentlichen Verkehrsmitteln und greift wenn möglich auf Remote Sessions zurück, was bedeutet, das Reisen durch Skype-Meetings und Bildschirmfernwartung ersetzt werden.

9 CSR im Netzwerk: OmniCert und waldvorbäumen

In den letzten beiden Abschnitten wurden die Maßnahmen zur Umsetzung von CSR aus Sicht der beiden berichtenden Unternehmen OmniCert und waldvorbäumen vorgestellt. Runden wir diese Informationen ab und stellen die Verbindung zwischen Thorsten Grantners Team und Katja Schmidt her.

Die stetige Weiterbildung und das aktive Generieren und Vertiefen von Wissen sind grundlegende Maßnahmen, die OmniCert und waldvorbäumen gemeinsam haben. So überrascht es nicht, dass der erste Kontakt auf einer Lernveranstaltung zustande kam. Neben elf weiteren Teilnehmern, trafen Thorsten Grantner (OmniCert), Marei Grantner (OmniCert), Andrea Kaiser (OmniCert) und Katja Schmidt (waldvorbäumen) im Herbst 2015 bei der Weiterbildung zur/zum CSR-Manager/in der IHK Nürnberg aufeinander. Innerhalb dieses motivierenden Lern- und Netzwerkumfelds kam der Gedanke der Zusammenarbeit und so begann nach organisatorischer und fachlicher Absprache die Kooperation.

Katja Schmidt übernimmt für OmniCert Aufgaben der Außenkommunikation und unterstützt das Unternehmen bei gezielten Projekten zu Veröffentlichungen und internen Prozessen. Dabei kann sie ihre professionelle Erfahrung zu Kommunikation und Medienproduktion einbringen und gleichzeitig ihr Wissen als CSR-Managerin in den Bereichen Cradle to Cradle und Zertifizierungen erweitern. Beide Kleinstunternehmen profitieren von der Erfahrung des anderen. Auf dieser professionellen und kooperativen Basis zeigen OmniCert und waldvorbäumen einen der wichtigsten Aspekte des CSR auf: Finde dein Netzwerk, tausch dich aus, zieh am gleichem Strang.

Wie bereits zu Beginn dieses Beitrags beschrieben – Kleinstunternehmen sind keine Großkonzerne, aber in ihrer Gemeinschaft und durch Kooperation und Austausch können sie ebenso einflussreich sein und besonders durch ihre einfachen internen Strukturen eine erhebliche Dynamik in die Wirtschaft bringen.

10 CSR im Klein- und Kleinstunternehmen umsetzbar?

Muss CSR immer auf Standards basieren? ISO 26000 ist der Leitfaden für die Umsetzung von CSR – jedoch kann dieser Standard leider noch nicht zertifiziert werden. Der „Hauptstandard" qualifizierter CSR-Richtlinien, nach denen auch eine Zertifizierung vorgenommen werden kann, sind der Deutsche Nachhaltigkeitskodex und die Global Reporting Initiative. Bei beiden Standards erfordert die Umsetzung viel Zeit und Manpower und bei Beratungs- und zu guter Letzt Zertifizierungsleistung, die ein Unternehmen von extern in Anspruch nimmt, einen monetären Spagat. Vielleicht fragt sich der ein oder andere Geschäftsmann: Wer zahlt mir das? Welcher meiner Kunden interessiert sich dafür und zahlt für mein Produkt oder meine Dienstleistung einen vergleichsweise teureren Preis?

OmniCerts Erfahrung als unabhängige Zertifizierer im Umwelt- und Energiemanagementsektor zeigt: Große und mittelständische Unternehmen wagen immer häufiger den Sprung zum (integrierten) Managementsystem, wenn auch mit Bedacht und Skepsis. Grund hierfür ist einerseits die Nachfrage der Kunden, vor allem bei Business-to-Business-(B2B-)Unternehmen. Ein Qualitätsmanagementsystem nach DIN EN ISO 9001 gehört immer häufiger in Verbindung mit ISO 14001 zum „guten Ton" und wird gerade von großen Unternehmen an ihre Zulieferer nachgefragt. Große Unternehmen stehen nicht selten im öffentlichen Interesse und „unter Aufsicht" von Nichtregierungsorganisationen (NGOs). Dies übt Druck auf die Unternehmen aus. Zusätzlich erfordern gesetzliche Regularien zukünftig mehr Engagement in dieser Richtung. Trotzdem ist die Nachfrage nach Umwelt- und Energiemanagement im Mittelstand noch verhalten. Zu groß ist die „Angst" und Skepsis vor zu viel administrativer Arbeit und nicht rentabler Investition von Zeit und Kosten in Prozesse, die nicht das Kerngeschäft oder Kernprozesse betreffen.

Doch gleichzeitig integrieren kleine und kleinste „Unternehmungen", wie z. B. Abwasserzweckverbände mit fünf Mitarbeitern (Vollzeitäquivalenten), ein Energiemanagementsystem in ihr bereits bestehendes Managementsystem. Etwas lapidar formuliert, führt die Sekretärin mit Teilzeitanstellung das Energiemanagementsystem bis zur Zertifizierungsreife für den Wasserzweckverband ein. Derartige Beispiele zeigen: Es funktioniert. Anspruchsvolle Anforderungen aus DIN-Normen praxisorientiert in kleinste Unternehmen zu integrieren funktioniert. Die bloße Erfüllung der Richtlinie wird jedoch nicht als Antreiber verstanden, sondern Seiteneffekte, die auch der Ansporn und Antreiber für CSR im Unternehmen sein können und sein sollen: Innovations- und Wettbewerbsvorteil.

Weiterhin lassen Kindergärten ihre Umwelterklärung erfolgreich EMAS validieren. Trotz Personalknappheit und weiteren Herausforderungen schaffen es Kindergärten, die Voraussetzungen für eine EMAS-Validierung zu erfüllen. Sie zeigen eindrucksvoll, dass es möglich ist, scheinbar trockene Verbrauchsdaten zu erheben, sich Ziele zu setzen, diese intern und extern zu kommunizieren und Eltern und Kinder aktiv miteinzubeziehen. Umwelt- und Ressourcenschutz werden in den Kindergartenalltag integriert und den Kindern ein bewusster und nachhaltiger Umgang mit Natur, Umwelt und Lebewesen gelehrt.

Gesetze wie das Energiedienstleistungsgesetz stellen also nicht nur Anforderungen dar, die man umsetzen muss. Vielmehr geben sie Anreiz, das Geschäftsmodell kritisch zu beleuchten, zu analysieren und gegebenenfalls innovativ in eine neue Richtung zu lenken. Ebenso verhält es sich mit dem Umweltmanagementsystem, egal ob ISO 14001 oder EMAS, ISO 26000, OHSAS 18001, Cradle to Cradle und CSR. Alle Standards haben eines gemeinsam: Sie fügen sich in das bestehende Managementsystem nahtlos ein, sofern die Managementsysteme gelebt und gepflegt werden.

Dies zeigt Abb. 2, die in Teilen oben Genanntes beschreibt. EMAS als Königsdisziplin und anspruchsvollstes Umweltmanagement integriert bereits das Umweltmanagement nach ISO 14001. Dieses integriert das Energiemanagementsystem nach ISO 50001, Qualitätsmanagement nach ISO 9001 und ebenfalls die nichtzertifizierbare ISO 26000 für CSR.

Für Unternehmen, die bereits in ihrer Unternehmenspolitik Nachhaltigkeitsaspekte berücksichtigen oder ihre Stakeholder in den Fokus rücken, stellen ein integriertes Managementsystem und CSR-Maßnahmen vermutlich keine herausragende Herausforderung dar, da sie bereits intrinsisch verankert die richtigen Maßnahmen definieren und ergreifen. Wichtig ist vor allem, CSR nicht als ein abgeschlossenes Projekt wahrzunehmen, sondern zu verinnerlichen, dass es sich um einen fortwährenden Prozess handelt, der die

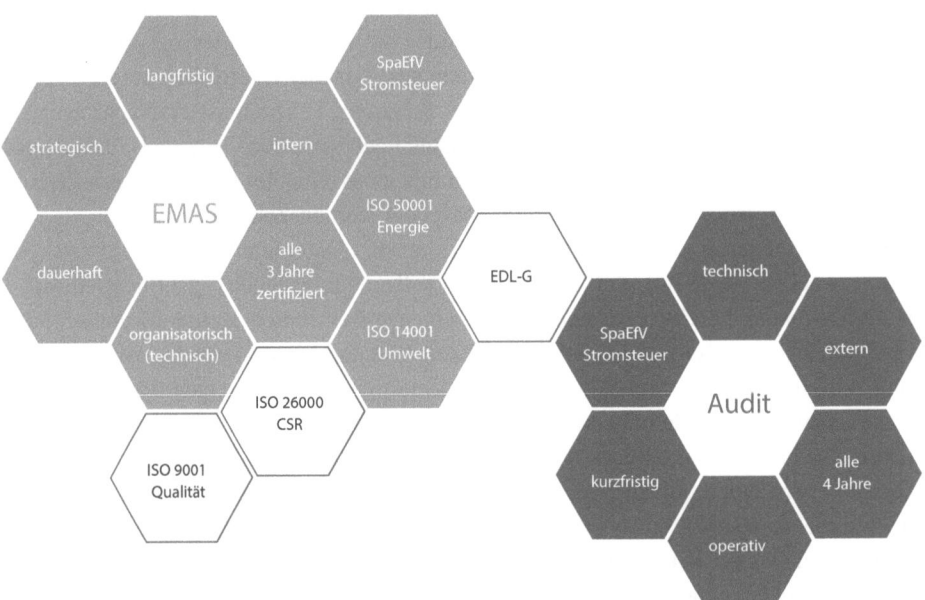

Abb. 2 Die Vernetzung und Integrierbarkeit

Aufmerksamkeit der Unternehmen fordert. Vermehrt wächst die Sensibilität für Nachhaltigkeit und die gesellschaftliche Verantwortung, die Unternehmen tragen, große Firmen und Konzerne haben oftmals einen CSR-Beauftragten, der sich ganzheitlich über alle Unternehmensbereiche mit Prozessen und den möglichen Maßnahmen auseinandersetzt und auch die zugehörige Berichterstattung übernimmt.

Das hört sich nach „Bilderbuch-CSR" an, steht aber nicht immer für die Qualität. Eben diese steht und fällt mit dem Engagement, mit dem sich ein Unternehmen für seine Nachhaltigkeitsprozesse einsetzt, – und Engagement ist, wie man anhand der Berichte von OmniCert und waldvorbäumen feststellen kann, keine Frage der Unternehmensgröße.

Um sich mit den Trends der Zukunft, den Megatrends, zu entwickeln und nicht zu den Mitläufern, sondern zu den proaktiven Vorreitern zu gehören, müssen sich Unternehmen künftig klar positionieren. Die Nachfrage nach nachhaltigen Angeboten ist unübersehbar – nicht nur beim Konsumenten, sondern auch bei potenziellen Arbeitnehmern und Geschäftspartnern. Fassen wir die letzten Seiten zusammen, ergibt sich ein klares Bild für das Unternehmen von heute und morgen – Nachhaltigkeit und Zukunftsfähigkeit reichen sich die Hand und gehen den gemeinsamen Weg hin zu der ganzheitlichen Wahrnehmung für die Verantwortung der Wirtschaftsteilnehmer jeglicher Couleur.

Literatur

Verwendete Literatur

Bauer W (2014) https://www.moo-con.com/downloads/veranstaltungsrueckblick/Vortraege%20Herr%20Prof.%20Bauer%20und%20Herr%20Tometschek.pdf. Zugegriffen: 12.06.2016

Fifka MS (2011) Cologne Business School: „Sustainability, Corporate Social Responsibility und Corporate Citizenship – ein Abgrenzungsversuch im Begriffswirrwarr" in „Nachhaltiges Management – Sustainability, Supply Chain, Stakeholder" von Eberhard Haunhorst und Christoph Willers, 2. Aufl. Books on Demand GmbH, Norderstedt. ISBN 978-3842376717

Fifka MS (2015) http://csr.nuernberg.de/wp-content/uploads/2014/03/2014-03-12-Nuernberg-Vortrag-Prof.-Fifka.pdf

respACT (2013) CSR-Leitfaden für Ein-Personen-Unternehmen, 2. Aufl. Wien

Sitzler S (2013) Unternehmensethik und Corporate Social Responsibility, 1. Aufl. Diplomica, Hmaburg. ISBN 978-3842897885

Weiterführende Literatur

Institut für Mittelstandsforschung Bonn. http://www.ifm-bonn.org/statistiken/gruendungen-und-unternehmensschliessungen/#accordion=0&tab=2. Zugegriffen: 12. Juni 2016

Thorsten Grantner Nach seinem Studium an der TU München und am Landwirtschaftlichen Bildungszentrum Triesdorf der FH Weihenstephan lernte Dipl.-Ing. Thorsten Grantner sein Handwerk als Energie- und Umweltingenieur bei der Siemens AG im Bereich Kraftwerksbau, in der chemischen Industrie sowie in der Entwicklung und Finanzierung von Biogasprojekten bei der in-TRUST Projekt AG. Seine berufliche Laufbahn führte Herrn Grantner von Bayern aus nach Australien (Forschungsprojekte in Kohlekraftwerken bei CSIRO Energy Technology), Spanien (Inbetriebnahme eines Gas- und Dampfkraftwerkes mit 3-mal 400 MW) sowie in alle deutschen Bundesländer. Herr Grantner ist seit 2009 als Umweltgutachter nach § 9 Umweltauditgesetz von der Deutschen Akkreditierungs- und Zulassungsgesellschaft für Umweltgutachter mbH – DAU – akkreditiert (DE-V-0284). In seiner Funktion als stellvertretendes Mitglied im Umweltgutachterausschuss des Bundesministeriums für Umwelt, Naturschutz, Bau und Reaktorsicherheit ist er ehrenamtlich für die Verbreitung des Umweltmanagementsystems EMAS sowie in der Erstellung von Standards für Umweltgutachter tätig. Im selben Jahr gründete er auch die OmniCert Umweltgutachter GmbH mit deren Team aus 27 Mitarbeitern er jährlich bundesweit rund 1250 Begutachtungen für EEG-Anlagen und Energieeffizienzsysteme durchführt. Als befähigte Person BetrSichV §14/15 und als VAwS-Sachverständiger für Wasserrecht hat Herr Grantner außerdem stets ein wachsames Auge auf die Sicherheit der Kunden und ihre Anlagen.

Seit 2014 ist Thorsten Grantner vom Cradle to Cradle Products Innovation Institute in San Francisco, USA, als Assessor für das Zertifizierungssystem Cradle to Cradle zugelassen. Außerdem ist Herr Grantner seit 2015 geprüfter CSR-Manager (IHK).

Andrea Kaiser schloss ihr Studium der Biologie im Jahr 2009 an der Universität Würzburg ab und begann 2010 ihre Promotion an der TU München, am Standort Freising, Weihenstephan. Parallel studierte sie an der Universität Koblenz den aufbauenden Fernstudiengang „Angewandte Umweltwissenschaften", den sie im Frühjahr 2014 als Diplom-Umweltwissenschaftlerin abgeschlossen hat. Seit Januar 2014 ist Andrea Kaiser bei der OmniCert Umweltgutachter GmbH tätig. Sie etabliert gemeinsam mit Thorsten Grantner und Michaela Hauer den Bereich Cradle to Cradle, hilft bei der Erstellung von Gutachten und betreut das Unternehmen in allen Angelegenheiten rund um die DAkkS-Akkreditierung im Mai 2016. Seit 2014 ist Frau Kaiser akkreditierte Assessorin für das Zertifizierungssystem Cradle to Cradle TM und seit 2015 geprüfte CSR-Managerin (IHK).

Katja Schmidt schloss, nach ihrer Ausbildung und Arbeit als Mediengestalterin, im Jahr 2011 erfolgreich ihr Studium der Digitalen Medien an der DHBW Mannheim ab. Zwischen 2011 und 2014 arbeitete sie als Software Consultant für ein renommiertes Unternehmen der Druckindustrie und sammelte internationale Erfahrung im Projektumfeld. Im Juli 2014 ging sie den Schritt in die Selbstständigkeit und tritt seitdem als Freiberuflerin unter dem Synonym waldvorbäumen in Erscheinung. Ihr Portfolio umfasst die Arbeitsgebiete von Medienproduktion und -konzeption hin zu Prozessoptimierung und Softwaretraining. Seit Dezember 2015 ist Frau Schmidt IHK-zertifizierte CSR-Managerin und hat ihr Tätigkeitsspektrum um die Beratung zu Nachhaltigkeit und gesellschaftlicher Verantwortung erweitert.

Kleinstunternehmen auf dem Weg zum CSR-Erfolg

Michael Barsakidis und Edzard Schönrock

1 Einleitung und Zusammenfassung

Kleinstunternehmen unterschätzen sich häufig in Fragen der CSR bzw. der Nachhaltigkeit und machen sich kleiner, als sie sind. Nur weil sie meist einen Bruchteil der ökonomischen Bedeutung in wirtschaftlichen Prozessketten besitzen, müssen sie noch lange nicht den Kopf in den Sand stecken und sagen: CSR ist doch ein Thema für die großen Konzerne, aber nicht für mich als kleines Unternehmen. Irrtum, auch wenn Kleinstunternehmen finanziell oder in ihrer Flexibilität meist nur eingeschränkt agieren, können sie andere gute Antworten auf Fragen der Zukunft für ihre Interessengruppen geben. Damit können sie trotz ihrer begrenzten Größe am Ende gewinnen und auch für ihre eigene Zukunft vorangehen. Sie können zum Sinnstifter für ihre Stakeholder auf dem langen Weg zur CSR werden. Basierend auf den drei klassischen Dimensionen der Nachhaltigkeit mit Ökologie, Sozialem und Ökonomie werden Erläuterungen und Anwendungsbeispiele aus Theorie und Praxis besonders für Kleinstunternehmen dargestellt. Die Analyse wird anhand des N-Kompasses entwickelt, der besonders für kleine und mittlere Unternehmen ein geeignetes Instrument für das eigene Nachhaltigkeitsmanagement sein kann. Bei der Analyse werden die CSR-Handlungsfelder anhand der Selbsteinschätzung des Unternehmensvertreters, des N-Kompass-Beraters oder von beiden zusammen bearbeitet. Im nächsten Schritt werden diese Daten mit der Wesentlichkeit des Unternehmens und der Branche nach einem

---

M. Barsakidis (✉)
CSR Arena Hannover
Geibelstr. 97, 30173 Hannover, Deutschland
E-Mail: Barsakidis@CSRarena.de

E. Schönrock
prÄGNANT Nachhaltigkeit.Kommunikation.Schönrock
Rischkamp 4, 30659 Hannover, Deutschland
E-Mail: e.schoenrock@praegnant-nachhaltig.de

Ampelsystem ins Verhältnis gesetzt. Daraus ergeben sich Empfehlungen und erste Maßnahmen, um ein ganzheitliches Nachhaltigkeitsprogramm entwickeln zu können.

Häufig sind Kleinstunternehmen bereits im Bereich Soziales gut aufgestellt, da der ehrbare Kaufmann nicht nur ein geflügeltes Wort ist, sondern traditionell stark gesellschaftlich engagiert ist. Aber auch hier ist noch Optimierungspotenzial möglich, indem das Engagement noch mehr auf die geschäftlichen Anknüpfungspunkte konzentriert wird. Dies ist glaubwürdiger und leichter verständlich. Oder man kommuniziert überhaupt erst über das Engagement, was häufig als selbstverständlich angesehen wird. Der Spruch: tue Gutes und rede darüber, trifft auch oder gerade heute noch auf Unternehmen zu. Denn Dienstleistungen oder sonstige wirtschaftliche Aktivitäten sind häufig beliebig austauschbar. Die Entscheidung, wer den Auftrag bekommt, kann dann von anderen Faktoren, u. a. weichen Faktoren, wie der CSR eines Unternehmens abhängen.

Ökonomisch sollten Kleinstunternehmen allein schon aufgrund ihrer Größe die wichtigsten Kennzahlen im Blick haben. Nur so können sie im harten Wettbewerb bestehen und ihren wirtschaftlichen Erfolg sichern. Dieser kann auch mithilfe des Engagements ergänzt werden, denn Reputation und Glaubwürdigkeit zahlen sich auf lange Sicht aus. Die wirtschaftliche Basis beruht aber auch auf Kapitalrücklagen oder Fremdkapitalgebern. Sie tun ihr Übriges und gefährden damit ggf. die Zukunft des Unternehmens. Der solide wirtschaftende Kleinstunternehmer oder Kaufmann überlegt sich genau, ob er über seine Verhältnisse leben kann, und geht meist den sicheren Weg. Dies trifft vor allem auf die Kosten zu. Inwieweit die Ökonomie mit der Ökologie häufig zusammenfällt, zeigt die dritte Dimension der CSR.

In der Ökologie gibt es für Kleinunternehmer sicher den größten Nachholbedarf. Zwar verhält sich der Unternehmer jetzt schon ökologisch, wenn es um die Einsparung von Ressourcen, wie z. B. Energie, geht. Dabei ist er jedoch rein ökonomisch getrieben, steigen doch die Kosten für knappe Ressourcen weiter an. Damit, dass er mit der eingesparten Energie am Ende noch die Umwelt entlastet, sind zwei positive Ziele auf einmal verfolgt. Wenn sich das Blatt allerdings wendet und Kleinstunternehmen für die Entlastung der Umwelt draufzahlen müssten, trennt sich rein ökonomisch die Spreu vom Weizen. Die Mehrkosten müssen dann einen Mehrwert bedeuten, anderenfalls kann sich der Kleinunternehmer häufig diese höheren Kosten nicht erlauben. Am Ende schmälert es seinen Gewinn, den Antrieb jedes Unternehmens.

Wie man diesem Dilemma entgehen kann oder besser einen Mehrwert für seine CSR-Aktivitäten generieren kann, soll dieser Beitrag für Kleinstunternehmen anhand von praktischen Fallbeispielen aufzeigen. Die Wege des Unternehmens dorthin lassen sich nicht immer eins zu eins übertragen, geben allerdings Anhaltspunkte, wie das eigene CSR-Profil geschärft werden kann. CSR muss nämlich individuell auf die Bedürfnisse und Anforderungen von Unternehmen, erst recht Kleinstunternehmen, und ihrer Stakeholder angepasst werden. Der Leser durchläuft die Dimensionen Ökologie, Soziales und Ökonomie. In jeder Dimension lernt er jeweils die zehn unterschiedlichen Handlungsfelder kennen, die als inhaltlicher Unterbau der CSR dienen (vgl. Abb. 1).

Abb. 1 Die drei Dimensionen der Nachhaltigkeit nach dem N-Kompass

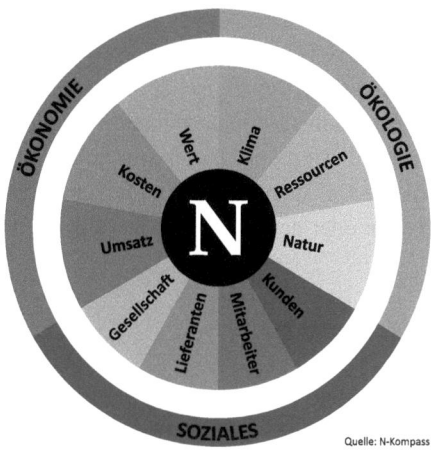

2 Die drei Dimensionen der Nachhaltigkeit als Basis für Kleinstunternehmen und ihr Nachhaltigkeitsprogramm

2.1 Ökologie

Die Ökologie gilt als wichtigste Dimension der CSR, weil sie als Basis für alle Bemühungen von Unternehmen angesehen wird. Über die Anfänge der Umweltpolitik in den 1970er-Jahren wurde in der Bundesrepublik eine bis heute stetig bessere Situation der Umwelt und ihrer Belastungen erlangt. Dies gilt für alle Umweltmedien – Wasser, Luft und Boden (vgl. www.nachhaltigkeit.info). Ein Ergebnis, das ohne stetig strengere Gesetze und Verordnungen zur Umweltpolitik nie hätte erreicht werden können. Aber auch die freiwilligen Anstrengungen und Maßnahmen der Unternehmen im Bereich Ökologie haben in den letzten Jahren zugenommen. Hierzu zählen vor allem Maßnahmen zum Klimaschutz, wie die Reduktion von Treibhausgasen, wie CO_2 oder deren Äquivalente. Sie können täglich in den Geschäftsprozessen und Abläufen durch ein geeignetes Nachhaltigkeitsmanagement reduziert und optimiert werden.

Selbiges trifft auf den Umgang mit Ressourcen zu. Materielle Ressourcen gehören zu den wichtigsten Faktoren in den wirtschaftlichen Prozessen des produzierenden und des Dienstleistungsgewerbes. Häufig werden dabei endliche Ressourcen eingesetzt, die nach ihrem Verbrauch unwiderruflich verloren sind. Zu den wichtigsten Ressourcen zählen vor allem Energie aus endlichen Brennstoffen (Kohle, Öl, Gas) und Rohstoffe (Erze, seltene Erden). Daher ist es das oberste Ziel der Nachhaltigkeit, diese Ressourcen zu schonen. Ressourceneffizienz ist die Basis jedes nachhaltigen Handelns. Aber freiwilliges ökologisches Handeln geht wesentlich weiter, da in diesem Fall nicht nur Kosten reduziert werden, sondern am Anfang häufig höhere Investitionen nötig sind. Diese amortisieren sich zu einem späteren Zeitpunkt allerdings und zahlen sich durch geringere Kosten bei materiellen Ressourcen oder dem glaubwürdigen Handeln des Unternehmens gegenüber seinen Stakeholdern aus. Der Natur- und Umweltschutz, der traditionell in Deutschland u. a. durch zahlreiche Umweltverbände entwickelt wird, umfasst den Schutz der Artenvielfalt, der als biologisches Reservoir der Menschheit gilt (vgl. www.nachhaltigkeit.info). Unternehmen gehen häufig Kooperationen mit Organisationen im Umweltbereich ein, indem sie diese projektbasiert oder langfristig finanziell fördern. Im Gegenzug erhalten die Unternehmen für ihr Engagement durch ihre zahlreichen Interessenvertreter (Stakeholder) ein positives Image oder besser eine glaubwürdige Reputation.

2.2 Soziales

Das soziale Engagement, was auch häufig als gesellschaftliches Engagement bezeichnet wird, gilt traditionell bei Unternehmen als starkes Feld der CSR. Daher ist es meist am besten bestellt und kann als Ausgangsbasis für Kleinstunternehmen gesehen werden. Denn gerade Kleinstunternehmer sind als ehrbare Kaufleute meist seit Jahrhunderten stark gesellschaftlich engagiert. Ziel sollte es sein, in seinem lokalen Umfeld und im Optimalfall nah an seinen Geschäftsfeldern aktiv zu werden, da es somit glaubwürdigere Anknüpfungspunkte zu den Stakeholdern gibt. Dies ist glaubwürdiger und leichter verständlich. Häufig wird aber über das Engagement nicht in der Öffentlichkeit berichtet, da es als selbstverständlich angesehen wird. Der Spruch: tue Gutes und rede darüber, trifft auch oder gerade heute noch auf Unternehmen zu. Denn Dienstleistungen oder sonstige wirtschaftliche Aktivitäten sind häufig beliebig austauschbar, da die Märkte in vielen Sektoren bereits gesättigt sind. Die Entscheidung der Kunden im B2B- als auch im B2C-Bereich, wer letztendlich den Auftrag bekommt, kann dann von anderen Faktoren abhängen. Dabei werden die weichen Faktoren, wie die CSR eines Unternehmens, immer wichtiger. Diese ergänzen die reinen Produktvorteile für seine Kunden um den gesellschaftlichen Aspekt – dieser kann als höherer Kundennutzen kaufentscheidend sein.

Noch wichtiger und entscheidender, gerade für Kleinstunternehmen, wird zukünftig die Frage der personellen Ressourcen sein. Die Nachfrage nach gut qualifizierten und motivierten Mitarbeitern wird in allen Sektoren der Wirtschaft zunehmen, da der demografische Wandel in der Gesellschaft verstärkt dazu beitragen wird, dass sich Fachkräfte zukünftig ihre Arbeitgeber werden aussuchen können. Wenn früher finanzielle und materielle Anreize für Arbeitnehmer eine große Rolle gespielt haben, bewerten jüngere Absolventen und Fachkräfte, wie die Generation Y, ihre potenziellen Arbeitgeber zunehmend an weichen Faktoren (vgl. Moskaliuk 2016). Engagierte Unternehmen haben Vorteile gegenüber ihren Wettbewerbern. Die Work-Life-Balance ist ein mitentscheidender Faktor. Dabei sollte die Arbeitszeit im Unternehmen mit der Freizeit in der Familie oder mit Freunden ausgewogen sein. Auch eine Vereinbarkeit von Familie und Beruf sowie eine größere Flexibilisierung der Arbeitszeiten und -orte spielen eine Rolle. Karriere um jeden

Preis ist mit der jüngeren Generation nicht mehr ohne Weiteres möglich (vgl. Moskaliuk 2016). Nur wenn die Rahmenbedingungen stimmen, kann das Unternehmen einen Mitarbeiter überzeugen. Gleiches gilt zunehmend für den Bereich CSR. Auch dieser weiche Faktor kann mitentscheiden, wenn es um die Wahl des Arbeitgebers geht. Wenn ein Mitarbeiter sich nicht mehr mit den wirtschaftlichen Aktivitäten seines Unternehmens identifizieren kann, weil bestimmte soziale oder ökologische Rahmenbedingungen nicht übereinstimmen, wird er erst gar nicht zum Unternehmen kommen oder verlässt es schnell wieder. Die Suche nach neuen Mitarbeitern ist aber nicht nur aufwendig und teuer, sondern birgt auch gewisse Risiken und erfordert eine Einarbeitung. Damit zahlt sich ein erfahrener und langjähriger Mitarbeiter mehrfach aus. Aber gerade hier hat sich die jüngere Generation emanzipiert und sich von den früheren wirtschaftlichen Zwängen teilweise befreit. Gleiches gilt im Übrigen für alle anderen Stakeholder auch.

Auch in den Lieferantenbeziehungen und Wertschöpfungsketten spielen die sozialen Aspekte eine zunehmende Rolle, weil sich Stakeholder mehr dafür interessieren, woher die Rohstoffe, Vorprodukte oder fertigen Artikel stammen und unter welchen sozialen und ökologischen Rahmenbedingungen diese hergestellt wurden (vgl. Kannegiesser 2016). Die Textilbranche ist da ein aktuelles und kritisches Beispiel, da immer wieder Skandale zu den Arbeitsbedingungen und ökologischen Faktoren beklagt werden (vgl. Kannegiesser 2016). Auch Kleinstunternehmen sollten sich hierfür mehr interessieren, da auch ihre Stakeholder ähnliche Fragen stellen werden. Die Forderungen nach größerer Transparenz der Lieferkette werden stärker. Durch Einkaufsgemeinschaften oder andere Bezugsquellen haben die Kleinstunternehmen auch größeren Einfluss auf ihre Lieferanten. Sie können mehr Druck ausüben, wenn die sozialen Rahmenbedingungen in der Lieferkette nicht mit den eigenen Ansprüchen übereinstimmen. In diesen Fällen könnten Lieferanten gegen andere Bezugsquellen ausgetauscht werden, die besser zum eigenen Unternehmen passen. Dadurch wird sich die Qualität der Produkte oder Dienstleistungen erhöhen, die für Kleinstunternehmen langfristig zum Wettbewerbsfaktor werden kann.

Die Gesellschaft erwartet von Unternehmen in modernen Zeiten nicht nur eine ausreichende Versorgung mit Gütern und Dienstleistungen. Diese rein ökonomische Sichtweise wäre zu kurz gedacht, da auch eine soziale Verantwortung für die Allgemeinheit erwartet wird. Durch ihr gesellschaftliches Engagement können Kleinstunternehmen lokale Initiativen finanziell oder ideell unterstützen. Dabei sollte die Förderung der sozialen Initiative allerdings möglichst nah am eigenen Geschäftsfeld des Unternehmens gewählt werden. Nur wenn dies gelingt, können eigene Stärken besser in das zu fördernde Projekt eingebracht werden. Außerdem honorieren die Stakeholder dieses Engagement durch ein höheres Vertrauen und eine Reputation, die im Optimalfall zu einer stabilen Kundenbindung führen können. Dieses positive Bild des Unternehmens kann per Mund-zu-Mund-Propaganda im sozialen Umfeld des Kunden weitergegeben werden und ist damit die beste und günstigste Werbung.

2.3 Ökonomie

Die Ökonomie wird seltener als klassisches Nachhaltigkeitskriterium bezeichnet, was aber im Ergebnis unvollständig wäre. Denn ohne eine gute ökonomische Basis ist es besonders für Kleinstunternehmen schwieriger, eine gute CSR-Politik voranzutreiben. Anfangs mögen eine Steigerung der Effizienz und eine erhöhte Ersparnis von Ressourcen nicht nur die Kosten reduzieren, sondern auch die Umwelt entlasten werden. Dies geschieht häufig durch eine ohnehin geplante Modernisierung der Technik. Allerdings sollte dies nur der erste Schritt hin zu einer nachhaltigen Unternehmenspolitik sein. Der nächste Schritt erfordert häufig höhere Ausgaben, die sich allerdings als Investition in die Zukunft erweisen. Sie zahlen sich später aus und lassen sich, wenn überhaupt, häufig nur indirekt nachweisen.

Das Produktportfolio eines Unternehmens lässt sich auch für die Zukunft vorbereiten, indem z. B. der Umsatz nachhaltig gesteigert wird. Dies kann einerseits durch eine Anpassung des Sortiments auf nachhaltigere Produkte oder Dienstleistungen gelingen. Alternativ können die nachhaltigen Aktivitäten eines Kleinstunternehmens, z. B. durch ein Nachhaltigkeitsmanagement, dazu führen, dass die Ökobilanz der konventionellen Produkte verbessert wird. Dadurch können sich die Reputation und das Vertrauen in das Unternehmen verbessern und ggf. zu einer höheren Kundenbindung führen. Dies ist jedoch ein längerer Prozess, der sich langsam entwickeln muss.

Auch bei der Kostenentwicklung lässt sich eine nachhaltige Optimierung erzielen. Dabei wird versucht Kosten durch gezielt nachhaltige Maßnahmen zu reduzieren. Dies kann zum einen durch die o. g. Maßnahmen der Investition in effizientere Technologien und damit verbundene Einsparungen realisiert werden. Als zweite Möglichkeit lassen sich z. B. bei der Primärenergieerzeugung regenerative Energien wie Fotovoltaik oder Windenergie einsetzen, die durch eine Subvention langfristig zu günstigerer und sauberer Energie führen werden. Die höheren Kosten während der Investition amortisieren sich nach einiger Zeit, können abgeschrieben werden und sorgen dann für niedrigere Kosten. Eine Win-win-Situation für das Unternehmen, die Umwelt und die Gesellschaft.

Insgesamt kann sich der langfristige Wert eines Unternehmens durch die o. g. Maßnahmen erhöhen, weil es rechtzeitig die Zeichen der Zeit erkannt hat und sich so auf die Zukunft vorbereitet. Neben den materiellen Werten können aber auch immaterielle Faktoren über Erfolg oder Misserfolg entscheiden. Hierfür kann u. a. auch die Nachfolgeregelung stehen. Gerade in Kleinstunternehmen ist die Nachfolge häufig nicht geklärt oder gefährdet, da sich kein Familienmitglied dafür findet oder die Suche bzw. Bereitschaft von Externen nicht gesichert ist (vgl. Keck 2016). Da diese Entscheidung existenziell ist, gefährdet sie nicht nur das eigene wirtschaftliche Handeln, sondern auch das der Belegschaft und ggf. das seiner Kunden bzw. Zulieferer. Daher ist die Nachfolge eine zunehmend wichtige, wenn auch noch unterschätzte CSR-Maßnahme (vgl. Abb. 2).

Abb. 2 Struktur für ein vollständiges Nachhaltigkeitsprogramm

3 Ablauf eines übergreifenden Nachhaltigkeitsmanagements für Kleinstunternehmen

Mit einem übergreifenden Nachhaltigkeitsmanagement können sich Unternehmen für die Zukunft aufstellen und sukzessive ihr persönliches Profil in CSR-Fragen erstellen. Denn ein Nachhaltigkeitsmanagement lässt sich nicht wie eine Schablone auflegen und auf jedes Unternehmen, gerade nicht Kleinstunternehmen, übertragen. Die Entwicklung eines Nachhaltigkeitsmanagements setzt sich aus der Strategie, der Umsetzung, der Kommunikation und den Interessengruppen zusammen.

3.1 Strategie

Eine geeignete Strategie ist die Basis eines jeden Nachhaltigkeitsmanagements. Sie beinhaltet eine auf das Kleinstunternehmen passende Vision und Mission, die den langen Weg des Unternehmens zur CSR ebnen. Eine Vision zeichnet für alle Stakeholder die Zukunft des Unternehmens und sein Selbstverständnis vor, was die Nachhaltigkeit angeht. Eine Vision sollte auf den Zeitraum von zehn bis 15 Jahre angewendet werden. Die Mission hingegen beschreibt die zukünftige Aufgabe bzw. den Auftrag des Unternehmens mit all seinen Aktivitäten (vgl. Buchner 1995).

Dabei sollten die Chancen und Herausforderungen des Unternehmens stets im Fokus der Überlegungen stehen. Die Chancen spiegeln dabei die positiven Möglichkeiten des Unternehmens bezüglich seines Produktportfolios und seiner sonstigen Aktivitäten wider. Bei den Herausforderungen sind Maßnahmen wichtig, die auf dem Weg zu einem nachhaltigen und erfolgreichen Unternehmen bestritten werden müssen. Hierbei sollten alle Herausforderungen offen diskutiert und analysiert werden, um sie durch praktische Lösungen aus dem Weg zu räumen.

Das Ziel einer jeden Unternehmung, die sich nachhaltig aufstellen möchte, ist die Nachhaltigkeitsanalyse. Durch sie können Unternehmen für sich den jeweiligen Nachhaltigkeitsthemen Prioritäten zuweisen und sehen, wie gut sie bereits aufgestellt sind bzw. wo besonderer Handlungsbedarf besteht. In der anschließenden Strategie legen die Kleinstunternehmen fest, welche Handlungsfelder und -ziele der Nachhaltigkeit sie verfolgen möchten. So kann die Nachhaltigkeit langfristig im Kerngeschäft verankert werden. Damit entsteht am Ende ein ganzheitliches Programm zur Entwicklung der Nachhaltigkeit.

3.2 Umsetzung

Für die Umsetzung des entwickelten Nachhaltigkeitsprogramms im Kleinstunternehmen ist das optimale Rollen- und Organisationsverständnis wichtig. Denn Nachhaltigkeit steht und fällt mit der richtigen Organisation des Themas im Unternehmen. Am Anfang bietet es sich an, einen Projektleiter für die Nachhaltigkeit zu installieren, der häufig aus dem Bereich Kommunikation kommt, denn eine individuelle Position ist meist aus finanziellen Gründen in Kleinstunternehmen schwierig. Alternativ, gerade bei Kleinstunternehmen, übernimmt häufig die Geschäftsleitung selbst diese Aufgabe und überführt das Thema in die Linien des Unternehmens. Trotz der zeitlichen Restriktionen wird damit ein wichtiges Prioritätszeichen für alle Stakeholder, vor allem die Mitarbeiter, gesetzt. Wenn finanziell möglich, sollte die Nachhaltigkeit möglichst als Stabsfunktion in oder unterhalb der Geschäftsleitung aufgehängt sein.

Mit dem Nachhaltigkeitscontrolling, der -steuerung und -kostenrechnung kann sichergestellt werden, dass die Ziele am Ende auch erreicht werden oder im Extremfall verfehlt werden. Für den messbaren Erfolg bedarf es der richtigen Kennzahlen, die auch für die Stakeholder und einen späteren Nachhaltigkeitsbericht von großer Bedeutung sind. Die Herausforderung liegt in der Begrenzung und Auswahl der wichtigen Kennzahlen der Nachhaltigkeit – anderenfalls ertrinkt das Kleinstunternehmen in Kennzahlengräbern oder deren Bürokratie, die aufwendig gesammelt wurden und am Ende überflüssig waren. Daher sollten sich die Unternehmen zunächst auf einige wenige, dafür wichtige Kennzahlen, wie z. B. den Energie- und Ressourcenverbrauch, konzentrieren. Mit einfachen Excel-Listen lassen sich am Anfang alle wichtigen Kennzahlen sammeln und verwalten. Diese können anschließend für alle Nachhaltigkeitsmaßnahmen und -ziele sowie Reportingstandards, wie Nachhaltigkeitskodex oder GRI, verwendet werden.

Für ein Unternehmen, das sich nachhaltig aufstellen möchte, ist ein Verhaltenskodex für seine Stakeholder, vor allem Mitarbeiter und Geschäftspartner, unausweichlich. Der Verhaltenskodex ist eine Selbstverpflichtung, bestimmten Verhaltensmustern zu folgen oder diese zu unterlassen. Das Unternehmen hat außerdem Sorge zu tragen, dass sich niemand durch Umgehung dieser Regeln einen Vorteil verschafft. Es handelt sich dabei um das soziale, ökologische und ethische Verantwortungsbewusstsein, das häufig auch internationalen Standards und Kodizes entspricht. Dieser Verhaltenskodex sollte unbedingt individuell auf das jeweilige Unternehmen angepasst werden, da sonst die Glaubwürdigkeit und damit letztlich die Umsetzung gefährdet werden. Checklisten helfen dabei, diesen Kodex zu entwickeln (vgl. Kleene 2015).

Auch für Investoren spielt das Thema Nachhaltigkeit eine zunehmende Rolle. Auch wenn es zurzeit noch Aktiengesellschaften oder andere Kapitalgesellschaften sind, die um große (institutionelle) Investoren buhlen, werden auch kleinere Unternehmen schon von ihren Hausbanken nach ihrem nachhaltigen Zukunftskonzept gefragt. Und die Niedrigzinsphase mit günstigen Krediten wird langfristig wohl nicht Bestand haben. Spätestens dann werden nachhaltige Unternehmen kreditwürdiger und gelangen zu niedrigeren Kapitalkosten an Fremdkapital. Nachhaltige Investments werden sich zu diesem Zeitpunkt auszahlen.

3.3 Kommunikation

Geschichten möchten erzählt werden – auch Nachhaltigkeitsgeschichten. Storytelling ist die älteste und gleichzeitig eine moderne Form der Überlieferung von Inhalten. Alle guten Geschichten basieren auf sieben Urgeschichten (vgl. Booker 2004), die u. a. von Emotionen, Macht, Bedrohung und Vollkommenheit zeugen. Es sind die typischen Muster, die durch die Psyche und die Vorstellungskraft einen Zuhörer begeistern: ob „Gut gegen Böse", „vom Bettler zum König", „die Mission/Suche nach etwas", „in eine fremde Welt geworfen", „Komödie", „Tragödie" oder „Wiedergeburt". Die Nachhaltigkeit ist zwar nicht direkt dabei, kann aber leicht eingebunden und erzählt werden. Der Trick besteht beim Storytelling darin, Inhalte der Nachhaltigkeit mit Urgeschichten zu verbinden. Oder „… Geschichten sind Fakten mit einer Seele" (vgl. Brown 2010), in denen unternehmensrelevante Fakten zur Nachhaltigkeit in eine Geschichte gefasst werden. Das Ergebnis sind sinnstiftende, intensive und schnelle Botschaften, die den Zuhörer oder Leser faszinieren und somit an das nachhaltige Unternehmen binden.

Die interne CSR-Kommunikation von Kleinstunternehmen, die vor allem die Mitarbeiter als wichtigstes Ziel hat, lässt sich als der entscheidende Weg in der erfolgreichen Umsetzung von Nachhaltigkeit bezeichnen. Denn die Mitarbeiter sollten die Nachhaltigkeit persönlich leben und mitgestalten, was die Glaubwürdigkeit nach innen und außen vergrößert und die Gefahr von Widersprüchen verringert. Mitarbeiter sind nicht nur bei der CSR die besten Werbeträger, wenn es darum geht, Nachhaltigkeitsbotschaften emotional und glaubwürdig an die Stakeholder zu kommunizieren. Der Weg der internen Kommunikation kann dabei individuell gelöst werden. Von gedruckten Mitarbeiterzeitungen, über Newsletter, Social Media, Veranstaltungen und Mitarbeiterdialogen gibt es ein breites Spektrum, um seine Mitarbeiter mitzunehmen und zu überzeugen. Damit kann das Unternehmen beweisen, dass Nachhaltigkeit auch für die Belange der Mitarbeiter ein wichtiger Schritt in die Zukunft ist.

Die externe Wahrnehmung der Nachhaltigkeitsbemühungen eines Unternehmens kann durch die externe Unternehmenskommunikation vor allem an Kunden, Lieferanten und Nichtregierungsorganisationen forciert werden. Die Öffentlichkeit beobachtet die Aktivitäten von Unternehmen, vor allem unter CSR-Gesichtspunkten zunehmend. Ein Unternehmen, was transparent die Nachhaltigkeitsleistungen, aber auch Schwierigkeiten offen kommuniziert, gewinnt langfristig eine höhere Reputation und kurzfristig ein besseres Image. Die seitens des Unternehmens zu treffende Auswahl und Bewertung der richtigen Kommunikationskanäle für die Stakeholder ist genau so entscheidend wie die Analyse der wichtigsten Interessengruppen (vgl. Schönrock 2014). Somit können anhand der Kommunikationsstrategie und der Stakeholder-Analyse die passenden Maßnahmen geplant und umgesetzt werden. Je nach Zielgruppe können Marketing, Presse- und Öffentlichkeitsarbeit, Onlinekommunikation inkl. Social Media, Sponsoring, Veranstaltungen und nicht zuletzt der Nachhaltigkeitsbericht ein möglicher Kanal sein. Jeder Kommunikationskanal hat dabei seine spezifischen Vor- und Nachteile. Der Nachhaltigkeitsbericht ist zweifelsfrei die langwierigste und aufwendigste Form der Kommunikation. Die Vorbereitung erfordert eine klare Nachhaltigkeitsstrategie, erste Umsetzungen und die Erhebung sowie Analyse der wichtigsten Kennzahlen. Der Bericht sollte auf einem Standard basieren, der in der ersten Phase nach dem übersichtlichen Deutschen Nachhaltigkeitskodex (DNK) oder später nach dem internationalen GRI/G4 erstellt werden kann. Letzterer ist Kleinstunternehmen nur bedingt zu empfehlen, da Aufwand und Ertrag meist nicht stimmen.

Für die Kommunikation der Nachhaltigkeit können auch CSR-Rankings oder -Preise genutzt werden. Allgemein verständlich können sie dazu beitragen, dass komplizierte Sachverhalte nach innen und außen besser verbreitet werden können. Ähnliches gilt für zertifizierte Managementsysteme im Themenfeld Nachhaltigkeit, wie die ISO 14001 (Umweltmanagementnorm) oder EMAS (Eco Management and Audit Scheme) (vgl. Watenphul 2015). Sie sollen eine europäische oder internationale Standardisierung und damit Vergleichbarkeit von Nachhaltigkeitsleistungen ermöglichen. Neben den Kommunikationsvorteilen für Preise und Rankings können die Managementsysteme auch für eine höhere Produktivität und Kundenorientierung sorgen (vgl. Watenphul 2015). Doch ist in der Kommunikation, ob bei Nachhaltigkeitsberichten oder Preisen, immer Vorsicht geboten. Die Gefahr des Greenwashings, d. h. das Vortäuschen falscher Tatsachen bei den Nachhaltigkeitsbemühungen, ist nicht zu unterschätzen. In der gesamten Kommunikation gilt nämlich das alte Motto: Die Wahrheit kommt immer ans Licht. Gerade in Zeiten der neuen Medien verbreiten sich solche Verfehlungen viral, besonders in den sozialen Medien. Greenwashing kann ein Unternehmen finanziell und ideell enorm schädigen. Die eigene, lang aufgebaute Reputation kann innerhalb kürzester Zeit durch eine falsche Kommunikation wieder beschädigt werden. Der erneute Aufbau ist aufwendig und kostenintensiv. Daher gilt es, in der gesamten Kommunikation eine möglichst hohe Transparenz und Ehrlichkeit gegenüber seinen Stakeholdern zu wahren, denn die zahlt sich durch Vertrauen wieder aus. Dies gilt vor allem bei Nachhaltigkeitsbemühungen, die noch nicht ihr Ziel erfüllt haben, aber ggf. auf einem Weg dorthin sind.

3.4 Interessengruppen

Die Interessengruppen oder Stakeholder versuchen Einfluss auf das Unternehmen auszuüben und es nach ihren Interessen mitzugestalten. Die wichtigsten internen Stakeholder sind Mitarbeiter, Management und Eigentümer. Die externen Akteure sind vor allem Konsumenten, Lieferanten, Fremdkapitalgeber, Mitbewerber, die Öffentlichkeit (inkl. Presse) und NGOs. Kunden und Fremdkapitalgeber zählen zu den wichtigsten externen Stakeholdern. Unternehmen werden in der sozialen Marktwirtschaft als Teil der Gesellschaft mit ebensolchen Aufgaben wahrgenommen. So orientieren sich die Erwartungen der Stakeholder nicht mehr nur an wachstumsorientierten ökonomischen Vorgaben, sondern auch den vorökonomischen Vorgaben und Formen gesellschaftlichen Engagements (vgl. Schönrock 2014). Für die Versorgung der Stakeholder mit wichtigen Informationen zur CSR hat die Kommunikation eine entscheidende Rolle, denn dadurch können Ansprüche und Sorgen der Stakeholder befriedigt werden. Wichtig ist dabei, für jede Stakeholder-Gruppe die richtige Ansprache und den geeigneten Kanal zu wählen (vgl. Abschn. 3.3). Dieser Aufgabe kommt die CSR-Kommunikation im Zuge des Stakeholder-Dialogs nach. Dieser lässt sich als Schnittstelle zwischen Unternehmen als System der Verantwortung und der gesellschaftlichen Interessen, vertreten durch die Stakeholder, sehen (Werner 2006, S. 541 ff.). Damit gilt die Schnittstelle als zentrale Herausforderung für die CSR-Kommunikation, denn hier eröffnet sich das größte Spannungsfeld von Gewinn und Moral.

Zu den wichtigsten Interessengruppen zählen die Mitarbeiter (vgl. interne Kommunikation), die bei Anregungen und Ideen zur Nachhaltigkeit eingebunden und ernst genommen werden möchten. Das Wissen und die Ideen der Mitarbeiter sind im Unternehmen ein besonderer Schatz, der aber gehoben werden möchte. Dies kann z. B. durch ein Ideenmanagement vorangetrieben werden. Gleiches gilt für die anderen wichtigen Stakeholder-Gruppen, wie Geschäftspartner in der Lieferkette und die allgemeine Öffentlichkeit (vgl. Abschn. 3.3). Durch eine enge und vertrauensvolle Zusammenarbeit kann für alle Seiten eine Win-win-Situation entstehen, die letztendlich über Erfolg oder Misserfolg der CSR mitentscheiden kann (vgl. Abb. 3).

4 Handlungsfelder eines Nachhaltigkeitsmanagements für Kleinstunternehmen in den CSR-Dimensionen

Relevante Maßnahmen zu den CSR-Handlungsfeldern

ÖKOLOGIE

Klima
- Klimabilanz im Unternehmen
- Klimafreundliches Produkt
- Energieeffizienz im Unternehmen
- Erneuerbare Energien
- Klimafreundliche Mobilität und Transport
- Emissionshandel und Klimaneutralität
- Energie

Ressourcen
- Ressourceneffizienz im Unternehmen
- Ressourcenschonende Produkte
- Verpackung
- Wasser
- Papier
- Wertstoffe im Unternehmen
- Kreislaufwirtschaft
- Rohstoffe und Ressourcen
- Umweltbilanz im Unternehmen

Natur
- Flächenmanagement
- Arten- und Naturschutz

SOZIALES

Kunden
- Kommunikation und Transparenz
- Nutzen und Einfachheit
- Kundenservice und -zufriedenheit
- Ethik und Verhalten
- Verbraucherschutz

Mitarbeiter
- Vielfalt und Inklusion
- Familie und Beruf
- Gesundheit und Arbeitsschutz
- Soziale Standards und Vergütung
- Unternehmenskultur und Zufriedenheit
- Zukunft der Familie
- Life-Balance-Programm

Lieferanten
- Nachhaltige Beschaffung
- Kinderarbeit
- Regionalisierung

Gesellschaft
- Regionale Verantwortung
- Fördern und Spenden
- Mitarbeiterengagement
- Sozialunternehmen
- Entwicklungsgeschäfte (BoP)

ÖKONOMIE

Umsatz
- Umsatz nachhaltige Produkte
- Profitabilität
- Geschäfts-Transformation
- Bewusste (LOHAS-)Konsumenten
- Gleichgewichtswirtschaft

Kosten
- Komplexität
- Lieferkette
- Einkauf
- Nachhaltiges Kostenmanagement

Wert
- Finanzpartner
- Nachfolgemanagement
- Finanz- und Schuldenkrise
- Ecoflation
- Euro und Inflation

NACHHALTIGKEITSMANAGEMENT

Strategie
- Vision und Mission
- Chancen und Herausforderungen
- Nachhaltigkeitsanalyse und -strategie
- Nachhaltigkeitsziele und -programm

Umsetzung
- Rollen und Organisation
- Nachhaltigkeitscontrolling und -steuerung
- Nachhaltigkeitskostenrechnung
- Verhaltenskodex
- Investorensicht

Kommunikation
- Nachhaltigkeitsstory
- Interne Kommunikation
- Externe Kommunikation und Bericht
- Ranking, Preise, Zertifizierung

Interessengruppen
- Mitarbeitereinbindung
- Geschäftspartnereinbindung
- Öffentlichkeitseinbindung

Quelle: N-Kompass

Abb. 3 Relevante Maßnahmen zu den CSR-Handlungsfeldern

Literatur

Booker C (2004) The Seven basic Plots: Why We Tell Stories.

Brown B (2010) TEDx-Vortrag: Die Macht der Verletzlichkeit. Houston

Buchner D (1995) Vision und Wandel. In: Neuorientierung und Transformation von Unternehmen. Gabler, Wiesbaden

Kannegiesser M (2016) Lieferkette. In: N-Kompass-Dossier. NWB, Herne

Keck W (2016) Nachfolgemanagement. In: N-Kompass-Dossier. NWB, Herne

Kleene M (2015) Verhaltenskodex in: N-Kompass Dossier. NWB, Herne

Moskaliuk J (2016) Generation Y als herausforderung für Führungskräfte. essentials. Springer, Wiesbaden

www.nachhaltigkeit.info/artikel/mega_herausforderungen_fuer_unternehmen_nachhalti_1496.html. Zugegriffen: 02.02.2017

Schönrock E (2014) Nachhaltigkeit(skommunikation) als Wettbewerbsfaktor für den Handel? In: CSR und Sportmanagement. Gabler, Wiesbaden

Watenphul J (2015) Nachhaltigkeitsrankings, -preise und Zertifizierungen in: N-Kompass Dossier. NWB, Herne

Werner M (2006) Verantwortung. In: Düwell M, Werner M (Hrsg) Handbuch Ethik. Metzler JB, Stuttgart, S 541–548

Michael Barsakidis ist Inhaber der CSR Arena Hannover, einer Agentur für nachhaltiges Wirtschaften. Er ist branchenunabhängiger CSR-Experte und seit 2015 offizieller DNK-Schulungspartner, CSR-Trainer, N-Kompass-Berater sowie Auditor zur Durchführung von Audits zum Nachweis der Nachhaltigkeit von Organisationen. In praxisorientierten Beratungen, Trainings, Vorträgen sowie Prozessaudits gibt er mit diversen Netzwerkpartnern bundesweit wichtige Impulse zu den vielfältigen CSR-Handlungsfeldern für nachhaltiges Wirtschaften. Mit dem Thema CSR ist er auch als Lehrbeauftragter tätig. Michael Barsakidis ist Initiator des Veranstaltungsformates „CSR-Netzwerktreffen für nachhaltiges Wirtschaften" in der Region Hannover und Niedersachsen. An bundesweiten CSR-Initiativen ist er ebenfalls aktiv beteiligt, so hat er zum Beispiel das erfolgreiche ESF-Programm des Bundesministeriums für Arbeit und Soziales zur Nachhaltigkeitssoftware „CR-Kompass" bereits in der Testphase unterstützt. Im Bereich der Kommunikation ist er seit 1996 beruflich engagiert und war 15 Jahre Inhaber einer Werbeagentur. Mit dieser Expertise ist er zusätzlich als Fachberater für nachhaltige Medienproduktion gefragt.

Edzard Schönrock ist Inhaber der Agentur prÅGNANT NACHHALTIGKEIT.KOMMUNIKATION.SCHÖNROCK und geschäftsführender Gesellschafter von BürgerDIALOG. Als zertifizierter N-Kompass-Berater und offizieller DNK-Schulungspartner entwickelt er ganzheitliche Nachhaltigkeitsstrategien und passende Kommunikationskonzepte für Organisationen, KMUs und Kommunen, die sich in Gegenwart und Zukunft nachhaltiger aufstellen wollen und den demografischen Wandel sowie aktuelle Herausforderungen (Flüchtlingspolitik) mit Bürgerbeteiligung bewältigen wollen. Fachartikel, Trainings, Moderationen, Stakeholder-Dialoge, Change-Management, Public Affairs, Kampagnen, Krisenkommunikation, interne sowie externe Kommunikation und IT-Projektmanagement gehören zu den Schwerpunkten. Zuvor war er von 2012 bis 2014 Leiter Nachhaltigkeit (CR) der Dirk Rossmann GmbH, zuständig für CR-/Nachhaltigkeitsprojekte, -strategien und -kampagnen, außerdem für die interne und externe Nachhaltigkeitskommunikation. Von 2005 bis 2012 war er dort als stv. Pressesprecher in der Öffentlichkeitsarbeit tätig. 2002 schloss Schönrock das Studium der Diplom-Sozialwissenschaften an der Universität Oldenburg mit dem Schwerpunkt Umweltpolitik/-planung ab. Seit 2008 absolviert er nebenberuflich seinen Bachelor of Science Ökonomie und verfasste seine Abschlussarbeit in CSR für den Handel. Seit 2012 ist er im Beirat des Forums Ökologisch Verpacken e. V. aktiv. Seit 2004 arbeitet er als leitender Redakteur Umwelt und Naturschutz bei der Zeitschrift *Heimatland* und hat dort ehrenamtlich als Beirat die Strategie zum Naturschutz entwickelt. Nach dem Studium war er beruflich in verschiedenen Sektoren (Wissenschaft, Verwaltung, Unternehmen und Organisationen) des Umwelt- und Klimaschutzes sowie der Kommunikation tätig.

Energie und Klimaschutz als CSR-Kernbereiche in Kleinstunternehmen

Axel Bader

1 Möglichkeiten und Grenzen: Warum sind Kleinstunternehmen wichtige Adressaten?

Im Bereich von Industrie, Handel, Handwerk und Gewerbe bestehen in großem Umfang wirtschaftliche Potenziale zur Einsparung von Energie. Energie und Klimaschutz sind Kernbereiche des Nachhaltigkeitsmanagements – unabhängig von der Unternehmensgröße. Auch Kleinstunternehmen beeinflussen über ihre Geschäftstätigkeit das Klima. Doch vor allem Kleinstunternehmen offenbart sich hier ein großer Gestaltungsspielraum und auch mit wenig Fachkenntnis und nur geringer Hilfe von außen können hier leicht große Potenziale erschlossen werden, denn noch sind die Abläufe im Unternehmen überschaubar und die Dienstwege kurz, noch sind die Ansprechpartner jedem bekannt. Energiekosten können vor allem in Kleinstunternehmen ein zentraler Ausgabenposten sein.

In diesem Kapitel soll zunächst auf die Bedeutung von Energie- und Klimaschutzfragen für Kleinstunternehmen eingegangen werden. Daran schließt sich ein Überblick über die sieben Querschnittstechnologien an, die es so oder so ähnlich in jedem Unternehmen gibt. Dabei werden die typischen Einsparpotenziale, die relativ leicht erschlossen werden können, aufgezeigt.

Die Erschließung von Energieeffizienzpotenzialen bedeutet für die betroffenen Unternehmen zunächst einen Kosten- und Wettbewerbsvorteil. Gleichzeitig wird dabei der Klimaschutz durch die Vermeidung von CO_2-Emissionen gefördert und die Volkswirtschaft entlastet. Gerade im Bereich der Kleinstunternehmen sind jedoch folgende Umsetzungshemmnisse häufig anzutreffen: mangelnde Motivation, mangelndes Wissen, Zeitprobleme der Verantwortlichen, fehlender Marktüberblick, subjektive Unterschätzung der Energiekosten und der Einsparpotenziale, andere Investitionsprioritäten und Liquiditätsprobleme.

A. Bader (✉)
Klimaschutzagentur Hannover
Goethestr. 19, 30169 Hannover, Deutschland
E-Mail: a.bader@klimaschutzagentur.de

© Springer-Verlag GmbH Deutschland 2017
W. Keck (Hrsg.), *CSR und Kleinstunternehmen*,
Management-Reihe Corporate Social Responsibility, DOI 10.1007/978-3-662-53628-5_13

Um diese Hemmnisse wenigstens teilweise zu überwinden, sind entsprechende Hilfestellungen und Förderprogramme essenziell erforderlich. Am Ende des Kapitels werden grundsätzliche Überlegungen angestellt, wie Kleinstunternehmen im Allgemeinen besser an innovative Effizienztechniken herangeführt werden können. Mit der Informations- und Beratungskampagne, so wird argumentiert, könnten insbesondere nichtfinanzielle Hürden wie fehlendes Wissen und Marktüberblick, mangelnde Erstmotivation oder fehlende Beispiele abgebaut werden.

2 Die sieben Querschnittstechnologien

Auf den folgenden Seiten wird auf am häufigsten in Unternehmen vorkommende Querschnittstechnologien eingegangen. Je nach Branche und Größe der Unternehmen sind hier weitere wirtschaftliche Energieeinsparpotenziale zu heben.

2.1 Gebäudehülle

Jedes wirtschaftende Unternehmen verfügt unabhängig von seiner Größe und seinem Betätigungsfeld über ein Büro-, Gewerbe- oder Industriegebäude. Neben der Wärme-, Kälte- und Klimatechnik spielt die Gebäudehülle, also die Außenmauern, Fenster und Türen, eine wichtige Rolle, denn Wärmeverluste sollen hier minimiert werden. Das senkt Strom- und Heizkosten und entlastet die Umwelt. Bei einer systematischen Vorgehensweise sind im Bereich der Gebäudehülle bis zu 60 % Energieeinsparung möglich, schätzt die dena (vgl. Barckhausen und Gründig 2015, S. 10). Doch das Potenzial ist für Laien nicht immer leicht zu erschließen. Hilfreich ist es, einen Energieberater hinzuzuziehen, der den Istzustand des Gebäudes erfasst und daraus individuelle Verbesserungsvorschläge erarbeiten kann (zur Förderung dieser Beratungsleistung für Kleinstunternehmen s. Links am Ende des Kapitels).

Eine ausführliche Energieberatung betrachtet sämtliche Teile des Gebäudes von den Außenwänden mit den Fenstern und Türen über Dächer und Kellerdecken bis hin zur Möglichkeit der Installation von Solarkollektoren oder Kraft-Wärme-Kopplung. Auf dieser Basis lassen sich anschließend Maßnahmen zur energetischen Ertüchtigung des Gebäudes erarbeiten.

Die Außenwand ist die größte Fläche der Gebäudehülle und es ist das Ziel, hier die Wärmeverluste so gering wie möglich zu halten. Es lohnt sich, bei umfangreichen Fassadenarbeiten an bestehenden Gebäuden nicht nur an die Dämmung, sondern auch an die Hinterlüftung zu denken. Bei einem Neubau sollte schon in der Planungsphase auf eine gute Dämmung geachtet werden, die trotzdem den Innenraum nicht verdunkelt. Südausrichtung, Fensterzahl und -größe sind ebenfalls Neubauthemen, wohingegen auch bei bestehenden Bauten Fenster und Türen erneuert werden können. Der Tageslichteinfall sorgt innen für eine natürliche Beleuchtung, künstliches Licht kann tagsüber eingespart werden. Ein außenliegender Sonnenschutz beugt im Sommer einer Überhitzung vor.

Die wichtigsten Energieeffizienzmaßnahmen zur Außenwand im Überblick:

- Überprüfung und ggf. Erneuerung der Fenster- und Türdichtungen,
- Dämmung von Dach, Kellerdecke und Außenwand mit Hinterlüftung,
- bei Neubau Ausrichtung nach Süden,
- Einbau von hochwärmegedämmten Fenstern und Türen,
- Anbringen eines außenliegenden Sonnenschutzes,
- Optimierung der Fensterflächenanteile entsprechend der Sonneneinstrahlung.

Eine Besonderheit vor allem bei Kleinstunternehmen wie Werkstätten oder Betrieben mit Lager- und Kühlhallen sind Rolltore. Auch sie sollten in die energetische Betrachtung miteinbezogen werden. Ein schnelles Öffnen und Schließen ist hier für reibungslose Arbeitsabläufe natürlich sehr wichtig, doch der Einbau von hochgedämmten und luftdichten Rolltoren hilft, den Luftaustausch zu minimieren und wertvolle Energie zu sparen.

Die hier aufgeführten Maßnahmen stellen nur eine Auswahl dar, wie Kleinstunternehmen in ihren Gebäuden den Energieverbrauch und damit die Energiekosten senken können, unabhängig davon, ob es Büro-, Gewerbe- oder Industriegebäude sind. Es empfiehlt sich, bevor man zu Einzelmaßnahmen greift, das Gesamtsystem zu betrachten, denn nur so kann das vorhandene Einsparpotenzial voll erkannt und ausgeschöpft werden. Hierzu sollten Betriebe den Rat eines Energieberaters einholen.

2.2 Wärmeversorgung

Jedes Unternehmen braucht Wärme. Doch wird sie auch bedarfsgerecht erzeugt? Gerade bei Kleinstunternehmen gilt es, den Wärmebedarf möglichst exakt zu bestimmen, damit nicht überdimensionierte Anlagen eingebaut werden, die im Alltag nur mit halber Kraft – also ineffizient – laufen. In diese Berechnung sollten auch schon geplante Modernisierungsmaßnahmen – z. B. Verbesserungen des baulichen Wärmeschutzes – einbezogen werden, denn sie senken wiederum den Wärmebedarf und infolgedessen können Heizkessel und Wärmeverteilnetze kleiner ausgelegt werden. Auch fest installierte Wärmespeicher können Spitzenlasten reduzieren.

Die wichtigsten Energieeffizienzmaßnahmen zur Wärmeerzeugung im Überblick:

- Berechnung des tatsächlichen Wärmebedarfs,
- Erneuerung des Heizkessels und komplette Dämmung des Wärmeverteilnetzes,
- Verringerung der Vorlauftemperatur und entsprechende Anpassung der Heizkörper,
- hydraulischer Abgleich des gesamten Heizungskreises,
- Prüfung des Einsatzes erneuerbarer Energien und/oder KWK-Anlagen.

2.3 Beleuchtung

Jedes Unternehmen braucht Licht, zur Beleuchtung der Arbeits- und Verkaufsflächen, für Lagerhallen, Freigelände und Büros. Oft bestehen detaillierte gesetzliche Mindestanforderungen für die Ausleuchtung bestimmter Bereiche, die es zu beachten gilt. Knapp 5 % des gesamtindustriellen Stroms werden zur Beleuchtung verbraucht (vgl. Barckhausen und Gründig 2015, S. 16) – Zahlen für Kleinstunternehmen liegen nicht vor, doch es kann davon ausgegangen werden, dass hier der Anteil noch höher ist. Auch bei größeren Unternehmen schätzt man in manchen Branchen den Anteil sogar auf über 15 % (vgl. Barckhausen und Gründig 2015, S. 16). Durch die noch relativ neue LED-Technik, die gegenüber herkömmlichen Halogenlampen oder Leuchtstoffröhren einen oft bis zu 70 % niedrigeren Stromverbrauch haben, gibt es im Bereich der Beleuchtungstechnik ein sehr hohes und leicht zu hebendes Einsparpotenzial.

Wie sollte bei einer Optimierung vorgegangen werden?

Eine professionelle Lichtplanung ist das Mittel der Wahl. Die Analyse der sog. Lebenszykluskosten ist wichtig, wenn man die ökonomisch passendste Beleuchtung ermitteln will. Was kostet die Leuchte, ihre Installation und ihr Betrieb über die gesamte Lebensdauer? Einen groben Überblick über das Einsparpotenzial beim Umstieg auf LED bieten auch zahlreiche Onlinetools (vgl. http://www.energiespar-rechner.de/berechnungen/haushalt/led-rechner/; http://www.lotse-innenbeleuchtung.de/, zugegriffen 01.02.2017).

Wie wirtschaftlich unter diesen Gesichtspunkten der Austausch der gesamten Beleuchtung ist, hängt vom Alter und Zustand des bestehenden Systems ab. Je älter und ineffizienter und je mehr Betriebsstunden die Anlage im Jahr läuft, desto schneller macht sich eine Erneuerung bezahlt. Neben der Stromkosteneinsparung hat der Einsatz von LED weitere Vorzüge, wie z. B. deutlich niedrigere Wartungskosten und eine längere Lebensdauer der Lampen. Auch an den Tageslichteinfall sollte man denken, denn so lassen sich Beleuchtungskosten am deutlichsten reduzieren.

Was sollte bei einer Optimierung des Beleuchtungssystems bedacht werden?

- Schneller Ersatz von Leuchtstoffröhren mit konventionellen Vorschaltgeräten durch LED.
- Einsatz energieeffizienter LED mit passender Lichtlenkung.
- Maximale Ausnutzung des natürlichen Tageslichts.
- Genereller Einsatz von Präsenzmeldern.

2.4 Wärmetechnik

Praktisch jedes Unternehmen braucht und produziert Wärme, z. B. für die Heizung, auf die oben schon eingegangen wurde, um Heißwasser oder Dampf zu erzeugen oder in Trocknungsgeräten und Öfen. Die Letztgenannten fasst man als Prozesswärme zusammen. Sie ist mit einem Anteil von 64 % am industriellen Gesamtendenergieverbrauch das mit Abstand energieintensivste Anwendungsfeld und ein großer Kostenfaktor. Durch Energieeffizienzmaßnahmen gelingt es häufig, in diesem Bereich Einsparpotenziale von 30 % zu realisieren, wie die dena errechnete (vgl. Barckhausen und Gründig 2015, S. 12).

Welches Vorgehen zur Optimierung ist sinnvoll?

Zunächst muss man den tatsächlichen Verbrauch der Kessel und Öfen feststellen und dem eigentlichen Wärmebedarf gegenüberstellen. Im zweiten Schritt sollten Rohrleitungen, Wärmespeicher, Heizkessel, Brenner und die Steuerelemente, z. B. Raumwärmefühler, an den tatsächlichen Bedarf angepasst und als Gesamtsystem betrachtet und optimiert werden. Ebenfalls sollte der Einbau einer Wärmerückgewinnungsanlage geprüft werden. Auch die Nutzung der Kraft-Wärme-Kopplung oder Kraft-Wärme-Kälte-Kopplung kann unter bestimmten Umständen sinnvoll sein.

Investionen in die Energieeffizienz der Wärmeversorgung sind wegen der großen Energiemengen, die sich hier einsparen lassen, oft hochrentabel. Sie weisen häufig Kapitalrenditen von über 25 % auf. Einzelne Effizienzmaßnahmen, wie die Minimierung von Wärmeverlusten von Verteilnetzen durch einfache Wärmedämmung, weisen sogar noch höhere Renditen auf (vgl. Barckhausen und Gründig 2015, S. 12).

Die wichtigsten Energieeffizienzmaßnahmen zur Wärmeerzeugung im Überblick:

- Erfassung des tatsächlichen Wärmebedarfs,
- Verringerung der Wärmeverluste in den Verteilnetzen (z. B. Heizungsrohre dämmen!),
- Einsatz von steuerbaren Heizkesseln,
- Einsatz von Brennwertkesseln,
- Einsatz von KWK-, KWKK- oder Solarthermieanlagen,
- Abwärmenutzung durch Wärmerückgewinnungsanlagen,
- Abdeckung von Lastspitzen durch Wärmespeicher.

2.5 Lüftungs- und Klimatechnik

Viele Betriebe verfügen heute über Anlagen der Lüftungs- und Klimatechnik. Sie sollen einerseits ein angenehmes Raumklima sowie eine optimierte Produktionsatmosphäre schaffen und andererseits genügend Sauerstoff bereitstellen. Die Anwendungsbereiche sind sehr divers: von der einfachen Raumlufttechnik, die in geschlossenen Räumen die natürliche Belüftung ersetzt, bis zum Betrieb von Reinräumen mit hohen spezifischen Anforderungen an die Luftqualität. Prozesslufttechnik ermöglicht die Bereitstellung individueller Luftqualitäten in Produktionsprozessen. Luft wird zum Transportieren, Aufheizen und Trocknen verwendet und bei Verbrennungsprozessen und chemischen oder biologischen Verfahren als Reaktionspartner gebraucht. Bei einer energetischen Optimierung dieser Anlagen lassen sich Einsparpotenziale von bis zu 25 % erzielen (vgl. Barckhausen und Gründig 2015, S. 14).

Will man eine bestehende Lüftungsanlage optimieren, so müssen zunächst der herrschende Luftbedarf und der Energieverbrauch der Anlage ermittelt werden. Energie kann hier vor allem bei bedarfsgeregelten Ventilatoren, der Optimierung (z. B. Glättungen, Kürzung) des Verteilnetzes und im Einsatz von Wärmerückgewinnungstechnik liegen.

Wie wirtschaftlich sind Investitionen in energieeffiziente Lüftungstechnik?

Die Energie- und Kosteneinsparpotenziale bei der Modernisierung bestehender Anlagen sind groß. Die dena errechnete für viele Maßnahmen Kapitalrenditen von über 20 % (vgl. Barckhausen und Gründig 2015, S. 14). Insgesamt erscheint die Optimierung eines Lüftungssystems sehr lohnenswert.

Die wichtigsten Energieeffizienzmaßnahmen im Bereich der Klima- und Lüftungsanlagen im Überblick:

- Einsatz von Ventilatoren und Antrieben mit hohem Wirkungsgrad,
- konstantes Sauberhalten der Anlagen,
- Angleichen des Volumenstroms an den Bedarf durch motorische Volumenstromregler und Ventilatoren mit Drehzahlregelung,
- Verringerung der Druckverluste durch geradlinige Kanalführung,
- Anpassung der Kanalquerschnitte und -formen,
- Abwärmenutzung.

2.6 Pumpen

Pumpen verbrauchen etwa 12 % des Industriestroms in Deutschland (vgl. Barckhausen und Gründig 2015, S. 13). Pumpen und Pumpensysteme werden in vielfältigen Einsatzgebieten benötigt, sie sind daher in allen Branchen zu finden. Man unterscheidet dabei grob in Umwälzpumpen, die in geschlossenen Systemen, wie z. B. Heizungsanlagen, zum Einsatz kommen, und Förderpumpen, die in offenen Systemen, also z. B. in der Wasserversorgung und Abwasserentsorgung, arbeiten.

Der Energieverbrauch einer einzelnen Pumpe hängt dabei vor allem von ihrer Förderaufgabe ab. Deswegen steigen die Energiekosten mit zunehmender Förderhöhe und -menge. Daneben erhöhen typischerweise Engstellen, Leckagen und Ähnliches den Energieverbrauch. Prüft man das gesamte Pumpensystem, könnten, so die dena, häufig 30 % der Energiekosten eingespart werden (vgl. Barckhausen und Gründig 2015, S. 13).

Wie kann vorgegangen werden? Auch hier sollten das gesamte Pumpensystem und vor allem die Förderaufgabe betrachtet werden. Passt die Pumpenleistung zur benötigten Förderhöhe, zum Volumenstrom, zum Druck und zur Temperatur oder ist die Pumpe über- oder gar unterdimensioniert? Hat man diese Daten erfasst, sind eine Bewertung und gegebenenfalls eine Optimierung des Pumpensystems mit all seinen Bestandteilen möglich.

Wie wirtschaftlich sind Investitionen in energieeffiziente Pumpen?

Die Kosten eines Pumpensystems entstehen vor allem im Betrieb. Über den gesamten Lebenszyklus machen die Energiekosten ca. 85 % der Gesamtkosten aus (vgl. Räder 2010, Folie 5). Investitionen in die energieeffiziente Optimierung sind deswegen in der Regel auch hochrentabel (vgl. Joest und Streibel 2009). Onlinebasierte Pumpenkonfiguratoren und Lebenszykluskostenrechner werden heute von vielen Herstellern angeboten und geben eine erste Orientierung (vgl. z. B.: https://www.herborner-pumpen.de/de/energieeinsparung/lebenszykluskosten-lcc.php, zugegriffen 01.02.2017).

Die wichtigsten Energieeffizienzmaßnahmen im Bereich der Pumpen und Pumpensysteme im Überblick:

- Anpassen der Förderaufgabe (Förderhöhe und -menge) an den tatsächlichen Bedarf,
- Anpassung der Pumpenleistung an den tatsächlichen Bedarf,
- Austausch von überdimensionierten Pumpen,
- Einsatz von hocheffizienten Pumpenantrieben,
- Einsatz von drehzahlgeregelten Pumpen zur optimalen Bedarfsabdeckung,
- regelmäßiges Prüfen von Druckverlusten und Leckagen.

2.7 Druckluft und Antriebe

Auch die Druckluftnutzung ist eine wichtige Energieanwendung in Kleinstbetrieben. Dabei ist die Drucklufterzeugung sehr teuer, denn die Verdichtung der angesaugten Luft ist sehr energieaufwendig. Dazu kommt, dass viele der in den Betrieben eingesetzten Druckluftanlagen und Kompressoren alt sind und ineffizient arbeiten (Bayerisches Landesamt für Umweltschutz 2004b, S. 49). Oft ergeben sich bei einer zielgerichteten Neuauslegung Effizienzsteigerungen um 50 % (vgl. Energieagentur NRW o.J., S. 2).

Wo wird Druckluft in Kleinstbetrieben hauptsächlich eingesetzt?

Bei der Druckluftnutzung wird zwischen Arbeitsluft und Prozessluft unterschieden. Arbeitsluft wird als Energieträger und Prozessluft in verfahrenstechnischen Prozessen verwendet. In fast jedem verarbeitenden Unternehmen wird heute Druckluft verwendet: in pneumatischen Antrieben, als Transportmedium oder auch zur Teilereinigung. Auch industrielles Vakuum wird mit Druckluft erzeugt (vgl. Barckhausen und Gründig 2015, S. 15).

Wie lassen sich Druckluftanlagen energetisch optimieren?

Wichtig ist zunächst der Blick auf den tatsächlichen Bedarf an Druckluft. Welche Maschinen werden damit betrieben und welches Druckniveau, welche Menge und Qualität sind dort erforderlich? Danach sollten die Systemkomponenten, also Verteilungsnetz, Lufttrockner und -filter und Kompressoren, mit ihrer Steuerungstechnik auf den Prüfstand gestellt werden. Mit diesen Schritten gelingt es, das komplette System nach und nach zu optimieren. Im täglichen Betrieb kommt es dann darauf an, dass regelmäßig die Filter gereinigt und das Verteilnetz auf Leckagen getestet wird (Bayerisches Landesamt für Umweltschutz 2004b, S. 39).

Wirtschaftlichkeit von Investitionen in energieeffiziente Druckluftsysteme.

Durch den hohen Energieaufwand bei der Drucklufterzeugung – also im täglichen Anlagenbetrieb – betragen die Energiekosten oft zwischen 60 und 80 % der Lebenszykluskosten einer Druckluftanlage (Bayerisches Landesamt für Umweltschutz 2004a, S. 2).

Natürlich ist diese Berechnung von den jährlichen Betriebsstunden abhängig, aber Investitionen in Energieeffizienzmaßnahmen bei Druckluftsystemen weisen in der Regel hohe Kapitalrenditen auf und machen sich sehr schnell bezahlt (vgl. Energieagentur NRW o.J., S. 5).

Die wichtigsten Energieeffizienzmaßnahmen im Überblick:

- Erfassung des tatsächlichen Bedarfs und dementsprechende Anpassung der Druckerzeugung,
- kontinuierliche Prüfung auf Leckagen,
- regelmäßige Filterreinigung,
- Einsatz drehzahlgeregelter Kompressoren,
- Abwärmenutzung an den Kompressoren.

3 Welche Herausforderungen bleiben bestehen?

Eine energetische Optimierung ist eine komplexe Angelegenheit, die ein systematisches Vorgehen erfordert. Kleinstunternehmen verfügen nur über knappe Zeit- und Geldressourcen, der Arbeitsalltag und das Kerngeschäft sind für die Unternehmer oft sehr auslastend. Wir wissen aus verschiedenen Studien (vgl. Warschat 2009, S. 56 ff.), dass Kleinstunternehmen von der Energiethematik oft überfordert sind. Oft liegen keine aktuellen Informationen zu Effizienztechniken vor und es ist nicht bekannt, wie sie beschafft werden könnten. Darüber hinaus sind Kleinstunternehmen oft nur Mieter und nicht Eigentümer der von ihnen genutzten Gebäude, was die direkten Modernisierungsmöglichkeiten an der Haustechnik weiter einschränkt und das Gebäude selbst oft unantastbar macht.

3.1 Unterstützung von außen

Trotzdem ist es wichtig, dass Kleinstunternehmen dabei unterstützt werden, die in ihrem Betriebsalltag brachliegenden Energieeffizienzpotentiale zu heben. Eine wichtige Möglichkeit liegt in der Annahme der Hilfe von außen. So wie sich Kleinstunternehmen in Steuerangelegenheiten an eine Steuerberatung wenden, sollten sie zu Energiefragen ganz selbstverständlich die Kompetenzen eines Energieberaters in Anspruch nehmen. Ein Experte kann vor Ort schon in kurzer Zeit Effizienzpotenziale entdecken und individuelle Lösungen nach Maßgabe des Unternehmens entwickeln. Dabei kommt es Kleinstunternehmen, so eine Studie der Fraunhofer-Gesellschaft, auf eine schnelle Umsetzbarkeit, niedrige Umsetzungskosten und eine Übersichtlichkeit der einzelnen Maßnahmen an. Ganz allgemein werden praktische und von Laien überschaubare Lösungen gefordert (vgl. Warschat 2009, S. 57 ff.). Ein Kleinstunternehmen wird darüber hinaus immer auf inkrementelle Schritte angewiesen sein. Eine solche Fachberatung ist sinnvoll, muss aber nicht teuer sein. Es gibt zahlreiche regionale, aber auch bundesweite Förderungen für

Energieberatungen, z. B. bei der BAFA, die auch Kleinstunternehmen jederzeit nutzen können (vgl. Bader und Clausen 2016).

3.2 Wie könnten Kleinstunternehmen besser von Energieeffizienztechniken profitieren?

Zunächst müssen die Unternehmen schlicht und einfach von den bestehenden Möglichkeiten der Effizienzoptimierung erfahren. Deswegen ist es im Sinne des volkswirtschaftlichen Ziels der Energieeffizienzsteigerung sinnvoll, eine Öffentlichkeit für konkrete Effizienzmaßnahmen herzustellen. Diese Aufgabe könnten kommunale Wirtschaftsförderungen, aber auch Klimaschutzagenturen übernehmen. Im Sinne einer Zielgruppenorientierung sollten den Unternehmern pragmatische und übertragbare Lösungen direkt vorgestellt und konkrete Handlungsanleitungen gegeben werden. Das können Checklisten und Leitfäden sein, in denen auch auf die Erfolgsaussichten und Einsparpotenziale der einzelnen Maßnahmen hingewiesen wird, vor allem aber individuelle Energieberatungen vor Ort im Unternehmen. Es ist dabei wichtig, mit den Unternehmern die richtige Sprache zu finden und ihren Wünschen und Bedenken Gehör zu schenken. Das erhöht die Umsetzungswahrscheinlichkeit vorgeschlagener Maßnahmen enorm (vgl. Warschat 2009, S. 57 ff.).

3.3 Informationsverbreitung in der Zielgruppe Kleinstunternehmen

Interessant ist, dass Kleinstunternehmen sich oft bei Lieferanten, auf Messen und Ausstellungen oder benachbarten Unternehmen erstinformieren. Fachliteratur wird dagegen eher weniger konsultiert. Eine wichtige Rolle bei der Verbreitung von Informationen zu sinnvollen Energieeffizienzmaßnahmen spielen auch Berater und Konferenzen (vgl. Warschat 2009, S. 82 ff.). Gerade in Gewerbegebieten oder in Unternehmerklubs ist auch das Netzwerken eminent wichtig, denn nichtforschungsintensive (Lowtech-)Firmen steigern typischerweise ihre Innovationskraft durch Kooperationen. Sie kompensieren mit externen Partnern (anderen Unternehmen oder Fachberatern) fehlende eigene Ressourcen (vgl. Kirner et al. 2009, S. 68).

4 Fazit

Bei Kleinstunternehmen besteht häufig ein hohes Energieeffizienzpotenzial, gleichzeitig sind die Hürden zu seiner Hebung oft sehr hoch. In diesem Kapitel wurden zunächst die Querschnittstechnologien und die dazugehörigen Optimierungsmöglichkeiten vorgestellt, die so oder so ähnlich in den meisten Unternehmen bestehen. Gleichzeitig wurde auf die Bedeutung einer systematischen Vorgehensweise hingewiesen, am besten durchgeführt von einem Energieberater. Mit dessen Hilfe gelingt es Kleinstunternehmen, trotz des fordernden Arbeitsalltags überschaubare Lösungen zu entwickeln und umzusetzen. In der Breite ergeben sich so enorme Energieeinsparungen und Klimaschutzpotenziale, die aus volkswirtschaftlicher Sicht nicht brachliegen sollten. Deswegen wurden mehrere bundesweite und regionale Förderprogramme zur Beratung (BAFA) und Umsetzung (KfW) von Energieeffizienzmaßnahmen entwickelt, die aber ebenfalls in der Zielgruppe bekannter gemacht werden müssten – eine lohnende Aufgabe für Berater, Wirtschaftsförderungen und Klimaschutzagenturen.

Literatur

Bader A, Clausen J (2016) Öko-Effizienz und Öko-Innovationen. Ein Job für die Wirtschaftsförderung. Ressourceneffizienz. Akp Zeitschrift Für Altern Kommunalpolit 1:40–42

Barckhausen A, Gründig D (2015) Grohne, Carsten Deutsche Energie-Agentur GmbH (dena): Energieeffizienz in kleinen und mittleren Unternehmen. Energiekosten senken. Wettbewerbsvorteile sichern

Bayerisches Landesamt für Umweltschutz (LfU) (2004a) Druckluft im Handwerk. Energie sparen – Klima schützen – Kosten senken! http://www.energieeffizienz-im-betrieb.net/energiesparen-unternehmen/druckluft-kosten-senken.html. Zugegriffen: 01.02.2017

Bayerisches Landesamt für Umweltschutz (LfU) (2004b) Untersuchung von Druckluftanlagen in Handwerksbetrieben. https://www.lfu.bayern.de/energie/co2_minderung/doc/leitfaden_druckluft.pdf. Zugegriffen: 01.02.2017

Energieagentur NRW (Hrsg) (o J) Energiekosten und Leckagen. Das Druckluftnetz – ein Energiefresser im Betrieb. http://www.druckluft-effizient.de/downloads/dokumente/druckluft-leckage.pdf. Zugegriffen: 01.02.2017

Joest S, Streibel M (2009) Pumpen auf dem Prüfstand. Die Analyse von Pumpensystemen birgt großes Optimierungspotenzial. Wb Werkstatt Betr 142(9):92–95

Kirner E, Som O, Jäger A (2009) Vernetzungsmuster und Innovationsverhalten von nicht forschungsintensiven Betrieben

Räder F (2010) Energieeffiziente Pumpen in Industrie und Gewerbe, Vortrag Deutsche Messe, 26.4.2010. http://files.messe.de/cmsdb/D/001/23088.pdf. Zugegriffen: 01.02.2017

Warschat J (2009) Transfer von Forschungsergebnissen in die mittelständische Industrie

Weiterführende Literatur

Beispiel einer regionalen Energieeffizienzberatung für Kleinstunternehmen. http://www.klimaschutz-hannover.de/themen/energieeffizienz-in-unternehmen/ecobizz.html. Zugegriffen: 01.02.2017

Förderung von Energieberatungen. http://www.bafa.de/bafa/de/energie/energieberatung_mittelstand/index.html. Zugegriffen: 01.02.2017

Förderung von Umsetzungsmaßnahmen. https://www.kfw.de/inlandsfoerderung/Unternehmen/Energie-Umwelt/Förderprodukte/Förderprodukte-(S3).html. Zugegriffen: 01.02.2017

Dr. Axel Bader leitet die Unternehmensberatung der Klimaschutzagentur Region Hannover. Jährlich werden zwischen 80 und 120 Unternehmen vom Kiosk bis zum Konzern zu Fragen der nachhaltigen Unternehmensführung, zu Klimaschutz und Energieeffizienz beraten. Zu seinen Kernkompetenzen gehören interne und externe Schulungen, Vorträge bei Kongressen und namhaften Seminarveranstaltungen im In- und Ausland sowie die Konzeptionierung und Einführung von Nachhaltigkeitsmanagementsystemen in Unternehmen. Er hat an der Universität Göttingen vier Jahre zur Governance in der Klima- und Ressourcenpolitik geforscht.

Lernen von den Großen

Mit Corporate Social Responsibility neue Wege zum attraktiven Arbeitgeber beschreiten

Uwe Gotzeina und Uta Lewien

1 Mit Corporate Social Responsibility zum attraktiven Arbeitgeber werden

1.1 Auch Kleinunternehmen müssen was unternehmen

Kleinunternehmen gewinnen in Deutschland immer stärker an Einfluss, wenn es darum geht, Entwicklungen, Innovationen bei Produkten, Dienstleistungen und Prozessen in Deutschland und den Weltmärkten zu platzieren. Dem demografischen Wandel und dem zunehmend schwindenden Fachkräftepotenzial geschuldet, gepaart mit immer schneller notwendigen Reaktionen auf wirtschaftliche Entwicklungen, sind auch Kleinstunternehmen gut beraten, sich strategisch mit einer Arbeitgebermarkenbildung zu befassen.

Kleinunternehmen fehlen personelle oder finanzielle Ressourcen und Budgets, um Veränderungen auf den Arbeitsmärkten zu priorisieren. Die „Chefetage" kleinerer Betriebe, ob in Produktion, Handel oder Dienstleistung, sind eher generalistisch unterwegs. Die Aufgaben des Vertriebsmarketings, der „Unternehmenskommunikation" und Personalangelegenheiten sind Chefsache. Handwerksbetriebe agieren ähnlich, schon aus der Tradition heraus. Unternehmen der jüngeren Zeit stehen dieser pragmatischen Herangehensweise nicht nach. Ein eigenes Unternehmen zu gründen, ist für viele Hochschulabsolventen eine interessante Option, sich selbst zu verwirklichen und neue Märkte zu erschließen. Im Existenzgründungsgeschäft obliegt meist die konzentrierte Aufmerksamkeit auf dem eigentlichen Geschäftszweck selbst. Über eine strategische Mitarbeiterbindung oder Per-

U. Gotzeina (✉)
Arnikaweg 42, 33100 Paderborn, Deutschland
E-Mail: gotzeina@t-online.de

U. Lewien
HR Manager Marketing, Weidmüller Interface GmbH & Co KG
Klingenbergstr. 16, 32758 Detmold, Deutschland
E-Mail: uta.lewien@weidmueller.de

© Springer-Verlag GmbH Deutschland 2017
W. Keck (Hrsg.), *CSR und Kleinstunternehmen*,
Management-Reihe Corporate Social Responsibility, DOI 10.1007/978-3-662-53628-5_14

sonalgewinnung in Zeiten des Fachkräftemangels wird zu wenig nachgedacht. Aber auch für die langjährig im Markt vertretenen Kleinunternehmen sind die Veränderungen auf dem Arbeitgebermarkt zu wenig präsent. Die zunehmende Digitalisierung wird Lebens- und Arbeitswelten verändern. Dass die Zahl der jungen Menschen weiter abnehmen wird und die Zahl der älteren Mitarbeiter wächst, wurde im Tagesgeschäft von kleineren Unternehmen zu lange erfolgreich verdrängt. Einsicht erfolgt oft erst dann, wenn der Verlust eines der Wissensköpfe droht oder die klassischen Ansätze, das richtige Personal zu finden, nicht mehr von Erfolg gekrönt sind. Gerade in einem kleineren Unternehmen kann der Verlust eines Mitarbeiters in Schlüsselfunktion zu unmittelbarem negativen Einfluss auf den Unternehmenserfolg und damit auch zur Herabsetzung der Wettbewerbsfähigkeit führen.

Durch die Globalisierung, weltweit verbesserte Informations- und Kommunikationstechnologien und das daraus resultierende Informations- und Kommunikationsverhalten bei Kunden, Lieferanten und der breiten Öffentlichkeit sind Mitarbeiter von heute gut informiert über Image und Leistungsangebote von Unternehmen sowie Bewertungen über Arbeitgeberrankings. Zahlreiche Studien über Arbeitgeberattraktivität komplettieren das Bild und führen zu einer Erwartungshaltung auf beiden Seiten, den Unternehmen und den Arbeitnehmern. Die Gesellschaft (generationenübergreifend) orientiert sich zunehmend an den Megatrends, wie zum Beispiel mehr Individualismus und Entscheidungsfreiheit, und fordern diese mit einem überzeugenden Selbstbewusstsein ein. Hinzu kommt, dass nachfolgende Generationen Y und Z in ihren Attraktivitätsfaktoren bezüglich der Berufs- und Arbeitgeberwahl andere Prioritäten setzen. Die Hygienefaktoren, wie leistungsgerechte Vergütung und Sozialleistungen, sind die Basis und diese wird als selbstverständlich vorausgesetzt. Zumal Manteltarifbestimmungen, jährliche Tarifvereinbarungen und umfassende Sozialgesetzgebung über alle Branchen für die nötige Transparenz sorgen. Punkten kann ein Arbeitgeber mit der individuellen Erfüllung der vom Arbeitnehmer als wichtig erachteten Bedürfnisse bei der Gestaltung des (Lebens- und) Arbeitsumfeldes.

Arbeitgebermarkenbildung oder das Umsetzen von Corporate Social Responsibility geht wie bei der klassischen Produktvermarktung weit über die einheitliche Gestaltung von bunten Printmedien oder Newsmeldungen hinaus. Gerade Kleinstunternehmer wissen, dass der direkte Kontakt zum Kunden unverzichtbar und durch nichts zu ersetzen ist, um Aufträge zu generieren und den Lebensunterhalt für sich und die Arbeitnehmer zu erhalten. In der „Geschäftskommunikation" gelten für beide Ansätze ähnliche Regeln und Strategien, um erfolgreich und wettbewerbsorientiert über die eigenen Vorzüge der Unternehmung zu berichten und ein nachhaltiges Markenbild zu etablieren.

Eine eigene Arbeitgebermarke auszubilden und gezielt mit CSR-Aktivitäten zu verknüpfen sowie die interne und externe Kommunikation über beide Handlungsfelder zu entwickeln, soll das Ziel dieser Betrachtung sein.

1.2 Einen Blick zurück – Historische Betrachtung von Corporate Social Responsibility und Arbeitgebermarke (Employer Brand)

Wenn auch beide Begrifflichkeiten heute oft genannt werden und darüber viel geschrieben wird, so ist der Ursprung nicht gerade neu. Das Prinzip von CSR fand seinen Beginn bereits im Mittelalter. „Ein ehrbarer Kaufmann zeichnet sich dadurch aus, dass Werte und Tugenden, wie Ehrlichkeit, Verlässlichkeit oder Integrität die Basis für das eigene Handeln darstellten", definiert das Gabler Wirtschaftslexikon die Begrifflichkeit (Springer Gabler Verlag). Ehre bedeutete hohes Ansehen unter den Bürgern und konnte als „soziales Kapital" betrachtet werden. Erfolgreich war, wer über Generationen in den Kaufmannsfamilien seinen Einfluss vermehren konnte. Im Gegenzug führte nichtehrbares Fehlverhalten mit einem Schlag zum Ruin. Aber Ansehen eröffnete auch die Möglichkeit der Einflussnahme und Steuerung. Neben den beschriebenen Tugenden förderten die frühen Unternehmer die Entwicklung der Infrastruktur (Handelswege und Hansestädte, Börsen und Währungsaustausch), beschleunigten die kulturelle Entwicklung (Kunsthandwerk, Architektur) einer Region. Mit ihrem hohen politischen Einfluss waren sie sprichwörtlich die „Wirtschaftsförderer" der mittelalterlichen Städte.

Im Fachartikel „The Employer Brand" von Tim Ambler und Simon Barrow im *Journal of Brand Management* wurde Employer Branding genannt (Ambler und Barrow 1996). Die Arbeitgebermarkenstrategie wurde als neuer Ansatz zum Recruiting von Personal gesehen, geschuldet der demografisch initiierten Verknappung von qualifizierten Fach- und Führungskräften. Der Wirkungsgrad einer Arbeitgebermarkenstrategie beinhaltet aber weitaus mehr und ist nicht mit „Werbemaßnahmen" im Personalbereich erfüllt. Personalmarketingaktivitäten, oft auf viele Schultern verteilt und nebenbei erledigt, wurden gebündelt und strategisch der Unternehmensmarke zugeordnet mit dem Ziel, Unternehmen auf dem Arbeitgebermarkt erfolgreich zu positionieren. Und das ist je nach Unternehmenszweck, Branche, Unternehmensgröße und vorhandener strategischer Ausrichtung unterschiedlich einfach. Aber nicht unmöglich.

1.3 Kleiner Exkurs zur Arbeitgebermarke

Der Kampf um die besten Talente wurde lange unterbewertet. Unter dem Schlagwort der zunehmenden Digitalisierung eröffnen sich für Bewerber und Unternehmen neue Kommunikationsmöglichkeiten. Inhalte, Meinungen, Informationen werden weltweit und rund um die Uhr erstellt, bearbeitet und veröffentlicht. Die Aufgaben einer Chefredaktion und somit der Freigabe der Berichterstattung obliegen immer mehr dem Nutzer selbst. Communitys entstehen und wachsen. Neue Technologien ermöglichen es Unternehmern und Bewerbern, direkt in den Dialog zu treten. Es werden nicht nur Informationen ausgetauscht, sondern im Netzwerk bringen sich Mitglieder und Abonnenten persönlich ein. Diese veränderte Form der Ansprache ist noch nicht allen Beteiligten eine Selbstverständlichkeit. Die Betonung für die Zukunft liegt auf dem Austausch auf Augenhöhe.

Der Fachkräftemangel ist nicht nur für Großunternehmen, sondern auch für KMUs und Kleinunternehmen in Deutschland eine entscheidende Herausforderung. Insbesondere kleinere Produktionsstätten, Dienstleister, deren Produkte oder Services aus dem B2B-Bereich in der breiten Bevölkerung wenig bekannt sind, werden es schwerer haben, qualifizierte Mitarbeiter zu finden oder Leistungsträger zu binden. Wer sich nicht mehr als Mitarbeiter emotional an das Unternehmen gebunden fühlt, zeigt weniger Eigeninitiative, Leistungsbereitschaft und Verantwortungsbewusstsein. Die Folgen ungewollter Fluktuation sind erheblich, bedeuten sie zusätzlichen monetären und zeitlichen Aufwand für Neuausschreibung, Auswahlverfahren und Einarbeitung. Der Verlust von Know-how lässt sich auf den ersten Blick nicht beziffern, die mittel- und langfristigen Folgen können gravierend sein. Gerade in einem kleineren Team können nicht alle Aufgaben auf mehrere Personen verteilt und sofort mit vorhandenem Fachwissen ausgeglichen werden. Die Generationen der Babyboomer dominieren die Belegschaft in den Betrieben und bereiten sich auf den Abschluss ihres Arbeitslebens vor oder streben eine Beschäftigung über die Altersgrenze hinaus an. Nicht immer haben sich kleinere Unternehmen mit diesem Wandel beschäftigen können. Die Generation Y drängt in den Arbeitsmarkt. Rahmenbedingungen, gesellschaftliche Trends, Werte und Lebensziele haben beide Generationen unterschiedlich geprägt. Gerechte und leistungsorientierte Arbeit wird von beiden als Standard angesehen. Andere Attraktivitätsfaktoren, die eine lebensphasenorientierte langfristige Beschäftigung ermöglicht, rücken in den Vordergrund und beeinflussen die Arbeitgeberwahl.

2 Warum kann CSR auf die Arbeitgebermarke positiv wirken?

Corporate Social Responsibility, die freiwillige Übernahme von gesellschaftlicher Verantwortung durch Unternehmen, gewinnt zunehmend an Bedeutung. CSR-Zertifikate oder Auszeichnungen, die CSR-Aktivitäten der Bundesregierung und ihrer Kooperationspartner, Informationsaustausch, Meinungs- und Imagebildung sind durch die Transparenz des Internets und der sozialen Medien schneller viral zu verbreiten. Der Kostenaufwand ist gefallen, Geschwindigkeit und Inhalte haben an Umfang gewonnen. Freiwillig, aktiv Verantwortung ökonomisch, ökologisch und sozial zu übernehmen, beschert Firmeninhabern eine ganze Bandbreite von Themen zur möglichen Umsetzung und Profilierung. Aus unterschiedlichen Beweggründen wird oftmals dem Bauchgefühl vertrauend vom Firmenchef eine Auswahl getroffen, etwas Gutes für die Gemeinschaft zu tun. Über das jährliche Engagement für den örtlichen Sportverein oder die Spende für das städtische Krankenhaus punkten kurzzeitig viele regionale Firmenchefs in den Tagesmeldungen der örtlichen Presse. Doch das ernsthafte Bekenntnis zum CSR und die Überlegung, dieses für die Personalgewinnung oder Mitarbeiterbindung einzusetzen, ist entwicklungsfähig. Während Großunternehmen oder KMUs bezüglich ihres sozialen Engagements unter betriebswirtschaftlichen Aspekten abteilungsübergreifend diskutieren und noch nach strategischen Zielen und Zielerreichung streben, können kleinere Unternehmen schon einmal den Überblick verlieren. Gemäß dem Motto: „tue Gutes und rede darüber", sollten Firmenchefs möglicherweise mit ihren, mit Bestimmtheit jedoch für ihre Stakeholder (Belegschaft, Lieferanten, Bewerber, Neukunden etc.) ebenfalls eine klare Zielrichtung entwickeln können, wie CSR positiv für die Unternehmensziele wirken kann. Intern und extern umgesetztes CSR bietet gerade für diese Unternehmensform eine wirkungsvolle Positionierung im Kampf um die besten Köpfe.

> „Je mehr ein Unternehmen sich also nach Einschätzung der eigenen Mitarbeiter für Umwelt und Gesellschaft einsetzt, umso höher ist die Zufriedenheit und Bindung dieser Mitarbeiter. Die Bereitschaft der Mitarbeiter wird größer, sich besonders für dieses Unternehmen einzusetzen," so stellt es die 2014 gegründete Arbeitsgruppe CSR, bestehend aus Mitgliedern des Bundesverbands der mittelständischen Wirtschaft in Berlin, in ihrer Berichterstattung fest (http://www.bvmw.de/landesverband-berlin-brandenburg/geschaeftsstellen/berlin/hauptstadtregion-nord/nik-nitschmann/csr.html?L=0).

Informationen über globale unternehmerische Aktivitäten von Organisationen sind ortsunabhängig von jedermann zu erhalten und zu verteilen. Das trifft sowohl für positive als auch kritische Informationen über das unternehmerische Verhalten zu. Bekannte mangelnde Verantwortung eines Arbeitgebers verbreitet sich schnell und bringt deutlich spürbare Wettbewerbsnachteile auf dem Produkt- und Arbeitsmarkt (Integrität des ehrbaren Kaufmanns, Abschn. 2).

Das Engagement für CSR und die Durchführung von Aktivitäten führen bei Bewerbern und Mitarbeitern zur Wahrnehmung positiver Signale. Verantwortung und fairer Umgang mit Mitarbeitern unterstreichen Wert- und Normvorstellungen von Arbeitnehmern und werden als Übereinstimmung mit den persönlichen Werten empfunden. Sie stärken somit das Zugehörigkeitsgefühl zum Unternehmen.

Hingegen wirkt sich Unzufriedenheit bei vorhandenen Mitarbeitern, die u. U. durch eine hohe Kündigungsrate zum Ausdruck kommt, mit hoher Wahrscheinlichkeit auf die Motivation der verbleibenden Belegschaft negativ aus. Hier können Maßnahmen zur Mitarbeiterorientierung über eine gezielte interne CSR-Einbindung Abhilfe schaffen. Der faire Umgang mit den Mitarbeitern sowie eine gute Führungskultur werden als Grundbestandteil im Kollegenkreis eines guten Betriebsklimas vorausgesetzt. Darüber hinaus kann über gemeinsame CSR-Aktivitäten zur Verbesserung der Arbeitsatmosphäre zusammen daran gearbeitet, diese miteinander gelebt und somit glaubhaft bestätigt werden.

Die meisten Botschaften einer Arbeitgebermarke – auch jene von Konzernen und größeren Organisationsformen verbreiteten – zeichnen sich durch einen hohen Grad der Austauschbarkeit aus. Attribute wie „größer, weiter, schneller, besser oder gar ausgezeichnet ..." füllen die Webseiten und führen dazu, dass Kleinstunternehmen hier schneller resignieren und vorschnell ihr „Licht unter den Scheffel" stellen. Zu versuchen mit den Großen irgendwie, trotz ungleicher Startbedingungen in Bezug auf Ressourcen, gleichzuziehen, um dann scheitern zu müssen, ist mit Sicherheit ein falscher Weg. Der Aufbau einer Arbeitgebermarke und die Verfolgung von CSR-Erfolgen sollten nicht auf intuitives Handeln gestützt sein. Die Verankerung eines Markenbildes benötigt Zeit und lässt sich weder überstülpen noch verordnen.

Um ökonomisch erfolgreich zu sein, überträgt der Kleinstunternehmer mit erlernter Routine eines Geschäftsmannes neue Trends auf seine Produktpalette oder sein Beratungs- und Dienstleistungsangebot. Ein positives Unternehmensimage sollte hier auch dem Trend folgen und nicht spontan zusammengestellt oder gar vernachlässigt werden. Genauer unter die Lupe genommen, fehlen vielen Botschaften des Wettbewerbs die wirklich wichtigen Antworten auf die Fragen, warum ein Unternehmen erfolgreich ist und warum ein Bewerber sich gerade für dieses Unternehmen entscheiden sollte. An dieser Kernaussage kommt kein Unternehmer – unabhängig von Branche oder Betriebsgröße – vorbei, der langfristig sein Geschäft erfolgreich führen möchte.

Mithilfe von Corporate Social Responsibility bieten sich Synergien zu gemeinsamen Kommunikationsanlässen, die einem kleineren Unternehmen über umgesetzte Maßnahmen aus den Bereichen rund um CSR-Aktivitäten und gelebter Mitarbeiterorientierung zu einer erhöhten Wahrnehmung bei seinen Zielgruppen und zur Steigerung der Arbeitgeberattraktivität verhelfen können. Eine offene Unternehmenskultur, verantwortliche Unternehmenspolitik und nachhaltiges Wirtschaften sowie ein fairer Umgang mit Beschäftigten können Kleinstunternehmern Vorteile bei seinen Anspruchsgruppen sichern und in der Generierung von Win-win-Potenzialen auch zu einer erfolgreichen Positionierung als attraktiver Arbeitgeber führen.

2.1 Wie können relevante Zielgruppen erreicht werden?

In kleineren Unternehmen sind Print- und Anzeigenwerbung meistens auf den konkreten Bedarfsfall beschränkt. Das Hinzuziehen einer Agentur liefert zwar ein professionelles Layout und einheitliches CI, aber der Kommunikationsweg führt oft in eine Richtung – wie eine Einbahnstraße. Meist nur vom Informationsempfänger in einem festen Zeitfenster verfügbar (z. B. bei einer Anzeigenschaltung in einer Sonderausgabe einer Tageszeitung) ist diese Maßnahme unter dem Aspekt der Nachhaltigkeit nur von kurzer Aufmerksamkeitsdauer. Ob wirklich die wichtigen Zielgruppen (Kunden, Geschäftspartner, Lieferanten, die eigene Belegschaft oder mögliche Bewerber) von den Botschaften hinreichend Kenntnis erhalten haben, ist nicht sichergestellt. Wir wissen aus unserem persönlichen Mediennutzungsverhalten, dass die Zeiten, in denen man auf die Wochenendausgabe einer Tageszeitung wartete, um sich auf Job- oder Wohnungssuche zu begeben, durch die größere Medienvielfalt eindeutig der Vergangenheit angehören. Mitarbeiter eines Unternehmens oder Bewerber – in diesem Fall unabhängig von der Betriebsgröße betrachtet – wollen da angesprochen werden oder ein Feedback übermitteln, wo sie zu finden sind. Und der Dialog findet in allen Kommunikationsformen einer digitalisierten Medienlandschaft statt; dazu bestimmt zunehmend der Informationsempfänger, wann er die Nachricht zur Kenntnis nimmt. Eine Firmenwebseite ist das Kernstück der Markenkommunikation für die unternehmerische Kommunikation nach innen und nach außen. Sie ermöglicht jedem Unternehmen Business Communication unter eigener Regie mit planbarem Kosteneinsatz und mit eigenem Inhalt zu führen.

2.2 Welche Faktoren die Arbeitgeberattraktivität prägen und welchen Einfluss nehmen diese auf die Entwicklung einer erfolgreichen durch CSR gestützten Arbeitgebermarke

Die Entscheidung für oder gegen einen Arbeitgeber kann von unterschiedlichen Faktoren beeinflusst werden. Flexibilität, mehr Eigenbestimmtheit sind wichtige Faktoren für die nachfolgende Mitarbeitergeneration, während ein gutes Entgelt für etablierte und folgende Mitarbeiter zunehmend der Standard ist. Hinzu kommt, dass nicht jeder als Konzernmitarbeiter geeignet ist oder es sein will, denn nicht immer ist es ein Arbeitsplatz in der Metropolregion, der ein glückliches Arbeitsleben verspricht. Im örtlichen Handwerk sind kleinere Betriebsgrößen eher die Regel, die großen Nachwuchssorgen aufgrund demografischer Einflüsse und dem anwachsenden Trend zur Akademisierung unterliegen und gefordert sind, neue Wege zu gehen (Greilinger).

Eine mögliche Anleitung zur Findung von Arbeitgeberattraktivitätsfaktoren für ein Kleinunternehmen könnte Firmeninhabern eine Auflistung der Charakteristika (Abb. 1) von Kleinunternehmungen im Vergleich zu Großbetrieben bieten. Daraus ließe sich die Interpretation ableiten, in welchen Feldern trotz kleinerer Betriebsgröße der Vorteil zugunsten der Kleineren und zum Nachteil der Größeren liegen könnte. Ebenfalls ließen sich

Merkmal	Kleinbetrieb	Großbetrieb/Konzern
Finanzielle Anreize: Gehalt, Sozialleistungen	Nur begrenzt möglich jenseits der tariflichen Bestimmungen	Tarifbestimmt und im außertariflichen Bereich in Höhe und Vielfalt umfangreicher
Aufstiegsmöglichkeiten	Flache Hierarchien, jedoch geringe Anzahl an Positionen	Starre Hierarchien, durch größere Auswahlmöglichkeit und Einsatzorte vielfältiger
Organisationstruktur	Selten Stellenbeschreibungen	Stellenbeschreibungen und Stabstellen in höhere Anzahl und Transparenz vorhanden
Führungskultur	Breites Aufgabenspektrum, größeres Entscheidungsvolumen Arbeitsteilung und Delegationsmöglichkeiten sind geringer Führungskraft ist eher Generalist	Aufgabenvolumen und entscheidungsspielraum ist begrenzbar Arbeitsteilung und Delegationsmöglichkeit stärker Führungskraft mehr Spezialist
Unternehmenskultur	Häufig sehr gut	Hohe Anonymität

Abb. 1 Attraktivitätsfaktoren im Vergleich: Kleinbetriebe und Großbetriebe. (Quelle: Darstellung in Anlehnung an Buckesfeld 2012, S. 19)

durch entsprechende Ergänzungen der CSR-Themen eine mögliche Priorisierung bzw. Überschneidung von Handlungsfeldern für die ersten Schritte zur Umsetzung einer CSR-gestützten Arbeitgebermarke im Kleinunternehmen ableiten.

Die positive Wirkung auf die Bildung einer Arbeitgebermarke gründet sich auf

- Mitarbeiterbindung,
- Unternehmensidentifikation,
- Mitarbeitermotivation und
- Zufriedenheit am Arbeitsplatz.

Diese Kernbestandteile finden sich gleichfalls in den möglichen Ansätzen der unterschiedlichen CSR-Dimensionen wieder. Bei den CSR-treibenden Unternehmen sind die Themen der CSR-Dimensionen beispielsweise der schonende und effiziente Umgang mit natürlichen Ressourcen, der Umgang untereinander, Förderung und Beteiligung der Mitarbeiter. Unternehmen mit Gespür für CSR achten darauf, in der Wertschöpfungskette sozial und ökologisch verantwortlich zu produzieren oder zu handeln. Die kulturelle Vielfalt wird gefördert. (Die Entwicklung der Wirtschaftskrise in Spanien und Griechenland sowie die aktuelle Flüchtlingskrise liefern hier konkrete umgesetzte Beispiele für Qualifikation und Integration).

Dass die „inneren Werte eines Unternehmens" von hoher Bedeutung sind und das Arbeitgeberimage z. B. Studierende beeinflusst, untersuchte der Lehrstuhl für Marketing I von Univ.-Prof. Dr. Frank Huber an der Johannes Gutenberg-Universität Mainz in einer Studie aus dem Jahr 2009, bei der 300 Studierende befragt wurden:

> Die Ergebnisse der Studie zeigen, dass dem Attribut „Aufstiegs- und Karrieremöglichkeiten" die größte Wichtigkeit zukommt. Dabei empfinden die Befragten den Nutzen von guten Aufstiegschancen und individuellen Karrierepfaden am stärksten. Fast genauso wichtig ist den Studierenden bei der Arbeitgeberwahl die verfügbare Freizeit, die in der Ausprägung, keine Überstunden leisten zu wollen, den größten Nutzen stiftet. Huber merkt an: „Interessant ist, dass der materielle Wert in Form des Einstiegsgehalts nur Rang drei der wichtigsten Attribute der potenziellen Mitarbeiter einnimmt." Nicht weniger interessant ist auch die Tatsache, dass trotz der vielbeschworenen Flexibilität und Globalisierung der Standort des Unternehmens eine große Rolle spielt. „Dies zeigt, dass der Wunsch der Absolventen groß ist, nach Studienabschluss in derselben Region beschäftigt zu werden" (Innovations-Report 2009).

Der Nutzen von CSR bietet somit einen hervorragenden Ansatz, auch für Kleinstunternehmen, Image und Unternehmenswerte einer breiteren Öffentlichkeit zu präsentieren, um ein klares Vorstellungsbild in den Köpfen von Mitarbeitern und Bewerbern zu verankern, wofür das Unternehmen steht.

Obgleich man natürlich betrachten muss, dass sich nicht alle CSR-Dimensionen Arbeitnehmer gleichermaßen in ihrer Wahrnehmung beeinflussen können. Gerade für Kleinstunternehmen ist es ratsam, neben Öffentlichkeitsarbeit, Kunden, Lieferanten, vor allem vorhandene und zukünftige Mitarbeiter zu erfassen. Aus dem geführten Stakeholder-Dialog können die Ansprüche verschiedener Gruppen abgeleitet werden und u. U. ausbalanciert werden, eine Spezifikation auf die Zielgruppe der Mitarbeiter ist gleichzeitig möglich.

Wie schon unter 3. ausgeführt gilt auch hier der Rat, sich mit dem Vorhaben nicht zu sehr an den großen Konzernen oder KMUs zu orientieren. Größere Budgets, gut aufgestellte Abteilungen des Global-Marketings, einer Unternehmenskommunikation und eines Human-Resources-Managements haben den kleineren Unternehmen neben dem Mitteleinsatz auch ein großes Paket an Expertenwissen voraus. Den Wettbewerb auf dem Arbeitgebermarkt gut im Auge zu behalten, ist eine wichtige Information, um einen eigenen Ruf als attraktiver Arbeitgeber entwickeln zu können. Gezielte Informationsrecherche kann von Nutzen sein, der direkte, nicht angepasste Benchmark wäre hier schnell zum Scheitern verurteilt. In einer kleineren Unternehmung werden die Aufgaben von dem Geschäftsinhaber/-familie oder einer kleineren administrativen Mannschaft zu leisten sein, die mit einer nicht für die Betriebsgröße zugeschnittenen Herausforderung, die alle Kräfte bündelt und den eigentlichen Geschäftsbetrieb aus dem Gleichgewicht bringt, sicherlich nicht erfolgreich sein wird.

Eine überschaubare Mitarbeiteranzahl profitiert jedoch von der unmittelbaren Nähe zueinander und den kurzen Kommunikationswegen.

Charakteristiken/Werte	Chancen	Risiken
- Sicherer Arbeitsplatz	- Schlanke überschaubare Strukturen	- Geringere externe Unterstützung
- Interessante, vielfältige und verantwortungsbewusste Aufgabengebiete	- Flexibilität	- Risikomanagement
- Leichter Vereinbarkeit von Arbeits- und Lebensqualität	- Schnellere Reaktionen auf Veränderungen	- Kleinunternehmen als Träger der Wirtschaftspleiten
- Nähe zum Arbeitsplatz, da oftmals eine engere Bindung zur Region und zum vorhandenen Arbeitskräftepotenzial	- Gegenseitiges Vertrauen	- Erhöhtes Risiko bei zu schnellem Unternehmenswachstum
- Hohe Identifikation	- Hohes Innovations- und Entwicklungspotenzial	- Spannungsfeld Erhalt von Tradition und Förderung Innovation
- Familiäre/freundschaftliche Strukturen	- Bindungseffekt durch Gruppenzugehörigkeit	- Einflussnahme von Gemeinschaftsinteressen auf Individualziele
- Gegenseitiges Verantwortungsgefühl	- Identifikation mit der Region und deren weiteren Entwicklung	- Verlust des globalen Weitblicks
- Vertrauen	- Stärkerer Nutzen für Netzwerken und Kooperationen	- Diskrepanz zwischen Konkurrenzdenken und notwendigen Kooperationen muss vermittelt werden
- Weniger Anonymität im Unternehmen	- Hohe Transparenz ermöglicht die Ausbildung von hohen sozialen Kompetenzen	- Höhere Integrationsleistung wird von allen Beteiligten notwendig
- Identitätsbindung	- Offenheit und Bereitschaft Veränderungen gemeinsam zu tragen	- Typologien von Persönlichkeiten erfordern höhere Toleranzgrenzen
- Mitarbeiter als Entscheidungsträger	- kurze Entscheidungsdistanz, höhere Wahrnehmung von Gerechtigkeit, hohe Flexibilität	- Arbeitsteilung und Delegationsmöglichkeit auf wenige beschränkt, wenige Positionen möglich
- Produkt- und Servicequalität	- höhere Flexibilität und direkte Kundennähe	- Aufbau kostenintensiver hoher Beratungskompetenz

Abb. 2 Charakteristika/Werte, Chancen und Risiken von Kleinunternehmen. (Quelle: angepasste Darstellung auf Basis einer Case-Studie von Regio-Talent Projekt 2013)

3 Der Weg zur CSR-gestützten Arbeitgebermarke – Mit vielen kleinen Schritten erfolgreich zum Ziel

Aus der täglichen Praxis eines Kleinunternehmens kennt man es, wenn man innovative Wege beschreiten möchte: Es gilt, eine tolle Idee zu haben, dafür andere begeistern zu können und sie gemeinsam in die Umsetzung zu bringen, um im Ergebnis erfolgreich zu sein. In dem kleineren unternehmerischen Umfeld kann es auch gelingen, Mitarbeiter für freiwilliges soziales Engagement zu gewinnen und damit Verantwortung für Umwelt und Gesellschaft zu übernehmen – im Rahmen der möglichen Ressourcen natürlich. Im Gegenzug sehen sich gerade kleinere, familiengeführte Unternehmen verpflichtet, einen Beitrag zur gemeinschaftlichen gesellschaftlichen Verantwortung zu tragen.

Theoretisch wahrscheinlich, aber in der Praxis eher seltener anzutreffen – der Mensch denkt, die Situation lenkt – kennen es Generalisten der Kleinunternehmen aus dem Tagesgeschäft, dass es keinen idealtypischen Weg nach Schablonenmentalität gibt, den ein Unternehmen beschreiten kann oder auch will. Employer Branding beschreibt nicht eine einzelne strategische Maßnahme, sondern setzt sich aus einem Bündel unterschiedlicher Maßnahmen zusammen, welche die Attraktivität und Glaubwürdigkeit eines Unternehmens auszeichnen. Die nachfolgenden Ausführungen sollen eine Unterstützung geben zur Orientierung. Die Maßnahmen unternehmensspezifisch abzuleiten, zu skalieren und erste Schritte zu gehen, um eigene Erfahrungen zu sammeln, gehört zu den wichtigsten Erkenntnissen, die das „Projektteam Arbeitgebermarke" begleitet werden. Die spätere Auswahl möglicher Unterstützer aus dem Unternehmen oder, ob doch die Nutzung einer externen Fachexpertise zielführender ist, steht ebenfalls zur Entscheidung an. Um diese treffen zu können (egal ob Geschäftsführung alleine oder in Verbindung mit einem Berater), werden weitere Informationen benötigt. Denn sicher ist, dass der Experte empfiehlt, aber der Inhaber in die Lage versetzt werden sollte, eine gute Entscheidung für sein Unternehmen zu treffen.

3.1 Vorbereitung und Projektstart

Zunächst sollten für die Positionierung einer Marke möglichst viele Daten erhoben oder Kernfragen beantwortet werden, die eine Markendefinition möglich machen:

- Wo liegen die Stärken des Unternehmens als Arbeitgeber, wo die Schwächen?
  Vielleicht bietet die enge Bindung an einen Lebens- und Wirtschaftsraum genau den Vorteil, sich gegenüber dem Wettbewerb zu positionieren? Inwieweit bietet sich die Möglichkeit einer internationalen Beschäftigung an einem anderen Standort oder in der Betreuung eines internationalen Marktsegments?
- Was sind die Grundwerte, für die die Firmeninhaber und die Mitarbeiter stehen?
  Sind bereits CSR-Aktivitäten vorhanden und welche? In welchen Bereichen engagieren sich die Mitarbeiter oder die Firmenleitung bereits außerhalb des Betriebes? Sinnvoll

ist hier eine Bestandsaufnahme der vorhandenen, aber auch zukünftig wünschenswerten Aktivitäten.

- Was unterscheidet dieses Unternehmen von deren unmittelbarem Wettbewerb? Sind es konkret die großen namhaften Unternehmen, die die besten Fische im Teich fangen, oder gibt es direkte Branchenkonkurrenz am Standort?
- Hat das Unternehmen ein Image? Was zeichnet den Betrieb aus und woran erkennen das Mitarbeiter, Bewerber und die Kunden? Gibt es über das Unternehmen und den Unternehmenszweck eine konkrete Kernaussage, die sich für eine Art Slogan verwenden ließe?
- Welche künftigen Mitarbeiter und welche Positionen sollen bei der Personalgewinnung erreicht werden? Welche Mitarbeiter oder Qualifikationen sollen gewollt gebunden werden? Welcher Zweck soll vorrangig erfüllt sein, z. B. Senkung der Recruiting-Kosten, Erhöhung von Initiativbewerbungen, Lösungen für das Nachfolge- bzw. Nachwuchsproblem (von den Akteuren viel diskutiert: Wo findet sich qualifizierter, interessierter und motivierter Nachwuchs jenseits der Hochschulqualifikation?)? Wie steht es um Vertrauensbildung während der Bewerbungs- und Entscheidungsphase?
- Was sind die konkreten Vorteile (Benefits – vertraglich oder zusätzlich), die den Mitarbeitern geboten werden? Können die Trendthemen Gesundheitsmanagement und Familienfreundlichkeit ein Differenzierungsmerkmal sein?
- Kennt die Unternehmensführung die Erwartungen und Bedürfnisse der Mitarbeiter?
- Verfügt das Kleinstunternehmen über ein einheitliches Erscheinungsbild (Logo, CI) und wird dieses durchgängig verwendet?
- Welche Kommunikationskanäle sind bereits vorhanden, werden mit welcher Frequenz genutzt? Welche könnten künftig vonnöten sein? Wo liegen die Touchpoints zu den wichtigen Einflussgruppen?

3.2 Zielgruppendefinition

Viele Einflussfaktoren – u. a. die internen – unterliegen dem Wandel des Zeitgeistes. Die Werteorientierung oder Präferenzen bei der Arbeitgeberwahl unterliegen unterschiedlich geprägten externen Umfeldeinflüssen (Globalisierung, technologischer Fortschritt, Änderung der politischen oder rechtlichen Rahmenbedingungen).

Den Erwartungen der unterschiedlichen Zielgruppen kann man nicht immer im vollen Umfang gerecht werden. Die Auswahl möglicher Handlungsfelder, die für das Unternehmen bezeichnend sein sollen, setzt die Kenntnis der grundlegenden Bedürfnisse verschiedener Menschen in verschiedenen Lebensphasen voraus. Empfehlenswert ist der Dialog mit den Zielgruppen, um die Erwartungshaltung abzufragen. In welcher Form dieses umgesetzt wird, ist abhängig von der vorherrschenden Betriebskultur im Unternehmen. Mitarbeiterinterviews, Themenworkshop oder im Einzelgespräch, vieles ist denkbar und möglich.

3.3 Verantwortlichkeiten und Unterstützung

Der Entwicklungsprozess bedarf einer kontinuierlichen Begleitung. Die Frage: „Wer gehört zu den Entscheidern, wer zu den Beratern?", ist von der jeweiligen vorhandenen Wissenskompetenz und den personellen Möglichkeiten abhängig. Für kleinere Unternehmen gibt es eine Vielzahl von Beratungshilfen zu den Themen CSR und Arbeitgebermarke, die man nutzen kann. Arbeitskreise der jeweiligen Berufsverbände, Industrie- und Handelskammern, Handwerkskammern, regionale Projekte von Städten und Wirtschaftsregionen, Initiativen von Länder- und Bundesregierung. Kleinunternehmer können hier aus einem Wissenspool Beratungskompetenz und Unterstützung bei der Planung und Durchführung von Projekten schöpfen. Kooperationen mit anderen Unternehmen und ähnliche Herausforderungen können sich daraus ergeben, die vielleicht auch Potenziale über Fördermittelfinanzierung ermöglichen können.

Eine Vielzahl von Dienstleistern aus den Bereichen Marketing oder Unternehmenskommunikation haben eine breite Beratungskompetenz, mit der man mit entsprechendem Zuschnitt der Budgets Beratung einholen kann.

3.4 Ressourcen- und Projektplanung

Die Entwicklung von nachhaltiger Markenbildung benötigt Zeit-, Personen- und monetäre Budgets, die geplant und zur Verfügung gestellt werden müssen. Egal wie groß oder klein der erste Schritt auf dem Weg zur CSR-unterstützenden Arbeitgebermarke ist, ein Projektplan steht am Ende der Analyse- und Vorbereitungsphase. Umfang und Zeitablauf müssen geplant werden und mit dem Tagesgeschäft zu vereinbaren sein. Innerhalb eines gut etablierten Betriebsklimas ist man mit dem Projektstart unabhängig, in Zeiten großer betrieblicher Veränderungen sollte man vielleicht mit dem Projektstart noch warten.

Die Information der Mitarbeiter (evtl. auch weiterer Anspruchsgruppen) über das Vorhaben sollte zeitnah erfolgen. Die Gelegenheit, bereits in der Planungsphase positive Signale in die Belegschaft zu übermitteln, sollte so früh wie möglich genutzt werden. Im Sinne des Dialogs können die Identifikation der Belegschaft mit dem Projekt und die Möglichkeit zum „Mitmachen" Synergieeffekte für die Umsetzung freisetzen. Regelmäßige Information zum Projektstand sorgt für Transparenz und schafft Commitment. Das Angebot zu Feedback- oder Diskussionsmöglichkeiten sollte überlegt werden. Eventuell gibt es im Betrieb bereits eine digitale Möglichkeit durch das Einrichten eines Wikis oder Forums, um Statements und Vorschläge von Mitarbeitern in das Projekt einfließen zu lassen. Wenn die Mitarbeiter maßgeblich in den Projektphasen beteiligt sind, können über die Projektdurchführung und -dokumentation Statements und Aussagen über das Unternehmen und das Projekt für eine Markenkommunikation genutzt werden (z. B. Fotos, Mitarbeiterstatements für die Firmenhomepage).

3.5 Marke kommunizieren

Am Ende des Projektes steht das Ergebnis und der Erfolg. Eine der größten Herausforderungen steht dem kleinen Unternehmen noch bevor. Im geschützten Umfeld der Arbeitsorganisation wurden über den Zeitraum des Projektdurchlaufs die Profilthemen für CSR- und Arbeitgeberprofilierung erarbeitet, die Maßnahmen ausgewählt und die weitere Feinplanung zur Durchführung entschieden. Diese Profilthemen müssen nun noch in der Öffentlichkeit bekannt gemacht werden, um das gewünschte Markenbild, ein guter, verantwortungsvoller Arbeitgeber zu sein, in den Köpfen der gewünschten Zielgruppen zu verankern. Erst dann wird die Ziellinie wirklich durchschritten. Ein Kommunikationskonzept – egal ob durch das Unternehmen selbst oder einen externen Dienstleister kreiert – bedeutet die nächste Herausforderung. Nachhaltige markenkonforme Kommunikation (egal ob CSR oder Marke) ist ein fortlaufender Prozess, der nicht mehr aus dem Fokus geraten sollte. Die Themen und Kommunikationskanäle sollten regelmäßig bedient werden. Den nachfolgenden Grundprinzipien zur erfolgreichen Kommunikation folgt eine beispielhafte Zuordnung von Kommunikationsanlässen.

Die Grundprinzipien einer erfolgreichen Kommunikation lauten:

- Einfache und gut strukturierte Informationen
  Kernbotschaften zur Arbeitgeberpositionierung (Startseite der Firmenhomepage unter der Rubrik Personal oder Karriere, Imageanzeigen, Messeequipment, Headlines oder Slogans).
  Zielgruppenspezifische Anlässe (z. B. für die Firmenhomepage zum Thema Ausbildung oder Berufsanfänger, Stellenausschreibungen, Angebot von Praktika, Kooperationen mit Schulen).
- Wiederholung von Botschaften über Medienvielfalt
  Kleinere Videos, das Unternehmensprofil eines Businessnetzwerks, Flyer und Broschüren.
- Auswahl der Medien entsprechend der Zielgruppen
  Prioritäten sind wichtig. Zum Start ist weniger mehr, die Qualität der Kommunikation ist zu priorisieren. Eher mit weniger Medien zu Beginn starten, um weitere folgen zu lassen.
- Verbindung von Themen mit entsprechenden nachvollziehbaren Erlebnissen
  Emotional geprägte Kommunikation (z. B. bestens geeignet über die CSR-Thematik, Mitarbeiterevents, Familienfreundlichkeit).
- Weitere Themen:
  Rational geprägte Kommunikation für unternehmensspezifische Themen (technologische Themen zur Produkt- oder Dienstleistungspalette, Nennung der konkreten rationalen Benefits wie Möglichkeiten zur Teilhabe an Qualifizierung, Weiterbildung etc.).

Die markenkonforme Zielgruppenkommunikation (Stakeholder nicht zu vergessen) bedeutet ein wichtiges Segment in der Markenpositionierung und wird oft im Hinblick auf

Kompetenz und Umfang und Frequenz unterschätzt. In kleineren Betrieben sind Medien- und Kommunikationskompetenz (abgesehen natürlich von der entsprechenden Dienstleistungsbranche) nicht überall als ausgeprägt zu bezeichnen. Nicht jedem wurde ein ausgefeiltes Kommunikationsverhalten in die Wiege gelegt. Nicht umsonst gibt es die gut ausgebildeten Fachexperten aus der Kommunikations- und Journalistenbranche. Auch hier sollte der Kleinunternehmer sich nicht scheuen, auf die Fachexpertise zurückzugreifen. Kommunikation – in welcher Form auch immer – dominiert zunehmend das Privat- und Arbeitsleben. Wer auf eine gute Basis der Kommunikationsfähigkeit als Unternehmer zurückgreifen kann, benötigt vielleicht eine Zusatzqualifikation, die ebenfalls mit vielfältigen Angeboten von Kooperationspartnern mit den Kammern oder den Berufsverbänden, Weiterbildungseinrichtungen optimiert werden kann.

Mitarbeiter aus der Generation Y sind mit den vielfältigen Informations- und Kommunikationstechnologien aufgewachsen und verfügen über eine hohe Medienkompetenz. Sofern die Einrichtung einer eigenen Position im Unternehmen dafür nicht gegeben ist, findet sich vielleicht auch bereits unter der vorhandenen Mitarbeiterschaft nicht geahnte Unterstützung. Werkstudenten aus den Bereichen der Kommunikations- und Medienstudiengänge könnten auch bei geringem Volumen eine hilfreiche Unterstützung leisten, die zugeschnitten auf das vorhandene Budget eine Möglichkeit bieten könnte.

Aber es benötigt auch manchmal die Akzeptanz, dass nicht jeder alles können muss. Eine projektbezogene Dienstleistung einer Medienagentur stellt je nach Budgetlage natürlich die effektivste Lösung dar.

4 Fazit

Die Entwicklung einer CSR-gestützten Arbeitgeberattraktivität führt zur Generierung von Synergieeffekten, die für beide strategische Ansätze gerade in kleineren Unternehmenseinheiten zur Entlastung von Ressourcen und Budgets Unterstützung leisten können.

Ähnliche Regeln und Strategien zur Planung, erfolgreichen Umsetzung und Kommunikation ermöglichen mit fachgerechtem Medieneinsatz den Glaubwürdigkeitsbeweis für eine erfolgreiche Arbeitgeberpositionierung zu liefern und damit das Markenversprechen gegenüber potenziellen Mitarbeitern und Bewerbern einzulösen.

Literatur

Ambler T, Barrow S (1996) The Employer Brand. J Brand Manag 4(3):185–206

Buckesfeld Y (2012) Employer branding: Strategie für die Steigerung der Arbeitgeberattraktivität in KMU, 2. Aufl. Dimplomica Verlag, Hamburg

Case Studie, Employer Branding in regionalen KMU's aus dem Regio-Talent Projekt 2013 „ArbeitgeberInnenmarken in der Grenzregion Mühlviertel – Südböhmen"

Andrea Greilinger „*Challenges of SMEs in Apprentices' Recruitment and Employment: Empirical Studies to Overcome the Skilled Labor Shortage*". Die Publikation steht auf den Internetseiten des LFI kostenfrei zum Download zur Verfügung. http://www.lfi-muenchen.de/lfi/moe_cms/main/ASSETS/bwl_Summary_pdfs/LFI_bwl_Employer%20Branding_Deutsche%20Kurzzusammenfassung.pdf. Zugegriffen: 13.03.2017

Innovations-Report, 13.08.2009, http://www.innovations-report.de/html/berichte/studien-analysen/arbeitgeber-attraktivitaet-spieglein-spieglein-wand-137671.html. Zugegriffen: 13.03.2017

Springer Gabler Verlag (Herausgeber), Gabler Wirtschaftslexikon, Stichwort: Ehrbarer Kaufmann, online im Internet: http://wirtschaftslexikon.gabler.de/Archiv/611774899/ehrbarer-kaufmann-v1.html

Diplom-Betriebswirt (FH) Uwe Gotzeina, Jahrgang 1962, studierte Betriebswirtschaftslehre an der Fachhochschule Dortmund mit den Schwerpunkten Controlling, Unternehmensprüfung und betriebliche Steuerlehre. Nach Abschluss des Studiums war er im Auftrag des Instituts für Marktwirtschaft gGmbH, Magdeburg, in verschiedenen betriebswirtschaftlichen Projekten der staatlichen Treuhandanstalt Berlin, in den neuen Bundesländern und im Baltikum tätig. 1992 wurde er zum Fremdgeschäftsführer des Instituts berufen, bevor er 1996 in leitende kfm. Funktionen, bis hin zur Geschäftsführung, in die mittelständische Industrie Ostwestfalens wechselte. Seit 2007 ist er als Lehrbeauftragter der Hochschule Ostwestfalen-Lippe im Fachbereich Produktion und Wirtschaft tätig. Schwerpunkt seiner Lehrtätigkeiten sind die betriebswirtschaftlichen Erfordernisse von KMUs, insbesondere in den Bereichen Industriebetriebslehre, Controlling, Beschaffung und Personalwirtschaft. Seit 2009 ist er für die Stadt Detmold und für den Kreis Lippe in der Wirtschaftsförderung tätig.

Uta Lewien ist seit dem 1.11.2012 Human-Resources-Managerin Marketing und Employer Branding bei der Weidmüller Gruppe. Sie ist verantwortlich für die Entwicklung und Umsetzung der Global-Weidmüller-Employer-Branding-Strategie. Ihre berufliche Laufbahn startete sie zunächst mit einer Ausbildung zur Industriekauffrau, der später das Studium zur Betriebswirtin mit den Schwerpunkten Marketing und Business Communication folgte. Weitere Stationen ihrer Vita sind die Assistenz bei der Entwicklung und Vermarktung eines postgradualen MBA-Studiengangs in der mittelständischen Wirtschaft, mehrjährige Projektleitungserfahrung mit Schwerpunkt Wirtschaftsförderung- und Standortmarketing. Im Zeitraum 2006 bis 2012 moderierte sie Wirtschafts- und Sozialraumkonferenzen für Städte und Kommunen im Kreis Lippe im Handlungsfeld Wirtschaft und Arbeit.

CSR – Kommunikation und Instrumente

Unternehmerische Verantwortung überzeugend vermitteln

Peter Heinrich

1 Einleitung

Unternehmen sollen heute neben profitablen Geschäften einen aktiven, gesellschaftlichen Beitrag in ökonomischer, ökologischer und sozialer Hinsicht leisten. Gerade für Kleinstunternehmen klingt das zunächst nach einer großen Herausforderung. Dabei sind es oft gerade sie, die per se nachhaltig handeln. So sind ein fairer Umgang mit Kunden und Mitarbeitern, gesellschaftliches Engagement in ihrer Region sowie umweltbewusstes Verhalten oftmals selbstverständlich und darüber hinaus vielfach Basis für das eigene Geschäftsmodell. Was bei diesem Selbstverständnis meist zu kurz kommt, ist die Kommunikation. Wer sich unternehmerisch verantwortlich verhält, sollte sich nicht scheuen, das auch nach außen und innen zu kommunizieren. Das gilt für große Unternehmen genauso wie für kleine und kleinste. Denn die Anspruchsgruppen werden zunehmend kritischer, wollen aktiv am Dialog teilnehmen und erwarten effiziente, nachvollziehbare, transparente und glaubwürdige Informationen über die CSR-Aktivitäten. Auch Kleinstunternehmen sollten diese Erwartungen erfüllen und als Chance begreifen, aktiv und zielgerichtet mit den verschiedenen Anspruchsgruppen zu kommunizieren. So können sie Vertrauen zugewinnen und ihr unternehmerisches Handeln legitimieren. Allerdings muss dieses Vorgehen mit den bestehenden Kommunikationsinstrumenten – soweit vorhanden – harmonisiert werden. Nur so kann eine hohe Glaubwürdigkeit der Aktivitäten bei den Anspruchsgruppen gewährleistet werden. Die Kommunikation muss also fundiert, professionell gesteuert und langfristig angelegt sein, um die Engagements wirksam an die Anspruchsgruppen zu kommunizieren. Dann kann CSR unter anderem zu einem besseren Image, zur Positionierung im Wettbewerb, zur Erschließung neuer Kundengruppen und zur langfristigen

P. Heinrich (✉)
HEINRICH GmbH, Agentur für Kommunikation (GPRA)
Gerolfinger Str. 106, 85049 Ingolstadt, Deutschland
E-Mail: peter.heinrich@heinrich-kommunikation.de

Kundenbindung beitragen. Die Kommunikation ist auch entscheidend für das Schaffen eines breiten öffentlichen Bewusstseins. Nur wenn viele nachhaltig wirtschaften und das kommunizieren, können wir als Vorbilder wirken und unseren Kindern und Enkeln ein intaktes ökologisches, ökonomisches sowie soziales Gefüge hinterlassen.

2 CSR-Kommunikationsinstrumente – Aus der Vielzahl die richtigen auswählen

Wenn es darum geht, die CSR eines Unternehmens glaubwürdig und transparent darzustellen, kann aus einer Vielzahl an Kommunikationsinstrumenten ausgewählt werden. Bei der Planung und Auswahl kommt es darauf an, festzulegen, was das Unternehmen leisten kann, welche Ziele erreicht werden sollen und welche Maßnahmen sich für die entsprechenden Dialoggruppen am besten eignen. Die richtige Kombination spielt dabei eine wichtige Rolle. Sie sorgt für Synergieeffekte und ist ein entscheidender kommunikativer Erfolgsfaktor.

Um einen wesentlichen Beitrag zur Erreichung der CSR-Ziele zu leisten, sollten die eingesetzten Kommunikationsinstrumente folgenden Kriterien entsprechen (vgl. Lühmann 2003, 43–44):

- Dialogorientierung,
- ganzheitliche Leistungsdarstellung,
- Aktualität,
- Zielgruppenorientierung.

Glaubhafte CSR-Kommunikation ermöglicht den Dialog mit den verschiedenen Anspruchsgruppen. Deshalb müssen dialogorientierte, rekursive Maßnahmen eingesetzt werden, um Rückmeldungen auf die ausgesendeten Informationen und Botschaften zu erhalten. Diese Maßnahmen sollten so angelegt sein, dass die Leistungen ganzheitlich im Sinne der CSR und entsprechend den Ansprüchen der Stakeholder dargestellt werden, das heißt in Hinsicht auf die ökonomischen, ökologischen und sozialen Auswirkungen. Darüber hinaus dienen sie dazu, neue Informationen aktuell und gegebenenfalls in Echtzeit an die Dialoggruppen zu bringen. Außerdem muss sichergestellt werden, dass alle relevanten Anspruchsgruppen zielgruppenorientiert erreichbar sind (vgl. Lühmann 2003). Aus dieser Sicht eignen sich dazu die fünf typischen PR-Instrumente sehr gut (s. Abb. 1). Bei der Auswahl und Gestaltung der passenden Instrumente ist eine hohe Kreativität gefragt, denn nicht immer wird sich eine gewisse Nähe zur klassischen Werbung vermeiden lassen.

Der Grayling-PULSE-Studie zufolge werden Nachhaltigkeitsthemen vor allem über klassische Kanäle kommuniziert. Die Umfrage unter Kommunikationsexperten in Deutschland, Österreich und der Schweiz wird vierteljährlich durchgeführt. Danach setzen 25 % der Befragten in der CSR-Kommunikation auf Medienarbeit und Presseaussendungen, weitere 25 % auf interne Kommunikation und etwas über 15 % auf jährliche Nachhaltigkeitsberichte (s. Abb. 2).

CSR – Kommunikation und Instrumente 217

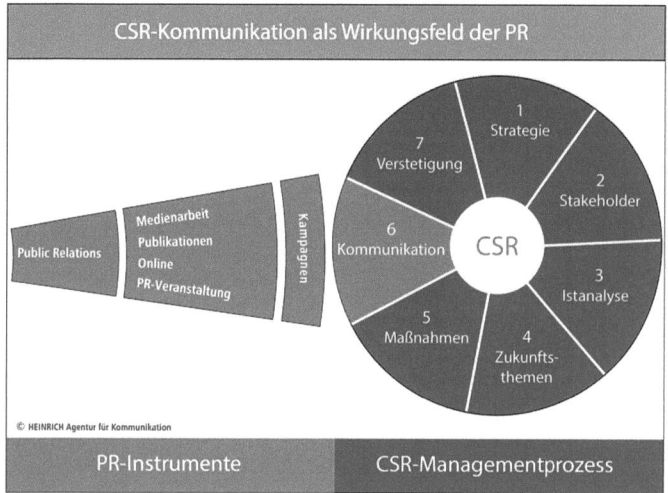

Abb. 1 CSR-Kommunikation als Wirkungsfeld der PR

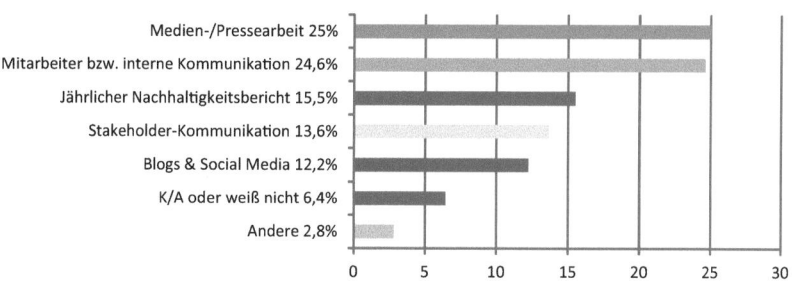

Abb. 2 Die wichtigsten Kanäle für die Kommunikation von CSR-Aktivitäten. (Eigene Darstellung, nach Grayling Pulse 2013)

3 Die Instrumente – Ein Überblick

Im Folgenden sind die Instrumente der CSR-Kommunikation aufgeführt und beschrieben. Ziel ist es, an dieser Stelle einen umfassenden Überblick über mögliche taktische Maßnahmen zu bieten.

Es müssen nicht immer alle Maßnahmen gleichzeitig eingesetzt werden, denn je nach CSR-Programm und Kommunikationszielen kommt es darauf an, die richtige Kombination zu wählen. In diesem Zusammenhang werden wir auch viele Instrumente der klassischen Public Relations wiederfinden, da sie für die CSR-Kommunikation eines Unternehmens zum Tragen kommen. Die Gliederung erfolgte in diesem Beitrag nach Sachlichkeit und Mediengattungen (s. Abb. 3). Es ist auch möglich, die Instrumente beispielsweise

CSR-Instrumente			
Medienarbeit	**Publikationen**	**Online**	**Persönliche Kommunikation/ Veranstaltungen**
Im Dialog mit den Anspruchsgruppen	**CSR-Themen in den Focus gerückt**	**CSR-Präsenz im Internet**	**Der Rahmen für CSR-Themen**
• Presseverteiler/ Journalistendatenbank • Presseinformationen • Fachartikel/ Autorenbeiträge • Pressefotos • Pressekonferenzen • Pressegespräch/ Interview • Redaktionsbesuche • Basispressemappe • Themenentwicklung und Agenda-Setting • Medienmonitoring und Evaluation	• CSR-Reports allgemein • GRI-Nachhaltigkeitsbericht • Integrierter Bericht nach IIRC • Newsletter • CSR-Themen in Kundenmagazinen • Mitarbeiterzeitung • CSR-Themen im Geschäftsbericht • Imagebroschüren und Infobroschüren • Schwarzes Brett • Fach-, Image- und PR-Anzeigen	• Unternehmens- und Aktionswebsite/ Landingpage • Internetredaktion • Onlinepresseportal • Social Media • Intranet • Podcast/Video	• Stakeholder-Dialog: bilateraler Stakeholder-Dialog, Dialogforum • Roadshows • Events: Expertengespräche, Messen, Podiumsdiskussionen, Konferenzen • Inhouse-Schulungen/ Mitarbeiterworkshops • Tag der offenen Tür • Eventkalender
CSR-Kampagnen			

Abb. 3 Instrumente der CSR-Kommunikation. (Eigene Darstellung)

nach internen und externen Kriterien zu gliedern. Je nach Relevanz bietet sich eine dieser Varianten der Kategorisierung an.

3.1 Professionelle Medienarbeit

Auch Kleinstunternehmen können Medienarbeit gezielt einsetzen, um ihre CSR-Aktivitäten zu publizieren. Sie wirkt sowohl nach außen als auch nach innen, da auch die Mitarbeiter des Unternehmens zu den Rezipienten der Medien gehören. Deshalb haben wir die Medienarbeit auch an den Anfang der Kommunikationsinstrumente gestellt.

In der Medien- oder auch Pressearbeit geht es vorrangig darum, seriöse, vertrauensvolle und partnerschaftliche Beziehungen zu Redakteuren, Journalisten und beispielsweise Bloggern aufzubauen. Die regelmäßige Vermittlung sachlicher und wahrheitsgemäßer, journalistisch aufbereiteter Informationen steht dabei im Mittelpunkt. Wenn sich CSR-Kommunikation nämlich auf reine Effekthascherei beschränkt, läuft das kommunizierende Unternehmen Gefahr, als unglaubwürdig und/oder unseriös wahrgenommen zu werden. Der offene Dialog und das persönliche, intensive Gespräch können hier helfen, Vertrauen aufzubauen.

Zur Medienarbeit gehört auch das sogenannte Themenmanagement. Das bedeutet einerseits zu versuchen, selbst Themen auf die öffentliche Agenda zu setzen, und zum anderen auf aktuelle Themenentwicklungen zu reagieren. Letzteres ist insbesondere für die Krisenkommunikation relevant. Denn betrachtet man CSR-relevante und -kritische Ereignisse näher, so ist häufig das Überraschende, dass sie bei näherem Hinsehen gar nicht so überraschend hätten sein müssen. Es kommt also darauf an, Stimmungen und auch schwache Signale, die von einem kontroversen, aber auch vielleicht aussichtsreichen Unternehmensthema ausgehen, möglichst früh und vor allem rechtzeitig wahrzunehmen. Entscheidend für das frühzeitige Erkennen potenzieller Themen sind dabei die systematische Beobachtung und Analyse einer möglichst breiten und vielfältigen Medienbasis.

Darüber hinaus sollten sich Kleinstunternehmen stets bewusst sein, dass bei der CSR-Kommunikation thematisch das gesellschaftliche Engagement klar im Vordergrund steht und zwar in ökonomischer, ökologischer und sozialer Hinsicht. Hier kommt es auf eine interessante und vollständige Beschreibung der Maßnahmen und ihres Erfolges aus der Stakeholder-Perspektive an. Je besser sich die Stakeholder hier wiederfinden, desto besser kommen die in diesem Kontext vermittelten Botschaften auch an. Medienarbeit kann sowohl inhouse als auch durch eine externe PR-Agentur erfolgen. Im Folgenden finden sich nun wichtige Maßnahmen, die zu einer professionellen Medienarbeit gehören.

Presseverteiler – Journalistendatenbank
Alles beginnt mit den richtigen Kontakten. Ein treffsicherer, auf die relevanten Stakeholder zugeschnittener Presseverteiler ist das Herzstück der CSR-Medienarbeit. Er enthält jeweils die Ansprechpartner in den Redaktionen, die Auflagen, alle relevanten Kontaktdaten sowie weitere mögliche Details. In manchen Fällen reicht es, den vorhandenen Journalistenverteiler zu überarbeiten und regelmäßig zu pflegen. Es empfiehlt sich, diesen nach verschiedenen Zielgruppen und Mediengattungen zu ordnen. Je nach Datenmenge kann es hilfreich sein, eine Datenbank einzurichten, in der auch Kontakthistorien und andere Informationen festgehalten werden können.

Presseinformationen
Presseinformationen dienen der Information aller relevanten Bezugsgruppen. Sie werden regelmäßig oder aus aktuellem Anlass an die verschiedenen Redaktionen (Print, Funk und Online) mit dem Ziel gesendet, Berichterstattung zu generieren. Wichtig sind dabei die Relevanz der Themen und Kontinuität, damit die Redakteure immer wieder auf neue Textideen gebracht und an das Unternehmen erinnert werden. Die richtige Aufbereitung der Texte spielt ebenfalls eine große Rolle. Denn es ist ein Unterschied, ob man für Printmedien, Rundfunk oder Onlinemedien schreibt. Generell gilt die Faustregel: Pressetexte bringen das Wichtigste sachlich gleich zu Beginn auf den Punkt. Der Text sollte so aufgebaut sein, dass er vom Ende her jederzeit vom Redakteur gekürzt werden kann, ohne wichtige Informationen zu verlieren. Der Stil einer Presseinformation sollte dem Medium und den Rezipienten, also Lesern, Hörern, Zuschauern, angepasst werden.

Fachartikel/Autorenbeiträge

Fachartikel sind Autorenbeiträge, die unter dem Namen eines Unternehmenssprechers veröffentlicht werden. In der Regel geschieht dies in Print- und Onlinemedien oder Fachblogs. Für die CSR-Kommunikation sind diese Beiträge von großer Bedeutung. Zum einen werden die Autoren als Experten anerkannt, denn ihre Kompetenz lässt sich auch auf das Unternehmen zurückführen. Zum anderen lassen sich für das Unternehmen wichtige CSR-Themen auf diese Weise verbreiten. Da es sich bei dieser Art von Artikeln um eine anspruchsvolle Leserschaft handelt, ist es wichtig, dass die Beiträge exakt, neutral und journalistisch aufbereitet sind. Für einen besonders gut aufbereiteten Fachartikel – beispielsweise über nachhaltiges Engagement im Unternehmen – interessiert sich auch meist die Fachpresse. Dies sichert die Glaubwürdigkeit des Unternehmens und lässt nur wenig Spielraum für Zweifel (vgl. Reiter 2006, S. 44).

Pressefotos

Foto ist nicht gleich Foto. Jedes Bild vermittelt eine Botschaft, die wirksamer sein kann als jeder Text. Daher sind aussagekräftige Bilder gerade für CSR-Themen ein wirksames Mittel der Kommunikation. Auch die Pressefotos eines Kleinstunternehmens sollten den Kriterien der PR folgen: Pressefotos sind keine Hochglanz- oder Werbefotos, sondern sollten die Realität zeigen. Dennoch empfiehlt sich, für die Erstellung der Fotos professionelle Fotografen hinzuzuziehen und vorab genau mit ihnen zu erarbeiten, welche Botschaft im Bild beziehungsweise in der Bilderwelt einer Kampagne vermittelt werden soll.

Pressekonferenzen

Pressekonferenzen sind ein bewährtes Mittel, um eine große Zahl von Journalisten zeitgleich und persönlich zu erreichen sowie in regelmäßigen Abständen aus erster Hand zu informieren. Sinn einer Pressekonferenz ist es, möglichst viele Informationen in möglichst kurzer Zeit bereitzustellen. Denn Journalisten haben einen straffen Zeitplan. Daher gilt: Nur wichtige Themen brauchen eine Pressekonferenz. Schon alleine aus dem Grund, da sie sehr aufwendig zu organisieren ist (vgl. Cornelsen 2002, S. 145 f.).

Interview

CSR-Themen können über Interviews transportiert werden. Die Unternehmen gehen entweder aktiv auf die Medien zu oder sie werden von den Medien angefragt. Man unterscheidet drei Arten von Interviews: Rechercheinterview, Berichtsform und Liveinterview. Beim Rechercheinterview stellen die Journalisten Fragen, um Informationen für ihren Beitrag zu erhalten. Bei der Berichtsform ist die Recherche bereits abgeschlossen und aus diesen Informationen heraus werden die Fragen gestellt. Das Gespräch wird als Beitrag abgedruckt. Liveinterviews werden für Radio, TV oder das Internet geführt. Sie werden entweder live ausgestrahlt oder aufgezeichnet, geschnitten und dann gesendet (vgl. Cornelsen 2002, S. 159). Der Kontakt zu wichtigen Medien wird durch das Anbieten exklusiver Interviews vertieft (Laumer 2003, S. 68).

Redaktionsbesuche/Pressegespräche

Bei einer Redaktionsreise besuchen die Kommunikationsbeauftragten eines Unternehmens die wichtigsten Journalisten in den Redaktionen oder die Journalisten kommen in das Unternehmen. Redaktionsreisen oder -besuche sind geeignete Instrumente, um ausgesuchte Medien und Journalisten vor Ort in einem persönlichen Rahmen über CSR-Entwicklungen im Unternehmen sowie aktuelle CSR-Themen zu informieren und den Kontakt zu halten. Für beide Seiten soll der Besuch von Nutzen sein, daher ist im Vorfeld zu klären, welche Informationen man dem Journalisten anbietet und welche Themen in welcher Form weitergegeben werden können.

Basispressemappe

Die Basispressemappe enthält alle grundlegenden Informationen, die der Journalist über das Unternehmen und die Ansprechpartner wissen muss. Analog dazu finden sich in einer thematisch fokussierten CSR-Pressemappe alle wichtigen Eckdaten zu diesem Thema. Sie wird zu einem aktuellen Anlass ausgegeben oder versendet. In der Regel wird die Basispressemappe zum Download im Onlinepresseportal zur Verfügung gestellt. Hier spielt auch die Verpackung der Botschaften eine wichtige Rolle. Die Journalisten sollen das Unternehmen klar (wieder-)erkennen können. Eine individuelle Pressemappe und entsprechend gestaltete Pressepapiere im Corporate Design gehören deshalb zur Grundausstattung. Zudem ist es wichtig, dass die Journalisten das Verantwortungsbewusstsein des Unternehmens aus den Informationen dieser Pressemappe entnehmen können.

Themenentwicklung und Agenda-Setting

Bei diesem Punkt geht es darum, Themen gezielt in der Öffentlichkeit zu positionieren. Dabei spielt auch der richtige Zeitpunkt eine Rolle. Wenn Kleinstunternehmen gezielt und mediengerecht kommunizieren, können sie sich damit bei den Dialoggruppen als glaubwürdige und relevante Ansprechpartner positionieren und Vertrauen aufbauen. Aus den Ansatzpunkten zu den verschiedenen CSR-Handlungsfeldern ergeben sich mögliche Themen, die dann über verschiedene Medien kommuniziert werden können. Denn jeder Ansatzpunkt ist prinzipiell auch ein Berichtsanlass, beispielsweise in Form einer Pressemitteilung. Beim Themenmanagement im Bereich der CSR-Kommunikation gibt es drei große Themenfelder: Ökologie, Ökonomie und Soziales. Ein weiteres wichtiges Themenfeld ist das Mitarbeiterengagement: Auch dies gilt es, effektiv zu kommunizieren, um künftige Mitarbeiter zu werben und bestehende High Potentials zu halten. Um die eigenen CSR-Aktivitäten auf diese Themenschwerpunkte abzustimmen, empfiehlt es sich, zu Beginn eines Jahres einen Themenkalender aufzustellen. Er dient dazu, zum passenden Zeitpunkt mit Fachartikeln oder Presseinformationen in den relevanten Medien präsent zu sein.

Abb. 4 zeigt mögliche Themen in den einzelnen Handlungsfeldern auf, die den Erwartungen der jeweiligen Stakeholder-Gruppen gerecht werden könnten. Darauf aufbauend können die Botschaften entwickelt werden.

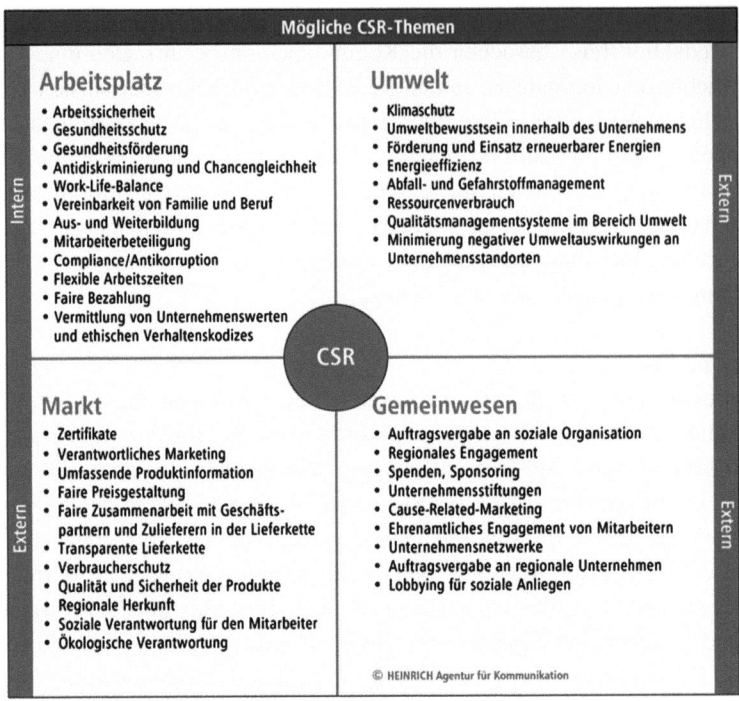

Abb. 4 Mögliche CSR-Themen. (Eigene Darstellung)

Medienmonitoring und Evaluation

Um festzustellen, ob die Kommunikationsmaßnahmen auch den gewünschten Erfolg bringen, sind eine laufende Medienbeobachtung (Monitoring) und die kontinuierliche Evaluation der Berichterstattung notwendig. Monitoring und Evaluation helfen auch dabei, Krisen und kritische Themenentwicklungen frühzeitig zu erkennen und darauf zu reagieren.

Für die Medienbeobachtung gibt es Dienstleistungsunternehmen, die individuelle Monitoring- und Analysetechnologien anbieten. Sie scannen Medienquellen – Print, Online, Weblogs, TV und Radio – und stellen Pressespiegel sowie Medienresonanzanalysen zur Verfügung. So kann das Unternehmen ständig mit hochaktuellen Informationen zu den relevanten CSR-Themen versorgt werden. Die Evaluation wird in der Regel mit einer Medienresonanzanalyse durchgeführt. Dabei werden im Vorfeld die Kriterien festgelegt, wonach die Berichterstattung untersucht werden soll. Die Analyse muss für jedes Unternehmen individuell aufgebaut werden, denn sie hängt von den jeweiligen Zielen und der Art des CSR-Programms ab.

3.2 Berichtswesen/Publikationen

Für Kleinstunternehmen gilt es, im Bereich der CSR- oder Nachhaltigkeitsberichterstattung gezielt zu kommunizieren, welchen Wert auch ein kleines Unternehmen innerhalb der Gesellschaft stiftet – sowohl durch unternehmerisches Handeln, verantwortungsvollen Umgang mit Ressourcen als auch durch soziales, kulturelles und karitatives Engagement.

CSR-Reports allgemein
CSR-Reports, CSR-Berichte, Nachhaltigkeitsberichte – die Begrifflichkeiten werden zum Teil synonym verwendet. An dieser Stelle kann keine allgemeingültige Definition gegeben werden, da ein einheitlicher Standard erst im Wachsen ist. Für Kleinstunternehmen ist der Nachhaltigkeitsbericht durchaus eine Option, wenn er nach den richtigen Standards verfasst wird. International anerkannt sind dabei die Standards der GRI (Global Reporting Initiative). Im nationalen Bereich und vor allem auch für kleine und mittlere Unternehmen ist ein Bericht nach dem DNK (Deutscher Nachhaltigkeitskodex) interessant, mit dem der Rat für Nachhaltige Entwicklung (RNE) die Bemühungen um nachhaltiges Wirtschaften unterstützt.

Im Folgenden wird der Nachhaltigkeitsbericht nach den Standards des DNK genauer beleuchtet.

DNK-Nachhaltigkeitsbericht
Der DNK baut auf bestehenden Berichtsstandards wie denen der GRI oder des Global Compact der Vereinten Nationen (UN Global Compact) auf. Er reduziert die teils komplexen Anforderungen auf das Wesentliche. Innerhalb der Standards des DNK geben festgelegte Leistungsindikatoren einen Leitfaden für die Berichterstattung und garantieren, dass alle wesentlichen Informationen zu den Nachhaltigkeitsleistungen eines Unternehmens im Bericht enthalten sind. Dadurch wird er vergleichbar. Der Aufwand für einen Bericht ist davon abhängig, wie tief Nachhaltigkeit bereits im Unternehmen verankert ist. Auch ein höherer Zeitaufwand lohnt sich, wenn sich das Unternehmen dadurch dessen bewusst wird, welche Strategie es in Sachen Nachhaltigkeit verfolgt, welche Ziele es hat und welche Maßnahmen sich dafür eignen.

Auf dem Weg zu einem eigenen Nachhaltigkeitsbericht hat es sich in der Praxis bewährt, erst einmal in kleinerem Rahmen zu beginnen und CSR-Themen beispielsweise in bereits vorhandene unternehmenseigene Publikationen zu integrieren. Im Folgenden finden sich einige Beispiele für solche Publikationen.

Newsletter
Man muss nicht gleich mit einem großen Bericht starten. Auch Unternehmensnewsletter in gedruckter oder elektronischer Form können für den Anfang ein wirksames Mittel zur Kommunikation von CSR-Themen sein. Hierbei eignen sich sowohl interne Newsletter für die Mitarbeiter als auch externe, die sich an Kunden, Partner oder andere Stakeholder richten. Sie geben aktuelle, kurze und prägnante Informationen über Entwicklungen und

Aktivitäten des Unternehmens. Durch die regelmäßige Information kann die Vertrauensbildung weiter verstärkt werden, da verschiedene Stakeholder-Gruppen regelmäßig mit dem Unternehmen in Kontakt kommen. Zu beachten ist, dass die Inhalte je nach Zielgruppe adäquat aufbereitet werden müssen. Auch die Form der Präsentation, also ob print oder online, wirkt sich auf die Inhaltszusammenstellung aus.

CSR-Themen in Kundenmagazinen
Je nachdem welche Zielgruppen angesprochen werden, kann es nützlich sein, CSR-Themen in unternehmenseigenen Kundenzeitschriften zu platzieren. In den vergangenen Jahren hat sich Corporate Publishing äußerst dynamisch entwickelt: Derzeit existiert eine Vielzahl von Kundenzeitschriften in Deutschland, darunter sowohl kleine, unscheinbare Hefte als auch aufwendig gestaltete, anspruchsvolle Zeitschriften. Allerdings sind das Leseverhalten und Anspruchsniveau der Kunden oft von Kaufzeitschriften am Kiosk bestimmt. Deshalb muss sich jedes Unternehmen, das Erfolg haben will, diesem Vergleich stellen. Das bedeutet, dass die CSR-Inhalte zwar emotional, aber dennoch sachlich und journalistisch aufbereitet sein sollten, um nötiges Vertrauen und Glaubwürdigkeit bei den Lesern zu wecken. Werbung hat an dieser Stelle keinen Platz (vgl. Szameitat 2003, S. 177 f.). Zusammenfassend lässt sich sagen, dass sich Beiträge in Kundenzeitschriften besonders eignen, um eine bestimmte Zielgruppe zu erreichen. Sie erscheint in regelmäßigen Abständen und nimmt konkreten Bezug auf die Bedürfnisse und Wünsche der Stakeholder. In den Beiträgen wird Bezug auf Unternehmensthemen genommen und der Leser wird über Firmenspezifisches und Aktuelles informiert. Die Inhalte sollen sich an den Bedürfnissen und Wünschen der Leser orientieren. Je anspruchsvoller und ausführlicher die Zeitschrift ist, desto glaubwürdiger kommen die Themen beim Leser an und umso mehr Vertrauen schenken die Leser dem Unternehmen. Dadurch interessieren sie sich auch dafür, was „hinter den Kulissen" geschieht.

Mitarbeiterzeitung/Mitarbeiterbrief
Mitarbeiter und ihre Familien gehören zu den wichtigsten Stakeholdern eines Unternehmens mit einem ganz konkreten Informationsanspruch. Die umfassende Information und Einbindung der Mitarbeiter ins Unternehmensgeschehen gehört zu den zentralen Aufgaben der nachhaltigen Kommunikation. Die Mitarbeiterzeitung oder auch ein Mitarbeiterbrief oder persönliche Informationen sind besonders geeignet, um Mitarbeiter beziehungsweise deren direkte Kontaktpersonen, wie Familienangehörige, zu erreichen. Zudem ist sie eines der ältesten und wichtigsten Instrumente der internen Kommunikation eines Arbeitgebers. Sie hilft, die Mitarbeiter eines Unternehmens miteinander bekannt zu machen, baut Vorurteile gegenüber dem Unternehmen ab und bietet Anregung sowie Unterstützung zur persönlichen Weiterbildung und täglichen Arbeit. Außerdem vermittelt sie einen Blick über den Tellerrand und verhindert somit Falschinformationen und ermöglicht es Mitarbeitern, leichter Entscheidungen zu treffen. Als Mittel der CSR-Kommunikation erfüllt die Mitarbeiterzeitung zwei Funktionen: Zum einen entspricht sie dem Gebot der transparenten Information und Einbindung der Mitarbeiter, zum anderen ist sie ein ideales Mittel,

um auch innerhalb der Belegschaft für das Thema CSR um Verständnis zu werben. Ist die Mitarbeiterzeitung gut aufbereitet, kann sie auch an ehemalige Mitarbeiter, Geschäftspartner oder an Journalisten für die weitere Informationsverwertung verschickt werden (vgl. Herbst 2003, S. 216 ff.).

Image- und Infobroschüren
Im etwas kleineren Rahmen können auch Image- oder Informationsbroschüren genutzt werden, um CSR-Inhalte zu verbreiten, insbesondere wenn die Inhalte in einer Image- oder Informationsbroschüre im journalistischen Stil verfasst sind. Diese beiden Arten von Broschüren sind nämlich keine reinen Werbemedien. Ihr Ziel ist es, mit sachlichen Informationen Vertrauen und Sympathie bei den Lesern zu wecken und einen guten Eindruck bei den Stakeholdern zu hinterlassen. Deshalb bietet es sich an, ein besonderes Engagement des Unternehmens zu betonen und in die Image- oder Informationsbroschüre mit aufzunehmen. Die Imagebroschüre vermittelt einen schnellen Überblick zur Struktur und Entwicklung eines Unternehmens sowie zu seinen Werten und zur Philosophie. Darüber hinaus werden in der Regel die Geschäfts- bzw. Produktbereiche dargestellt. In ihr findet sich Platz, um kurz und prägnant über das CSR-Engagement des Unternehmens zu informieren. Damit bietet sie eine gute Gelegenheit, um in die CSR-Kommunikation einzusteigen. Da sich das Umfeld, der Markt und das Unternehmen in stetigem Wandel befinden, ist es wichtig zu berücksichtigen, dass Imagebroschüren nicht von ewiger Gültigkeit sind. Somit ist es ratsam, alle zwei Jahre die Imagebroschüre zu aktualisieren. Informationsbroschüren werden vor allem bei konkreten aktuellen Anlässen oder zu spezifischen Kampagnen und Aktionen eingesetzt. Wenn sie prägnant, sachlich und transparent informieren, können Informationsbroschüren mögliche Ängste beseitigen oder Widerstände auflösen. Sie sind wie Visitenkarten ein Aushängeschild für das Unternehmen. Zudem ist der Leser nicht an Computer oder Internetzugang gebunden und kann die Informationsbroschüre jederzeit an Dritte weitergeben (http://www.unternehmer.de/marketing-vertrieb/122221-die-10-wichtigsten-vorteile-von-broschuren). Bei der Erstellung einer Broschüre sollten folgende Aspekte berücksichtigt werden (http://www.marketing-marktplatz.de/Marketingwissen/):

- Für welche Zielgruppe wird die Broschüre eingesetzt?
- Welche Ziele verfolgt die Broschüre?
- In welcher Form wird die Broschüre eingesetzt?
- Was ist die Kernbotschaft der Broschüre?
- Wo und bei welcher Gelegenheit wird sie verteilt?
- Wie lange soll die Broschüre ihre Gültigkeit behalten?
- In welchen Sprachen wird sie ggf. benötigt?
- Wie ist die Broschüre gestaltet?

Schwarzes Brett

Kleine Dinge können große Wirkung erreichen. So eignet sich beispielsweise ein Schwarzes Brett besonders für Mitarbeiter in Kleinstunternehmen, die keinen direkten oder geeigneten Zugang zum Internet haben oder die über Printmedien nicht erreicht werden können. Hinzu kommt, dass sich Mitarbeiter beispielsweise über die dort veröffentlichten Informationen oftmals zusammen mit Kollegen austauschen können. So entstehen Gespräche, Austausch und neue Ideen. Voraussetzung ist: Pflege und Aktualisierung des Schwarzen Bretts.

Fach-, Image- und PR-Anzeigen

CSR-Themen können auch gut mit Fach-, Image- und PR-Anzeigen transportiert werden. Insbesondere die klassische Medienarbeit wird damit unterstützt. Bei der Gestaltung und Formulierung kommt es wegen der Nähe zur klassischen Werbung besonders auf Transparenz und Glaubwürdigkeit an. Denn keinesfalls darf beim Leser der Eindruck von Inszenierung oder gar Manipulation entstehen. Redaktionelle beziehungsweise PR-Anzeigen sind meist im redaktionellen Teil von Zeitungen, Zeitschriften oder Publikationen untergebracht: Sie sind als „Anzeige" zu kennzeichnen und unterscheiden sich in ihren Gestaltungsmerkmalen wie Aufmachung und Schrift kaum vom redaktionellen Umfeld. Sie eignen sich gut für die Darstellung von CSR-Themen, wenn sie sachlich und objektiv getextet und gestaltet sind.

3.3 Onlinekommunikation

Das Internet ist ein unverzichtbares Instrument zur Übermittlung nachhaltiger Kommunikation. Nirgendwo sonst ist es möglich, innerhalb kürzester Zeit in einen Dialog mit einer großen Anzahl an Personen zu treten und Informationen auszutauschen und das weltweit.

Gerade für die CSR-Kommunikation bietet das Internet Herausforderungen und Möglichkeiten in einem: Zum einen können die Stakeholder jederzeit öffentlich ihre Ansprüche an das Unternehmen diskutieren und so auch Druck aufbauen, zum anderen können die Unternehmen das Internet als Kommunikationskanal verwenden. Diese Nutzung kann passiv oder aktiv erfolgen. Bei passiver Nutzung werden die Möglichkeiten des Internets gebraucht, um Anforderungen und Erwartungen der Stakeholder in Bezug auf das gesellschaftliche Engagement des Unternehmens zu beobachten, zu erkennen und auszuwerten. Aktiv kann das Internet genutzt werden, um zum einen die relevanten Stakeholder zu informieren und zum anderen mit ihnen in einen Dialog zu treten und so die Beziehungen zu gestalten. Darüber hinaus können CSR-Themen transportiert und beeinflusst werden.

Social Media bieten hier eine besondere Plattform, denn hier dreht sich alles um den Dialog und direkten Austausch: Der User ist nun sowohl Konsument und Rezipient als auch Teilnehmer und Hersteller interaktiver Handlungen (vgl. Walter 2010, S. 100 ff.). Stakeholder haben dadurch einen direkteren Einfluss auf die Reputation des Unternehmens.

Unternehmens- und Aktionswebsite/Landingpage

Für die Onlinekommunikation ist ein zentraler Ausgangspunkt im Internet wichtig: sei es als eigener CSR-Bereich auf der Unternehmenswebsite oder auf einer eigenen Aktionswebsite für spezifische CSR-Kampagnen.

Auf der Unternehmenswebsite sollte das gesamte CSR-Engagement des Unternehmens prägnant dargestellt sein und auch erklärt werden, warum sich das Unternehmen in diesem Bereich engagiert. Die User sollten die Möglichkeit haben, auf die relevanten Materialien und Informationen schnell und einfach zugreifen zu können. Von der Firmenwebsite beziehungsweise Aktionswebsite aus sollten dann alle weiteren Kanäle erreichbar sein, beispielsweise:

- Abonnementmöglichkeit zum CSR-Newsletter (wenn vorhanden),
- Verbindung zum Unternehmens-/CSR-Blog,
- Verbindung zu Facebook, XING, Twitter oder zum Youtube-Kanal,
- Verbindung zu einer spezifischen Aktionswebsite/Kampagnenseite, wo der User eine gewünschte Aktion ausführen kann (z. B. abstimmen, spenden, diskutieren, Inhalte teilen).

Seitens der CSR-Kommunikation ist die Aktionswebsite eine einfache Methode des Informationstransfers sowohl für Webseitenbesucher als auch für das Unternehmen. Der Besucher kann so bequem und ohne Verzögerung auf die von ihm gewollten Informationen zugreifen. Gleichzeitig dient es dem Unternehmen, seine Zielgruppe zu informieren und Streuverluste zu vermeiden.

Internetredaktion

Grundsätzlich kommt es beim Texten darauf an, kurz, einfach sowie bildhaft zu schreiben und auf präzise und objektive Fakten zu achten. Bei der Redaktion für das Internet spielen darüber hinaus das Nutzerverhalten und die technischen Möglichkeiten eine besondere Rolle. So schätzen Experten, dass am Monitor ein Drittel langsamer gelesen wird als in Printmedien, vielmehr surft der Webleser. Das bedeutet, er entscheidet in Sekundenschnelle nach Nutzwert, springt zwischen Texten hin und her, nimmt wichtige Infos auf, ist zwischendurch selbst aktiv, schreibt Kommentare, markiert Lesezeichen, erledigt Downloads und klickt nach wenigen Sekunden wieder weiter. Darüber hinaus hat er die Wahl zwischen Buttons, Links, Fotos, Videos oder Animationen. Auf diese Herausforderungen müssen Unternehmen achten, wenn sie ihre CSR-Botschaften im Web publizieren. Die Texte sollten den Nutzer in den Bann ziehen sowie anschaulich, aktiv und einfach sein. Die zentrale Botschaft steht am Beginn, Absätze und Zwischentitel sollten den Leser führen. Die Inhalte müssen präzise, objektiv, fair und auf die CSR-Themen zugeschnitten sein. Sinnvoll ist es, Bilder, Videos und Links in die Texte zu integrieren. Um im Internet auch gefunden zu werden, müssen die Texte suchmaschinenoptimiert werden. Darunter versteht man die Integration von sogenannten Keywords, mit denen die Suchmaschinen die Website beziehungsweise den Beitrag finden. Generell sollten alle Inhalte vom CSR-

Kommunikationsteam betreut werden, um transparente, korrekte und qualitativ hochwertige Informationen sicherzustellen.

Onlinepresseportal

Das Onlinepresseportal ist ein wichtiger Bestandteil der gesamten Unternehmenskommunikation, das auch Kleinstunternehmen nutzen können. Somit sollten CSR-Inhalte darüber verfügbar gemacht werden. Das Ziel eines Presseportals ist, allen internen und externen Bezugsgruppen einen einheitlichen Informationsstand über die erfolgten Veröffentlichungen zu gewährleisten. Auch das gehört zum Gebot der Transparenz innerhalb der CSR-Kommunikation. Es empfiehlt sich daher, speziell die Informationen, die an die Medien gehen, tagesaktuell in einem unternehmenseigenen Webportal einzupflegen. Dazu gehören insbesondere Presseinformationen und Fotoangebote sowie alle veröffentlichten Berichte. Das hat den Vorteil, dass sich Journalisten, Investoren und andere Stakeholder zeitnah über den aktuellen Stand informieren können. Darüber hinaus entfällt das aufwendige Zusammenstellen und Verschicken von CDs oder Pressemappen. Auch für die Mitarbeiter ist das Presseportal sehr hilfreich: Es hilft sicherzustellen, dass nur freigegebene und aktuelle Textversionen verwendet werden. Ergänzend dazu kann im Rahmen eines Presseinfodienstes die Medienberichterstattung über ein Unternehmen periodisch zusammengestellt, kommentiert und per E-Mail an einen festgelegten Verteiler ausgesendet werden. So bleiben Mitarbeiter, Kunden und andere Stakeholder direkt und unmittelbar über relevante Veröffentlichungen in den Medien informiert.

Social Media

Als Social Media werden alle Medien zusammengefasst, in denen Internetuser Meinungen, Eindrücke, Erfahrungen und Informationen austauschen oder Wissen sammeln. Internetplattformen wie Facebook, Twitter, Wikipedia und Co. sind dabei prominente Beispiele (vgl. http://whatis.techtarget.com/definition/social-media). Social Media ist ein Instrument, mit dem Unternehmen Zielgruppen ansprechen können, die sie mit den traditionellen Informationskanälen nur schwer bzw. gar nicht erreichen. CSR-Themen eignen sich äußerst gut für die Verbreitung via Social Media oder Blogs. Es können Projekte vorgestellt werden, Erfolge gemeldet und Bilder gezeigt werden. Außerdem kann die interessierte Öffentlichkeit an der Nachhaltigkeitsarbeit direkt teilnehmen. Darüber hinaus finden sich die typischen Charakteristika von Social Media wie Transparenz, offener Dialog, Gleichheit und direkter Anspruch von Stakeholder-Gruppen in der CSR wieder. Dadurch entstehen wiederum neue Chancen und Herausforderungen für eine verantwortungsvolle Unternehmensführung. Heutzutage ermöglicht das Internet unterschiedlichen Interessensgruppen, Beziehungen zum Unternehmen aufzubauen und bestimmte Themen auf die Unternehmensagenda zu setzen. Die Entwicklung ist von den Unternehmen unbedingt als Chance zur Interaktion zu sehen und als direktes Feedback der Stakeholder zu nutzen (vgl. http://www.cccdeutschland.org/de/blog/social-media/corporate-social-responsibility-social-media-csr-20). Kaum ein Unternehmen kommt am Einsatz von Social Media noch vorbei. Gerade für Kleinstunternehmen eignet sich ein eigenes Social-Media-Profil, da Bilder und Texte intuitiv nebenbei gepostet werden können.

Podcast/Video
Podcasts und Videos haben großes Potenzial, Unternehmensbotschaften schnell, persönlich und mit geringem Streuverlust an Stakeholder zu übermitteln. Podcasts sind Audiobeiträge im Internet, die sich herunterladen lassen. Ähnlich wie Radioshows können Podcasts von beliebigen Personen zu beliebigen Themen produziert werden. Dabei dienen sie entweder dem Zweck der Unterhaltung oder der Information (http://www.itwissen.info/definition/lexikon/Podcasting-podcasting.html). Analog arbeiten Videocasts zusätzlich mit Bildern.

3.4 Persönliche Kommunikation/Veranstaltungen

Bei allen technischen Möglichkeiten bleibt die persönliche Kommunikation der Schlüssel für ein funktionierendes Unternehmen. Denn sie macht es für Kommunikationspartner möglich, im direkten Gespräch auf Fragen, Kritik oder Anreize einzugehen und einen gemeinsamen Ansatz zur Problemlösung zu finden. Neben Sachinhalten vermittelt die persönliche Kommunikation auch Emotionalität und Glaubwürdigkeit, die das Wesen des Unternehmens erlebbar machen (vgl. Grupe 2011, S. 247).

Deshalb gilt es, regelmäßige Anlässe zu schaffen bzw. Anlässe zu nutzen, um mit verschiedenen Stakeholdern persönlich in Kontakt zu treten. Tage der offenen Tür, Gespräche und Informationsveranstaltungen mit Anwohnern oder Umweltverbänden, Dialoge mit Mitarbeitern – den Möglichkeiten des Meinungs- und Informationsaustausches von Unternehmen sind keine Grenzen gesetzt. Der Dialog zwischen Unternehmen und einem oder mehreren interessierten Stakeholdern dient der Vermittlung von Informationen, der Transparenz, der Erhöhung der Glaubwürdigkeit und Akzeptanz des Unternehmens.

Wenn es darum geht, externe Stakeholder-Gruppen persönlich zu erreichen und Inhalte zu emotionalisieren, gehören Veranstaltungen zu den effektivsten Kommunikationsinstrumenten. Fast alle CSR-Themen lassen sich auf Veranstaltungen oder Messen kommunizieren und wirken so gleichzeitig als Instrument der Beziehungspflege. Ein Vorteil von Events beziehungsweise Veranstaltungen gegenüber klassischer Medienarbeit ist es, Inhalte erlebbar zu machen und somit eine emotionale Beziehung zu den Inhalten der Veranstaltung herzustellen.

Aus kommerzieller Sicht kann dabei im Rahmen des Veranstaltungsmarketings das Ereignis selbst zum Gegenstand der Vermarktung werden (wie Open-Air-Konzerte oder Sportveranstaltungen) oder das Ereignis wird im Rahmen der Unternehmenskommunikation genutzt beziehungsweise inszeniert. Eventmarketing im engeren Sinne bezieht sich in diesem Kontext nur auf unmittelbar für die Marke inszenierte Events, da im Vergleich zum Sponsoring nur diese wirkliches Gestaltungspotenzial für die Kommunikationspolitik bieten.

Die deutsche Wirtschaft führt seit vielen Jahren einen aktiven Dialog über ökologische, wirtschaftliche oder soziale Themen und Aktivitäten, sodass sich für viele Unternehmen eine Dialogkultur gebildet hat, die fortlaufend verbessert und den Ansprüchen und Zielen von Unternehmen und Stakeholdern angepasst wird.

Stakeholder-Dialog
Die Erwartungen und Ansprüche der Stakeholder sind im CSR-Prozess die härteste Währung. Um diese in Erfahrung zu bringen und so die wichtigen Themen herauszuarbeiten, muss ein langfristig angelegter und permanenter, vertrauensvoller Dialog zu allen relevanten Stakeholder-Gruppen aufgebaut werden. So können Ideen ausgetauscht, kritische Themen identifiziert und auch solche Themen diskutiert werden, die möglicherweise in Zukunft für die Unternehmensstrategie entscheidend sind.

Bilateraler Stakeholder-Dialog
Der persönliche Austausch unter vier Augen oder auch in kleineren Gruppen darf nicht unterschätzt werden. Gerade in vertraulicher Atmosphäre besteht die Möglichkeit, auch sehr offen zu sein und Ideen auszutauschen. In der internen Kommunikation sollten CSR-Themen auch in Teambesprechungen, Mitarbeitergespräche, aber auch in Bewerbungsgespräche einfließen.

Dialogforum
Ein Stakeholder-Dialogforum ist eine Unternehmensveranstaltung, die alle Anspruchsgruppen sozusagen an einen Tisch bringt, um über CSR-Themen des Unternehmens zu diskutieren. Dabei bringen die Stakeholder sowohl ihren „Blick von außen" auf das System des Unternehmens als auch ihre eigenen Interessen und Ansprüche der eigenen Netzwerke mit ein. Der Zugewinn aus diesem Dialog kann für die Unternehmen das frühzeitige Erkennen des Handlungsbedarfs sowie der Chancen und Risiken sein. Darüber hinaus sollen die Stakeholder als Multiplikatoren für die eigene Kommunikation der CSR-Aktivitäten gewonnen werden, sozusagen als CSR-Botschafter. Bei der Auswahl der relevanten Stakeholder sollte das gesamte Unternehmensumfeld im Sinne einer 360-Grad-Perspektive in Betracht gezogen werden (Abb. 5).

Events: Expertengespräche, Messen, Podiumsdiskussionen, Konferenzen
Auch Events und Veranstaltungen, die nicht vom Unternehmen selbst initiiert und organisiert werden, eignen sich als Kommunikationsplattformen. Durch die Teilnahme an Messen, Podiumsdiskussionen, Konferenzen oder Expertengesprächen zu verschiedenen Themen, die für die CSR relevant sind, können Unternehmen den Dialog fördern und Vertrauen bilden. Imageverbesserung, Kontaktpflege sowie, insbesondere bei Messen, die Präsentation neuer Produkte und Dienstleistungen sind weitere positive Effekte. Allerdings kommt es auf die richtige Auswahl der Veranstaltungen an. Dabei sollte jeweils die Zielgruppe genau betrachtet werden.

CSR – Kommunikation und Instrumente 231

Abb. 5 360° – Stakeholder-Perspektive. (Eigene Darstellung)

Inhouseschulungen/Mitarbeiterworkshops
Mithilfe von Inhouseschulungen und Mitarbeiterworkshops können Mitarbeiter und Führungskräfte auch in Kleinstunternehmen „interne Arbeitskreise zu unterschiedlichen Themen bilden, bei denen die Kommunikation über bereichs- oder unternehmensspezifische Themen im Vordergrund steht. Durch Bildung von (informellen) Gruppen können z. B. Vorschläge zu ökologischen, ökonomischen oder sozialen Verbesserungen im Betriebsablauf häufig mit höherer Realisierungswahrscheinlichkeit erzielt werden als bei Einzelarbeit. Zu den klassischen Formen einer solchen Kleingruppenarbeit gehören z. B. ‚Projektteams' oder ‚Task-Forces'. Modernere Ansätze sind sogenannte Lernwerkstätten oder Qualitätszirkel, bei denen die Mitarbeiter die zu bearbeitenden Themen selber wählen" (vgl. Lühmann 2003).

Tag der offenen Tür – Blick hinter die Kulissen
Ein Tag der offenen Tür ist sinnvoll, um in ungezwungener Atmosphäre Kontakte zu verschiedenen Stakeholder-Gruppen herzustellen, Beziehungen zu stärken und CSR-Themen zu vermitteln. So können z. B. Anwohner oder Familien der Mitarbeiter das Unternehmen aus erster Hand kennenlernen und einen Blick hinter die Kulissen werfen. Durch den persönlichen Kontakt bieten diese Veranstaltungen Chancen für das Unternehmen, Missverständnisse, Unsicherheiten und Ängste der Besucher zu erfahren und abzubauen sowie Vertrauen durch Seriosität aufzubauen. Wenn dies gelingt, leistet der Tag der offenen Tür einen positiven Beitrag zur Imageverbesserung (vgl. Herbst 2007, S. 141–142).

Eventkalender

Um zielgerichtet CSR-Themen kommunizieren zu können, empfiehlt es sich einen Eventkalender zu erstellen, der die wichtigsten Veranstaltungen des Jahres beinhaltet, auch die internen Veranstaltungen bzw. Dialogforen. Die Erstellung des Kalenders muss ebenso sorgfältig erfolgen wie die eines Themenkalenders oder Presseverteilers. Folgende Kategorien sollten darin aufgeführt sein:

- Titel der Veranstaltung,
- Art der Veranstaltung (Messe, Podiumsdiskussion, Konferenz etc.),
- unternehmenseigene Veranstaltung/fremdorganisiert,
- Veranstaltungsort und Datum,
- Kontaktperson inkl. Kontaktdaten,
- Zielgruppe und Publikum,
- weitere eingeladene Redner/Referenten,
- Themenspektrum der Veranstaltung,
- Thema des Unternehmens (womit möchte man sich positionieren),
- Art der Präsentation (Referat, Workshop, Seminar, Keynote, Diskussionsteilnehmer),
- Abgabetermine.

3.5 Weitere Möglichkeiten der CSR-Kommunikation

Neben den oben beschriebenen Standardinstrumenten gibt es noch eine Vielzahl von weiteren Möglichkeiten der CSR-Kommunikation, die je nach Kreativität und Branche umgesetzt werden können. Insbesondere in der Entwicklung dieser Instrumente und Maßnahmen liegt die hohe Kunst der Kommunikation. Es kommt auf die zündende Idee an, um die Dialoggruppen nachhaltig zu erreichen.

4 Fazit

Auch für Kleinstunternehmen gibt es eine Fülle von Maßnahmen und Instrumenten, die für eine wirkungsvolle Kommunikation der CSR-Aktivitäten eingesetzt werden können. Es liegt am „Tun" und nicht an den Möglichkeiten, wenn Kleinstunternehmen ihr Engagement nicht entsprechend nach außen tragen. Sie brauchen also keine Scheu zu haben, das gesamte Instrumentarium der Kommunikation auch zu spielen und über Aktivitäten und Entwicklungen im Bereich CSR zu berichten – im Gegenteil: „Tu Gutes und sprich auf allen Kanälen darüber", ist die Devise. Im Fokus stehen dabei die Erwartungen der Anspruchsgruppen. Sie wollen wissen, was das Unternehmen bereits tut und auch in Zukunft tun möchte, sie suchen die Partnerschaft und den Dialog. Insbesondere der Dialog spielt eine große Rolle. Aus dem Feedback können wertvolle Schlüsse über die Akzeptanz der CSR-Bemühungen gezogen werden. Darüber hinaus kommt es auf Glaubwürdigkeit,

Transparenz sowie den thematischen Bezug zu den Handlungsfeldern der CSR an. Viele Kleinstunternehmen können das aus eigener Kraft leisten, wenn das Know-how und die zeitlichen Möglichkeiten vorhanden sind. Einfacher geht es in vielen Fällen mit der Unterstützung durch eine kompetente und auf Nachhaltigkeit spezialisierte PR-Agentur.

Literatur

Verwendete Literatur

Cornelsen C (2002) Das 1x1 der PR, so haben Sie mit Public Relations die Nase vorn, 4. Aufl. Haufe, München

Grayling Pulse. http://de.grayling.com/News/2013-03-18/Grayling-PULSE-Umfrage-Soziale-Verantwortung-kommt-von-innen/. Zugegriffen: 06.05.2013

Grupe (2011) Public Relations – ein Wegweiser für die PR-Praxis. Springer

Herbst (2003) Unternehmenskommunikation – Professionelles Management – Kommunikation mit wichtigen Bezugsgruppen – Instrumente und spezielle Anwendungsfelder, 1. Aufl. Cornelsen, Berlin

Herbst (2007) Public Relations – Konzeption und Organisation – Instrumente –Kommunikation mit wichtigen Bezugsgruppen, 3. Aufl. Cornelsen, Berlin

Laumer (2003) Verlags-PR – Ein Praxisleitfaden, 1. Aufl. transcript, Bielefeld

Lühmann B (2003) Entwicklung eines Nachhaltigkeitskommunikationskonzeptes im Unternehmen, Lüneburg. http://www2.leuphana.de/umanagement/csm/content/nama/downloads/download_publikationen/35-1downloadversion.pdf. Zugegriffen: 24.04.2013

Reiter (2006) Öffentlichkeitsarbeit – die wichtigsten Instrumente – die richtige Kommunikation – der beste Umgang mit den Medien. Süddeutscher Verlag

Szameitat D (2003) Public Relations in Unternehmen, ein Praxis-Leitfaden für die Öffentlichkeitsarbeit. Springer, Heidelberg

Walter BL (2010) Verantwortliche Unternehmensführung überzeugend kommunizieren – Strategien für mehr Transparenz und Glaubwürdigkeit. Gabler, Wiesbaden

Weiterführende Literatur

CCC Deutschland. http://www.cccdeutschland.org/de/blog/social-media/corporate-social-responsibility-social-media-csr-20. Zugegriffen: 15.05.2013

Der Marketing Marktplatz. http://www.marketing-marktplatz.de/Marketingwissen/. Zugegriffen: 22.05.2013

Der Nachhaltigkeitsbericht. http://www.nachhaltigkeitsberichte.net/img_neu/NachhBer.pdf. Zugegriffen: 08.05.2013

Itwissen. http://www.itwissen.info/definition/lexikon/Podcasting-podcasting.html. Zugegriffen: 03.05.2013

Nachhaltigkeit. http://www.nachhaltigkeit.info/artikel/csr_berichte_1037.htm. Zugegriffen: 06.06.2013

Unternehmer. http://www.unternehmer.de/marketing-vertrieb/122221-die-10-wichtigsten-vorteile-von-broschuren. Zugegriffen: 02.05.2013

What Is. http://whatis.techtarget.com/definition/social-media. Zugegriffen: 15.05.2013

Peter Heinrich Seit über fünfzehn Jahren berät und begleitet der Kommunikationsfachmann und zertifizierte CSR-Manager (IHK) mittelständische und große Unternehmen in Fragen der Public Relations und CSR. Im Bereich CSR liegt sein Schwerpunkt auf der Strategieberatung, Stakeholder-Dialogen, der Kommunikation und Nachhaltigkeitsberichten. Vor seiner Selbstständigkeit war der studierte Betriebswirt 20 Jahre als Geschäftsführer in einem mittelständischen, marktführenden Unternehmen mit über 500 Mitarbeitern tätig. Er verfügt damit über langjährige Expertise auf Agentur- und Unternehmensseite. Peter Heinrich ist Herausgeber des Buches *CSR und Kommunikation. Unternehmerische Verantwortung überzeugend vermitteln*, das 2013 beim Verlag Springer Gabler erschienen ist.

Der Deutsche Nachhaltigkeitskodex: Einstieg in die strategische Berichterstattung für alle

Yvonne Zwick

1 Einleitung

Der Deutsche Nachhaltigkeitskodex (DNK) wird seit Anfang 2012 vom Rat für Nachhaltige Entwicklung als freiwilliger Standard zur Offenlegung unternehmerischer Nachhaltigkeitsleistungen etabliert. Er wurde in einem vom Nachhaltigkeitsrat moderierten Stakeholder-Dialog von Unternehmen und Investoren entwickelt. Bis dato (Stand Januar 2017) wenden 180 Unternehmen diesen Transparenzstandard praktisch an.

Der DNK besticht durch einen pragmatischen Ansatz, der den Einstieg in die strategische Berichterstattung durch klare Orientierung und Fokussierung auf das Wesentliche erleichtert. In 20 Kriterien und einer Auswahl von Leistungsindikatoren beschreiben Unternehmen kurz und knapp, wie sie mit den Herausforderungen einer nachhaltigen Entwicklung umgehen, welche Chancen und Risiken für das unternehmerische Handeln sich daraus ergeben und wie sie die Verankerung im Kerngeschäft vorantreiben wollen.

Die Erfahrungen zeigen, dass der Umfang von Broschüre (33 Seiten DIN A5) und KMU-Leitfaden (70 Seiten DIN A4) offenbar die Schwelle so niedrig hält, dass ein signifikanter Anteil von mittelständischen Unternehmen den Einstieg wagt und schafft. Die Autorin ist skeptisch, ob der Nachhaltigkeitskodex Kleinstunternehmen adressiert. Doch mögen sie selbst entscheiden, ob diese Kommunikationsform über das Nachhaltigkeitsmanagement im Hinblick auf Märkte, Kunden oder Geschäftspartner ein probates Mittel der Wahl sein kann. Der Artikel leistet einen Überblick über Hintergründe, Ziele und Struktur des Instruments.

Y. Zwick (✉)
Geschäftsstelle c/o GIZ, Rat für Nachhaltige Entwicklung
Potsdamer Platz 10, 10785 Berlin, Deutschland
E-Mail: yvonne.zwick@nachhaltigkeitsrat.de

2 Ein Transparenzstandard, sein Absender und seine Ziele

Nachhaltigkeit ist ein wohlklingendes Wort und immer mehr Unternehmen nutzen es, um sich oder die Produkte und Dienstleistungen im Wettbewerb zu unterscheiden. Doch gibt es bis dato keine allgemeingültige Festlegung, welche Themen den Kanon von Nachhaltigkeit ausmachen. Das führt zu einer vielfältigen Berichtspraxis, zu vielfältigen Bewertungs- und Beurteilungsgrundlagen in Ratings und Rankings und damit zu signifikantem Aufwand für Berichterstatter und Informationsbeschaffer gleichermaßen.

Standardisierung liegt nahe, soll Nachhaltigkeit zu einem belastbaren Differenzierungsmerkmal werden. Das Interesse an Standardisierung wächst nicht zuletzt aufseiten der Unternehmen, um Nachhaltigkeit zu einer wirkungsvollen Wert- und damit Werteorientierung zu machen und so die Basis für einen Wettbewerb um zukunftsorientierte Produktlösungen und Dienstleistungen sowie konkrete Honorierung über den Markt zu fördern.

Globale Megatrends fordern je nach Geschäftsfall mehr oder weniger zukunftsorientiertes Management heraus, das Lösungen schafft, statt Probleme zu verschärfen: Klimawandel und die steigende Zahl von extremen Wetterereignissen, steigende Energie- und Rohstoffpreise, der demografische Wandel mit unterschiedlicher Ausprägung im nationalen und internationalen Kontext fordern Marktakteure auf der ganzen Welt. Um bereits heute ein Bewusstsein über die unterschiedlichen Ausgangspunkte für die Befassung von Nachhaltigkeit zu schaffen, aber auch heute bereits existierende unternehmerische Lösungsansätze sichtbar zu machen, schien es dem Rat für Nachhaltige Entwicklung (RNE) sinnvoll, eine allgemein zugängliche Informationsbasis aufzubauen. Ziele sind, proaktives Handeln durch Marktanreize und politische Anerkennung zu belohnen, einen breiten Schub für nachhaltiges Wirtschaften auszulösen und damit letzten Endes Freiheitsgrade für unternehmerisches Handeln zu erhalten. Je länger Unternehmen auf steigende Rohstoffpreise und Vulnerabilitäten in sogenannten weichen Themen wie Menschenrechte warten, umso mehr wird der Handlungsdruck steigen und reaktives Handeln weniger Möglichkeit lassen, das Geschäftsmodell behutsam umzubauen.

Der Nachhaltigkeitsrat hat deshalb den Deutschen Nachhaltigkeitskodex (DNK) entwickelt. Er wird allen Unternehmen und Organisationen zur freiwilligen Anwendung empfohlen.

Der Nachhaltigkeitskodex wurde nach seiner Verabschiedung im November 2011 als Projekt des Nachhaltigkeitsrates etabliert. Der DNK wird von der RNE-Geschäftsstelle organisiert. Der RNE verfolgt mit dem DNK das Ziel, innerhalb normativer Festlegungen, die er in politischen Empfehlungen und Grundsatzpapieren vornimmt, den Prozesscharakter von Nachhaltigkeit sichtbar zu machen. Empfehlungen des Rates können als Orientierung dienen, werden aber nicht mit dem Instrument DNK verknüpft. Der Nachhaltigkeitskodex selbst und seine Berichtsanforderungen bleiben neutral. Mit diesem Ansatz wird den unterschiedlichen Ausgangspunkten für die Befassung mit Nachhaltigkeitsthemen qua Unternehmenszweck und -größe, Standort, Wirkungsradien und Einflussmöglichkeiten Rechnung getragen. Der Nachhaltigkeitsrat macht Entsprechenserklärungen zum standardisierten Referenzrahmen in einer Datenbank zentral verfügbar, was dem Ziel dient, den wettbewerblichen Vergleich sowie die Honorierung über den Markt selbst zu stärken. Der direkte Vergleich eröffnet Lernmöglichkeiten für Anwender und soll zugleich anspornen, Informationsqualität, Ziele und Anstrengungen stetig weiterzuentwickeln.

Es wurde wiederholt festgestellt, dass Investoren und Konsumenten gleichermaßen erwarten, dass Unternehmen ökologische und soziale Faktoren bei ihren Tätigkeiten berücksichtigen. Eine gute Unternehmensführung wird insbesondere bei „Made in Germany" als selbstverständlich vorausgesetzt. In diesen Themen liegt erhebliches Reputationsrisiko. Zugleich stehen über Nachhaltigkeitsthemen berichtende oder mit Nachhaltigkeit werbende Unternehmen unter dem Verdacht, Greenwashing zu betreiben. Unter diesen Vorzeichen hat der Rat für Nachhaltige Entwicklung bewusst einen Nachhaltigkeitskodex entwickelt. Auch im internationalen Kontext gewinnt unternehmerische Nachhaltigkeit zunehmend an Bedeutung und dies könnte eine Basis sein, auf der im Zusammenhang der Diskussionen um nachhaltiges Wirtschaften (Green Economy) ausgehend von einem realistischen Bild glaubwürdiger Unternehmenspraxis ein Beitrag zu einem international tragfähigen Konsens über die Kernthemen der Nachhaltigkeit geleistet werden kann. Die Erfahrungen in der praktischen Anwendung des Transparenzstandards teilt der Nachhaltigkeitsrat bereitwillig mit seinen Partnern und der interessierten Öffentlichkeit, um die Diskussion über marktgängige Berichtsformate und unternehmerische Beiträge zu einer nachhaltigen Entwicklung zu befördern. Er bietet das Instrument auch auf internationaler Ebene als konstruktiven Diskussionsbeitrag und zur praktischen Anwendung an.

3 Der Deutsche Nachhaltigkeitskodex – ein Referenzrahmen für Nachhaltigkeit

Der Rat für Nachhaltige Entwicklung hat gemeinsam mit Vertretern des Finanzmarktes und Unternehmen den Sachverhalt fehlender Vergleichbarkeit und Standardisierung aufgegriffen und sucht mit dem Deutschen Nachhaltigkeitskodex (DNK) diese Lücke zu füllen. Dieser global anwendungsfähige Transparenzstandard zielt auf Anwendung durch die Akteure und auf Wirkung am Markt selbst. Er wurde im November 2011 vom Rat für Nachhaltige Entwicklung als Empfehlung an Unternehmen, Zivilgesellschaft und Politik beschlossen.

3.1 Zielgruppen und Ziele des DNK

Ziel des Rates für Nachhaltige Entwicklung ist, Nachhaltigkeitsleistungen von Unternehmen mit einer höheren Verbindlichkeit transparent und vergleichbar zu machen sowie die Basis für die Umsetzung von Nachhaltigkeit zu verbreitern. Durch die Anwendung des DNK ergibt sich eine Reihe potenzieller Wirkungen. Ökonomische Stakeholder wie Investoren und Finanzanalysten beziehen die Informationen in einer standardisierten Form in ihre Analyse ein. Marktineffizienzen, etwa die Über- bzw. Unterbewertung von Unternehmenswerten, können dadurch verringert und die Kapitalallokation optimiert werden. Durch eine erhöhte Transparenz werden somit Chancen und Risiken für Unternehmen besser erkennbar und vergleichbar. Ebenfalls kann so erreicht werden, dass der Wettbewerb und damit die Differenzierung am Markt durch Innovationen für eine nachhaltige Entwicklung gefördert werden. Für Unternehmen mit etabliertem Nachhaltigkeitsmanagement können durch die Offenlegung praktizierten Nachhaltigkeitsmanagements Wettbewerbsvorteile generiert werden. Stetig steigende Transaktionskosten durch divergierende Anforderungen von Ratingagenturen, Investoren, Analysten und sonstigen Initiativen können durch standardisierte Inhalte und Indikatoren eingedämmt werden.

Gleichzeitig werden Gestaltungsspielräume für die Unternehmen und die Möglichkeit zur Differenzierung am Markt durch freiwillige Branchenergänzungen gewahrt, mit denen spezifische Detailinformationen in Entsprechenserklärungen zum DNK integriert werden können. Die Anforderungen lassen mit dem „comply or explain"-Ansatz graduelle Erfüllung und Erklärung bei Nichtoffenlegung aus verschiedenen Gründen zu. Auch für kleine und mittlere Unternehmen kann der DNK als Einstieg in die strategische Nachhaltigkeitskommunikation genutzt werden, etwa indem in der Wertschöpfungskette die Nachhaltigkeit als Zulieferer gegenüber großen Unternehmen und globalen Marken dokumentiert wird, die ebenfalls steigendes Interesse an Nachhaltigkeitsinformationen bekunden.

Wesentliches Element ist, dass der Nachhaltigkeitskodex an bestehende, einschlägige internationale allgemeine Standards (UN Global Compact, ISO 26000) und Berichterstattungsstandards (GRI G4, www.globalreporting.org; EFFAS KPIs for ESG, www.effas-esg.com) anknüpft. Der bestehende Markt nachhaltiger Investments mit den spezifischen Anforderungen und der methodischen Bewertungstiefe wird ergänzt um ein standardisiertes Instrument für die bislang kaum an Nachhaltigkeit orientierten Kapitalmarktteilnehmer (Mainstreaming), die laut Auskunft des Forums Nachhaltige Geldanlagen 212 98,8 % des investierten Kapitals im deutschen Markt repräsentieren.

Anreize zur Kodexerfüllung liegen aktuell in erster Linie in der politischen Anerkennung. Der RNE zielt jedoch mittelfristig auf Honorierung über den Markt, z. B. leichteren Zugang zu Aufträgen und Kapital, Aufnahme in Aktienindizes, Vereinfachung der Auswahl von Lieferanten. Der DNK soll bei der individuellen Bewertung von langfristig orientiertem Handeln und den damit verbundenen unternehmerischen Chancen und Risiken unterstützen.

Nach Auffassung des Rates ist es sinnvoll, wenn die öffentliche Hand als eigenständiger Akteur Anreize setzt, den Markt für nachhaltige Geldanlagen in Deutschland weiterzuentwickeln, etwa indem die Gemeinwohlorientierung in der öffentlichen Altersvorsorge sowie in Rückstellungen des Bundes für Pensionen gestärkt und dabei der DNK genutzt wird. Die Standardisierung kann dazu führen, dass Nachhaltigkeit auch in anderen Anlageklassen, z. B. Unternehmensanleihen, aber auch im Kreditgeschäft als Bewertungskriterium an Bedeutung gewinnt. Durch die steigende Bedeutung des passiven Fondsmanagements wird es für Unternehmen wichtiger, in verschiedenen Indizes vertreten zu sein. Hier kann der DNK als ergänzendes Auswahlkriterium für Indexanbieter dienen.

In einer auf Nachhaltigkeit orientierten Beschaffung von Unternehmen und der öffentlichen Hand kann die Erfüllung des DNK zum Auswahlkriterium für Vertragspartner werden. Eine höhere Sensibilisierung der Konsumenten für Produkte und Dienstleistungen nachhaltiger Unternehmen ist möglich. Die hohe Performance deutscher Unternehmen, die am Standort Deutschland in der sozialen Marktwirtschaft bereits heute höheren Anforderungen genügen müssen, kann zur Messlatte nachhaltigen Wirtschaftens weltweit werden. Die vermeintlichen Nachteile höherer Transparenz und höherer gesetzlicher Anforderungen können durch eine ambitionierte Standardisierung in Wettbewerbsvorteile am globalen Markt umgewandelt werden.

Die Verbindlichkeit erhält der DNK über den Markt. Das heißt, die Qualität und die Glaubwürdigkeit der Informationen werden durch Akteure am Markt, beispielsweise durch kritische Nachfragen, entwickelt. Auf diese Weise erhalten Unternehmen direktes Feedback über die konkrete Nutzung der bereitgestellten Informationen.

3.2 Geltungsbereich

Der Deutsche Nachhaltigkeitskodex wird Unternehmen jeder Größe und Rechtsform, allen Organisationen, Stiftungen, NGOs, Gewerkschaften, Universitäten, Wissenschaftsorganisationen und Medien zur Anwendung im Sinne der freiwilligen Selbstauskunft empfohlen. Öffentliche Unternehmen, insbesondere mit Beteiligung des Bundes, sind aufgefordert, als Vorreiterunternehmen den DNK anzuwenden.

3.3 Anwendung

Als Einstiegslevel im Sinne der Selbstauskunft verlangt der DNK keine externe Überprüfung, um eine verlässliche Basis bei der Auswahl von Geschäftspartnern und Lieferanten darzustellen. Um die Wirksamkeit und Verlässlichkeit für Kapitalmärkte zu erhöhen, wird die Glaubwürdigkeit der Entsprechenserklärung durch ein Testat unabhängiger Dritter im Sinne der „limited assurance" erreicht.

Die Unternehmen erklären für das jeweilige Kodexkriterium entweder die Übereinstimmung („comply") oder die Begründung der Abweichung („explain"). Verweise auf Informationen in anderen Berichtsformaten sind möglich und werden im Sinne einer Erklärung gewertet, weil die Informationen nicht direkt in der Datenbank erfasst werden und damit nicht der direkten Begutachtung durch Dritte zur Verfügung stehen.

Die Entsprechenserklärung kann auf Deutsch und/oder Englisch mithilfe eines kostenlosen Onlinetools oder wahlweise herunterladbaren beschreibbaren PDFs zur Veröffentlichung vorbereitet werden (www.deutscher-nachhaltigkeitskodex.de). Nach der formalen Prüfung durch die Geschäftsstelle des Nachhaltigkeitsrates wird sie in der DNK-Datenbank sowie wahlweise auf der Webseite der Unternehmen, im Geschäftsbericht und, soweit vorhanden, in einem eigenständigen oder integrierten Nachhaltigkeitsbericht veröffentlicht. Der Rat für Nachhaltige Entwicklung stellt den Unternehmen für die öffentliche Kommunikation ein Signet zur Verfügung.

Mithilfe einer Auswahl von Leistungsindikatoren qualifizieren Unternehmen die Befassung mit den Anforderungen des DNK. Ob GRI und EFFAS-Indikatoren herangezogen werden, legt das Unternehmen abhängig vom verwendeten Berichtsstandard und der angesprochenen Zielgruppe fest. Die Indikatoren sind monothematisch gefasst, sodass Nutzer eigenständig und abhängig vom konkreten Geschäftsfall Bezüge herstellen können.

Darüber hinausgehende Gestaltungsspielräume ergeben sich auf freiwilliger Basis durch branchenspezifische Ergänzungen (Sector Supplements) der GRI oder der sektorspezifischen KPIs der EFFAS. Bis dato wurden branchenspezifische Ergänzungen von den Verbänden der Wohnungswirtschaft, der Bundesvereinigung der deutschen Ernährungsindustrie sowie den Sparkassen- und Giroverbänden (DSGV) entwickelt. Des Weiteren stehen branchenspezifische Anpassungen des DNK für Hochschulen und Wissenschaftsbetriebe sowie für Unternehmen der Abfallwirtschaft und Stadtreinigung zur Verfügung.

Um eine Vergleichbarkeit zur finanziellen Berichterstattung herzustellen, bezieht sich der DNK in der Regel auf den gleichen Konsolidierungskreis der in den Konzernabschluss einzubeziehenden Unternehmen. Sollte hiervon abgewichen werden, weisen die Unternehmen hierauf hin und begründen die Abweichung. In vielen Unternehmen mit einer geringen Wertschöpfungstiefe kann wichtig sein, insbesondere über die Nachhaltigkeit in der ausgelagerten Wertschöpfungskette zu berichten.

4 Inhalt und Anforderungen des DNK

Der DNK umfasst die Kapitel Strategie, Prozessmanagement, Umwelt und Gesellschaft. Diese Struktur ergibt sich aus den für den Kapitalmarkt relevanten ESG-Kriterien sowie der etwa bei der Nachhaltigkeitsberichterstattung nach Global Reporting Initiative oder bei ISO 26000 relevanten Fragen der Strategieentwicklung.

Im Kapitel „Strategie" wird erfasst, wie sich das Unternehmen strategisch hinsichtlich der eigenen Nachhaltigkeit positioniert. Zudem wird aufgeführt, wie Nachhaltigkeit in die Wertschöpfungskette integriert ist und welche Nachhaltigkeitsziele in der Wertschöpfungskette und für die verschiedenen Märkte formuliert wurden. Auf Kriterien Bezug nehmende Beispielaufzählungen für Standards, Verweise etc. werden im Glossar erläutert.

Neben der strategischen Verankerung von Nachhaltigkeitsaspekten spielt die Implementierung in den verschiedenen Prozessebenen des Unternehmens eine wesentliche Rolle. Deswegen wird im Kapitel „Prozessmanagement" erfasst, welche Regeln und Prozesse das Unternehmen implementiert hat. Hierzu zählt neben den Besonderheiten aus

Funktionsbereichen (z. B. Einkauf, Produktion, Forschung) die Berücksichtigung im Risikomanagement und in der internen Unternehmenssteuerung. Dies ist erforderlich, da Nachhaltigkeit in die Managementsysteme integriert werden sollte, wenn es materiell für den Unternehmenserfolg ist. Aufbauend auf den Kurzberichten zu Strategie und Prozessmanagement werden im DNK die inhaltlichen Fragen zu ESG, den Themen Umwelt, Gesellschaft und Unternehmensführung (Governance) adressiert.

Neben Kurzberichten zu den Kriterien werden ergänzend quantitative Informationen durch Leistungsindikatoren abgefragt, die den etablierten Nachhaltigkeitsberichtsstandards der GRI und Europäischen Vereinigung für Finanzanalyse und Asset Management (EFFAS) entnommen sind.

4.1 Die 20 Kriterien des Deutschen Nachhaltigkeitskodex (DNK)

Kriterien 1–4 zu **STRATEGIE**

Strategische Analyse und Maßnahmen
Kriterium 1: Das Unternehmen legt offen, wie es für seine wesentlichen Aktivitäten die Chancen und Risiken im Hinblick auf eine nachhaltige Entwicklung analysiert. Das Unternehmen erläutert, welche konkreten Maßnahmen es ergreift, um im Einklang mit den wesentlichen und anerkannten branchenspezifischen, nationalen und internationalen Standards zu operieren.

Wesentlichkeit
Kriterium 2: Das Unternehmen legt offen, welche Aspekte der Nachhaltigkeit einen wesentlichen Einfluss auf die Geschäftstätigkeit haben und wie es diese in der Strategie berücksichtigt und systematisch adressiert.

Ziele
Kriterium 3: Das Unternehmen legt offen, welche qualitativen und/oder quantitativen sowie zeitlich definierten Nachhaltigkeitsziele gesetzt und operationalisiert werden und wie deren Erreichungsgrad kontrolliert wird.

Tiefe der Wertschöpfungskette
Kriterium 4: Das Unternehmen gibt an, welche Bedeutung Aspekte der Nachhaltigkeit für die Wertschöpfung haben und bis zu welcher Tiefe seiner Wertschöpfungskette Nachhaltigkeitskriterien überprüft werden.

Kriterien 5–10 zu **PROZESSMANAGEMENT**

Verantwortung
Kriterium 5: Die Verantwortlichkeiten in der Unternehmensführung für Nachhaltigkeit werden offengelegt.

Regeln und Prozesse
Kriterium 6: Das Unternehmen legt offen, wie die Nachhaltigkeitsstrategie durch Regeln und Prozesse im operativen Geschäft implementiert wird.

Kontrolle
Kriterium 7: Das Unternehmen legt offen, wie und welche Leistungsindikatoren zur Nachhaltigkeit in der regelmäßigen internen Planung und Kontrolle genutzt werden. Es legt dar, wie geeignete Prozesse Zuverlässigkeit, Vergleichbarkeit und Konsistenz der Daten zur internen Steuerung und externen Kommunikation sichern.

Anreizsysteme
Kriterium 8: Das Unternehmen legt offen, wie sich die Zielvereinbarungen und Vergütungen für Führungskräfte und Mitarbeiter auch am Erreichen von Nachhaltigkeitszielen und an der langfristigen Wertschöpfung orientieren. Es wird offengelegt, inwiefern die Erreichung dieser Ziele Teil der Evaluation der obersten Führungsebene (Vorstand/Geschäftsführung) durch das Kontrollorgan (Aufsichtsrat/Beirat) ist.

Beteiligung von Anspruchsgruppen
Kriterium 9: Das Unternehmen legt offen, wie gesellschaftliche und wirtschaftlich relevante Anspruchsgruppen identifiziert und in den Nachhaltigkeitsprozess integriert werden. Es legt offen, ob und wie ein kontinuierlicher Dialog mit ihnen gepflegt und seine Ergebnisse in den Nachhaltigkeitsprozess integriert werden.

Innovations- und Produktmanagement
Kriterium 10: Das Unternehmen legt offen, wie es durch geeignete Prozesse dazu beiträgt, dass Innovationen bei Produkten und Dienstleistungen die Nachhaltigkeit bei der eigenen Ressourcennutzung und bei Nutzern verbessern. Ebenso wird für die wesentlichen Produkte und Dienstleistungen dargelegt, ob und wie deren aktuelle und zukünftige Wirkung in der Wertschöpfungskette und im Produktlebenszyklus bewertet wird.

Kriterien 11–13 zu **UMWELT**

Inanspruchnahme von natürlichen Ressourcen
Kriterium 11: Das Unternehmen legt offen, in welchem Umfang natürliche Ressourcen für die Geschäftstätigkeit in Anspruch genommen werden. Infrage kommen hier Materialien sowie der Input und Output von Wasser, Boden, Abfall, Energie, Fläche, Biodiversität sowie Emissionen für den Lebenszyklus von Produkten und Dienstleistungen.

Ressourcenmanagement
Kriterium 12: Das Unternehmen legt offen, welche qualitativen und quantitativen Ziele es sich für seine Ressourceneffizienz, den Einsatz erneuerbarer Energien, die Steigerung der Rohstoffproduktivität und die Verringerung der Inanspruchnahme von Ökosystemdienstleistungen gesetzt hat und wie diese erfüllt wurden bzw. in Zukunft erfüllt werden sollen.

Klimarelevante Emissionen
Kriterium 13: Das Unternehmen legt die Treibhausgas-(THG-)Emissionen entsprechend dem Greenhouse Gas (GHG) Protocol oder den darauf basierenden Standards offen und gibt seine selbst gesetzten Ziele zur Reduktion der Emissionen an.

Kriterien 14–20 zu **GESELLSCHAFT**

Arbeitnehmerrechte
Kriterium 14: Das Unternehmen berichtet, wie es national und international anerkannte Standards zu Arbeitnehmerrechten einhält sowie die Beteiligung der Mitarbeiter am Nachhaltigkeitsmanagement des Unternehmens fördert.

Chancengerechtigkeit
Kriterium 15: Das Unternehmen legt offen, wie es national und international Prozesse implementiert und welche Ziele es hat, um Chancengerechtigkeit und Vielfalt (Diversity), Arbeitssicherheit und Gesundheitsschutz, Integration von Migranten und Menschen mit Behinderung, angemessene Bezahlung sowie Vereinbarung von Familie und Beruf zu fördern.

Qualifizierung
Kriterium 16: Das Unternehmen legt offen, welche Ziele es gesetzt und welche Maßnahmen es ergriffen hat, um die Beschäftigungsfähigkeit, d. h. die Fähigkeit zur Teilhabe an der Arbeits- und Berufswelt aller Mitarbeiter, zu fördern und im Hinblick auf die demografische Entwicklung anzupassen.

Menschenrechte
Kriterium 17: Das Unternehmen legt offen, welche Maßnahmen für die Lieferkette ergriffen werden, um zu erreichen, dass Menschenrechte weltweit geachtet und Zwangs- und Kinderarbeit sowie jegliche Form der Ausbeutung verhindert werden.

Gemeinwesen
Kriterium 18: Das Unternehmen legt offen, wie es zum Gemeinwesen in den Regionen beiträgt, in denen es wesentliche Geschäftstätigkeiten ausübt.

Politische Einflussnahme
Kriterium 19: Alle wesentlichen Eingaben bei Gesetzgebungsverfahren, alle Einträge in Lobbylisten, alle wesentlichen Zahlungen von Mitgliedsbeiträgen, alle Zuwendungen an Regierungen sowie alle Spenden an Parteien und Politiker sollen nach Ländern differenziert offengelegt werden.

Gesetzes- und richtlinienkonformes Verhalten
Kriterium 20: Das Unternehmen legt offen, welche Maßnahmen, Standards, Systeme und Prozesse zur Vermeidung von rechtswidrigem Verhalten und insbesondere von Korruption existieren und wie sie geprüft werden. Es stellt dar, wie Korruption und andere Gesetzesverstöße im Unternehmen verhindert, aufgedeckt und sanktioniert werden.

4.2 Die ergänzenden Leistungskriterien

Abb. 1 zeigt eine Auswahl der einschlägigen in der Praxis genutzten Leistungsindikatoren der Global Reporting Initiative (GRI) und des Dachverbands der nationalen Verbände der europäischen Finanzanalysten (European Federation of Financial Analysts Societies, EFFAS).

Die Unternehmen entscheiden, ob sie die KPIs der GRI oder von EFFAS berichten. Diese Entscheidung soll für den gesamten Kodex beibehalten werden. Es ist auch möglich, freiwillig branchenspezifische Indikatoren zu ergänzen.

Die Definition und die Berechnung der Indikatoren werden in den jeweils zugrunde liegenden Standards erläutert.

Der Deutsche Nachhaltigkeitskodex: Einstieg in die strategische Berichterstattung für alle

Strategie: Kriterien 1–4: Strategische Analyse und Maßnahmen, Wesentlichkeit, Ziele, Tiefe der Wertschöpfungskette Keine.
Prozessmanagement: Kriterien 5–7: Verantwortung, Regeln und Prozesse, Kontrolle
G4-56: Beschreiben Sie die Werte, Grundsätze sowie Verhaltensstandards und -normen (Verhaltens- und Ethikkodizes) der Organisation.
EFFAS S06-01: Anteil aller Lieferanten und Partner innerhalb der Lieferkette, die auf die Einhaltung von ESG-Kriterien bewertet wurden.
EFFAS S06-02: Anteil aller Lieferanten und Partner innerhalb der Lieferkette, die auf die Einhaltung von ESG-Kriterien auditiert wurden.
Prozessmanagement: Kriterium 8: Anreizsysteme
G4-51a: Vergütungspolitik – Berichten Sie über die Vergütungspolitik für das höchste Kontrollorgan und die leitenden Führungskräfte.
G4-54: Nennen Sie das Verhältnis der Jahresvergütung des höchstbezahlten Mitarbeiters in jedem Land mit signifikanten geschäftlichen Aktivitäten zum mittleren Niveau (Median) der Jahresgesamtvergütung aller Beschäftigten (ohne den höchstbezahlten Mitarbeiter) im selben Land.
Prozessmanagement: Kriterium 9: Beteiligung von Anspruchsgruppen
G4-27: Nennen Sie die wichtigsten Themen und Anliegen, die durch die Einbindung der Stakeholder aufgekommen sind, und wie die Organisation auf jene wichtigen Themen und Anliegen reagiert hat, einschließlich durch ihre Berichterstattung. Nennen Sie die Stakeholder-Gruppen, die die wichtigen Themen und Anliegen jeweils angesprochen haben.
Prozessmanagement: Kriterium 10: Innovations- und Produktmanagement
G4-EN6: Verringerung des Energieverbrauchs.
G4-FS11: Prozentsatz der Finanzanlagen, die eine positive oder negative Auswahlprüfung nach Umwelt- oder sozialen Faktoren durchlaufen.
EFFAS E13-01: Verbesserung der Energieeffizienz der eigenen Produkte im Vergleich zum Vorjahr.
EFFAS V04-12: Gesamtinvestitionen (CapEx) in Forschung für ESG-relevante Bereiche des Geschäftsmodells, z. B. ökologisches Design, ökoeffiziente Produktionsprozesse, Verringerung des Einflusses auf Biodiversität, Verbesserung der Gesundheits- und Sicherheitsbedingungen für Mitarbeiter und Partner der Lieferkette, Entwicklung von ESG-Chancen der Produkte, u. a. in Geldeinheiten bewertet, z. B. als Prozent des Umsatzes.
Umwelt: Kriterien 11–12: Inanspruchnahme von natürlichen Ressourcen, Ressourcenmanagement
G4-EN1: Eingesetzte Materialien nach Gewicht oder Volumen.
G4-EN3: Energieverbrauch innerhalb der Organisation.
G4-EN8: Gesamtwasserentnahme nach Quellen.
G4-EN23: Gesamtgewicht des Abfalls nach Art und Entsorgungsmethode.
EFFAS E04-01: Gesamtgewicht des Abfalls.
EFFAS E05-01: Anteil des gesamten Abfalls, der recycelt wird.
EFFAS E01-01: Gesamter Energieverbrauch.
Umwelt: Kriterium 13: Klimarelevante Emissionen und Ziele
G4-EN15: Direkte THG-Emissionen (Scope 1).
G4-EN16: Indirekte energiebezogene THG-Emissionen (Scope 2).
G4-EN17: Weitere indirekte THG-Emissionen (Scope 3).
G4-EN19: Reduzierung der THG-Emissionen.

Abb. 1 Die ergänzenden Leistungskriterien

EFFAS E02-01: Gesamte THG-Emissionen (Scope 1, 2, 3).

Gesellschaft: Kriterien 14–16: Arbeitnehmerrechte, Soziale Prozesse, Beschäftigungsfähigkeit

G4-LA6: Art der Verletzung und Rate der Verletzungen, Berufskrankheiten, Ausfalltage und Abwesenheit sowie die Gesamtzahl der arbeitsbedingten Todesfälle nach Region und Geschlecht.

G4-LA8: Gesundheits- und Sicherheitsthemen, die in förmlichen Vereinbarungen mit Gewerkschaften behandelt werden.

G4-LA9: Durchschnittliche jährliche Stundenzahl für Aus- und Weiterbildung pro Mitarbeiter nach Geschlecht und Mitarbeiterkategorie.

G4-LA12: Zusammensetzung der Kontrollorgane und Aufteilung der Mitarbeiter nach Mitarbeiterkategorie in Bezug auf Geschlecht, Altersgruppe, Zugehörigkeit zu einer Minderheit und andere Diversitätsindikatoren.

G4-HR3: Gesamtzahl der Diskriminierungsvorfälle und ergriffene Abhilfemaßnahmen.

EFFAS S03-01: Altersstruktur und -verteilung (Anzahl VZÄ nach Altersgruppen).

EFFAS S10-01: Anteil weiblicher VZÄ an der Gesamtmitarbeiterzahl.

EFFAS S10-02: Anteil weiblicher VZÄ in Führungspositionen im Verhältnis zu gesamten VZÄ in Führungspositionen.

EFFAS S02-02: Durchschnittliche Ausgaben für Weiterbildung pro VZÄ pro Jahr.

Gesellschaft: Kriterium 17: Menschenrechte

G4-HR1: Gesamtzahl und Prozentsatz der signifikanten Investitionsvereinbarungen und -verträge, die Menschenrechtsklauseln enthalten oder unter Menschenrechtsaspekten geprüft wurden.

G4-HR9: Gesamtzahl und Prozentsatz der Geschäftsstandorte, die im Hinblick auf Menschenrechte oder menschenrechtliche Auswirkungen geprüft wurden.

G4-HR10: Prozentsatz neuer Lieferanten, die anhand von Menschenrechtskriterien überprüft wurden.

G4-HR11: Erhebliche tatsächliche und potenzielle negative menschenrechtliche Auswirkungen in der Lieferkette und ergriffene Maßnahmen.

EFFAS S07-02 II: Prozentsätze alle Einrichtungen, die nach SA 8000 zertifiziert sind.

Gesellschaft: Kriterium 18: Gemeinwesen

G4-EC1: Direkt erwirtschafteter und verteilter wirtschaftlicher Wert.

Gesellschaft: Kriterium 19: Politische Einflussnahme

G4-SO6: Gesamtwert der politischen Spenden, dargestellt nach Land und Empfänger/Begünstigtem.

EFFAS G01-01: Zahlungen an politische Parteien in Prozent vom Gesamtumsatz.

Gesellschaft: Kriterium 20: Gesetzes- und richtlinienkonformes Verhalten

G4-SO3: Gesamtzahl und Prozentsatz der Geschäftsstandorte, die im Hinblick auf Korruptionsrisiken hin geprüft wurden, und ermittelte erhebliche Risiken.

G4-SO5: Bestätigte Korruptionsfälle und ergriffene Maßnahmen.

G4-SO8: Monetärer Wert signifikanter Bußgelder und Gesamtzahl nicht monetärer Strafen wegen Nichteinhaltung von Gesetzen und Vorschriften.

EFFAS V01-01: Ausgaben und Strafen nach Klagen und Prozessen wegen wettbewerbswidrigen Verhaltens, Kartell- und Monopolverstößen.

EFFAS V02-01: Prozent vom Umsatz in Regionen mit einem Transparency International Corruption Index unter 60.

Abb. 1 (Fortsetzung)

5 Eine erste Bilanz in der Anwendung des DNK

Der Nachhaltigkeitskodex ist ein politisch anerkanntes Instrument. Die EU-Kommission, die Bundesregierung und andere Akteure haben ihn wiederholt als einen positiven Beitrag zum nachhaltigen Wirtschaften bezeichnet. Im Beteiligungsbericht des Bundes macht die Bundesregierung fortan sichtbar, welche Unternehmen mit Beteiligung des Bundes den DNK anwenden. Das Instrument wird von politischen Akteuren begrüßt und unterstützt, was zu einer bemerkenswerten Resonanz in einer gewissen Fachöffentlichkeit führt. Das erleichtert die Arbeit des Nachhaltigkeitsrates hinsichtlich der Einführung des Instruments, ist aber zugleich Ansporn, den Nachhaltigkeitskodex zu einem marktgängigen Instrument zu entwickeln, um Unternehmen dauerhaft vom Sinn der Initiative zu überzeugen und den Aufwand für die Erstellung einer Entsprechenserklärung zu rechtfertigen.

Wesentlicher Faktor für Akzeptanz bei Unternehmen ist der Aufwand für die Erstellung der Entsprechenserklärung. Die Nutzung des Standards ist kostenlos und der Aufwand, den Standard zu lesen und anzuwenden, ist vergleichsweise gering. In einer jüngst veröffentlichten Umfrage unter Anwendern wurde der Aufwand für die Erstellung einer Entsprechenserklärung zwischen 0,5 und 100 Tagen beziffert. Im Median sind es 27 Tage, die für die Vorbereitung, Erstellung und Abstimmung einer Entsprechenserklärung aufgewandt werden. Wie hoch der Aufwand im Einzelfall ist, hängt davon ab, ob Informationen zu den Kriterien bereits im Unternehmen vorliegen und lediglich neu strukturiert werden oder ein Berichtswesen komplett aufzubauen ist. Es sei jedoch auf die Möglichkeit des Nachhaltigkeitskodex verwiesen, auf ein noch aufzubauendes Berichtswesen, fehlende Daten oder Irrelevanz im konkreten Geschäftsfall hinzuweisen und dennoch eine vollwertige Entsprechenserklärung abgeben zu können. Plausible Erklärungen dieser Art schränken die Glaubwürdigkeit der Erklärung an sich nicht ein.

Im Jahr 2015, dem ersten Jahr, in dem eine eigene Pressearbeit zum Projekt aufgebaut wurde, konnte die Anzahl der anwendenden Unternehmen von 66 auf 112 Unternehmen nahezu verdoppelt werden. Besonders bemerkenswert ist, dass rund die Hälfte der hinzugekommenen DNK-Anwender kleine und mittelständische Unternehmen (KMU) sind. In der Regel haben diese zuvor keine vergleichbaren Berichte veröffentlicht.

Um insbesondere kleinen und mittleren Unternehmen den Einstieg in die Nachhaltigkeitsberichterstattung zu erleichtern, hat der RNE ein Schulungskonzept entwickelt, das Unternehmen bei der Anwendung des DNK unterstützt. Dazu gehört ein Netzwerk aus rund 110 Schulungspartnern mit insgesamt etwa 150 Trainern. Es bietet derzeit bereits in dreizehn Bundesländern Veranstaltungen zum DNK an und berät Unternehmen individuell.

Branchenspezifische Leitfäden erleichtern den jeweiligen Unternehmen, ihre Nachhaltigkeitsleistungen sichtbar zu machen, und bieten umfassende und hilfreiche Informationen rund um die Anwendung des DNK. Der Nachhaltigkeitsrat setzt hier wie beim Schulungskonzept auf Netzwerke und Partner. So haben sowohl die Bundesvereinigung der Deutschen Ernährungsindustrie BVE als auch der Spitzenverband der deutschen Wohnungswirtschaft GdW gemeinsam mit dem RNE Branchenleitfäden entwickelt, um ihren

Mitgliedern den Einstieg in die Berichterstattung zu erleichtern. Weitere Kooperationen wurden mit dem Bankenverband und Hochschulen geschlossen, um zusätzliche Adaptionen des DNK zu erarbeiten.

Neben der ab 2017 geltenden Berichtspflicht zur Offenlegung nichtfinanzieller Informationen ist die Marktrelevanz von Nachhaltigkeitsthemen der entscheidende Treiber für gute Nachhaltigkeitsinformationen. Unternehmen und Kapitalmarktakteure beklagen die fehlende bzw. unklare Marktrelevanz von Nachhaltigkeitsinformationen generell und dem DNK im Besonderen. Für Kapitalmarktakteure ist es schwierig, wenn die Daten beim Datenprovider nicht verfügbar sind und daher keine unmittelbare Arbeitserleichterung darstellen.

Unternehmen könnten ihre Treiberrolle an den Kapitalmärkten stärker wahrnehmen, indem sie ihre Investitionen ebenfalls unter Nachhaltigkeitsgesichtspunkten anlegen – eine DNK-Anforderung, die Kapitalmarktakteure auch inhaltlich als Glaubwürdigkeitskriterium bezeichnen. Damit könnten die Kapitalmarktakteure unter Druck kommen, von denen bislang lediglich 5 % im Falle der Umfrage Asset Manager, Asset Owner, Sell-and-buy-Analysten, Analysten von Ratingagenturen und sonstige den DNK auf Unternehmensebene oder Ebene des Assetmanagements implementiert haben.

Es ist naheliegend, mit einer verbesserten Kommunikation eine verständliche und konkrete Zieldefinition des RNE deutlicher zu machen. Dies kann differierende Ziele innerhalb der Stakeholder beseitigen und die Akzeptanz des DNK auf der Seite der Unternehmen und der potenziellen Nutzer erhöhen. Mit dem Aufbau eines Schulungspartnernetzwerkes in Deutschland sowie der direkten Ansprache der Industrie- und Handelskammern konnte 2015 eine Basis für eine stärker regional orientierte Informationsstruktur gelegt werden.

Es ist zu erwarten, dass durch die erfolgreiche Umsetzung in Deutschland insbesondere bei Noch-nicht-Berichterstattern auch wichtige Impulse für die Standardisierung von Nachhaltigkeit auf europäischer Ebene sowie Konzepten zum Kompetenzaufbau in weiteren EU-Mitgliedsstaaten gegeben werden können.

Es ist vorgesehen, den DNK regelmäßig an die weitere Entwicklung auf Ebene der Berichtsstandards und weitere allgemeingültige Normen anzupassen. Dazu gehören sicher das Klimaschutzabkommen von Paris, die Nachhaltigkeitsziele der Vereinten Nationen sowie die nationale Gesetzgebung zur Offenlegung nichtfinanzieller Informationen. Sie spricht vor allem Unternehmen mit mehr als 500 Mitarbeitern an. Nach Einschätzung einiger Unternehmen wird diese Berichtspflicht Kettenwirkungen durch die Lieferkette erzeugen. Die Einschätzung von Investoren ist, dass durch die Regulierung Informationen zu Nachhaltigkeitsthemen leichter verfügbar und damit relevanter im Beurteilungsprozess von Investoren und Kreditgebern werden.

Der Nachhaltigkeitsrat wird die Kompatibilität des DNK mit gesetzlichen und völkerrechtlichen Anforderungen gewährleisten. Welche Strukturen dafür geschaffen oder genutzt werden sollen, wird mit seinen Stakeholdern zu diskutieren sein. Zu ihnen gehören maßgeblich die Anwenderunternehmen und die kritische Öffentlichkeit.

Yvonne Zwick, Dipl. theol., Jg. 1976, studierte an der Albert-Ludwigs-Universität Freiburg katholische Theologie mit dem Schwerpunkt christliche Gesellschaftslehre und Moraltheologie.

Sie ist wissenschaftliche Referentin in der Geschäftsstelle des Rates für Nachhaltige Entwicklung und verantwortlich für die Themen nachhaltiger Konsum und Lebensstile, unternehmerische Verantwortung (Corporate Social Responsibility), sozialethische Investments (SRI) und die Ratsinitiative Deutscher Nachhaltigkeitskodex.

Wissen und Werte weitergeben: Nachhaltige Unternehmensnachfolge in kleinen Handwerksbetrieben

Gudrun Laufer und Peter Zierbock

1 Unternehmensnachfolge als Prozess

Bis 2018 suchen bundesweit rund 135.000 Handwerksunternehmen einen Nachfolger, darunter sind viele kleine und mittlere Betriebe. Dieser bevorstehende Stabswechsel wird von den Betroffenen als ein einschneidender und nicht selten auch als ein durchaus schmerzhafter Schritt empfunden, denn schließlich geht es um das eigene Unternehmen, um das eigene Lebenswerk. In der Regel wird bei der Unternehmensnachfolge der Aspekt des Unternehmens-„Wertes" im übertragenen Sinne unterschätzt.

Das eigene Lebenswerk, die Fortführung einer Familientradition, eigene Wertvorstellungen bis hin zu gesellschaftlichen Werten und Nachhaltigkeitsstrategien spielen dabei eine wichtige Rolle.

Vor diesem Hintergrund wird zunächst ein Nachfolger in der eigenen Familie gesucht. Kommt dafür niemand infrage, wird im eigenen Unternehmen nach Mitarbeitern mit fachlicher und persönlicher Eignung gesucht. Die Bereitschaft, Mitarbeiter für diese Aufgabe zu qualifizieren, einzuarbeiten oder beratend zu begleiten ist hoch. Es gibt je nach materieller Lage des Übergebers auch Konzessionen beim Kaufpreis oder Überlegungen, wie der Kaufpreis über eine längere Zeit gestreckt werden kann. Der Verkauf an dritte außenstehende Personen oder Betriebe wird erst dann ins Auge gefasst, wenn weder Familienmitglieder noch Mitarbeiter infrage kommen. Selten ist die Distanz zum eigenen

---

G. Laufer (✉)
Bildungs- und Technolgiezentrum (BTZ), Handwerkskammer Berlin
Mehringdamm 14, 10961 Berlin, Deutschland
E-Mail: laufer@hwk-berlin.de

P. Zierbock
ttp . Revisions- und Treuhandgesellschaft mbH Wirtschaftsprüfungsgesellschaft
Leibnizstr. 49, 10629 Berlin, Deutschland
E-Mail: p.zierbock@ttp.de

Betrieb so groß, dass ausschließlich finanzielle Aspekte bzw. der maximale Gewinn eine Rolle spielen.

Die erfolgreiche Übergabe oder Übernahme eines Betriebes erfordert eine intensive und detaillierte Planung, bei der es betriebswirtschaftliche, rechtliche und steuerliche Aspekte einzubeziehen gilt. Die Übergabe des eigenen Lebenswerkes ist ein individuelles und einzigartiges Projekt, bei dem unbedingt organisatorische und soziale Aspekte zu berücksichtigen sind. Gerade bei kleinen inhabergeführten Betrieben ist es wichtig, diesen Prozess durch eine Beratung und ggf. ein Coaching zu begleiten.

Die Erfahrung zeigt, dass der Übergabeprozess sich in der Regel über einen Zeitraum von ca. fünf Jahren hinzieht.

Im Bereich der Handwerkskammer Berlin steht bei ca. 3000 Betrieben in den nächsten Jahren eine Unternehmensnachfolge an. Im Rahmen der Beratung der Kammer zur „Corporate Social Responsibility" (CSR) rückte daher neben den spezifischen Themen die nachhaltige Unternehmensnachfolge und die damit einhergehende Wissens- und Werteweitergabe in den Vordergrund. Es wurden mehrere Themenabende unter Einbezug von Praxisbeispielen durchgeführt, die einen immer stärker wachsenden Informations- und Beratungsbedarf bei den Betrieben verdeutlichten. Im Jahr 2015 hat die Handwerkskammer Berlin schließlich zwei Veranstaltungen unter dem Titel „Werte weiter geben" und „In besten Händen" mit über 200 Teilnehmern durchgeführt, aus denen sich zahlreiche Beratungs- und Coachingaufträge ergaben. Ein weiteres Ergebnis der Diskussionen während der Veranstaltungen war die Entwicklung eines neuen Workshopformates, das wir hier vorstellen.

2 „Wissenswerkstatt Unternehmensnachfolge"

2.1 Teilnehmer

Das neue Format wurde von der Beauftragten für Innovation und Technologie der Handwerkskammer Berlin, Gudrun Laufer, und dem Wirtschaftsprüfer und Steuerberater Peter Zierbock (ttp Revisions- und Treuhandgesellschaft mbH Wirtschaftsprüfungsgesellschaft, Berlin) entwickelt und durchgeführt, zum Teil mit weiteren externen Partnern.

An vier Abenden wurde – bewusst mit einer kleinen Gruppe von Unternehmern – sowohl Wissen um wesentliche Faktoren bei der Nachfolge vermittelt als auch ein Dialog- und Austauschprozess mit den Teilnehmern geführt, der die konkreten Situationen und Anliegen bei der Übergabe oder Übernahme von Betrieben und die spezifischen Ausgangsvoraussetzungen einbezog. Für den Workshop hatten sich acht Teilnehmer aus sieben Unternehmen angemeldet.

S. GmbH
Das Unternehmen im Bereich Sanitär/Heizung/Klima mit acht Mitarbeitern wurde bereits vom alleinigen Gesellschafter/Geschäftsführer in familiärer Nachfolge übernommen.

Der Inhaber betreibt noch ein Immobilien- und Hausverwaltungsunternehmen und denkt über einen Verkauf des Handwerksbetriebs in ein bis zwei Jahren nach. Er möchte sich entlasten und zusätzliche Mittel für die Alterssicherung durch den Verkauf erlösen. Eine Unternehmensbewertung liegt noch nicht vor. Es gibt verschiedene Überlegungen: Verkauf auf Rentenbasis, Verkauf komplett oder Teilverkauf. Eine eingeschränkte weiterführende Mitarbeit ist denkbar.

S Bauprojekte GmbH
Das im Baunebengewerbe (Bautischlerei, Altbausanierung, Malerei) aktive Unternehmen hat 20 Mitarbeiter. Herr S. (69) will den Betrieb in fünf bis sechs Jahren verkaufen, da es in der Familie keinen Nachfolger gibt. Es gibt einen Mitarbeiter im Haus, der ggf. infrage kommt. Mit der Übergabe will der Gesellschafter seine Alterssicherung regeln. Er kann sich vorstellen, auch nach der Übergabe den Nachfolger zu beraten. Eine Unternehmensbewertung liegt noch nicht vor.

Projekt E GmbH
Der Betrieb mit vier Mitarbeitern produziert Magnetfeldmessgeräte und bietet einen Kalibrierservice und Engineering an. Die Kunden sind Forschungseinrichtungen und die Industrie. Der Inhaber und Geschäftsführer, Herr H., möchte seine Anteile in ein bis zwei Jahren verkaufen. Dazu hatte er in den letzten zwei Jahren Initiativen ergriffen, z. B. eine Annonce in „nexxt change". Mit der Übergabe will er seine Alterssicherung regeln und Werte und Wissen weitergeben. Er wäre bereit, weiter im Betrieb als Berater zu arbeiten. Eine Unternehmensbewertung liegt noch nicht vor.

W. F. GmbH
Der Betrieb mit acht Mitarbeitern im Baunebengewerbe produziert Baubeschläge und Sicherheitstechnik. Herr F. besitzt 50 % der Anteile und überlegt, die andere Hälfte in einem Jahr zu übernehmen. Er wünscht sich eine Bewertung und Informationen zum Thema Finanzierung. Eine Unternehmensbewertung liegt noch nicht vor.

E Service GmbH
Der Betrieb mit drei Mitarbeitern ist im Bereich Sicherheitstechnik (Einbau und Reparatur) tätig. Herr F., Inhaber und Geschäftsführer, hat einen festen Kundenstamm im gewerblichen Bereich. Er plant die Übergabe in vier bis sechs Jahren, womit er seine Altersabsicherung regeln möchte.

K. Industriemontagen GmbH
Die Gesellschaft mit zwölf Mitarbeitern ist im Metallbau (Baunebengewerbe) tätig. Der Gesellschafter/Geschäftsführer hatte im Mai 2015 den Mitarbeitern angeboten die GmbH zum Jahresende 2015 zu übernehmen. Herr F. (Meister) und Herr R. (Geselle) wollen die Gesellschaft übernehmen. Eine Unternehmensbewertung ist in Vorbereitung.

Elektro S. GmbH
Der Elektrobetrieb (sieben Mitarbeiter) ist im Störungs- und Notdienst sowie im Verkauf tätig. Herr W. ist der Sohn des Inhabers (65) und will den Betrieb übernehmen, wobei die Übergabe in vier bis sechs Jahren erfolgen soll. Die Altersversorgung des Vaters soll darüber geregelt werden.

3 Inhalte

3.1 Grundlagen und Probleme

Zu Beginn führten wir nach einer Vorstellungsrunde eine schriftliche Befragung zu den unterschiedlichen Ausgangssituationen der einzelnen Teilnehmer sowie eine erste Selbsteinschätzung als Stärken- und Schwächenanalyse durch. Die Ergebnisse dieser Befragung haben wir in den folgenden Diskussionen immer wieder aufgegriffen.

Alle beteiligten Unternehmen waren in Form einer GmbH organisiert. Folgende Themenbereiche haben wir am 1. Abend behandelt:

- Grundlagen der Unternehmensnachfolge,
- Ziele der Unternehmensnachfolge,
- der Unternehmer und der Nachfolger,
- Führungskräfte und Mitarbeiter,
- Übernahme durch ein Unternehmen,
- Unternehmenskultur,
- Zertifizierung,
- Nachfolgeprobleme,
- zeitliche Komponente,
- steuerrechtliche Fragen,
- Fragen zur Rechtsform,
- Liquidität,
- Kaufpreisfindung,
- psychologische Aspekte,
- Prozesse,
- Auswahl des geeigneten Nachfolgers.

Ziel war es, die individuell sehr unterschiedlichen Interessen der Teilnehmer, deren Ausgangssituationen und zeitliche Perspektiven herauszuarbeiten. Ein Schwerpunkt bildete dabei der Hinweis auf die individuell unterschiedliche Unternehmenskultur – das, was das jeweilige Unternehmen einzigartig erscheinen lässt und was bei einer Übergabe besonderer Aufmerksamkeit bedarf. In diesem Zusammenhang kam aus dem Teilnehmerkreis die Anregung auch an die übrigen Teilnehmer, die Vorgehensweisen und Abläufe im Unternehmen aufzuschreiben und damit für Zwecke der späteren Übergabe zu dokumentieren. Dies hilft konkret dem Übernehmer der Firma, hilft bei einem Notfall und eine solche Dokumentation kann später auch die Grundlage für eine Zertifizierung des Handwerksunternehmens bilden.

Die folgende Diskussion zu den Nachfolgeproblemen fungierte im Wesentlichen als Einleitung zu den Themenschwerpunkten der nächsten drei Veranstaltungen. Allerdings wurde von unserer Seite die Bedeutung der persönlichen, der sog. weichen Faktoren, für den langen Prozess einer Unternehmensübergabe betont.

3.2 Nachfolgemodelle und Nachfolgeprozess

Im 2. Workshop wurde ein konkretes Unternehmensbeispiel vorgestellt, die Sanitätshaus K. GmbH. Frau K., die den Betrieb von ihren Eltern übernommen hatte, schilderte anschaulich sowohl die rechtlichen wie auch die sozialen Probleme und Prozesse.

Das Unternehmen, das handwerkliche Dienstleistungen im Bereich Orthopädie sowie ein Beratungskonzept anbietet, erwirtschaftet mit 46 Mitarbeitern jährlich ca. EUR 3,2 Mio. Umsatz. Die in diesem Segment notwendige Zertifizierung nach ISO 9001 und ISO 13485 liegt vor. Das Sanitätshaus K. wurde bereits zweimal als familienfreundlichster Betrieb in Berlin ausgezeichnet und erhielt einen Preis für eine gute Ausbildungsqualität. Die Vorstellung der Firma erfolgte in einem interviewartigen Dialog mit Frau K. Es handelt sich um einen von den Eltern im Jahre 1985 gegründeten Familienbetrieb, in dem ursprünglich beide Eltern, ein Sohn und eine Tochter (Frau K.) tätig waren. Frau K. übernahm 2008 die Geschäftsführung und im Jahr 2010 dann die Mehrheitsanteile. Dem Bruder wurde in der Folge ebenso wie der Mutter gekündigt. Der Vater arbeitete in beratender Funktion bis 2015 mit. Eine Treuhandgesellschaft übernahm 2015 die Anteile des Vaters. Für die Übernahme gab es zwei Unternehmensbewertungen. Die Bewertung durch die Handwerkskammer war dann die entscheidende. Frau K. betonte die Bedeutung eines Testaments. In ihrem Fall wird die Treuhandgesellschaft ein Vorkaufsrecht erhalten.

Diese Themen standen in der zweiten Runde des Workshops im Mittelpunkt:

- Nachfolgemodelle,
- Verbleib in der Familie,
- unentgeltliche Veräußerung,
- entgeltliche Veräußerung,
- Nachfolgeprozess,
- geplante Nachfolge, ungeplante Nachfolge,
- Vorbereitung, Zeitrahmen, Zeitplan,
- Durchführung,
- Abschluss.

Einen weiteren Schwerpunkt bildete die Vorstellung eines exemplarischen Businessplans für ein Unternehmen aus dem Handwerk, der tief gehend mit den Teilnehmern diskutiert wurde. Die Wichtigkeit einer solchen Planungs- und Prognoserechnung wurde herausgearbeitet: Er ist sowohl für Planungszwecke bei der Übergabe als auch als Instrument der Kaufpreisbemessung nützlich. Darüber hinaus kann der Businessplan auch entscheidend für die Beschaffung von Krediten sein.

3.3 Rechtliche Aspekte in der Unternehmensnachfolge

Im 3. Workshop behandelten wir schwerpunktartig zivilrechtliche und steuerliche Aspekte. Im ersten Teil wurden Maßnahmen besprochen, mit denen der Bestand des Unternehmens bei einem Todesfall des Inhabers – einer ungeplanten Übergabe – abgesichert werden kann.

Ausführlich ging es um die Bedeutung von Testamenten, um Erbfolge und Erbengemeinschaften in Bezug auf das Unternehmen. Ein weiteres Thema waren die Bedeutung von Schenkungen und Anrechnung auf das Erbe bzw. Pflichtteilsansprüchen sowie die Notwendigkeit von notariellen Erbverträgen, um möglichst rechtzeitig alles Notwendige zu klären.

Behandelt wurde die Thematik Erbrecht und Gesellschaftsrecht anhand konkreter Beispiele sowie die damit im Zusammenhang stehende Erbschaft- und Schenkungsteuer.

Auch die Zweckmäßigkeit eines „Notfallkoffers" für Unternehmer wurde behandelt. Eine gute Notfallregelung kann auch nützlich sein zur Vorbereitung einer Übergabe des Unternehmens, da alle wesentlichen Unterlagen aufbereitet und vorgehalten werden. In einem ergänzenden Exkurs stellten wir allgemeine Vollmachten, Vorsorgevollmachten und Patientenverfügungen vor.

Die Steuerregelungen und Gestaltungspotenziale durch eine gute Beratung wurden dargestellt. Hier ging es auch um Auswirkungen einer Zugewinngemeinschaft in der Ehe, um Gütertrennung sowie um Haftungsfragen und Insolvenzen. Im letzten Teil wurde das Thema Kaufvertrag, erbschaftsteuerliche Unternehmensbewertung durch das Finanzamt, Freibeträge und Ertragsteuer behandelt. Ein Schwerpunkt bildete auch die Darstellung der Zusammenhänge zwischen Zivilrecht und Steuerrecht (Beispiel: sog. Güterstandsschaukel).

Im Einzelnen behandelten wir folgende Themenbereiche:

- zivilrechtliche Aspekte in der Unternehmensnachfolge,
- Erbrecht,
- Gesellschaftsrecht,
- Vollmachten,
- Unternehmenskaufvertrag,
- steuerrechtliche Aspekte in der Unternehmensnachfolge,
- Erbschaft- und Schenkungsteuer,
- Ertragsteuern.

3.4 Unternehmensbewertung und Finanzierung

Der 4. Workshop behandelte als Schwerpunkt die Unternehmensbewertung und Finanzierungsfragen, insbesondere die Anforderungen der Banken an Nachfolger und die Bereitstellung von Krediten.

Im ersten Teil des Workshops stellte eine Mitarbeiterin des Gründerzentrums der Berliner Volksbank die Voraussetzung für eine erfolgreiche Nachfolge eines Betriebes vor. Nachfolger von Unternehmen werden generell von Kreditinstituten wie Gründer eines neuen Betriebes behandelt und über einen Zeitraum von drei Jahren entsprechend betreut. Grundsätzlich wird in diesem Zusammenhang auf Branchenerfahrungen, kaufmännische Fähigkeiten und Qualifikationen des Nachfolgers Wert gelegt.

Die Bank verlangt auch ein Übernahmekonzept mit einem Ausblick für die Zukunft des Betriebes (Fortführungs- oder Businessplan). Hilfreich sind auch die Vorlage einer Unternehmensbewertung sowie Ergebnisse der letzten drei Jahre des Betriebes und ein Entwurf des Kaufvertrages. Erfolgreiche Faktoren bei der Übernahme von Betrieben aus der Erfahrung der Bank sind eine langfristige Vorbereitung der Übergabe, ein Kaufvertrag zu realistischen Konditionen und Eigenkapital des Käufers in Höhe von ca. 20 % der Kaufsumme.

Günstig wirkt sich auch ggf. ein Verkäuferdarlehen des Verkäufers über eine überschaubare Zeit für zwei bis drei Jahre aus, weil es den Übergang stabilisiert. Ein Beratervertrag für den Verkäufer für eine Übergangszeit wird ebenfalls positiv gesehen, um einen guten Übergang, den Erhalt der Branchenkenntnis („Know-how") und eine stabile Kundenbindung zu erreichen.

Im zweiten Teil ging es, ausgehend von der Auswertung der Teilnehmerbefragung zum Thema Stärken- und Schwächenprofil, um eine Werteinschätzung des eigenen Unternehmens.

Schwerpunkt war dabei die Darstellung der Unternehmensbewertung, die grundsätzlich nach dem Ertragswertverfahren vorgenommen wird. Dabei werden aufgrund der Zahlen aus der jüngeren Vergangenheit die zukünftigen Gewinne prognostiziert und daraus der Wert des Unternehmens abgeleitet. Für die Besonderheiten bei Handwerksunternehmen wurde vor einigen Jahren von einer Arbeitsgruppe von Betriebsberatern des Zentralverbandes des Deutschen Handwerks der sog. AWH-Standard für die Wertermittlung in Betrieben des Handwerks entwickelt.

Abschließend ging es in einer Zusammenfassung um die Finanzierungsmöglichkeiten im Überblick inklusive der Form einer Zahlung der Kaufpreissumme als Rentenzahlung. Dabei wurden die verschiedenen steuerlichen Auswirkungen erläutert. Im Einzelnen gab es folgende Agenda:

- die Unternehmensbewertung,
- Verfahren der Unternehmensbewertung,
- AWH-Standard,
- individuelle Bewertungsaspekte des Unternehmers sowie des Nachfolgers,

- Finanzierungsfragen im Rahmen der Unternehmensnachfolge/Anforderungen von Banken,
- potenzielle Finanzierungsmöglichkeiten und Kapitalgeber,
- Auswahlkriterien und Entscheidungsfindung,
- Rating,
- Finanzkommunikation,
- Check: Finanzplanung (Liquidität im Ruhestand).

4 Zusammenfassung

Der vierteilige Workshop „Wissenswerkstatt Unternehmensnachfolge" vermittelt die Grundlagen, die für die Vorbereitung und Durchführung einer Unternehmensnachfolge wichtig sind. Dabei werden – in unterschiedlicher Intensität – psychologische, rechtliche, wirtschaftliche und finanzielle Aspekte dargestellt und mit den Teilnehmern diskutiert. Die Behandlung dieser Themen versetzt die Teilnehmer in die Lage, die individuelle Übergabe ihres einzigartigen Unternehmens erfolgreich zu gestalten – sei es als Übergebender oder als Nachfolger!

In der Regel wird die Unternehmensnachfolge durch das hohe Ausmaß an finanziell und rechtlich vertraulichen Anforderungen als „Chefsache" und Familienangelegenheit im engsten Kreis behandelt. Extern werden Spezialisten wie Steuer-, Unternehmens- und Bankberater sowie bei Handwerksbetrieben auch Betriebsberater der Kammern hinzugezogen. Für das hoch sensible Thema Nachfolge ein Workshopformat anzusetzen, das den Wissens- und Erfahrungsaustausch mit anderen Unternehmensinhabern öffnet, war für die Handwerkskammer Berlin und die am Programm beteiligten Unternehmen ein entsprechend neuer Weg. Als Wegbereiter dieses Ansatzes sehen wir in der „Wissenswerkstatt Unternehmensnachfolge" eine betriebsübergreifende Ergänzung zu den bislang ausschließlich auf einzelbetrieblicher Ebene erfolgten Beratungen. Wir beabsichtigen, diesen Ansatz weiter auszubauen.

Durch die Pilotreihe „Wissenswerkstatt Unternehmensnachfolge" haben wir aber auch erfahren, dass die Bereitschaft der teilnehmenden Betriebe, sich für soziale Wertethemen im Sinne von CSR in einer Gruppensituation mit anderen Unternehmern zu öffnen, eher zurückhaltend wahrgenommen wird. Der stark individuell bedingte CSR-Ansatz, der die persönlichen Wertvorstellungen des Inhabers zu seinem Betrieb und zu seinen Mitarbeitern systematisch aufgreifen kann, sollte daher in begleitenden Einzelberatungen durch die Betriebsberater der Kammer in den Gesamtprozess eingepasst werden.

5 Ausblick

5.1 Nachfolgeberatung

Bei der Auswertung der Workshops erschien das Einbringen konkreter Beispiele, auch durch Gäste, zur Schilderung der eigenen Situation die Teilnehmer voranzubringen. Auch eine Bereitschaft, eigene konkrete Anliegen mit in die Workshops einzubringen, wurde größer. Es gab den Wunsch, das Thema Übernahme von Mitarbeitern stärker zu behandeln. Dieses Anliegen dokumentiert den Wunsch der Unternehmer, möglichst nicht an Externe abzugeben. Ein weiteres Fazit im Sinne der Stärkung einer ganzheitlich ausgerichteten Nachhaltigkeit bei der Beratung zur Unternehmensnachfolge könnte also lauten: „Mehr Mut zum betriebsübergreifenden Erfahrungsaustausch über Fragen der Nachfolge! Aber auch mehr Struktur bei ‚weichen' Wertethemen durch den Einsatz von CSR-Instrumenten im vertrauten Rahmen einzelbetrieblicher Beratung!"

Aus den Diskussionen mit den Teilnehmern und den Erfahrungen aus diesem vierteiligen Workshop „Wissenswerkstatt Unternehmensnachfolge" lassen sich folgende Thesen zur Gestaltung einer Unternehmensübergabe formulieren:

- Eine Unternehmensnachfolge ist eine individuelle Angelegenheit, nichts „von der Stange"!
- Eine Unternehmensnachfolge ist ein Veränderungsprozess mit offenem Ergebnis!
- Rechnen Sie mit einem Zeitraum von ca. fünf Jahren!
- Entwerfen Sie einen (Zeit-)Plan für sich!
- Erfolg wird überwiegend durch „weiche" Faktoren bestimmt!
- Reden Sie offen mit allen Beteiligten!
- Dokumentieren Sie Ziele und Prozesse im Unternehmen („Wie stelle ich es mir vor?")!
- Planen und prognostizieren Sie die Entwicklung Ihrer Liquidität im Ruhestand!
- Nutzen Sie professionellen Rat (denn es gibt keine „eierlegende Wollmilchsau", die nichts kostet ...)!
- Ermitteln Sie den Wert Ihres Handwerksunternehmens sorgfältig (für die Kaufpreisverhandlungen und für die Finanzierung)!

5.2 Nachfolge und CSR-Strategien

Generationenübergreifendes Denken und Handeln gehört zum Selbstverständnis der meisten Familienbetriebe und inhabergeführten Unternehmen. Dies ist ein geeigneter Ausgangspunkt zu einer Nachhaltigkeitsstrategie im Sinne von Corporate Social Responsibility. Ein Nachfolgemanagement ist in vielen deutschen Unternehmen ein existenzielles Thema, um den Fortbestand, die Arbeitsplätze und Unternehmenswerte zu sichern. CSR bedeutet auch, verantwortungsbewusst mit Blick auf nachfolgende Generationen zu wirtschaften.

Bei der Nachfolgeberatung ist der CSR-Beratungsansatz mit einer strategischen Ausrichtung auf die vier Beratungsfelder Arbeitsplatz, Umwelt, Gemeinwesen und Markt sehr hilfreich und bietet gute Ausgangspunkte, um das Thema Unternehmensnachfolge unter dem Werteaspekt zu bearbeiten. In diesem Ansatz kann die strategische Ausrichtung des Unternehmens betrachtet werden und als Ankerpunkt für eine Nachfolgeplanung dienen.

Eine Anwendung von CSR-Managementstrategien in der Beratung auch im Bereich der Unternehmensnachfolge erfolgt sinnvollerweise in einer individuellen Betriebsberatung. Hier lässt sich über die operative Personalplanung und Nachfolgeregelungen sowohl in den Leitungsebenen wie auch in der Unternehmensspitze ein CSR-Konzept für den Betrieb entwickeln.

Die Übertragung eines Unternehmens ist ein emotionaler Vorgang für alle Beteiligten, aber auch ein mehrdimensionaler Prozess, der die gesamte Unternehmenskultur beinhaltet. Neben den wirtschaftlichen, rechtlichen und steuerlichen Aspekten, die bei einer klassischen Unternehmensbewertung für den Verkauf und die Übergabe angewendet werden, kommen auch Wertehaltungen, wie Verantwortung, Gemeinwohlengagement und Nachhaltigkeit, zum Tragen. Diese zum Teil nichtfinanziellen Werte kann man in einem CSR-Management strategisch erfassen und als anerkanntes Konzept ausweisen.

Gudrun Laufer: Erziehungswissenschaftlerin, Beauftragte für Innovation und Technologie der Handwerkskammer Berlin mit den Schwerpunkten Personalentwicklung und Organisationsberatung. Sie leitete von 2012–2014 die CSR-Beratungsstelle „Fairplay im Handwerk" der Handwerkskammer Berlin. Dazu gehörten die CSR-Themenfelder Arbeitsplatz, Umwelt, Gemeinwesen und Markt. Ihre Arbeitsschwerpunkte sind u. a. Beratung und Coaching zu Themen wie Mitarbeiter gewinnen und binden, Wissensmanagement, Begleitung von Betrieben bei der Nachfolge, Vernetzung und soziales Engagement von Unternehmen. Darüber hinaus konzipiert und realisiert sie Veranstaltungen.

Peter Zierbock ist Wirtschaftsprüfer, Steuerberater und Certified Public Accountant. Seine drei Kinder werden beruflich nicht in seine Fußstapfen treten. Nach Tätigkeiten in verschiedenen Berliner Wirtschaftsprüfungsgesellschaften kam der Autor als Partner und Niederlassungsleiter zur ttp Revisions- und Treuhandgesellschaft mbH Wirtschaftsprüfungsgesellschaft, die nunmehr in Berlin-Charlottenburg ansässig ist. Seine besonderen Erfahrungen liegen in der Immobilienwirtschaft und im Insolvenzrecht. Seit mehreren Jahren arbeitet er in einer Kooperation mit der Handwerkskammer Berlin zu dem Thema Unternehmensnachfolge.

Herr Zierbock ist Mitglied im Arbeitskreis Finanzen beim Verein Berliner Kaufleute und Industrieller. Seine Interessen liegen bei der Fotografie (aktiv/passiv), der Musik (passiv) und dem Laufsport (aktiv). Seine Lieblingszahl ist 42.

Die Sehnsucht, erkannt zu werden – oder: Vom erlebten Glück der gesellschaftlichen Gestaltung

Caroline Meder

In den 1980er-Jahren rümpfte man noch vielerorts die Nase, wenn ein Geigenbauer für das regionale Jungendorchester spendete: „Der will ja nur für sein Unternehmen werben!" Heute hingegen gibt es mehr Verständnis, wenn der Geigenbauer wachsende Bekanntheit sucht, um von seinem Handwerk leben zu können, und im Gegenzug den jungen Musikern eine Unterstützung bietet, ihre Kunst in die Welt zu tragen.

1 Einleitung

Man könnte es so sagen: CSR skizziert das Handeln nach dem Win-win-win-Prinzip.

Das klassische unternehmerische Handeln nützt dem Unternehmen und dem Kunden: Mit dem Tausch Ware bzw. Leistung gegen Geld entsteht eine Win-win-Situation. CSR bzw. nachhaltiges Management skizziert ein bewusstes Handeln, das dem Unternehmen, dem Kunden und der Gesellschaft als drittem Partner Vorteile bringt.

Neu ist daran, dass gesellschaftlich aktive Unternehmen nicht mehr an ihrer Selbstlosigkeit gemessen werden und ihnen – bei transparentem Handeln – nicht der Schatten der Vorteilnahme anhaftet.

Selbstlosigkeit und Philanthropie werden von CSR-Fachleuten deswegen kritisch gesehen, weil Spenden ohne inhaltlichen Bezug zum Unternehmen ebenso spontan, wie sie bewilligt werden, auch wieder zurückgenommen werden können. So entstehen keine langfristigen Partnerschaften und die unterstützten Organisationen müssen bangen, dass die Zuwendung unvermittelt eingestellt wird. Gesellschaftliches Engagement, das sinnvoll mit dem Kerngeschäft des Unternehmens verbunden ist, ist die Basis für verlässliche Partnerschaften und die Weiterentwicklung der gesellschaftlichen Belange. Nachhaltiges

C. Meder (✉)
entwicklungsberatung für bau + kultur
Fürstenhof 1, 17179 Fürstenhof, Deutschland
E-Mail: cm@meder.de

Management zeichnet sich also durch ein unternehmerisches Handeln aus, bei dem der wirtschaftliche Gewinn und gesellschaftliches Gestalten zusammenfließen.

Mit Blick gerade auf Freiberufler und Kleinstunternehmen ist es hilfreich, diesem Handeln einen neuen gedanklichen Rahmen zu geben: Oft wird von der Notwendigkeit der gesellschaftlichen Verantwortung gesprochen. Was inhaltlich gar nicht falsch ist, denn unser gesamtes Politik- und Parteiensystem fußt z. B. auf ehrenamtlichem Engagement. Danke denen, die hier aktiv sind! Doch die Formulierung, es handele sich hier um die Notwendigkeit der Verantwortungsübernahme, lässt jede Freude am Tätigsein bleischwer zu Boden sinken. Es klingt, als seien da eine Gesellschaft, die ohne Hilfe nicht auskommt, und Einzelne, die diese Not erkennen und sich selbstlos in die verantwortungsbewusste Verpflichtung begeben, diesen Bedürftigen zu helfen. Hier blitzen Tugenden auf, mit denen wir Deutschen uns im letzten Jahrhundert sehr auseinandergesetzt haben: der Gehorsam gegenüber der Notwendigkeit und das geforderte Zurückstecken der persönlichen Interessen. In diesen Kontext passte auch der Duktus der Selbstlosigkeit als Grad der Distanz von einer möglichen Vorteilnahme, wie er oben im Kontext des gesellschaftlichen Engagements von Unternehmen angesprochen wurde.

Doch diese Zeiten sind vorbei. Unsere Gesellschaft hat sich weiterentwickelt. War noch vor einer Generation die empfundene Pflicht zur Verantwortung der Motor gesellschaftlichen Engagements, kann man heute von der Freude an der gesellschaftlichen Gestaltung sprechen. Freude hier als ein Wohlgefühl verstanden, das entsteht, wenn man sieht, dass aus dem persönlichen Einsatz ein tragfähiges Ergebnis erwächst. So definiert sich CSR als das unternehmerische Zusammenspiel von wirtschaftlich klugem Handeln und gesellschaftlicher Gestaltungsfreude. Die Konzeption dieses Weges ist im Unternehmen klassisch die Aufgabe des strategischen Marketings.

Doch wie gestaltet sich dieses Zusammenspiel konkret in Unternehmen, die keine Strategie- und Marketingabteilung haben? Im Alltag von Freiberuflern und Kleinstunternehmern fallen die Steuerung des Kerngeschäfts, die strategischen Entscheidungen und das operative Marketing meistens dem Inhaber zu. Anders als Wirtschaftswissenschaftler empfehlen, verfügen Kleinstunternehmungen meist nicht über eine strategische Planung für die nächsten fünf oder auch nur zwei Jahre. Das Win-win-win-Prinzip entwickelt sich hier in der tätigen Praxis – entsprungen dem Hirn und dem Herzen des Chefs.

2 Selbstvermarktung kommt vor gesellschaftlichem Gestalten?

Wenn gesellschaftliches Gestalten die Kür ist, ist Selbstvermarktung die Plicht: Es gilt, sich in der Öffentlichkeit zu zeigen und mögliche Kunden anzusprechen. Selbstvermarktung ist nicht gelebte Eitelkeit, sie ist existenziell. Die Selbstvermarktung ist eine Vermarktungsstrategie für Personen, bei denen sich das Angebot sehr dicht an ihrer Persönlichkeit orientiert und nur von ihnen erstellt werden kann, so z. B. beim Goldschmied oder bei Coaches. In der Praxis hat dies für viele einen bitteren Beigeschmack. Sie sagen: „Ich möchte mit meiner Leistung überzeugen, erkannt werden und nicht die Aufmerksamkeit des Marktes erzwingen müssen." Da ist sie, die Sehnsucht, erkannt zu werden. Doch der Weg scheint steinig.

Versetzen wir uns zum Beispiel in die Rolle von Künstlern: Wir sind gut, doch leider noch unbekannt. Wenn wir uns nicht zeigen, bleibt lediglich die Rolle des verkannten Genies – tragisch, wenig nährend. Wie komme ich zu einer Galerievertretung? Vielleicht so: Ein Galerist erkennt den Stellenwert meiner Arbeit. Er spricht mich an und wünscht sich, mich in seiner Galerie zu vertreten. Und er verfügt über die wichtige Expertise, meine Arbeit ins richtige Licht zu stellen. Verhandlungen auf gleicher Augenhöhe führen zum Vertrag. Er kommuniziert mein Potenzial in die Welt. Das wär's! Doch: Woher weiß der Galerist von mir? Um dieses Szenario erleben zu können, muss ich mich und meine Arbeit zeigen, also Selbstvermarktung betreiben. Diese Notwendigkeit führt bei vielen Freiberuflern zu großem Unwohlsein. Doch es gibt keinen anderen Weg, auf dem Markt erkannt zu werden. Was ist der Markt? Im weitesten Sinne handelt es sich um die Sphären der gesellschaftlichen Anerkennung. Es kann sich um einen Warenmarkt mit der Währung Geld handeln. Es kann auch die Sphäre der Kunst und Kultur sein, mit der Währung Titel, Preise und Ehrerbietung. In vielen Sphären wird auch die Aufmerksamkeit der Medien als Zweitwährung gehandelt. Weitere Sphären sind denkbar; die Währung der sogenannten Subkultur sind scheinbare Antiwährungen: kein Geld, keine Medienöffentlichkeit, keine Titel, aber Anerkennung unter Gleichen jenseits der Kommerzialisierung. Sicher ist: Es gibt nicht nur einen Markt und nicht nur eine Währung. Bei der Selbstvermarktung geht es darum, die eigene Einzigartigkeit und die der eigenen Werke auf genau dem Markt zu kommunizieren, der einem selbst wichtig ist.

3 Was braucht es, um erkannt zu werden?

Um zu verstehen, was das Unwohlsein beim Agieren auf den Märkten auslösen kann, ist ein Exkurs in die Philosophie hilfreich. Hannah Arendt hat in der *Vita activa* die Bedingungen untersucht, unter denen wir unsere Einzigartigkeit in die Welt tragen (Arendt 2002). Sie fragte nach den Grundlagen, um die persönliche Besonderheit aktiv zum Ausdruck zu bringen, sich von anderen zu unterscheiden. Sie untersuchte den Weg vom „Was" – Was machst Du? – zum „Wer" – Wer bist Du? Arendt differenziert die Tätigkeiten Arbeiten, Herstellen und Handeln, da sie unterschiedliche Bedeutungen für den Menschen haben: Arbeiten ist für Arendt der Stoffwechsel mit der Natur, z. B. Ackerbau und Essen kochen. Es ist für das Leben notwendig, doch nicht für den Einzelnen, um sich als Persönlichkeit zu erleben. Arbeit kann man delegieren.

Herstellen ist die Tätigkeit, nützliche und kulturelle Dinge zu erstellen. Herstellen resultiert aus unserem Bedürfnis, der Welt etwas zu hinterlassen. Herstellen ist ebenfalls nicht zwingend notwendig für die Erfahrung, wer man ist.

Handeln hingegen ist für jeden Menschen wichtig. Im Handeln entwickeln wir uns gemeinsam weiter. Arendt verwendet „Handeln" nicht im etymologischen Sinne des Handanlegens. Sie definiert „Handeln" als kommunikative Tätigkeit, deren Ziel es ist, zu erfahren, wer man ist und wer die anderen sind. Nach Arendt ist das Handeln immer ein Miteinanderhandeln, ein gemeinsames Verhandeln von Ideen, Inhalten und Prozessen.

4 Aus dem Berufsalltag

Ich bin Künstlerin. Im Alltag kaufe ich ein, ich koche – nach Arendt: Ich arbeite. Ich erstelle Bilder, einzigartige Werke – Herstellen. Es ist klar, was ich kann. Doch wer bin ich? Nach Arendt habe ich mit diesem Alltagsgeschäft noch nichts getan, um meine Persönlichkeit, meine Einzigartigkeit der Welt zu zeigen.

Meine Einzigartigkeit kann ich nur im Austausch mit anderen zum Ausdruck bringen. Die Abwehrhaltung vieler Künstler lautet: Mein Werk ist wichtig, nicht ich! Ein Test: Stellen Sie sich vor, ein Freund, begnadeter Selbstvermarkter, gibt sich als Urheber Ihrer Werke aus und hat Erfolg bei Galerien. Ihre Bilder erfahren Anerkennung. Und der Freund auch. Doch diesem Weg werden die wenigsten zustimmen. Die meisten wollen gesehen werden: Als Schöpfer ihrer Werke und als Menschen in ihrer Einzigartigkeit. Sie müssen sich auf andere einlassen, denn dies lässt sich – anders als das Arbeiten und Herstellen – nicht delegieren.

5 Vom Handeln und dem Mut für das Unvorhersehbare

Der Mensch kann seine Unverwechselbarkeit nur im aktiven Austausch mit anderen Menschen erfahren. Erst diese Konfrontation mit anderen eröffnet die Perspektive auf die eigene Persönlichkeit. Arendt sieht im Sprechen und Handeln zwei Seiten: Zum einen wird es als objektiv empfunden, da über nachweisbare Sachverhalte gesprochen wird. Anderseits wird dieses Geschehen von jeder teilnehmenden Person anders wahrgenommen. Ihm haftet immer etwas Unbeschreibbares an.

Neben deutlichen Verabredungen entstehen immer auch Erlebnisse, die sich jeder klaren Beschreibung entziehen. Unser persönlicher Facettenreichtum ist die Quelle des Handelns: Es ist die Leidenschaft, mit der man sich unterscheiden und Hervorragendes leisten will. Man weiß, was man kann, und will nun wissen, wer man ist. Das Wer beschreibt die Persönlichkeit als Ganzes. Hier gibt man die schützende Sicherheit vorgefasster Rollen auf: Wir brauchen die anderen, um zu erfahren, wer wir sind. Leistung ist kontrollierbar, Handeln nicht. Wir brauchen Mut, Risikobereitschaft und Vertrauen, um uns auf das Handeln einzulassen. Arendt spricht von der Unvorhersehbarkeit der Enthüllung der Person.

Um das Risiko überschaubar zu halten, wird oft versucht, mit klaren Zielen in den Dialog zu gehen. Dieses strategische Vorgehen ist für die handfeste Klärung von Sachverhalten sinnvoll, auf der Ebene der unvorhersehbaren Begegnung jedoch wirkungslos. Einzigartige Menschen treffen sich, niemand kann wissen, wo sie ihre Berührungspunkte finden, ob die Chemie stimmt und wofür. Im Dialog entsteht etwas Neues: eine Begegnung, ein Gedankenaustausch – unvorhersehbar in seiner Wirkung. Doch dazu müssen wir die Komfortzone des Vertrauten verlassen. Und: Dieser Dialog funktioniert nur unter Ebenbürtigen, die sich auf gleicher Augenhöhe begegnen. Abhängigkeiten und Manipulation zerstören die Vertrauensbasis.

Aber – so der Einwand – es gibt doch Menschen, die Kontaktmachen als Profession betreiben, es scheint ihnen so selbstverständlich. Da gibt es zwei Möglichkeiten: Sie haben einen guten Zugang zu dem Mut, immer wieder die Unvorhersehbarkeit jeder Begegnung auszuhalten. Die Erfahrung, dass das Unvorhersehbare nicht gleichbedeutend mit Gefahr ist, prägt sie. Sie vertrauen darauf, dass der Zauber überwiegt, der der Begegnung innewohnt. Oder sie betreiben das Kontakten als Herstellen. Routiniert und ohne Offenbarungscharakter verteilen sie Visitenkarten, zu glatt, zu wenig Mensch, zu wenig Wagnis – niemand fühlt sich von ihrer Begegnung berührt: ein Kontakthersteller.

Es ist eine Frage der Sichtweise: Bereichert die unkontrollierbare Wirkung, das Risiko des Unverhofften, das menschliche Miteinander? Oder ist es eine Mühsal, die den Kontakt erschwert? Wer dem Erkanntwerden eine unterstützende, klärende Kraft beimisst, wird eher zu Ersterem neigen. Wem der Mut zur Begegnung fehlt, tendiert zu der zweiten Interpretation. Kurz: Was im Dialog entsteht, ist nicht berechenbar. Für niemanden. Es ist unwahrscheinlich, ist immer Nervenkitzel, vielleicht sogar angstbesetzt.

6 Mit dem Herz denken und mit dem Kopf fühlen

Wie lässt sich dieses Abenteuer der Kommunikation, das Verblüffende und Berührende für die Selbstvermarktung nutzen? Vielleicht gar nicht. Wer Selbstvermarktung suspekt findet, sollte die Finger davon lassen und das Wunder des Handelns pur und ohne merkantile Strategie genießen. Das Leben ist zu schön, um es in kapitalistische Strukturen zu pressen. Wer dagegen sagt: „Verflixt! Das Leben ist zu spannend, um nicht auch seine kapitalistischen Seiten in vollen Zügen zu erproben", sei herzlich eingeladen, die Brücke zwischen Arendts „Handeln" und dem Marketing zu testen. Vielleicht trägt sie ja!

Marketing hat immer nur ein Ziel: den Markt zu erobern. Ob man mit „erobern" kriegerische Handlungen assoziiert oder an einen guten Liebhaber denkt, bleibt im Ermessen des Betrachters. Wen möchten Sie erobern? Was ist Ihre Zielgruppe? Gewöhnen Sie sich ruhig an den Begriff. Welche Eroberung würde Sie glücklich machen? Geld? Anerkennung? Welches Glück suchen Sie? Für Hannah Arendt war es der Dialog mit Menschen, die den Zweifel, die Lebendigkeit und die Poesie der monochromen Wahrheitssuche vorgezogen haben. Sie hätte nie ein Buch geschrieben, nur weil ein Verleger eine ominöse, zahlungskräftige Zielgruppe dafür ausfindig gemacht hat.

Der Vorbehalt vieler Freiberufler, sich nicht auf zahlungskräftige Fremde einlassen zu wollen, stimmt, wenn man bedenkt, dass die Enthüllung der Person unwägbar und unkontrollierbar ist. Es braucht Mut und Risikobereitschaft zu erfahren, wer man (heute) ist. Das kann man nicht mit sogenannten Zielgruppen erleben, die einem arg befremdlich erscheinen. Wer seine Zielgruppe einzig nach ökonomischem Kalkül wählt, muss großes Glück haben, mit dem Gegenüber in einen fruchtbaren, offenen Dialog treten zu können: Es gibt nach Arendt einen erheblichen Unterschied, ob ich vermitteln möchte, was ich kann oder wer ich bin. Meine Arbeiten und Fachkompetenzen lassen sich planvoll aufbereiten. Diesen Teil meiner Darstellung kann ich kontrollieren und sollte diese Chance auch nutzen. Was zwischen mir und meinen Kunden entsteht, lässt sich hingegen kaum steuern. Kommunikationstrainer und Marketingexperten bieten hier differenziertes Handwerkszeug, um Planungssicherheit zu gewinnen. Aber das birgt folgende Schwierigkeit: Die detaillierte Planung kann zu einer unerwünschten Rückkopplung im Gespräch führen: Je berechneter die Kontaktsituation ist, umso weniger gebe ich von mir preis, umso weniger erfährt das Gegenüber, wer ich bin. Das ist nicht gut: Wer das Gefühl hat, dass ein Gesprächspartner sich hinter seinen Kompetenzen und Konzepten versteckt, vermisst den echten Dialog auf gleicher Augenhöhe. Wie viele Verträge sind nicht zustande gekommen, weil die Person hinter dem Angebot nicht greifbar wirkte?

Planen Sie, bereiten Sie Ihre Kompetenzen wirkungsvoll auf. Aber erwarten Sie davon keinen Schutz. Sie als Persönlichkeit wirken nur, wenn Sie mutig und frei auf das Gegenüber zugehen. Noch eine Klippe: Gesetzt den Fall, Sie sind für die Unwägbarkeit der offenen Begegnung bereit. Das Dialogangebot stößt aber nicht immer auf Resonanz: Nicht jeder offene Kontakt wird auch erwidert. Schade, aber verständlicherweise können auch potenzielle Kunden mauern. Niemand ist nonstop offen, mutig oder auch nur wach genug, um sich auf einen offenen Dialog einzulassen.

7   Was bleibt?

Wäre es nicht lässig, sich jetzt zurückzulehnen und das verflixte Marketing den Produzenten von SUVs und Versicherungen zu überlassen? Sich selbst auf den Markt zu werfen, kann nicht funktionieren, Arendt sei Dank für ihre scharfsinnige Beobachtung.

Wenn es doch so einfach wäre! Wo ist Ihr Mut? Wo die Neugier, immer wieder neu zu erfahren, wer Sie sind? Um den Kontext der *Vita activa* zu skizzieren: Arendt schrieb unter dem Eindruck der Diktatur. Sie suchte auf philosophischer Grundlage eine politische Theorie, die eine erneute Gleichschaltung von Nationen verhindert. Hier wurde das Ver-Handeln auf Augenhöhe für sie zentral: Macht entsteht zwischen den Menschen, ein Einzelner kann Herrschaft lediglich mit Gewalt auf sich vereinen. Dadurch, dass sie die Sehnsucht, zu erfahren, wer man sei, als Motor im politischen Handeln sieht, ging sie davon aus, dass politische Gestaltungskraft und persönliches Entwicklungsinteresse zusammenfallen.

Zurück in unsere Zeit: Die Orte des gesellschaftlichen Gestaltens sind prädestiniert, um die identitätsstiftende Wirkung des Handelns zu erfahren. Wer sich ehrenamtlich politisch oder sozial engagiert, kann mit einem doppelten Gewinn rechnen: Er gestaltet die Welt nach seinen Werten und Vorstellungen ein kleines Stückchen weiter. Und er wird als Persönlichkeit ein wenig bekannter. Er spürt, wie die Lässigkeit des achtsamen, gestalterischen Kontakts der Seele guttut. Er positioniert sich im öffentlichen Raum, ohne dass die Selbstvermarktung im Vordergrund steht.

Für viele Freiberufler ist das der angenehmste Weg, sich und ihr Geschäft bekannt zu machen, Kunden zu gewinnen und gleichzeitig die Gesellschaft zu gestalten. Netze knüpfen sich, Geschäftskontakte entstehen und der unendliche Zauber, sich im Gegenüber zu erkennen, belohnt alle Mühe, alles Herzklopfen, alles Sich-Zieren und Sich-dann-doch-ein-Herz-Nehmen. Es ist so berührend, erkannt zu werden. Und es tut so gut, richtig Geld zu verdienen.

Wer sich jetzt die Augen reibt und sich fragt, ob dieses Prinzip wirklich neu sei und ob es der englischen Begriffe CSR und Win-win-win-Prinzip bedarf, dem sei sofort Recht gegeben: Die Verbindung von gesellschaftlichen und wirtschaftlichen Interessen ist uralt und hatte z. B. in Zeiten der Hanse eine weithin bekannte Blüte! Neu ist nur, dass der schale Geschmack der Vorteilnahme durch das Wie des gesellschaftlichen Gestaltens abgelöst wurde: offen, transparent und auf Augenhöhe gelingt das Miteinander zum Wohle aller. Was in der Theorie Selbstvermarktung und CSR heißt, ist in der Praxis ein richtig gutes Leben!

Literatur

Arendt H (2002) „Vita activa" Kapitel V, §§ 24–26. München

Caroline Meder, Jahrgang 1967, ist als Organisationsberaterin und philosophische Praktikerin tätig. Die diplomierte Soziologin und Sozialwirtin war zunächst fünf Jahre Geschäftsführerin einer Softwareagentur. Seit 2000 arbeitet sie für kleine und kleinste mittelständische Unternehmen an der Schnittstelle zwischen persönlicher Lebensqualität, wertschätzender Führungskultur und wirtschaftlicher Produktivität. Im Schwerpunkt arbeitet sie für Akteure der Creative Industries, Bautätige und Visionäre aller Branchen. Zu ihren langjährigen Auftraggebern zählen sowohl weltweit renommierte Unternehmen und Büros als auch der regional stark verwurzelte Mittelstand. Außerdem ist Meder als Dozentin, Trainerin und Moderatorin in Institutionen der Wirtschaftsförderung und als Lehrbeauftragte an verschiedenen Universitäten tätig. Nach 20-jähriger Beratertätigkeit in Berlin hat sie ihren Unternehmenssitz nach Kiel und Fürstenhof, Mecklenburg-Vorpommern verlegt.

Freiheit im Kleinen. Warum es unternehmerisch und nachhaltig sein kann, klein zu bleiben.

Holger Petersen

1 Was zählt für Unternehmer?

Für echte Entrepreneure ist der Status des Kleinunternehmers nur eine Durchgangsstation – eine wilde, intensive Zeit kurz nach der Gründung, an die man sich später gern mal zurückerinnert und Anekdoten daran aufhängt. Manchmal reifen die dann zur Legende. Doch lange aufhalten an solchen Geschichten kommt für Entrepreneure biografisch erst dann infrage, wenn ihre Mission erfüllt ist; denn ihre Dynamik entfaltet sich doch eher nach vorne als in sentimentaler Rückschau. Vorne liegt ihre Mission, die Entwicklung zur Größe, unternehmerisches Wachstum – ihre wahre Bestimmung. Kleinunternehmer bleiben die, die es nicht geschafft haben (vgl. Timmons 1986).

So ähnlich oder abgemildert kann man es jedenfalls nachlesen, sowohl in zahlreichen Fachbeiträgen zum Entrepreneurship als auch in Biografien erfolgsverwöhnter Unternehmer. In eben jenem Erfolg, der zum Verbreiten biografischer Zeugnisse berechtigt, liegt die Attraktivität eines solchen Wachstums. Während all jene Unternehmer, die mit einer vermeintlich visionären Wachstumsidee grandios oder kläglich scheiterten, in solchen Betrachtungen meist unter den Tisch fallen (vgl. Petersen et al. 2015, S. 19 f.).

Um es gleich vorweg zu sagen, *nachhaltiges* Unternehmertum in gesellschaftlicher Verantwortung muss dem in nichts nachstehen. Es erscheint auch nur folgerichtig, dass nachhaltige Entwicklung erst gelingen kann, wenn sich Innovationen zur Schonung des Natur- und Sozialkapitals expansiver und viraler Kräfte des Entrepreneurships bedienen, indem sich Unternehmer auf den Weg machen, neue Angebote zur Minderung oder Lösung ökologischer und sozialer Probleme möglichst breit zur Geltung bringen. Ihr Multi-Channel-Vorstoß aus der Nische in den Massenmarkt gilt als wesentlicher Schritt zur ge-

H. Petersen (✉)
NORDAKADEMIE Hochschule der Wirtschaft
Köllner Chaussee 11, 25337 Elmshorn, Deutschland
E-Mail: holger.petersen@nordakademie.de

sellschaftlichen Transformation in Richtung Nachhaltigkeit. Zu verfahren ist dabei nach einem altbekannten Rezept: Mache Nachhaltigkeit zum Glück der Eliten und sorge im nächsten Schritt dafür, das Glück der Eliten für möglichst jeden erschwinglich zu machen. Vom Tiergarten der Könige zum Erlebniszoo für jedermann, in dem sogar Gorillas und Berberlöwen ihre Bedürfnisse auch zukünftig noch berücksichtigt finden (vgl. Petersen 2005; Schaltegger 2011; Schaltegger und Petersen 2002, 2001; Wüstenhagen et al. 1999).

Selbst Vertreter der Postwachstumsökonomik haben kein Problem damit, dass Mittelständler zumindest auf regionaler Ebene ordentlich wachsen, wenn es nur die richtigen Unternehmer sind, nämlich jene, die auf Kosten nichtnachhaltiger Unternehmen durch passende Angebote zur Einrahmung und Erleichterung einer Suffizienz- und Subsistenzwirtschaft beitragen. Postwachstum gilt nur in Summe. Unter dem Deckel mögen sich jene nach oben strampeln, die zu einer Verbreitung ökologisch und sozial verträglicher Lebens- und Konsumweisen am ehesten beitragen (vgl. Paech 2016).

Was aber erweist sich für Unternehmer selbst als nachhaltig – ist es Wachstum, ist es Kleinheit oder ist es die *Selbstbestimmung* über Größe und Wachstumstempo des eigenen Unternehmens? Antworten auf diese Frage erschließen sich aus der Feststellung, dass nachhaltige Entwicklung nach der Definition des Brundtland-Berichts nicht nur den Erhalt ökologischer, sozialer und ökonomischer Ressourcen voraussetzt, sondern auch durch *Wahlmöglichkeiten* hervortritt – Wahlmöglichkeiten in der zukünftigen Inanspruchnahme der genannten Ressourcen zur persönlichen Gestaltung von Lebensqualität. Dementsprechend erkennt Sen (1993, 1999) den Zweck wirtschaftlicher Entwicklung und Armutsbekämpfung in der *Erweiterung individueller Entscheidungsspielräume*. Diese Spielräume schließen unternehmerische Freiheiten mit ein.

Nachhaltiges Unternehmertum ist folglich eine Herangehensweise, die es Unternehmern gegenwärtig und in kommenden Generationen ermöglicht, unternehmerische Freiheiten zu entfalten. Zu diesen Freiheiten zählt die steuernde Einflussnahme auf das eigene Wachstum, mit der Option auch klein bleiben zu können.

Solche Optionen entsprechen nicht nur der Grundidee einer nachhaltigen Entwicklung, sie widerspiegeln zugleich ein Kernanliegen des Entrepreneurships, denn Unternehmer suchen in ihrer Tätigkeit primär nach Freiheit. Diesen Schluss legen verschiedene Studien nahe, die empirisch nach den Handlungsmotiven von Unternehmern und Gründern fragen. Freiheitswerte rangieren häufig ganz vorne, wie zum Beispiel „Selbstständigkeit an sich" sowie die Möglichkeit, eigene Ideen autonom und eigenverantwortlich umzusetzen, um sich in dieser Weise „selbst zu verwirklichen". Eng verknüpft damit ist das *Leistungsmotiv*, definiert als Wille, sich durch schöpferische Eigenleistung im Wettbewerb zu beweisen. Oft erst dahinter folgen *Einkommens- oder Wachstumswerte*, die den ökonomischen Erfolg eines Unternehmens monetär im Umsatz oder Gewinn abbilden. Auch Anerkennung, Macht und Verantwortung spielen eine Rolle, führen die Rangskala jedoch seltener an.

Schon früh belegte eine Befragung von Hofmann (1968) die Dominanz von Freiheits- und Leistungsmotiven bei Unternehmern gegenüber der Gewinnerzielungsabsicht. Hamer

(1988, S. 89 ff.) bestätigt „Freiheit" empirisch als „eigentlichen Grund" für unternehmerische Tätigkeit. Spätere Erhebungen zum Beispiel von Amit et al. (2000), Kuratko et al. (1997), Vesalainen und Pihkala (1999) oder Cassar (2007) weisen Freiheitswerten gleichfalls eine wesentliche Bedeutung zu. Zu ähnlichen Schlüssen kommen Goebel (1990) und Kets de Vries (1986) anhand psychoanalytischer Untersuchungen von Unternehmerbiografien (vgl. Dierksmeier und Petersen 2016).

In den Wirtschaftswissenschaften fanden diese Einsichten allerdings wenig Widerhall. So nennt Jacobsen (2006, S. 38) den Befund „überraschend", dass Gründer weniger ökonomischen Erfolg anstreben als die Möglichkeit, „Fähigkeiten und Talente zu entfalten, Ideen in die Tat umzusetzen, sein eigener Herr zu sein". Hiermit umreißt Jacobsen zugleich das Ergebnis ihrer Metaanalyse empirischer Erhebungen zur Gründungsmotivation.

2 Freiheitserschließung als unternehmerische Kerntätigkeit

Während Freiheitserschließung als Handlungsmotiv in der Praxis des Entrepreneurships offenbar einen überragenden Stellenwert genießt, erscheint die Idee, Freiheit als Gewinn unternehmerischen Handelns zu betrachten, in den Wirtschaftswissenschaften hingegen eher ungewohnt. Unternehmerische Freiheit wird in der Ökonomik primär als *exogen* verliehene *Voraussetzung* des Entrepreneurships verstanden, die durch staatliche Marktrahmenbedingungen zu gewährleisten sei, hingegen weniger als *endogen* herbeizuführende *Zielgröße* rationaler Unternehmensführung (vgl. Friedman 1976; Hayek 1986; Weede 2003).

Demgemäß konzentrieren sich die Betriebswirtschafts- und Entrepreneurshiplehre auf Ziele des ökonomischen Wachstums und der monetären Gewinnmaximierung in der theoretischen Annahme, wesentliche Präferenzen der Unternehmer damit zutreffend abzubilden. Darüber hinaus wird unternehmerische Freiheit als Ausgangsbedingung zur Entfaltung unternehmerischen Gewinnstrebens betrachtet. Sie gilt damit als *Mittel zur Gewinnmaximierung* und löst sich im Zuge einer rationalen Entscheidungsfindung in betriebswirtschaftlichen Opportunitäten auf. Eigentliches Ziel ist sie nicht. Ökonomisches Kalkül und die Hierarchie betrieblicher Organisationen treten an ihre Stelle (vgl. Bea 1968; Gutenberg 1958; Jost 2000).

In kritischer Abgrenzung hierzu zielen akademische Beiträge aus ethisch-normativem Blickwinkel darauf, die Gewinnerzielungsabsicht der Unternehmer mit Verantwortungswerten zu konfrontieren (vgl. Müller und Hübscher 2008; Ulrich 1999). Daraus folgende Empfehlungen für ein ökonomisch rationales wie auch ethisch vertretbares Handeln setzen Freiheiten zwar mittelbar voraus, um sie gemäß geltender Lehrmeinungen im Sinne der Shareholder, weiterer Stakeholder sowie ökonomischer oder ethischer Prinzipien einzusetzen. Fraglich bleibt allerdings, ob das Freiheitsstreben von Unternehmern darin hinreichend berücksichtigt wird. Zudem übergehen diese Beiträge den *endogenen* Antrieb von Unternehmern zur Bewahrung und Ausweitung ihrer *Handlungsoptionen*, die in Summe ihre unternehmerische Freiheit ausmachen. Entrepreneure erweitern und behaupten ihre unternehmerische Freiheit oft gezielt durch das eigene unternehmerische Vorgehen. Freiheit wird nicht nur von außen gegeben, sie wird ebenso von innen erschlossen und erweitert (vgl. Hamer 1988; Jacobsen 2006).

Insofern werden Analysen, Empfehlungen oder Forderungen dem eingangs genannten Spektrum handlungsleitender Unternehmermotive nur zum Teil gerecht, wenn sie ausschließlich auf Wachstum, Gewinnmaximierung oder Verantwortungsübernahme zielen. Unter der Annahme, dass Freiheitsgewinn und Freiheitsbehauptung wesentliche *Zielgrößen* für Entrepreneure darstellen können, werden nachfolgend Konsequenzen diskutiert, die sich aus dieser Grundmotivation unternehmerischen Handelns für ein nachhaltiges Unternehmertum in Kleinunternehmen ableiten lassen. Nachhaltiges Unternehmertum (Sustainable Entrepreneurship) wird dabei als Betätigungsform verstanden, die zum Aufrechterhalten unternehmerischer sowie lebensweltlicher Gestaltungsmöglichkeiten beiträgt. Dies wird insbesondere auf Unternehmer bezogen, die in ihrem Kerngeschäft unter Wahrung unternehmerischer Freiheiten zur Lösung ökologischer und sozialer Nachhaltigkeitsprobleme beitragen wollen.

3 Freiheit und Bindung

In Anlehnung an Locke (1981) wird Freiheit in diesem Kontext als die dem Menschen innewohnende *Fähigkeit* verstanden, im Rahmen seiner persönlichen Ressourcen und Rahmenbedingungen unterschiedliche Handlungsoptionen wahrzunehmen, wie auch immer diese Fähigkeit erzeugt und gesteuert sein mag. Im Vordergrund steht damit eine *Handlungsfreiheit*, die vom persönlichen Handlungsvermögen getragen und durch Restriktionen der Umwelt beschränkt wird. Zugleich kann diese Freiheit dafür genutzt werden, persönliche Fähigkeiten zu erweitern sowie äußere Umstände aktiv zu beeinflussen. Freiheit zeigt sich somit in der Breite unterschiedlicher Handlungsoptionen, die ein abwägender Mensch *eigenständig* ergreifen oder unterlassen kann. Diese Handlungsoptionen schließen die gezielte Erweiterung des persönlichen Handlungsspielraums durch *Lernen*, *Kooperation* sowie *Einflussnahme* mit ein (vgl. Petersen 2017).

Verfolgen Menschen das Ziel, Freiheit zu erlangen, zu behaupten oder zu erweitern, können sie die Idee sowohl im Positiven als auch im Negativen verwirklichen (vgl. Berlin 1995, S. 197 ff.; Dierksmeier und Pirson 2010, S. 8 f.; Sen 1993, S. 524):

- Positiv ist das Bestreben, das persönliche Handlungsvermögen mit dem *Wirkungsradius verfügbarer Optionen* auszuweiten, gemäß der Devise: „Handle stets so, dass die Anzahl der Wahlmöglichkeiten größer wird!" (Foerster 1993, S. 49), wobei nicht nur die Anzahl, sondern gleichfalls die Tragweite erschlossener Möglichkeiten entscheidend ist. Die Ausweitung von Handlungsoptionen folgt einer Mehrung persönlicher Fähigkeiten und verfügbarer Ressourcen zum Erreichen selbst gesetzter Ziele.
- *Negativ* ist hingegen der Versuch zu bezeichnen, auferlegte Einschränkungen der persönlichen Freiheit zu bekämpfen, zu überwinden oder zu umgehen. Zur *Einschränkung*

der persönlichen Freiheit tragen im sozialen und psychologischen Kontext vor allem *Bindungen* bei. „Fesseln" bringen den entsprechenden Freiheitsentzug als Zwang noch plastischer zum Ausdruck. *Fremdbindungen* per Gesetz, Befehl oder Erwartungsdruck legen Personen auf bestimmte Handlungen oder Unterlassungen fest und schränken die Menge verfügbarer Handlungsoptionen dadurch ein. Solche Einschränkungen gehen jedoch ebenso von *Selbstbindungen* aus, die zur Entfaltung positiver Freiheiten freiwillig eingegangen werden. Hierbei kann es sich zum Beispiel um Verpflichtungen per Gelöbnis, Ehrenwort oder Gewissen handeln.

Einerseits stehen solche Bindungen zur Freiheit im Gegensatz. Diese *Gegensätzlichkeit* kann den Versuch auslösen, Verpflichtungen um der Freiheit willen zu vermeiden. Andererseits sind Selbstbindungen notwendig, um bestimmte Freiheiten zu erschließen, wie etwa Arbeitsverträge neue Betätigungsmöglichkeiten im Unternehmen eröffnen. Insofern können Bindungen genutzt werden, um Freiheiten zukünftig zu gewinnen oder um Freiheit gegenwärtig wahrzunehmen (vgl. Beckmann und Pies 2006; Di Fabio 1999).

- Die *Synthese* aus Bindung und Freiheit lässt sich also zum einen in *Handlungsoptionen* erkennen, die erst im Anschluss an eine *freiwillige Selbstbindung* aus dieser heraus entstehen können. Entsprechende Handlungsoptionen entstehen zum Beispiel, wenn Finanzmittel durch die Selbstbindung an einen Kreditvertrag erschlossen werden, der in begrenzter Zeit eine Menge konsumtiver oder investiver Wahlmöglichkeiten eröffnet.
- Zum anderen erzeugt jede Wahrnehmung von Freiheiten durch Wahlakte zumindest im Zeitpunkt der Wahl eine *Bindung der Aufmerksamkeit*, indem die Verwirklichung einer Option das bewusste Ergreifen anderer Wahlmöglichkeiten parallel ausschließt. Wer sich hingegen alle Freiheiten offenhalten möchte, wird keine von ihnen wahrnehmen können. Freiheit wahrzunehmen ist an den *Zwang zur Entscheidung* gekoppelt.

Werden Handlungsoptionen ergriffen, können sich neue Anschlussmöglichkeiten daraus ableiten bzw. vorherige Optionen hinfällig werden. Wer aus der Arbeitslosigkeit heraus ein Gewerbe anmeldet, erschließt sich das Recht, ein solches zu betreiben, verwirkt aber zugleich seinen Anspruch auf Arbeitslosengeld. Insofern ist nicht nur die bloße Anzahl gegenwärtiger Handlungsoptionen für den Freiheitsgrad einer Person relevant, sondern auch die Konsequenzen, die sich aus dem Ergreifen einzelner Optionen für den weiteren Planungshorizont dieser Person ergeben.

4 Freiheitskonzepte

Die Behauptung individueller Freiheit kann je nach Ausgangslage und Motivation der Akteure verschiedene Formen annehmen. Demgemäß sind unterschiedliche Praktiken zu beobachten, mit denen sich Menschen ihre Freiheiten erschließen oder offenhalten. Diese Praktiken lassen sich idealtypisch zu voneinander abweichenden Freiheitskonzepten verdichten, denen wir in unserem Alltag mehr oder weniger konsequent nachgehen. Für Unternehmer, denen im Rahmen einer rechtsstaatlich demokratischen Ordnung von außen hinreichende Freiheitsrechte zur Ausübung ihrer Tätigkeit verliehen werden, sind vor allem zwei Freiheitskonzepte relevant, die einmal negativ auf das *Vermeiden von Selbstbindungen* und einmal positiv auf das *Erschließen neuer Handlungsmöglichkeiten* gerichtet sind. Nachfolgend werden sie libertäres und investives Freiheitskonzept genannt.

Das *libertäre* Freiheitskonzept sieht vor, spontan alle Handlungsoptionen wahrnehmen zu können, die je nach Neigung, Antrieb und Stimmungslage möglichst stark zum eigenen Vorteil oder zur Bedürfnisbefriedigung beitragen. In diesem Sinne sind Bindungen zu vermeiden, welche die eigene *Spontanität* einschränken. Bieten sich Handlungsoptionen an, die als begehrenswert oder vorteilhaft erscheinen, zielt das libertäre Freiheitskonzept darauf, diese ergreifen zu können, wann und wo immer sich die Gelegenheit ergibt. Bindungen in Form *freiwilliger Selbstverpflichtungen* können dieser Spontanität folglich im Wege stehen, wenn sie die Rückstellung opportuner Wünsche aus Rücksichtnahme gebieten. Ebenso stehen andauernde Vorhaben, welche die eigene Aufmerksamkeit und Anwesenheit über längere Zeiträume binden, einer spontanen Hinwendung zu beliebigen Aktivitäten im Wege, sodass sich das libertäre Freiheitskonzept am ehesten mit großer Mobilität in kurzweiligen Episoden des gewünschten Erlebens verwirklichen lässt.

Im Konsumbereich eröffnet das libertäre Freiheitskonzept einer *hedonistischen* Lebensweise die hierfür dienlichen Voraussetzungen. Weil die Anzahl verfügbarer Handlungsoptionen jedoch nicht nur von der sozialen, zeitlichen und räumlichen Ungebundenheit, sondern ebenso von der Ressourcenausstattung einer Person abhängt, gilt die *finanzielle Unabhängigkeit* in marktwirtschaftlichen Systemen als wesentlicher Schlüssel zur Verwirklichung hedonistisch libertärer Lebensentwürfe. Sofern Finanzmittel nicht bereits im Überfluss ererbt, gewonnen oder erworben wurden, ist die monetäre Wohlstandsmehrung nach diesem Freiheitskonzept unter der Nebenbedingung zu verfolgen, möglichst viel Geld in möglichst kurzer Zeit an sich zu bringen, möglichst wenige Selbstverpflichtungen dabei einzugehen und die Geltungsdauer unvermeidbarer Selbstverpflichtungen möglichst kurzzuhalten. Unwillkürlich erinnert diese Maxime an Börsenspekulationen anonymer Trader mit dem Geld anderer auf deren Risiko.

Dem gegenüber steht der Versuch, Handlungsoptionen weniger von Selbstbindungen freizuhalten, als durch den Aufbau freiheitsstiftender Ressourcen und Fähigkeiten zu mehren. Ein solcher Ansatz liegt dem *investiven* Freiheitskonzept zugrunde. Akteure nutzen vorhandene Freiheiten gezielt zum Erreichen selbst gesteckter Ziele und erfüllen durch diese psychologische Selbstbindung wesentliche Voraussetzungen für längerfristiges Lernen und intrinsische Motivation. Selbstverpflichtungen (Commitments) werden bewusst und freiwillig eingegangen, um Zugang zu Ressourcen zu erhalten, Partnerschaften zu begründen und Fähigkeiten auszubauen.

Akteure lösen bestehende Handlungsoptionen per Selbstbindung ihrer Mittel und Person ein, um daraus über die Zeit den eigenen Wirkungsradius zu vergrößern. Der damit verbundene Zugewinn an Handlungsfreiheit zeigt sich zum Beispiel im Aufbau erlernter Kompetenzen, persönlicher Reputation oder eines sozialen Netzwerks, dessen Potenzial für Partnerschaften an mündliche Absprachen, Vereinbarungen und den Ruf persönlicher Verlässlichkeit geknüpft ist. Ähnliche Bindungen gehen im ökonomischen Bereich etwa von Qualitätsversprechen, Arbeitsverträgen, längerfristigen Abnahmeverpflichtungen oder Tilgungsplänen aus (vgl. Petersen 2017).

Setzt man voraus, dass Freiheit bei Unternehmern eine hohe Wertschätzung genießt, stellt sich die Frage, wie dieses Motiv praktisch im Entrepreneurship zur Geltung kommt, ob investiv oder libertär und wie die Ausrichtung eines Unternehmers an Nachhaltigkeitszielen diese Motivation beeinflusst. Vieles deutet darauf hin, dass sich Entrepreneure vor allem dem *investiven* Freiheitskonzept verschreiben, insbesondere dann, wenn ihr Zielkorridor ein nachhaltiges und verantwortungsbewusstes Wirtschaften mit einschließt. Doch auch die Bereitschaft zu opportunistischem Verhalten kann dem Erhalt unternehmerischer Handlungsspielräume dienlich sein und zu einer *libertären* Haltung anregen. Die nachfolgenden Abschnitte diskutieren das daraus entstehende Spannungsverhältnis.

5 Investive Erweiterung des unternehmerischen Handlungsvermögens

Entrepreneuren wird gemäß Knight (1942) die Funktion zuteil, durch eigenmächtiges Handeln prinzipiell offene Zukunftsaussichten mit Plänen zu füllen. Dabei nehmen Unternehmer Ungewissheiten in Kauf und überbrücken diese auch für andere Akteure durch das Eingehen fortwährender Selbstbindungen, die sich in Zusagen, Garantien, Zahlungsanweisungen und dem erklärten Willen äußern, bestimmte Vorhaben verwirklichen zu wollen. Selbstbindung kommt in dieser Hinsicht einer längerfristigen Wette gleich, die jedoch nicht im Zuschauen gewonnen wird, sondern einer willentlichen Herbeiführung bedarf, durch die sich ein Unternehmer mit seinem Einsatz verwirklicht. Hierdurch stabilisieren Unternehmer die Erwartungen und Handlungsstränge unterschiedlicher Akteure, mit denen das Unternehmen in Austauschbeziehungen steht. Zukunft gewinnt für die Beteiligten an Gestalt, selbst dann, wenn unternehmerische Pläne den Wünschen anderer Akteure zuwiderlaufen, weil Kontrahenten anhand dessen einen Gegenentwurf entwickeln können, der sich im marktmäßigen Wettbewerb, auf politischem oder zivilgesellschaftlichem Wege konträr verfolgen lässt.

In dieser Weise erhalten Ressourcen wie Geld, Zeit, Wissen, Motivation, Beziehungen oder Vertrauen für Entrepreneure eine freiheitsstiftende Funktion, sofern sie dazu befähigen, Handlungsoptionen zu entwickeln und auszuführen. Im sozialen Kontext werden diese Ressourcen sowohl vertraglich als auch außervertraglich wirksam, insbesondere dort, wo der unvermeidbaren Unvollständigkeit von Verträgen durch Klärung und Erfüllung impliziter Erwartungen Rechnung zu tragen ist. Die Entscheidung zu einem Vorhaben bindet folglich neben dem Finanzkapital für entsprechende Investitionen ebenso Zeit, Aufmerksamkeit und den Ruf des Unternehmers an sein Wort, sobald Vorhaben öffentlich gemacht und Partner eingebunden sind. Partnerschaft setzt auf Kontinuität. Dies verpflichtet dazu, den Stil der persönlichen Selbstdarstellung, der geäußerten Einschätzungen und

Wertschätzungen über längere Zeiten zu wahren, um das Vertrauen in die Erfolgsaussichten ihrer Person und ihrer Vorhaben zu erhalten (vgl. Bonus 1997; Petersen et al. 2015, S. 33).

Hinzukommen konstitutive Entscheidungen wie die Anbindung eines Unternehmers an den gewählten Firmenstandort, der häufig sein Wohnort ist. Nicht selten bringen Unternehmer ihre Ortszugehörigkeit durch Corporate Citizenship zum Ausdruck und knüpfen ihren persönlichen Ruf an öffentliche Zusagen zur Übernahme gesellschaftlicher Verantwortung. Folglich gewinnt unternehmerische Freiheit ihre Wirkungskraft aus der bewusst gewählten Selbstbindung an Kunden, Lieferanten, Mitarbeiter und weitere Stakeholder, die durch ihr Zutun oder Stillhalten im Gegenzug die Effektivität unternehmerischen Handelns verstärken können (vgl. Freeman 1984). Selbstbindung wird für Unternehmer so zum Hebel ihrer Entscheidungen. In dieser Hinsicht manifestiert sich unternehmerische Freiheit nicht spontan in ihrer Ungebundenheit, sondern vorausschauend in ihrer *Selbstwirksamkeit*, die durch Kooperation und Commitments verstärkt wird (vgl. Dierksmeier und Pirson 2010, S. 22 f.).

Getragen wird diese Selbstwirksamkeit von einer hohen Leistungsmotivation und internalen Kontrollüberzeugung – Persönlichkeitsmerkmale, die bei Unternehmern nach empirischen Einsichten überdurchschnittlich ausgeprägt sind. Diese Charakteristika bestimmen ihr Freiheitsempfinden maßgeblich mit (vgl. Jacobsen 2006; Stadler 2009). Das Bewusstsein der Selbstwirksamkeit drückt demgemäß aus, inwieweit eine Person davon überzeugt ist, benötigte Fähigkeiten zur eigenständigen Bewältigung bestehender Aufgaben zu besitzen (vgl. Bandura 1998). Viele dieser Aufgaben suchen sich Unternehmer aufgrund ihres Leistungswillens selbst. Dank internaler Kontrollüberzeugung vertreten sie dabei häufig die Ansicht, bestehende Probleme im Wesentlichen selbst lösen zu können. Unternehmer besitzen typischerweise Vertrauen in die eigene Entscheidungsgewalt, Verlässlichkeit und ihr Leistungsvermögen. Dieses Freiheitspotenzial verstärkt sich im sozialen Kontext durch das bewusste Eingehen freiwilliger Selbstbindungen, indem Entrepreneure ihre Glaubwürdigkeit, Leistungskontinuität und Zieltreue investiv einsetzen.

Vor allem nachhaltigkeitsorientierten Entrepreneuren lässt sich dabei nachsagen, dass ihr Vertrauen in die eigene Selbstwirksamkeit ausgeprägter ist, als ihr Zutrauen in die automatisch atomistische Selbstoptimierung des Wirtschaftens durch Marktmechanismen einer „unsichtbaren Hand", sofern ihre Vorhaben darauf zielen, mit Innovationen zu einer *Transformation* vorgefundener Märkte beizutragen. So können wahrgenommene Nachhaltigkeitsdefizite im vorhandenen Marktgefüge den unternehmerischen Einsatz beflügeln, um praktisch zu beweisen, dass sich ökologische und soziale Verbesserungen, die vom Mainstream der Wirtschaftsakteure aufgrund bestehender Marktrahmenbedingungen als ökonomisch nachteilig beurteilt werden, trotzdem erfolgreich umsetzen lassen. Der Wille zu zeigen, wie es doch funktioniert, versetzt Unternehmer in die Rolle von Pionieren, die bei der Einführung und Verbreitung ökologischer und sozialer Innovationen schon vielfach zum Tragen gekommen ist (vgl. Anderson und Leal 1997; Bornstein 2006; Larson 2000; Petersen 2003, 2006, 2010; Schaltegger und Lüdecke-Freund 2013).

Stärker als herkömmliche Unternehmer sind nachhaltigkeitsorientierte Entrepreneure dabei auf den investiven Ausbau positiver Freiheiten durch Festigung und Nutzung des Sozialkapitals angewiesen. Ihr normativer Anspruch sowie ethisch-ökologische Qualitätsversprechen müssen häufig vom Kunden geglaubt und ideell begrüßt werden, um erhöhte Zahlungsbereitschaft auszulösen (vgl. Belz und Peattie 2012, S. 79 ff.). Die Loyalität von Partnern und Mitarbeitern schließt die Erwartung mit ein, ökologische und soziale Ziele des Unternehmens mitzutragen. Dies setzt wechselseitiges Vertrauen im Sinne einer *Nichtausbeutungserwartung* voraus (vgl. Beckmann et al. 2004). Im Zuge einer nachhaltigen Beschaffung von Rohstoffen und Vorprodukten sind nachhaltigkeitsorientierte Unternehmen zudem oft gefordert, durch längerfristige und faire Vertragsgestaltung die Transparenz einer ökologisch und sozial optimierten Wertschöpfungskette über längere Zeiträume zu gewährleisten (vgl. Seuring und Müller 2008).

Treten Unternehmer zudem als Nachhaltigkeitspioniere öffentlich in Erscheinung, um ihre normativen Anliegen ins Gespräch zu bringen, verpflichten sie sich implizit dazu, einer Vorbildrolle durch integres Verhalten gerecht zu werden. Denn Verstöße werden von den Medien gerne aufgegriffen, wenn der offenkundige Kontrast zwischen erhobenen moralischen Ansprüchen und dem realen Verhalten bekannter Persönlichkeiten eine hohe Aufmerksamkeit verspricht.

6 Spontane Wahrnehmung unternehmerischer Gelegenheiten

Die bekundete *Festlegung* auf handlungsleitende Werte, Ziele, Vorhaben oder Leistungsversprechen wirkt nicht nur investiv als Hebel des eigenen Handlungsvermögens, zugleich wird ein *opportunistisches* Verhalten erschwert. Gerade darin entfalten selbstverpflichtende Äußerungen ihr Vertrauenspotenzial gegenüber Partnern, Mitarbeitern, Kunden und weiteren Stakeholdern (vgl. Beckmann et al. 2004).

Fraglich bleibt allerdings, inwieweit sich Unternehmer den Ausschluss opportunistischer Verhaltensweisen tatsächlich leisten können und wollen. Schließlich gilt die Flexibilität im Ergreifen *günstiger Gelegenheiten* für Entrepreneure als ein wesentlicher Erfolgsfaktor. Unternehmerisches Geschick zeigt sich in ihrer Fähigkeit, glückliche Umstände als solche zu erkennen und deren Erfolgspotenzial zu antizipieren. Dies setzt die Bereitschaft voraus, von bestehenden Plänen abzuweichen, wenn Zufälle und Unvorhersehbarkeiten neue Chancen eröffnen, die eine Änderung des bisherigen Vorgehens nahelegen (vgl. Faschingbauer 2010, S. 65 ff.; Sarasvathy 2001).

So ist die Herangehensweise eines Entrepreneurs laut Stevenson (1983) idealtypisch durch einen „opportunity-based view" gekennzeichnet, der sich von der administrativen Sichtweise eines Managers vor allem darin unterscheidet, dass Entrepreneure weniger darauf aus sind, Ressourcen zu kontrollieren und die vorhandenen Leistungskapazitäten zur Durchdringung bestehender Märkte planmäßig auszulasten als auf eine spontane Wahrnehmung opportuner Geschäftsmöglichkeiten (vgl. Brown et al. 2001). Ihre Findigkeit beweisen Unternehmer demnach im kurzfristigen Erschließen von Markt- und Gesetzeslücken, Informationsgefällen, Schwächen der Wettbewerber, Trendsignalen, technischen Anwendungsideen – oder wie Kirzner (1978, S. 39 f.) abstrakter formuliert, im Aufspüren von Arbitragemöglichkeiten zwischen dem bisherigen Angebot und der potenziellen Nachfrage. Allein darin läge der eigentliche Unternehmergewinn. Reines Unternehmertum bedeute demnach, „etwas zu entdecken, was ohne Gegenleistung erhältlich ist" (Kirzner 1978, S. 39).

Die Kennzeichnung des Entrepreneurs als findigen Arbitragejäger steht gedanklich in klarem Kontrast zur investiven Erweiterung des eigenen Handlungsvermögens via Selbstbindung. Anstelle dessen wird dem Unternehmertum ein libertäres Freiheitskonzept zugrunde gelegt, das den Entrepreneur frei wie einen Vogel auf Beutesuche über wirtschaftlichen Gegebenheiten kreisen lässt. Eine solche Wendigkeit wird befördert, wenn die soziale Einbettung des Unternehmens möglichst vage und unverbindlich bleibt. Für Kirzner verbindet sich damit jedoch keine moralische Abwertung. Vielmehr wird dem Unternehmer eine nützliche Entdeckerrolle zugeschrieben, die im marktwirtschaftlichen Wettbewerb zum Ausgleich bestehender Informations-, Preis- und Leistungsgefälle hinleitet (vgl. Kirzner 1978, S. 179).

Kirzners Entwurf des findigen Unternehmers setzt allerdings zweierlei voraus. Zum einen sind Unternehmergewinne vor ihrer Entdeckung durch den Entrepreneur noch niemandes Eigentum. Unternehmer bergen Gewinne hier nicht auf Kosten anderer, sondern auf eigene Rechnung. Zur Erschließung der entdeckten Gewinnmöglichkeiten begleichen sie die Faktorkosten für Kapitalzinsen, Löhne etc. zu marktüblichen Preisen. Unternehmerische Findigkeit besteht folglich in der Einsicht, dass sich im bestehenden Preisgefüge eine „herrenlose" Gewinnmarge für bestimmte Transaktionsketten versteckt hält. Zum anderen reichen kurzfristige Verträge vollkommen aus, um die Gewinnerzielung autonom zu koordinieren. Eine entdeckte Arbitragemöglichkeit ist damit schon so gut wie erschlossen, weil andere Akteure in funktionierenden Märkten über Preissignale hinlänglich zu steuern sind.

Beide Annahmen sind zweifelhaft. Stimmte die erste Annahme, wäre „nachhaltiges" oder „sozial verantwortliches" Unternehmertum begrifflich sinnlos, weil keinerlei Grund bestünde, ein solches von einem weniger nachhaltigen oder verantwortungslosen Unternehmertum abzuheben. Fehlende Nachhaltigkeit äußert sich jedoch vor allem darin, unternehmerische Vorhaben *auf Kosten* zukünftiger Generationen und benachteiligter Stakeholder durchzusetzen. In diesem Sinne lässt sich der libertäre Entrepreneur mit Isaak (1999, S. 29) als „Free-Rider" brandmarken, der systematisch bestrebt ist, seine Kosten und Risiken durch die unentgeltliche Nutzung öffentlicher Infrastruktur, Informationsquellen, Naturgüter sowie jeder sich bietender Unterstützung auf die Umwelt abzuwälzen, um am Markt zum eigenen Vorteil bestehen zu können.

Mag diese Umschreibung für Unternehmer in Gründungsphasen zum Teil zutreffend erscheinen, ist jedoch offenkundig, dass auch diese Annahme danebengreift, sobald Unternehmen mit zunehmender Etablierung und zu versteuernden Gewinnen gefordert sind, Vorleistungen des Staates und kooperativ gesinnter Stakeholder zu begleichen, unter Umständen sogar deutlich zu überzahlen. Dabei lässt sich nicht alles auf eine Geldfrage reduzieren. Partizipation und regelkonformes Verhalten können gleichfalls gefordert sein. Bei libertär gesonnenen Unternehmern mag die Bereitschaft dazu entscheidend von Kontroll- und Sanktionsängsten abhängen, dennoch bleibt der Handlungsspielraum eines reinen Trittbrettfahrers auf längere Sicht sehr begrenzt. Wollen Unternehmer ihren Handlungsspielraum systematisch ausbauen, kommt die Notwendigkeit der geschilderten Selbstbindungen deshalb mehr und mehr ins Spiel.

Diese Selbstbindungen sind keine echte Bürde, solange sie mit den Plänen eines Entrepreneurs konform gehen. Sobald Unternehmer sich jedoch die Freiheit nehmen wollen, von bisherigen Pfaden abzuweichen, um neue Umstände und Gelegenheiten zu nutzen, sind Konflikte nicht auszuschließen. Wer zum Beispiel aufgrund neuer technischer Optionen erwägt, loyale Mitarbeiter durch Maschinen zu ersetzen, sieht sich rechtlichen, psychologischen und moralischen Verpflichtungen ausgesetzt. Unternehmer geraten in ein *ambivalentes* Verhältnis zwischen investivem und libertärem Freiheitskonzept. Der gekonnte, besonnene Umgang mit solchen sich widersprechenden Handlungsimpulsen, die bei vielen Entscheidern Angst auslösen, kennzeichnet eine wesentliche Fähigkeit erfolgreicher Unternehmer. Das Beherrschen dieser Spannungen lässt sich als essenzielle und stetige Herausforderung des Entrepreneurships begreifen (vgl. Goebel 1990).

Im nachhaltigen Unternehmertum erhält diese Ambivalenz eine noch tiefere Ausprägung, weil die Bedeutung des investiven Ausbaus positiver Freiheiten zur Erfüllung nachhaltiger Entwicklungsziele besonders schwer wiegt und weil bestimmte Gelegenheiten mit Nachhaltigkeitsanforderungen schwer in Einklang zu bringen sind. Der Möglichkeitsspielraum wird zum Beispiel eingeschränkt, indem die Ausbeutung prekärer Arbeitsbedingungen in Entwicklungsländern als nichtnachhaltig gilt.

7 Bedenke den Preis

Unter der Voraussetzung, dass unternehmerisches Handeln entscheidend durch Freiheitswerte motiviert ist, wurden verschiedene Freiheitskonzepte unterschieden und in ihrer Bedeutung für nachhaltigkeitsorientierte Unternehmer beleuchtet. Dabei wurden Unternehmer in den letzten Abschnitten als Menschen betrachtet, die der Ambivalenz zwischen investiven und libertären Handlungsimpulsen ausgesetzt sind, was für nachhaltigkeitsorientierte Unternehmer in besonderer Weise gilt. Der gekonnte Umgang mit dieser Ambivalenz wurde als maßgeblich für den Erfolg unternehmerischen Freiheitsstrebens bewertet. Abschließend folgen einige Schlussfolgerungen daraus, die das unternehmerische Wachstum betreffen.

Grundsätzlich ist davon auszugehen, dass Umsatzwachstum und ökonomischer Gewinn von Unternehmern, ob nachhaltig oder nicht, als persönliche *Bestätigung ihrer Selbstwirksamkeit* wahrgenommen werden und zugleich ihren Handlungsspielraum erweitern. Verluste treiben hingegen in die Enge und gefährden die Fähigkeit, eingegangene Verpflichtungen einzulösen. Insofern harmonieren Freiheitsmotive mit dem Wachstums- und Gewinnstreben recht gut. Dennoch ist beides nicht deckungsgleich,

- zum einen weil unternehmerische Entscheidungen auf der *Mittelebene* nicht nur finanzielle Ressourcen binden, sondern wie dargestellt über die Zeit ein jeweils eigenes Maß an persönlichem Commitment über Verträge und Vertrauen in gesetzte Erwartungen bedingen. Der persönliche Preis eines Vorhabens übersteigt somit deutlich den *finanziellen* Investitionsbetrag.
- Zum anderen weil sich auf der *Zielebene* die daraus gewonnene Freiheit nicht nur in ökonomischen Größen zeigt, sondern auch darin, wie unabhängig Unternehmer ihre Zukunftsentwürfe, Ideen und Projekte substanziell verwirklichen können, in welchem Ausmaß sie also imstande sind, sich als Gestalter ihres Unternehmens selbstbestimmt zu entfalten.

Lassen sich zum Beispiel auf kalkulatorischem Wege verschiedenen Investitionsalternativen bestimmte Rentabilitäten bei vergleichbarem Risiko zuordnen, ist infolgedessen noch keine automatische Vorentscheidung für unternehmerisches Handeln getroffen. Eine solche Vorentscheidung aufgrund monetärer Berechnungen nähme dem Unternehmer nicht nur seine eigentliche Freiheit, zugleich wäre der persönliche Preis der zu ergreifenden Handlungsstränge aus der Einspeisung freiheitsstiftender Ressourcen nicht angemessen berücksichtigt. Die Konsequenzen einer Investition in Form veränderter Kapitalverhältnisse, neu begründeter Schuldverhältnisse und Berichtspflichten, eines größeren Personalstamms, zu pflegender Immobilien und Anlagen, einer breiteren Öffentlichkeit sowie aufzubauender Lieferanten- und Kundenbeziehungen ziehen Selbstbindungen nach sich, die sich für einen freiheitsliebenden Unternehmer nur dann auszahlen, wenn er damit das Bewusstsein seiner eigenen Selbstwirksamkeit verstärken kann und Ideen verwirklicht, die ihn dauerhaft substanziell und intrinsisch motivieren.

Die Gefahr, dass die intrinsische Motivation zur unternehmerischen Freiheitsentfaltung durch äußere, ökonomische Wachstumsanreize verdrängt wird, ist dabei nicht unerheblich (vgl. Frey und Osterloh 1997). Hierzu schlussfolgert Cassar (2007, S. 104) aus empirischen Erhebungen, dass Freiheitsstreben für die Gründung von Unternehmen zwar ein tragender Motivator sei, starkes Wachstumsstreben jedoch nachfolgend oft mehr auf finanziellen Anreizen beruhe, wobei wachstumsgetriebene Unternehmer in Kauf nähmen, dass der Aufbau eines Personalstamms als Einschränkung ihrer persönlichen Unabhängigkeit erfahren wird. Unternehmer, die hingegen an ihrer ursprünglichen, freiheitlichen Gründungsmotivation festhielten, agierten nachfolgend weniger wachstumsgetrieben.

Hierzu tragen auch *Erwartungen* bei, die ein Unternehmer mit seinem Umsatz- und Ertragswachstum bei Partnern, Kapitalgebern, Mitarbeitern oder Kommunen aufbaut. Ökonomischer Erfolg führt bei Zahlungsempfängern und Kollegen zur *Anerkennung*, die Unternehmer auch häufig gezielt darin suchen (vgl. Lieven 2000, S. 27). Mit dem Erfolg steigt zugleich der Wachstumsdruck, wenn Zahlungsempfänger eine lineare oder exponentielle Fortsetzung der bisherigen Erfolge erwarten und ihren Applaus sowie eigene Entscheidungen daran koppeln. Denn Unternehmer setzen mit ihrem Einsatz nicht nur auf ihr findiges Gespür für lohnende Investments. Sie bauen zugleich auf ihre Verlässlichkeit und das eigene Vermögen, bindende Erwartungen fortwährend aufrechterhalten zu können. Ähnliches gilt für öffentliche Wertschätzung, die Unternehmer aus dem bekundeten Einsatz für ökologische und soziale Ziele ernten, getreu ihrem Anspruch, ökonomischen Erfolg aus Nachhaltigkeitsleistungen abzuleiten.

Selbstbindungen über die Zeit verhelfen Unternehmern jedoch nur dann zu echter Freiheit, wenn sie den gewählten Zielen und Vorhaben aus innerem Antrieb tatsächlich kontinuierlich treu bleiben können. Andernfalls holte sie das Gefühl der Unfreiheit unweigerlich ein. Durch den Wunsch nach Anerkennung büßen Unternehmer die erstrebte Unabhängigkeit also schnell wieder ein, wenn sie ihren Erfolg zu sehr an die schwankende Wertschätzung ihrer Leistungen binden und sich von einer so erzwungenen Wachstumsdynamik hektisch treiben lassen (vgl. Cassar 2007).

Unternehmer müssen vielmehr wissen, was sie morgen noch wollen. Nur so lässt sich unternehmerische Freiheit sinnvoll verwirklichen – als Ausgangspunkt, eigenmächtig Veränderungen herbeizuführen, auf deren Grundlage anschließend mit neuen Vorhaben zusätzliche Optionen erschlossen und glückliche Umstände genutzt werden können. Die Idee einer nachhaltigen Entwicklung ist dem zuträglich, weil sie das Potenzial in sich birgt, unternehmerische Willenskraft durch *Sinnstiftung* zu verstetigen (vgl. Petersen et al. 2015, S. 21 f.; Weber und Petersen 2015, S. 197 f.).

Der persönliche Preis nachhaltigkeitsorientierter Vorhaben übersteigt allerdings deutlich den finanziellen Investitionsbetrag und sollte in seinen Ausmaßen umfassend überschlagen werden. Hierbei ist *Wachstum* in seinen Konsequenzen auch als kritische Größe zu betrachten. Weil der Preis persönlicher Bindungen und innerer Beteiligung ein subjektiver ist, kann die Wissenschaft hierzu keine mathematischen Entscheidungsvorlagen modellieren, sondern nur ordnende Übersichten, empirische Einsichten und Reflexionsimpulse anbieten, die Unternehmern ein ausgewogenes, systematisch abwägendes Entscheidungsverhalten erleichtern (vgl. Porter 1991). Insbesondere sind Methoden erforderlich, die Unternehmern die Tragweite impliziter Verpflichtungen verdeutlichen und auch Stakeholdern Transparenz verschaffen, wo die Grenzen ökologischer, sozialer und ökonomischer Commitments zweckmäßigerweise zu ziehen sind, um sowohl der Verlässlichkeit als auch unternehmerischer Flexibilität Genüge zu tun (vgl. Dierksmeier und Pirson 2010).

Freiheitsverwirklichung ist dabei mehr als eine Frage einzelner Entscheidungen. Sie kennzeichnet zugleich eine persönliche *Entwicklung* (vgl. Sen 1993). Betrachtet man unternehmerische Freiheit nicht nur als extern gegebenen Handlungsspielraum, sondern gleichfalls als endogen zu entfaltende *Fähigkeit* des Unternehmers, sollten Wege gesucht werden, diese Fähigkeit gezielt und nachhaltig zu entfalten, insbesondere in sinnvollen, lebensdienlichen Geschäftszielen, einer selbstbestimmten Dosierung des eigenen Wachstums sowie im besonnenen Umgang mit den daraus entstehenden Konflikten zwischen libertären und investiven Handlungsimpulsen.

Literatur

Amit R, MacCrimmon KR, Zietsma C (2000) Does money Matter?: Wealth attainment as the motive for initiating growth-oriented technology ventures. J Bus Ventur 16:119–143

Anderson TL, Leal DR (1997) Enviro-Capitalists: Doing Good While Doing Well. Rowman & Littlefield, Boston

Bandura A (1998) Self-efficacy: the exercise of control. Freeman, New York

Bea FX (1968) Kritische Untersuchung über den Geltungsbereich des Prinzips der Gewinnmaximierung. Duncker & Humblot, Berlin

Beckmann M, Pies I (2006) Freiheit durch Bindung – Zur ökonomischen Logik von Verhaltenskodizes, Diskussionspapier Nr. 2006-9. Lehrstuhl für Wirtschaftsethik an der Martin-Luther-Universität Halle-Wittenberg, Halle

Beckmann M, Mackenbrock T, Pies I, Sardison M (2004) Mentale Modelle und Vertrauensbildung – Eine wirtschaftsethische Analyse, Diskussionspapier Nr. 04-9. Wittenberg-Zentrum für Globale Ethik, Wittenberg

Belz F-M, Peattie (2012) Sustainability Marketing: A Global Perspective, 2. Aufl. Wiley & Sons, Chichester

Berlin I (1995) Freiheit: Vier Versuche. Fischer, Frankfurt am Main

Bonus H (1997) Die Langsamkeit von Spielregeln. In: Backhaus K, Bonus H (Hrsg) Die Beschleunigungsfalle oder der Triumph der Schildkröte, 2. Aufl. Schäffer-Poeschel, Stuttgart, S 1–18

Bornstein D (2006) Die Welt verändern. Social Entrepreneurs und die Kraft neuer Ideen, 2. Aufl. Klett-Cotta, Stuttgart

Brown TE, Davidson P, Wilklund J (2001) An Operationalization of Stevenson's Conzeptualization of Entrepreneurship as Opportunity-based Firm Behavior. Strateg Manag J 22:953–968

Cassar G (2007) Money, money, money? A longitudinal investigation of entrepreneur career reasons, growth preferences and achieved growth. Entrepreneursh Reg Dev 19(1):89–107

Dierksmeier C, Petersen H (2016) Welche Freiheit brauchen Unternehmer? Forum Wirtschaftsethik, Online-Ausgabe vom 01.12.2016. http://forum-wirtschaftsethik.de/welche-freiheit-brauchen-unternehmer/.

Dierksmeier C, Pirson M (2010) The Modern Corporation and the Idea of Freedom. Philos Manag 9(3):5–25

Di Fabio U (1999) Unternehmerische Selbstbindung und rechtstaatliche Fremdbindung. In: Ulrich P, Löhr A, Wieland J (Hrsg) Unternehmerische Freiheit, Selbstbindung und politische Mitverantwortung. Hampp, München und Mering, S 85–98

Faschingbauer M (2010) Effectuation: Wie erfolgreiche Unternehmer denken, entscheiden und handeln. Schäffer-Poeschel, Stuttgart

v. Foerster H (1993) Wissen und Gewissen. Suhrkamp, Frankfurt am Main

Freeman RE (1984) Strategic Management: A Stakeholder Approach. Pitman, Boston

Frey BS, Osterloh M (1997) Sanktionen oder Seelenmassage? Motivationale Grundlagen der Unternehmensführung. Die Betriebswirtschaft S(57):307–321

Friedman M (1976) Kapitalismus und Freiheit. DTV, München

Goebel P (1990) Erfolgreiche Jungunternehmer – Welche Fähigkeiten brauchen Firmengründer? mvg, München

Gutenberg E (1958) Einführung in die Betriebswirtschaftslehre. Gabler, Wiesbaden

Hamer E (1988) Wie Unternehmer entscheiden: Motive und Verhalten mittelständischer Firmenchefs. Moderne Industrie, Landsberg am Lech

von Hayek FA (1986) Recht Gesetzgebung und Freiheit: Regeln und Ordnung, 2. Aufl. Moderne Industrie, Landsberg am Lech

Hofmann M (1968) Das unternehmerische Element in der Betriebswirtschaftslehre. Duncker & Humblot, Berlin

Isaak R (1999) Green Logic: Entrepreneurship, Theory and Ethics. Kumarian, West Hartford

Jacobsen LK (2006) Erfolgsfaktoren bei der Unternehmensgründung: Entrepreneurship in Theorie und Praxis. DUV, Wiesbaden

Jost P-J (2000) Organisation und Koordination: Ein ökonomische Einführung. Gabler, Wiesbaden

Kets de Vries MFR (1986) Die Schattenseiten des Entrepreneurs. Harv Manag 2(86):7–10

Kirzner IM (1978) Wettbewerb und Unternehmertum. Mohr, Tübingen

Knight FH (1942) Profit and Entrepreneurial Functions. J Econ Hist 2(42):126–132

Kuratko DF, Hornsby JS, Naffziger DW (1997) An examination of owner's goals in sustaining entrepreneurship. J Small Bus Manag 1(97):24–33

Larson AL (2000) Sustainable Innovation through an Entrepreneurship Lens. Bus Strategy Environ 9:304–317

Lieven T (2000) Unternehmer sein heißt frei sein: Mein Weg in die Unabhängigkeit. Hanser, München

Locke J (1981) Versuch über den menschlichen Verstand, 4. Aufl. Bd. I. Felix Meiner, Hamburg (engl. Erstausgabe 1690)

Müller M, Hübscher M (2008) Stakeholdermanagement und Corporate Social Responsibility – strategisch oder normativ? In: Müller M, Schaltegger S (Hrsg) Corporate Social Responsibility: Trend oder Modeerscheinung. oekom, München, S 143–158

Paech N (2016) Befreiung vom Überfluss: Grundlagen einer Wirtschaft ohne Wachstum. Fromm Forum 20(2016):70–76

Petersen H (2003) Ecopreneurship und Wettbewerbsstrategie. Verbreitung ökologischer Innovationen auf Grundlage von Wettbewerbsvorteilen. Metropolis, Marburg

Petersen H (2005) Nachhaltig wachsen: Was macht grüne Unternehmen groß und stark? Ökologisches Wirtschaften 10(2):15–16

Petersen H (2006) Ecopreneurship and Competititve Strategies. Striving for Market Leadership by Promoting Sustainability. In: Schaltegger S, Wagner M (Hrsg) Managing the Business Case for Sustainability. The Integration of Social, Environmental and Economic Performance. Greenleaf, Sheffield, S 398–411

Petersen H (2010) The competitive Strategies of Ecopreneurs. Striving for Market Leadership by Promoting Sustainability. In: Schaper M (Hrsg) Making Ecopreneurs. Developing Sustainable Entrepreneurship. Ashgate, Aldershot/Burlington, S 174–190

Petersen H (2017) Freiheit durch Selbstfindung. In: FUGO – Forschungsgruppe Unternehmen und gesellschaftliche organisation (Hrsg) Unternehmen der Gesellschaft. Metropolis, Marburg, S 205–230

Petersen H, Schaltegger S, Schock M (2015) Vision, Leitbild und Strategie für eine nachhaltige Unternehmensentwicklung. In: Petersen H, Schaltegger S (Hrsg) Nachhaltige Unternehmensentwicklung im Mittelstand: Mit Innovationskraft zukunftsfähig wirtschaften. Oekom, München, S 15–36

Porter ME (1991) Towards a Dynamic Theory of Strategy. Strateg Manag J 12:95–117

Sarasvathy S (2001) Causation and effectuation: Toward a theoretical shift from economic inevitability to entrepreneurial contingency. Acad Manag Rev 26(2):243–263

Schaltegger S (2011) Sustainability as a Driver for Corporate Economic Success. Consequences for the Development of Sustainability Management. Control Soc Econ 33(1):15–28

Schaltegger S, Lüdecke-Freund F (2013) Business Cases for Sustainability. In: Idowu SO, Capaldi N, Zu L, Das Gupta A (Hrsg) Encyclopedia of Corporate Social Responsibility. Springer, Berlin/Heidelberg, S 245–252

Schaltegger S, Petersen H (2001) Ecopreneurship: Konzept und Typologie, Reihe: Analysen zum Rio Management Forum 2000. R. I. O. Impuls, Luzern

Schaltegger S, Petersen H (2002) „Ecopreneure": nach der Dekade des Umweltmanagements das Jahrzehnt des nachhaltigen Unternehmertums? Polit Zeitgesch 52(31/32):37–46

Sen A (1993) Markets and Freedoms: Achievments and Limitations of the Market Mechanism In Promoting Individuel Freedoms. Oxf Econ Pap 45(4):519–541

Sen A (1999) Development as Freedom. Oxford University Press, Oxford

Seuring S, Müller M (2008) Core Issues in Sustainable Supply Chain Management – A Delphi Study. Bus Strategy Environ 17(8):455–466

Stadler C (2009) Freude am Unternehmertum in kleinen und mittleren Unternehmen: Ergebnisse einer Quer- und Längsschnittanalyse. Gabler, Wiesbaden

Stevenson HH (1983) A Perspective on Entrepreneurship, Harvard Business School Working Paper 9-384-131. Hardvard

Timmons J (1986) Growing Up Big. In: Sexton D, Smilor R (Hrsg) The Art and Science of Entrepreneurship. Cambridge, Mass.

Ulrich P (1999) Republikanische Unternehmensethik – Facetten einer „fesselnden" Perspektive unternehmerischer Selbstbindung. In: Ulrich P, Löhr A, Wieland J (Hrsg) Unternehmerische Freiheit, Selbstbindung und politische Mitverantwortung. Hampp, München und Mering, S 167–178

Vesalainen J, Pihkala T (1999) Motivation Structure and Entrepreneurial Intentions, Paper presented at the Babson-Kauffman Entrepreneurship Research Conference, South-Carolina, May 99. http://fusionmx-babson.edu/entrep/fer/papers99/II/II_B/IIB.html. Zugegriffen: 21. Dez. 2012

Weber U, Petersen H (2015) Mitarbeitende motivieren & einbinden. In: Petersen H, Schaltegger S (Hrsg) Nachhaltige Unternehmensentwicklung im Mittelstand: Mit Innovationskraft zukunftsfähig wirtschaften. oekom, München, S 197–219

Weede E (2003) Mensch, Markt und Staat: Plädoyer für eine Wirtschaftsordnung für unvollkommene Menschen. Lucius & Lucius, Stuttgart

Wüstenhagen R, Meyer A, Villiger A (1999) Die Landkarte des ökologischen Massenmarktes. Ökologisches Wirtschaften 99(1):27–29

Dr. Holger Petersen, gelernter Bankkaufmann, ist am Centre for Sustainability Management (CSM) der Leuphana Universität Lüneburg als Dozent und Autor tätig. Unter anderem verfasst er Fernstudienkurse für den MBA Sustainability Management des CSM sowie für den Weiterbildungsstudiengang Infernum der Fernuniversität Hagen. Außerdem koordiniert er den Wissenstransfer zwischen dem CSM und Unternehmen, insbesondere mit dem Sustainability Leadership Forum (SLF). Holger Petersen promovierte 2003 zum Thema Wettbewerbsstrategien mittelständischer Nachhaltigkeitspioniere und arbeitete mehrere Jahre im Bankensektor als Vermögensberater und als Umweltreferent.

Unternehmerische Nachhaltigkeit aus Sicht der Postwachstumsökonomik

Niko Paech

1 Wachstumsdämmerung

Innerhalb des Nachhaltigkeitsdiskurses wird zusehends infrage gestellt, dass die Wachstumsorientierung moderner Ökonomien fortgesetzt werden kann und sollte. Weitere Zunahmen des Bruttoinlandsproduktes (BIP), so wird argumentiert, würden erstens an absehbaren Ressourcenengpässen scheitern (vgl. Heinberg 2007), seien zweitens nie gänzlich ohne ökologische Schäden zu haben (vgl. Paech 2012), verringerten drittens nicht per se Verteilungsdisparitäten (vgl. Paech 2008) und bewirkten viertens nach Erreichen eines bestimmten Wohlstandsniveaus keine Steigerung dessen, was mit Glück, Zufriedenheit oder sonstigen Umschreibungen für subjektives Wohlbefinden assoziiert werden könnte (vgl. Layard 2005). Neben dieser nunmehr schon „klassischen" Wachstumskritik zeichnen sich weitere Entwicklungen ab, welche die Störanfälligkeit einer auf Wachstum beruhenden Ökonomie steigern dürften. Dazu zählt unter anderem ein als „Industrie 4.0" bezeichneter Strukturbruch.

Der vorliegende Beitrag widmet sich der Rolle des Unternehmertums angesichts zunehmend relevanter Wachstumsgrenzen. Den konzeptionellen Hintergrund bildet die „Postwachstumsökonomik" (Paech 2012b). Sie ist als heterodoxe und ökologisch orientierte Teildisziplin der Wirtschaftswissenschaften, insbesondere als Weiterentwicklung wachstumskritischer Positionen, zu verstehen. Letztere können dogmenhistorisch in zwei Wellen unterteilt werden. Zur ersten zählen unter anderem Arbeiten von Kohr (1957), Mumford (1967), Georgescu-Roegen (1971), Meadows et al. (1972), Schumacher (1973), Illich (1973), Daly (1977), Hueting (1980) und Gronemeyer (1988). Innerhalb der zweiten Welle lassen sich Beiträge verorten, die unter anderem mit folgenden Begriffen bzw. Konzepten assoziiert sind: „Ökosozialismus" (Sakar 2001), „La decrescita felice"

N. Paech (✉)
Eibenweg 26, 26131 Oldenburg, Deutschland
E-Mail: niko.paech@uni-oldenburg.de

(Pallante 2005), „Décroissance" (Latouche 2006), „Degrowth" (Martínez-Alier 2009; D'Alisa et al. 2016), „Postwachstumsökonomie" (Paech 2008, 2012), „Managing without Growth" (Victor 2008), „Prosperity without Growth" (Jackson 2009), „Vorwärts zur Mäßigung" (Binswanger 2009), „Exit" (Miegel 2010), „Plenitude" (Schor 2010) oder „Postwachstumsgesellschaft" (Seidl und Zahrnt 2010).

Als Lehr- und Forschungsprogramm richtet die Postwachstumsökonomik den Blick auf drei basale Fragestellungen:

a. Welche Begründungszusammenhänge lassen erkennen, dass ein weiteres Wachstum des Bruttoinlandsproduktes keine Option für das 21. Jahrhundert sein kann?
b. Was sind die Ursachen dafür, dass moderne, auf industrieller Fremdversorgung basierende Volkswirtschaften einem Wachstumszwang unterliegen?
c. Was sind die Konturen einer Ökonomie jenseits des Wachstumszwangs (Postwachstumsökonomie)?

Eine Detailfrage, die sich aus c. ableiten lässt, lautet: Wie können Unternehmen die voraussichtlich eintretende Situation meistern, dass weitere Zunahmen des Bruttoinlandsproduktes (BIP) – auch wenn es sich dabei um sog. „grünes Wachstum" handelt – nicht nur unvereinbar mit einer nachhaltigen Entwicklung, sondern überdies unrealistisch sind? Außerdem könnte das Festhalten an einem hoch technisierten und räumlich entgrenzten Industriemodus, der ohne Wachstum nicht zu stabilisieren ist, einen Strukturwandel heraufbeschwören, dem infolge der damit einhergehenden Konzentrationsprozesse viele klein- und mittelständische Unternehmen zum Opfer fallen werden.

Im Folgenden wird zunächst begründet, dass eine Entkopplung arbeitsteilig erzeugter Wertschöpfung von ökologischen Schäden, also die Vision eines „grünen" Wachstums, bislang nicht etwa nur empirisch gescheitert ist, sondern nicht einmal theoretisch widerspruchsfrei darstellbar ist. Sodann wird eingedenk der als „Industrie 4.0" bezeichneten Entwicklung untermauert, dass jenes Phänomen, auf dem letztlich alle modernen Fortschrittskonstruktionen gründen, nämlich die kontinuierliche – oder demnächst sprunghafte – Zunahme der Arbeitsproduktivität, ein sich dramatisch verschärftes Dilemma heraufbeschwört: Einerseits steigt die Wachstumsbedürftigkeit zeitgenössischer Industriesysteme ins Unermessliche, andererseits werden zunehmend Wachstumsgrenzen relevant. Als möglicher Ausweg sollen einige Konturen der Postwachstumsökonomie (Paech 2012) beleuchtet werden, um Tendenzaussagen zur Rolle postwachstumstauglicher Unternehmen treffen zu können.

2 Ökologische Wachstumsgrenzen: Keine Entkopplung in Sicht

Zuwächse des BIP setzen *zusätzliche Produktion* voraus, die als Leistung von mindestens einem Anbieter zu einem Empfänger übertragen werden muss und einen Geldfluss induziert, der *zusätzliche Kaufkraft* entstehen lässt. Der Wertschöpfungszuwachs hat somit eine materielle Entstehungsseite und eine finanzielle Verwendungsseite des Einkommenszuwachses. *Beide* Wirkungen wären ökologisch zu neutralisieren, um die Wirtschaft ohne Verursachung zusätzlicher Umweltschäden wachsen zu lassen. Mit anderen Worten: Selbst wenn sich die Entstehung einer geldwerten und damit BIP-relevanten Leistungsübertragung technisch jemals entmaterialisieren ließe – was mit Ausnahme singulärer und kaum hochskalierbarer Laborversuche bislang nicht absehbar ist –, bliebe das Entkopplungsproblem solange ungelöst, wie sich mit dem zusätzlichen Einkommen beliebige Güter finanzieren lassen, die nicht vollständig entmaterialisiert sind. Beide Entkopplungsprobleme sollen kurz beleuchtet werden.

2.1 Entstehungsseite des BIP: Materielle Reboundeffekte

Wie müssten Güter beschaffen sein, die als geldwerte Leistungen von mindestens einem Anbieter zu einem Nachfrager übertragen werden, deren Herstellung, physischer Transfer, Nutzung und Entsorgung jedoch aller Flächen-, Materie- und Energieverbräuche enthoben sind? Bisher ersonnene Green-Growth-Lösungen erfüllen diese Voraussetzung offenkundig nicht, ganz gleich ob es sich dabei um Passivhäuser, Elektromobile, Ökotextilien, Fotovoltaikanlagen, Bionahrungsmittel, Offshoreanlagen, Blockheizkraftwerke, Smart Grids, solarthermische Heizungen, Cradle-to-cradle-Getränkeverpackungen, Carsharing, digitale Services etc. handelt. Nichts von alledem kommt ohne physischen Aufwand, insbesondere neue Produktionskapazitäten, Distributionssysteme, Mobilität und hierzu erforderliche Infrastrukturen aus, was somit zu einer weiteren materiellen Addition führen muss, solange sich daraus wirtschaftliches Wachstum speisen soll.

Aber könnten die „grünen" Produkte den weniger nachhaltigen Output nicht einfach ersetzen, anstatt addiert zu werden, sodass im Saldo eine ökologische Entlastung eintritt? Diese Strategie scheitert in zweierlei Hinsicht: Erstens würde es nicht ausreichen, nur Outputströme zu ersetzen, solange der hierzu zwangsläufig nötige Strukturwandel mit einem Zuwachs an materiellen Bestandsgrößen und Flächenverbräuchen (wie bei Passivhäusern oder Anlagen zur Nutzung erneuerbarer Energien) einhergeht. Die bisherigen Kapazitäten und Infrastrukturen wären zu beseitigen. Aber wie könnte die Materie ganzer Industrien, Gebäudekomplexe oder etlicher Millionen an fossil angetriebenen Pkw (um sie durch E-Mobile zu ersetzen) und Heizungsanlagen (um sie durch Elektro- oder solarthermische Anlagen zu ersetzen) ökologisch neutral verschwinden?

Zweitens könnte das BIP gerade dann nicht systematisch wachsen, wenn jedem grünen Wertschöpfungsgewinn ein Verlust infolge des Rückbaus alter Strukturen entgegenstünde. Dies lässt sich exemplarisch an der deutschen „Energiewende" nachzeichnen. Zunächst entpuppen sich die momentan von der Green-Growth-Gemeinde bestaunten Wertschöpfungsbeiträge der erneuerbaren Energien bei genauerer Betrachtung bestenfalls als Strohfeuereffekt. Nachdem nämlich die vorübergehende Phase des Kapazitätsaufbaus abgeschlossen ist, reduziert sich der Wertschöpfungsbeitrag auf einen Energiefluss, der vergleichsweise geringe Zuwächse des BIP verursacht und nicht beliebig gesteigert werden kann – es sei denn, die Produktion neuer Anlagen wird ohne Begrenzung fortgesetzt. Aber dann drohen wiederum neue Umweltschäden: Die schon jetzt unerträglichen Landschaftszerstörungen nähmen entsprechend zu.

Daran zeigt sich ein unlösbares Dilemma vermeintlich „grüner" Technologien: Insoweit auch diese niemals zum ökologischen Nulltarif zu haben sind, verlagern sie Umweltschäden nur in eine andere physische, räumliche, zeitliche oder systemische Dimension, in der früher oder später eben andere physische Wachstumsgrenzen erreicht werden. Entsprechend unbrauchbar sind die Versuche, Entkopplungserfolge empirisch zu belegen, zumal sich Verlagerungseffekte nicht berücksichtigen lassen: Wie sollen beispielsweise CO_2-Einsparungen mit Landschaftszerstörungen saldiert werden?

2.2 Verwendungsseite des BIP: Finanzielle Reboundeffekte

Selbst wenn entmaterialisierte Produktionszuwächse je möglich wären, müssten die damit unvermeidlich korrespondierenden Einkommenszuwächse ebenfalls ökologisch neutralisiert werden. Aber es erweist sich als schlicht undenkbar, den Warenkorb jener Konsumenten, die das in den grünen Branchen zusätzlich erwirtschaftete Einkommen beziehen, von Gütern freizuhalten, in deren globalisierte Produktion fossile Energie und andere Rohstoffe einfließen. Würden Personen, die in den Branchen (vermeintlich) „grüner" Produktion beschäftigt sind, keine Eigenheime bauen, nicht mit dem Flugzeug reisen, Auto fahren und übliche Konsumaktivitäten in Anspruch nehmen – und zwar mit steigender Tendenz, wenn das verfügbare Einkommen wächst? Ein zweiter finanzieller Reboundeffekt droht, wenn grüne Investitionen den Gesamtoutput erhöhen, weil nicht zeitgleich und im selben Umfang die alten Produktionskapazitäten zurückgebaut werden (die gesamte Wohnfläche nimmt durch Passivhäuser zu, die gesamte Strommenge steigt durch Fotovoltaikanlagen), was tendenzielle Preissenkungen verursacht und folglich die Nachfrage erhöht. Es ist nicht einmal auszuschließen, dass davon der fossile Sektor mitprofitiert. Ein dritter finanzieller Reboundeffekt tritt ein, wenn Effizienzerhöhungen die Betriebskosten bestimmter Objekte (Häuser, Autos, Beleuchtung etc.) reduzieren.

Theoretisch ließen sich diese finanziellen Reboundeffekte vermeiden, wenn sämtliche Einkommenszuwächse abgeschöpft würden – aber wozu dann überhaupt Wachstum: Was könnte absurder sein, als Wachstum zu generieren, um die damit intendierten Einkommenssteigerungen zu neutralisieren? Die Behauptung, durch Investitionen in grüne Technologien könne Wirtschaftswachstum mit einer absoluten Senkung von Umweltbelastungen einhergehen, ist also nicht nur falsch, sondern kehrt sich ins genaue Gegenteil um: Aus der Perspektive finanzieller Reboundeffekte haben grüne Technologien allein unter der Voraussetzung eines nicht wachsenden BIP überhaupt eine Chance, die Ökosphäre zu entlasten. Und dies ist nicht einmal eine hinreichende Bedingung, weil die materiellen Effekte – insbesondere die unzähligen Verlagerungsmöglichkeiten – auf der Entstehungsseite ebenfalls einzukalkulieren sind.

3 Die Produktivitätsfalle

3.1 Verschärfung des Wachstumsdilemmas

Fortwährende Erhöhungen der Arbeitsproduktivität bedingten seit Einführung der Dampfmaschine den fulminanten Zuwachs an materiellem Wohlstand. Während verschiedener Phasen der industriellen Entwicklung konnte menschliche Arbeitskraft zusehends durch Mechanisierung, Elektrifizierung, Automatisierung und Digitalisierung verstärkt, in ihrer Wirkung und Reichweite gesteigert oder sogar maschinell komplett ersetzt werden. Überdies eröffneten die Produktivitätssteigerungen kontinuierlich neuen Spielraum für Reallohnerhöhungen, sodass die Outputzuwächse von der Nachfrageseite absorbiert werden konnten. Arbeitssparender technischer Fortschritt ermöglichte zudem humanere, in vielerlei Hinsicht komfortablere Arbeitsbedingungen.

Mit der stetigen Erschließung doppelter Freiheitsgewinne – wachsende Kaufkraft *und* abnehmende Arbeitsbelastung – konnten sich immer mehr Menschen individuell entfalten, zumal am epochalen Unterfangen einer (konsum- und mobilitätsorientierten) sozialen Emanzipation teilhaben. Insoweit dieses Fortschrittsnarrativ unabdingbar auf Produktivitätssteigerungen gründet, wird damit ein heikles Verhältnis zwischen technischer, ökonomischer, ökologischer und sozialer Entwicklung unausweichlich. Zunächst ließe sich fragen, welche der unzähligen technologischen Produktivitätsfortschritte auch dann noch so bezeichnet werden könnten, wenn ihnen alle zeitlich, räumlich, materiell oder systemisch verlagerten Nebenfolgen gegenübergestellt würden (vgl. Neirynck 2001; Paech 2014).

Eine ebenso relevante Ambivalenz rührt daher, dass zunehmende Arbeitsproduktivität nur bei hinreichendem Wirtschaftswachstum in sozialen Fortschritt transformiert werden kann. Andernfalls kehrt sich das moderne Märchen vom steigenden Wohlergehen möglichst vieler Menschen in sein Gegenteil, nämlich in zunehmende soziale Desintegration um. Die Arbeitsnachfrage einer Volkswirtschaft (oder Branche) entspricht dem Produkt aus Output und dem pro Outputeinheit benötigten Arbeitsinput. Sinkt Letzterer aufgrund zunehmender Arbeitsproduktivität, ist entsprechendes Produktionswachstum nötig, um keine oder möglichst wenig Beschäftigte freisetzen zu müssen.

Die von den ersten drei industriellen Revolutionen induzierte Produktivitätsdynamik war von einer mehr oder weniger auskömmlichen ökonomischen Expansion begleitet, sodass ein genügender Anteil der Bevölkerung weiterhin in Arbeitsprozesse integriert werden konnte, überdies auf einem stetig höheren Einkommensniveau. Demgegenüber könnte die als „Industrie 4.0" oder „Second Machine Age" (Brynjolfsson und McAfee 2015) bezeichnete Entwicklung alle bislang für möglich gehaltenen Potenziale arbeitssparenden technischen Fortschritts deutlich übertreffen: Massive Entwicklungssprünge in der künstlichen Intelligenz, neue Generationen von Industrie- und Dienstleistungsrobotern, das „Internet der Dinge", 3-D-Druck, Big Data, erweiterte Sensortechnologien, digitale Endgeräte mit SLAM-Charakteristik (Simultaneous Localization and Mapping) etc. werfen die Frage auf, für welche wertschöpfenden Verrichtungen und Prozesse demnächst noch (menschliche) Arbeitskräfte benötigt werden. Wie viel Wachstum wird diesmal nötig sein, um Arbeitslosigkeit zu verhindern?

Je effektiver die technologischen Entwicklungen wirken, aus denen sich Produktivitätserhöhungen und lebenserleichternder Komfort speisen, desto wachstumsabhängiger wird das Gesamtsystem. Aber gerade die Perspektiven weiteren Wirtschaftswachstums erweisen sich als zunehmend prekär, insbesondere ökologisch unverantwortbar, wie weiter oben dargestellt wurde.

3.2 Die Winner-take-all-Ökonomie

Der durch Industrie 4.0 induzierte Strukturwandel dürfte außerdem einen Konzentrationsprozess beschleunigen, dem ein immenser Teil der kleinen und mittelständischen Unternehmen zum Opfer fallen könnte. Ursächlich dafür sind Größenvorteile, die sich in einem „The-winner-take-all"-Syndrom (Frank und Cook 1995) niederschlagen, das weit über den Effekt zunehmender Skalenerträge oder „economies of scope" (Baumol et al. 1988) hinausreicht.

Belangvoll sind unter anderem „network externalities", welche bereits die digitale Ökonomie der späten Neunzigerjahre prägten. „Positive network externalities arise when a good is more valuable to a user the more users adopt the same good or compatible ones. The externality can be direct (a telephone user benefits form others being connected) ... It can also be indirect; because of increasing returns to scale in production, a greater number of complementary products can be supplied – and at a lower price – when the network grows ..." (Tirole 1990, S. 405). Als Pioniere für internetbasierte Netzwerkeffekte gelten eBay und Amazon. Deren Übermacht erwuchs mit atemberaubender Geschwindigkeit, weil ein zunächst kaum bemerkenswert erscheinender First-mover-Vorteil in eine positiv rückgekoppelte Spirale der Attraktivitätsvorsprünge mündete: Nachdem eBay eine bestimmte Größe („kritische Masse") erreicht hatte, wurden kleinere Plattformen für potenzielle Nutzer zusehends uninteressanter. Je mehr Anbieter die Plattform nutzten, desto größer wurden die Auswahl an Alternativen und der Druck auf das Preisniveau, was viele Nachfrager anlockte. Dies erhöhte wiederum die Attraktivität aus Verkäufersicht, weil damit die Wahrscheinlichkeit stieg, für jedes Angebot einen Käufer zu finden: Es resultierte ein rasant sich selbst verstärkender Größenvorteil.

Diese Anpassungslogik kann dazu führen, dass nur ein dominantes Unternehmen verbleibt, neben dem bestenfalls noch einige Nischenanbieter überleben können. Inzwischen erstreckt sich diese Selektionslogik auch auf Mass Customization (z. B. MyMüsli), Sharing-Dienste (z. B. Uber) und viele weitere Bereiche. Fast ließe sich von ökonomischen Gravitationskräften sprechen, deren Sog mittels digitaler Kommunikationsmedien dermaßen potenziert wird, dass jegliches Marktgeschehen in Richtung weniger großer Anbieter driftet. Solche Selektionsprozesse, die einer anfänglichen, sich selbst verstärkenden Asymmetrie entspringen, erfassen auch stationäre Anbieter. Die ortsungebundene Verfügbarkeit marktrelevanter Informationen (etwa durch Smartphones) tilgt nahezu alle Marktunvollkommenheiten, die kleineren, lokal/regional orientierten Firmen bislang einen graduellen Schutz vor direkten Vergleichen mit übermächtigen Konkurrenten boten. Inzwischen können Nachfrager minimale Preis- oder Qualitätsunterschiede mühelos und verzögerungsfrei orten und ausschöpfen, weil Such-, Informations- und andere Transaktionskosten fast vernachlässigbar geworden sind.

Vormals relevante Formen einer Kundenbindung, die trotz unterschiedlicher Preise infolge räumlicher, zeitlicher, sachlicher sowie personeller Differenzierung und somit als empirische Abweichung von Jevons (1871) Gesetz des einheitlichen Marktpreises oder aufgrund eines sog. akquisitorischen Potenzials (Gutenberg 1955) durchaus möglich waren, erodieren damit. Mit zunehmender Transparenz und parallel entstehenden Logistik- und Liefersystemen, die jeden Raum- und Zeitwiderstand brechen, reichen selbst minimale Kosten- oder Qualitätsunterschiede, um unterlegene Konkurrenten zu verdrängen. So gesehen ebnet die digitale Revolution alles ein, was in wettbewerbstheoretischen Lehrbüchern vormals als Hindernis für effiziente Marktgleichgewichte galt. Aber tatsächlich – so könnte sich nun herausstellen – wird damit ein Angleichungs- und Zentralisierungsprozess ausgelöst, der nicht nur ökonomische Vielfalt, sondern die Existenzgrundlagen kleiner und mittelständischer Anbieter dezimiert.

Gegen die Antizipation dieses Szenarios ließe sich einwenden, dass hinreichend innovative Anbieter in selbst geschaffenen Nischen auch jenseits größenbedingter Vorteile überleben könnten. „Indeed, what is the meaning of the word ‚niche' but a position that is occupied to avoid competition" (Mintzberg 1987, S. 15). Dies setzt jedoch zweierlei voraus: Erstens bedarf es eines hinreichenden Schutzes vor nacheilender Konkurrenz, die jeden Innovationsvorsprung, noch bevor sich daraus ein Geschäftsfeld entwickeln konnte, aufgreift, imitiert und damit verzögerungsfrei in den Kontext ruinöser Vergleichbarkeit und Preiskonkurrenz überführt. Zweitens ist die Nischenstrategie nur bei hinreichendem Wachstum des Gesamtmarktes als Ausweg darstellbar (vgl. Paech 2005, S. 216 ff.). Beide Voraussetzungen lassen sich – wie oben begründet – nicht mehr erfüllen.

4 Postwachstumsökonomie: Umrisse einer Wirtschaft ohne Wachstum

Neben allen üblichen Begründungen ließe sich ein Ökonomieentwurf jenseits wirtschaftlichen Wachstums auch als Antwort auf einen drohenden Kahlschlag unter klein- und mittelständischen Anbietern deuten. Manche der Charakteristika eines postwachstumstauglichen Unternehmertums könnten sich als „Überlebensstrategie" gegenüber zunehmend relevanten Winner-takes-all-Phänomenen erweisen. Um unter den Bedingungen einer sich verschärfenden Wettbewerbsintensität bei gleichzeitiger Abwesenheit weiterer Expansionsmöglichkeiten bestehen zu können, bleiben zwei Auswege.

Zum einen können Unternehmen versuchen, Distinktionsmerkmale zu entwickeln, die sich von der Logik marktorientierter Produkt-, Dienstleistungs- oder Geschäftsfeldinnovationen lösen, indem sie reduktive Anpassungen, insbesondere eine graduelle De-Industrialisierung und De-Globalisierung, als Grundlage neu zu konzipierender Versorgungsleistungen – inklusive marktfreier, also nicht monetärer Wertschöpfungen bis hin zur Subsistenz – erschließen. Zum anderen ließe sich die Resilienz gegenüber Schrumpfungsphasen, insbesondere Nachfrageeinbrüchen, steigern, wenn die Abhängigkeit von betrieblichen Mindestgrößen oder von Umsatzwachstum gemildert würde. Beide Ansatzpunkte lassen sich zu einer Strategie vereinigen, die darauf zielt, technik- und kapitalbedürftige Supply Chains dergestalt zu verkürzen, dass sich industrielle Herstellung und moderne Subsistenz synergetisch verbinden lassen. Je weniger spezialisiert und damit tendenziell kapitalintensiv Produktionssysteme sind, desto weniger Kapitalverwertung, die Wachstumszwänge impliziert, ist (betriebswirtschaftlich) überlebensnotwendig.

4.1 Eine neue Wertschöpfungsarchitektur

Zunächst sollen drei idealtypische Versorgungssysteme unterschieden werden (siehe Abb. 1): (1) Globale industrielle Arbeitsteilung, (2) regionalökonomische Systeme und (3) moderne Subsistenz. Die Transformation zu einer Postwachstumsökonomie entspräche einem Rückbau des Industriesektors, verbunden mit einem Strukturwandel, der neben einer Ausschöpfung aller nachfrageseitigen Reduktionspotenziale (Suffizienz) die verbliebene Produktion graduell und punktuell vom ersten zum zweiten und dritten Aggregat verlagern würde.

Die drei Aggregate können synergetisch zu einer veränderten Wertschöpfungsstruktur verknüpft werden – insbesondere der erste und dritte Bereich. Endnutzer, denen innerhalb konventioneller Wertschöpfungsprozesse nur die Rolle eines Verbrauchers zukommt, können als „Prosumenten" (Toffler 1980) zur Substitution industrieller Produktion

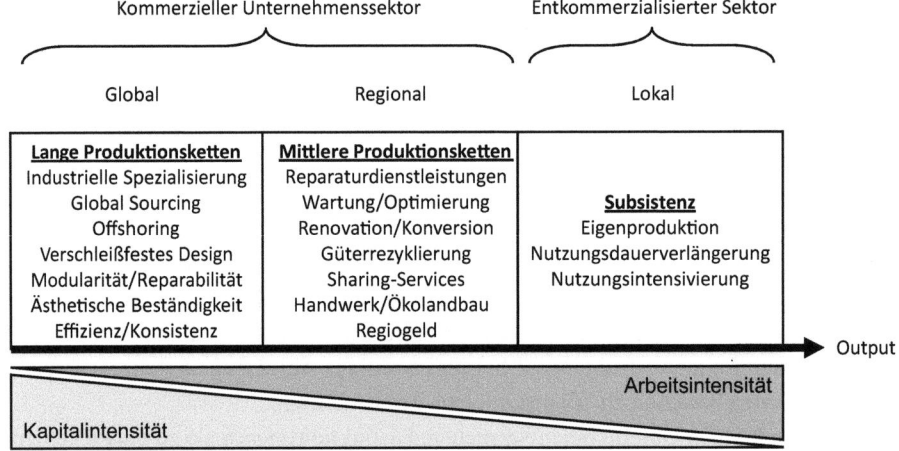

Abb. 1 Versorgungssysteme der Postwachstumsökonomie

beitragen. Im Unterschied zum traditionellen Subsistenzbegriff sind die hier relevanten Selbstversorgungspraktiken eng mit industrieller Produktion verzahnt. Insbesondere entkommerzialisierte Nutzungsdauerverlängerung und Nutzungsintensivierung können als nichtindustrielle Verlängerung von Versorgungsketten aufgefasst werden. Durch Hinzufügung marktfreier und eigenständig erbrachter Inputs (Zeit, handwerkliche Tätigkeiten und sozial eingebetteter Leistungsaustausch) werden die in materiellen Gütern gebundenen Nutzenpotenziale maximiert – genauer: Sie werden ohne physische Produktion „gestreckt".

Folglich verändern sich Produktlebenszyklen: Die Industriephase wird mit einer daran anknüpfenden Subsistenzphase verknüpft. Produktion, Nutzung und Subsistenz – Letztere verstanden als Aktivitäten, die den Bestand an Objekten erhalten und aufwerten – ergänzen sich zu einem mehrphasigen Wertschöpfungsprozess, der sich auf denselben Gegenstand bezieht. Prosumenten tragen eigenständig zur Bewahrung ihres Güterbestandes bei, sodass der Industrieoutput reduziert werden kann. Letzterer kann damit auch als Input für daran anknüpfende Subsistenzformen aufgefasst werden. Die Integration kreativer Subsistenzleistungen lässt ein kaskadenartiges Wertschöpfungsgefüge entstehen. Dieses erstreckt sich auf eine behutsame Nutzung, Pflege, Wartung, Instandhaltung, modulare Erneuerung sowie eigenständige Reparaturleistung. Danach erfolgen die Weiterverwendung demontierter Bestandteile sowie gegebenenfalls eine Anpassung an andere Verwendungszwecke. Letztere umfasst „Upcycling"-Praktiken, das Zusammenfügen von Einzelteilen mehrerer nicht mehr funktionsfähiger Objekte zu einem brauchbaren Gut. Die Verwahrung, Veräußerung oder Abgabe demontierter Einzelteile an Sammelstellen und Reparaturwerkstätten schließt daran an. Darüber hinaus besteht die Möglichkeit der Weitergabe noch vollständig funktionsfähiger Güter an sog. „Verschenkmärkte" oder Umsonstkaufhäuser. Zudem können Gebrauchsgüter von mehreren Personen genutzt werden (Nutzungsintensivierung).

Diese Nutzungskaskade weist diverse Schnittstellen zu kommerzialisierten Nutzungs- bzw. Produktionssystemen auf. Sowohl funktionsfähige Produkte als auch demontierte Einzelteile oder Module lassen sich über den Secondhandeinzelhandel, Flohmärkte oder internetgestützte Intermediäre (eBay, Amazon Marketplace etc.) veräußern. Weiterhin können jene Instandhaltungs- und Reparaturmaßnahmen, die Prosumenten überfordern würden, von professionellen Handwerksbetrieben übernommen werden. Letztere wären Bestandteile der Regionalökonomie. Deren Rolle besteht außerdem darin, produktive Leistungen des Industriesektors auf Basis tendenziell arbeitsintensiverer (somit weniger kapitalintensiver) Herstellungsmethoden und kürzerer Reichweiten der Wertschöpfungsketten zu (re)regionalisieren.

Während der Industriesektor durch eine relativ hohe Energie- und Kapitalintensität gekennzeichnet ist, speist sich die Wertschöpfung der Subsistenzphase fast ausschließlich aus Zeit, handwerklichen Kompetenzen und sozialem Austausch. Mit Blick auf die gesamte Prozesskette werden damit die durchschnittliche Energie- und Kapitalintensität pro Nutzeneinheit gesenkt. Stattdessen steigt die Arbeitsintensität, womit gleichsam die Produktivität des Faktors Arbeit abnimmt – allerdings nur bezogen auf den gesamten Prozess, bestehend aus der Industriephase und der daran anknüpfenden (arbeitsintensiven) Subsistenzphase. Die höhere Arbeitsintensität muss deshalb nicht die Industriephase tangieren, welche weiterhin – jedoch mit verringerter Outputquantität – durch spezialisierte und relativ kapitalintensive Herstellungsverfahren gekennzeichnet sein kann. Vielmehr ergibt sich die gesteigerte Arbeitsintensität aus einer „handwerklichen" Verlängerung und Intensivierung der Produktnutzung.

4.2 Moderne Subsistenz

Zwischen den Extremen reiner Subsistenz und industrieller Verflechtung existiert ein reichhaltiges Kontinuum unterschiedlicher Versorgungsmuster. Eine Reduktion des Fremdversorgungsgrades bedeutet, bislang von außen bezogene Leistungen durch eigene Produktion punktuell oder graduell zu ersetzen. „Urbane Subsistenz" (Dahm und Scherhorn 2008) entfaltet ihre Wirkung im direkten sozialen Umfeld, also auf kommunaler oder regionaler Ebene. Sie basiert auf einer (Re)Aktivierung der Kompetenz, manuell und kraft eigener Tätigkeiten Bedürfnisse jenseits kommerzieller Märkte zu befriedigen, vor allem mittels handwerklicher Fähigkeiten. Die hierzu benötigte Zeit könnte sich aus einem prägnanten Rückbau des industriellen Systems speisen. Durch eine Halbierung der Erwerbsarbeit ließen sich Selbst- und Fremdversorgung so kombinieren, dass sich die Güterversorgung erstens auf ein (bescheideneres) monetäres Einkommen und zweitens, als Ergänzung, auf marktfreie Produktion stützt. Neben ehrenamtlichen, gemeinwesenorientierten, pädagogischen und künstlerischen Betätigungen erstreckt sich urbane Subsistenz auf drei Outputkategorien, durch die sich industrielle Produktion substituieren lässt.

1. Nutzungsintensivierung durch Gemeinschaftsnutzung: Wer sich einen Gebrauchsgegenstand vom Nachbarn leiht, ihm als Gegenleistung ein Brot backt oder das neueste Linux-Update installiert, trägt dazu bei, materielle Produktion durch soziale Beziehungen zu ersetzen. Objekte wie Autos, Waschmaschinen, Gemeinschaftsräume, Gärten, Werkzeuge, Digitalkameras etc. sind auf unterschiedliche Weise einer Nutzungsintensivierung zugänglich. Sie können gemeinsam angeschafft werden oder sich im privaten Eigentum einer Person befinden, die das Objekt im Gegenzug für andere Subsistenzleistungen zur Verfügung stellt. Dabei können auch sog. Commons (Ostrom 2011) als Institution geeignet sein.
2. Nutzungsdauerverlängerung: Ein besonderer Stellenwert käme der Pflege, Instandhaltung und Reparatur von Gütern jeglicher Art zu. Wer durch handwerkliche Fähigkeiten oder manuelles Improvisationsgeschick die Nutzungsdauer von Konsumobjekten erhöht – zuweilen reicht schon die achtsame Behandlung, um den frühen Verschleiß zu vermeiden –, substituiert materielle Produktion durch eigene produktive Leistungen, ohne notwendigerweise auf bisherige Konsumfunktionen zu verzichten. Wenn es in hinreichend vielen Gebrauchsgüterkategorien gelänge, die Nutzungsdauer der Objekte durch Erhaltungsmaßnahmen und Reparatur durchschnittlich zu verdoppeln,

dann könnte die Produktion neuer Objekte entsprechend halbiert werden. Auf diese Weise würde ein Rückbau der Industriekapazität mit keinem Verlust an Konsumfunktionen der davon betroffenen Güter einhergehen. Tauschringe, Netzwerke der Nachbarschaftshilfe, Verschenkmärkte und Transition Towns sind nur einige Beispiele dafür, dass lokal erbrachte Leistungen über den Eigenverbrauch hinaus einen Leistungstausch auf lokaler Ebene erlauben.
3. Eigenproduktion: Im Nahrungsmittelbereich erweisen sich Hausgärten, Dachgärten, Gemeinschaftsgärten und andere Formen der urbanen Landwirtschaft (vgl. Müller 2011) als dynamischer Trend, der zur Deindustrialisierung dieses Bereichs beitragen kann. Darüber hinaus sind künstlerische und handwerkliche Leistungen möglich, die von der kreativen Wiederverwertung ausrangierter Gegenstände über Holz- oder Metallobjekte in Einzelfertigung bis zur semiprofessionellen „Marke Eigenbau" (Friebe und Ramge 2008) reichen.

Durch derartige Subsistenzleistungen kann bewirkt werden, dass eine Halbierung der Industrieproduktion und folglich der monetär entlohnten Erwerbsarbeit nicht per se den materiellen Wohlstand halbiert: Wenn Konsumobjekte länger und gemeinschaftlich genutzt werden, reicht ein Bruchteil der momentanen industriellen Produktion, um dasselbe Quantum an Konsumfunktionen oder Services, die diesen Gütern innewohnen, zu extrahieren. Urbane Subsistenz besteht also darin, einen markant reduzierten Industrieoutput durch Hinzufügung eigener Inputs aufzuwerten oder zu „veredeln". Diese Subsistenzinputs lassen sich den folgenden drei Kategorien zuordnen:

- handwerkliche Kompetenzen und Improvisationsgeschick, um Potenziale der Eigenproduktion und Nutzungsdauerverlängerung auszuschöpfen,
- eigene Zeit, die aufgewandt werden muss, um handwerkliche, substanzielle, manuelle oder künstlerische Tätigkeiten verrichten zu können,
- soziale Beziehungen, ohne die subsistente Gemeinschaftsnutzungen undenkbar sind.

Die Transformation zur Postwachstumsökonomie gelänge, wenn der Industrierückbau mit einem kompensierenden Subsistenzaufbau synchronisiert würde, um Einkommensverluste monetärer Art sozial abzufedern – wenngleich nicht auf dem vorherigen materiellen Niveau.

4.3 Die Rolle der Unternehmen

Der Rückbau des industriellen Systems wäre produktionsseitig so zu gestalten, dass die Neuherstellung von Gütern, die extrem langlebig und reparaturfreundlich sein müssten, eher eine untergeordnete Rolle spielt. Der Fokus läge auf dem Erhalt, der Um- und Aufwertung vorhandener Produktbestände, etwa durch Renovation, Optimierung, Nutzungsdauerverlängerung oder Nutzungsintensivierung. Produzierende Unternehmen (im physischen Sinne) würden zunehmend – wenngleich nicht vollständig – durch Anbieter abgelöst, die weniger an einer weiteren Expansion der materiellen Objekte als an deren Optimierung und Aufarbeitung orientiert wären. Dies beträfe jene Bereiche der Bestandspflege, mit denen Prosumenten überfordert wären.

Kreative Subsistenz und unternehmerische Leistungen könnten sich ergänzen, um gemeinsam einen konstanten Umfang ökonomischer Fluss- und Bestandsgrößen zu ermöglichen. Der Bedarf an Neuproduktion ließe sich damit minimieren. Daly (1992) bezeichnet einen solchen Zustand als „Steady State Economy". Aus den vorangegangenen Ausführungen lässt sich schlussfolgern, wie Unternehmen zu einer Postwachstumsökonomie beitragen können:

- Verkürzung von Wertschöpfungsketten und Stärkung kreativer Subsistenz,
- Arbeitszeitmodelle: Maßnahmen, die eine Reduktion und Umverteilung von Arbeitszeit erleichtern, speisen den Subsistenzinput „eigene Zeit",
- lokale und regionale Beschaffung, um Supply Chains zu entflechten,
- Unterstützung von und Teilnahme an Regionalwährungssystemen,
- Direkt- und Regionalvermarktung,
- Entwicklung modularer, reparabler, an Wiederverwertbarkeit und physischer sowie ästhetischer Langlebigkeit orientierter Produktdesigns, um urbane Subsistenzleistungen zu erleichtern, Abkehr von „geplanter Obsoleszenz",
- Prosumenten-Management: Unternehmen könnten über die Herstellung von Produkten und Dienstleistungen hinaus Kurse oder Schulungen anbieten, um Nutzer zu befähigen, Produkte selbsttätig instandzuhalten, zu warten und zu reparieren.

Durch Renovationsstrategien des Typs „Umbau statt Neubau" würde aus vorhandenen Gütern und Infrastrukturen weiterer Nutzen extrahiert, indem diese funktional und ästhetisch an gegenwärtige Bedürfnisse angepasst würden und somit möglichst lange im Kreislauf einer effizienten Verwendung verblieben. Märkte für gebrauchte, aufgearbeitete und überholte Güter würden ebenfalls zur Verringerung der Neuproduktion beitragen. Derartige „stoffliche Nullsummenspiele" (Paech 2005) verkörpern die physisch-materielle Dimension von Wachstumsneutralität. Sie umfassen zwei Perspektiven:

- Veränderungen konzentrieren sich auf eine Umnutzung, Aufwertung oder Rekombination der bereits in Anspruch genommenen ökologischen Ressourcen und geschaffenen Objekte. Stoffliche Additionen werden minimiert.
- Wenn es punktuell zu einer Addition materieller Objekte oder Inanspruchnahme ökologischer Kapazitäten kommt, muss dies mit einer Subtraktion verbunden sein, durch die andernorts im selben Umfang Ressourcen und Räume freigegeben werden.

Unternehmen, die sich an stofflichen Nullsummenspielen orientieren, wären unter anderem erkennbar als:

- Instandhalter, die durch Maßnahmen des Erhalts, der Wartung, der vorbeugenden Verschleißminderung und Beratung die Lebensdauer und Funktionsfähigkeit eines möglichst nicht expandierenden Hardwarebestandes sichern,
- Reparaturdienstleister, die defekte Güter davor bewahren, vorzeitig ausrangiert zu werden,
- Renovierer, die aus vorhandenen Gütern weiteren Nutzen extrahieren, indem sie diese funktional und ästhetisch an gegenwärtige Bedürfnisse anpassen,
- Umgestalter, die vorhandene Infrastrukturen und Hardware rekombinieren, konvertieren oder dergestalt umwidmen, dass ihnen neue Nutzungsmöglichkeiten entspringen,
- Provider von Dienstleistungen, die in geeigneten Situationen bislang eigentumsgebundene Konsumformen durch Services substituieren,
- Intermediäre, die durch eine Senkung der Transaktionskosten des Gebrauchtgüterhandels dafür sorgen, dass Konsum- und Investitionsgüter möglichst lange im Kreislauf einer effizienten Verwendung belassen werden, und schließlich,
- Designer, die das zukünftig geringere Quantum an neu produzierten materiellen Objekten auf Dauerhaftigkeit und Multifunktionalität ausrichten.

5 Ausblick

Wenn die Entkopplung wirtschaftlichen Wachstums von ökologischen Schäden (Green Growth) systematisch zum Scheitern verurteilt ist, verbleibt die Verringerung industrieller Produktion als einziger Ausweg, um das Gesamtsystem auf ein ökologisch tragfähiges Niveau zurückzuführen. Dies entspricht weniger einem ethischen Imperativ, als mathematischer Logik. Wachstumskritische Nachhaltigkeitsforschung, insbesondere die Postwachstumsökonomik, beschränkt sich nicht auf eine Situationsanalyse, sondern steht vor der Herausforderung, Zukunftsentwürfe, Handlungskonzepte und Transformationspfade herzuleiten – auch für die Strategiebildung von Unternehmen.

Wenngleich damit nachfrage- und angebotsseitige Reduktionsprozesse unausweichlich werden, lassen sich Zielharmonien aufdecken, die den Wandel erleichtern. Dazu zählt unter anderem die unternehmerische Resilienz angesichts technologischer Strukturbrüche, deren viel beschworene „Chancen" sich mit hoher Wahrscheinlichkeit in eine Forcierung von Größenvorteilen nebst entsprechender Selektionsdynamik übersetzen. Hinzu treten soziale Krisen, denn jene Wachstumsraten, die angesichts zu erwartender Arbeitsproduktivitätssteigerungen nötig wären, um zunehmende Beschäftigungs- und Perspektivlosigkeit zu vermeiden, dürften sich nicht nur als schlicht utopisch erweisen, sondern wären ohnehin nur zum Preis horrender ökologischer Verwerfungen denkbar.

Quo vadis Betriebswirtschaftslehre? Ein Gedankenexperiment zur Fortschreibung der Dogmenhistorie des Unternehmertums: Als Menschen begannen, sich zu urbanisieren, wurde es notwendig, eine nicht mehr allein durch Subsistenz zu gewährleistende Versorgung sicherzustellen, nämlich durch spezialisierte, die Vorteile der Arbeitsteilung nutzende Organisationsformen. Die Generierung materieller Überschüsse, begleitet von und basierend auf spezialisierter Arbeit, Ressourcenbündelung, Markttausch, Geld, Konsumkulturen, technischen sowie institutionellen Fortschritten, kulminierte in einer Sequenz industrieller Revolutionen. Die zweite Entwicklungsstufe des Unternehmertums ließe sich mit einem Akzent auf Dienstleistungen, Erlebnissen und Symbolen assoziieren, freilich ohne die parallel weiter existierende materielle Sphäre zurückzudrängen, sondern im Gegenteil sogar zu beflügeln. Als nächste, längst noch nicht ausgereifte Phase wäre eine Ökonomie der Bestandspflege und -aufwertung denkbar. Unternehmen produzieren kaum noch Neues; sie erhalten, reparieren und veredeln den Fundus an längst vorhandenen Güterbeständen, ringen ihm auf kreative Weise neue Nutzungspotenziale ab. Schließlich könnte sich als vierter Entwicklungsschritt eine Rückkehr zur Subsistenz, wenngleich mit modernem Antlitz, anbahnen. Nachdem Unternehmen die Ausbreitung von Konsumkulturen vorangetrieben haben, könnten sie nun dazu übergehen, nicht nur weniger Produkte, dafür mehr Dienstleistungen, Instandhaltungen, sondern auch die Aktivierung vermehrter Selbstversorgung und damit ökonomischer Autonomie anzubieten.

Unternehmen, die Konsumenten ertüchtigen, Prosumenten zu werden, verhelfen diesen nicht nur dazu, einen ökologisch übertragbaren Versorgungsstil zu praktizieren, sondern ökonomische Autonomie zu erlangen. Angenommen, im Kauf eines Computers wäre die Inanspruchnahme eines Prosumenten-Lehrgangs inbegriffen, sodass Käufern nötige Grundkenntnisse und Fertigkeiten vermittelt werden, um eigenständig Module zu erneuern oder mögliche Sollbruchstellen zu reparieren, die trotz eines langlebigen Designs verbleiben. Dann könnte die durchschnittliche Nutzungsdauer eigenständig und manuell verdoppelt oder verdreifacht und so der Neuanschaffungsbedarf halbiert bzw. gedrittelt werden. Derartige Neukompositionen unternehmerischer Leistungen – weniger Produktion, mehr Prosumenten-Ertüchtigung – senken die Abhängigkeit von monetärem Einkommen und ließen sich auf Textilien, Haushaltsgeräte, Möbel, Werkzeuge, Fahrzeuge, Nahrungsmittel etc. übertragen. Dies mag wie eine „paradoxe Betriebswirtschaft" erscheinen, zumal sich Unternehmen durch ein solches Prosumenten-Management graduell unnötig machen könnten, weil sie Nachfrager in die – wohlgemerkt teilweise – Unabhängigkeit von Konsumhandlungen entlassen.

Andererseits: Wenn Wachstumsschwächen und andere Krisen soziale Verwerfungen eintreten lassen, die kein politischer Rettungsschirm mehr aufzufangen vermag, wird der Sinn eines problemlösenden Unternehmertums neu zu buchstabieren sein. Zukunftsfähig sind dann Unternehmen, die ihre Nachfrager befähigen, würdig zu überleben, wenn nur noch ein Bruchteil der heutigen industriellen Fremdversorgung ökologisch und finanziell möglich ist. Auch das ist Wertschöpfung.

Literatur

D'Alisa G, Demaria F, Kallis G (2016) Das Degrowth-Handbuch. oekom, München
Baumol WJ, Panzar JC, Willig RD (1988) Contestable Markets and the Theory of Market Structure. Harcourt Brace Jovanovich, San Diego

Binswanger HC (2009) Vorwärts zur Mäßigung. Murmann-Verlag, Hamburg

Brynjolfsson E, McAfee A (2015) The Second Machine Age. Plassen Verlag, Kulmbach

Dahm D, Scherhorn G (2008) Urbane Subsistenz. oekom, München

Daly H (1977) Steady-State Economics. Island Press, Washington

Frank RH, Cook PJ (1995) The Winner-Take-All Society. The Free Press, New York

Friebe H, Ramge T (2008) Marke Eigenbau. Campus, Frankfurt a.M.

Georgescu-Roegen N (1971) The Entropy Law and the Economic Process. Harvard University Press, Cambrigde/London

Gronemeyer M (1988) Die Macht der Bedürfnisse. Rowohlt, Reinbek

Gutenberg E (1955) Der Absatz. Grundlagen der Betriebswirtschaftslehre, Bd. 2. Springer Verlag, Berlin/Heidelberg

Heinberg R (2007) Peak Everything: Waking Up to the Century of Declines. New Society Publishers, Gabriola Island

Hueting R (1980) New scarcity and economic growth. Elsevier Science Ltd., Amsterdam

Illich I (1973) Selbstbegrenzung. Eine politische Kritik der Technik. C.H. Beck, München

Jackson T (2009) Prosperity without Growth: Economics for a Finite Planet. Routledge, London

Jevons WS (1871) Theory of political economy. Macmillian and Co. Pub., London

Kohr L (1957) Das Ende der Großen. Zurück zum menschlichen Maß. Otto Müller Verlag, Salzburg

Latouche S (2006) Le pari de la décroissance. Fayard, Paris

Layard R (2005) Die glückliche Gesellschaft. Campus, Frankfurt a.M.

Martínez-Alier J (2009) Socially Sustainable Economic De-Growth. Dev Change 40(6):1099–1119

Meadows D, Meadows D, Zahn E, Milling P (1972) Limits to Growth – A Report for the Club of Rome's Project on the Predicament of Mankind. Universe Books, London

Miegel M (2010) Exit – Wohlstand ohne Wachstum. Propylaen Verlag, Berlin

Mintzberg H (1987) The Strategy Concept I: Five Ps for Strategy. Calif Manage Rev 27:11–23

Müller C (Hrsg) (2011) Urban Gardening. oekom Verlag, München

Mumford L (1967) Mythos der Maschine. Fischer, Frankfurt a.M.

Neirynck J (2001) Der göttliche Ingenieur. Die Evolution der Technik. Expert Verlag, Renningen

Ostrom E (2011) Was mehr wird, wenn wir teilen. oekom Verlag, München

Paech N (2005) Nachhaltiges Wirtschaften jenseits von Innovationsorientierung und Wachstum, 2. Aufl. Metropolis Verlag, Marburg

Paech N (2008) Regionalwährungen als Bausteine einer Postwachstumsökonomie. Zeitschrift Für Sozialökonomie (zfsÖ) 45(158–159):10–19

Paech N (2012) Befreiung vom Überfluss. Auf dem Weg in die Postwachstumsökonomie. oekom Verlag, München

Paech N (2014) Postwachstumsökonomie als Abkehr von der organisierten Verantwortungslosigkeit des Industriesystems. In: Pfaller R, Kufeld K (Hrsg) Arkadien oder Dschungelcamp. Leben im Einklang oder Kampf mit der Natur. Verlag Karl Albert, Freiburg/München, S 217–247

Pallante M (2005) La decrescita felice. La qualità della vita non dipende dal PIL. Ediz. per la Decrescita Felice, Rom

Sakar S (2001) Die nachhaltige Gesellschaft. Eine kritische Analyse der Systemanalysen. Rotpunktverlag, Zürich

Schor JB (2010) Plenitude. The New Economics of True Wealth. Penguin Press, New York

Schumacher EF (1973) Die Rückkehr zum menschlichen Maß. Alternativen für Wirtschaft und Technik. Rowohlt, Reinbek

Seidl I, Zahrnt A (Hrsg) (2010) Postwachstumsgesellschaft. Konzepte für die Zukunft. Metropolis Verlag, Marburg

Tirole J (1990) Industrial Organization. The MIT Press, Cambridge/London

Toffler A (1980) The Third Wave. Bantam Books, New York

Victor PA (2008) Managing Without Growth: Slower by Design, Not Disaster. Edward Elgar Publishing Ltd., Cheltenham

Apl. Prof. Dr. Niko Paech war bis September 2016 Vertreter des Lehrstuhls Produktion und Umwelt an der Carl von Ossietzky Universität Oldenburg. Er forscht, lehrt und publiziert unter anderem in den Bereichen Klimaschutz, nachhaltiger Konsum, Umweltökonomik, Sustainable Supply Chain Management, Nachhaltigkeitskommunikation, Diffusionsforschung, Innovationsmanagement und vor allem Postwachstumsökonomik. Er ist Träger verschiedener Nachhaltigkeitspreise und engagiert sich in etlichen Netzwerken, Projekten und Genossenschaften.

MIX
Papier aus verantwortungsvollen Quellen
Paper from responsible sources
FSC® C105338

If you have any concerns about our products,
you can contact us on
ProductSafety@springernature.com

In case Publisher is established outside the EU,
the EU authorized representative is:
**Springer Nature Customer Service Center GmbH
Europaplatz 3, 69115 Heidelberg, Germany**

Printed by Libri Plureos GmbH
in Hamburg, Germany